미국이 길러낸 중국의 엘리트들

미국의 중국 유학생들, 1872-1931

楚｜材
晉｜育

미국이 길러낸
중국의 엘리트들

장융전 지음 이화승 옮김

楚材｜材
——
晉｜育

미국의
중국 유학생들,
1872-1931

ANDOVER YALE PRINCETON WILLISTON

Columbia Harvard CORNELL TECHNOLOGY Lehigh

Chinese students studying
in the U.S.A. 1872-1931

글항아리

楚|材
晉|育

1872년 룽훙容宏이 최초로 어린 유학생들을 데리고 미국에 간 것을 시작으로 중국 학생들이 미국에 유학을 간 지 어언 150여 년이 흘렀다. 증국번曾國藩·이홍장李鴻章이 올린 상소문에 따르면, 이는 "오랑캐의 기술을 익혀 오랑캐를 제압한다師夷之長技以制夷"는 명제 아래 "총명한 아이들을 선발해 서양 여러 나라에 보내어 군정·선박·수학·제조 등 학문을 배우게 한다. 약 10여 년의 교육을 마치고 서양인의 장점을 중국에 접목하여 익히면 강해질 것이다"라는 원대한 계획의 일환이었다.[1] 따라서 중국을 강국으로 만든다는 목표를 이루는 순간 중단될 계책이기도 했다. 그러나 냉전 기간 양국의 단교와 함께 30년간 중단된 시기를 제외하고 중국 인재들의 미국 유학은 날로 뜨거워져서 시대적 조류로 발전했다. 1979년 양국이 외교 관계를 정상화한 지 불과 며칠 후 중국은 52명의 유학생을 파견했으며, 이로부터 10년이 흐른 1988~1989학년도 미국 내 중국인 유학생 수는 전체 외국인 유학생 중 가장 큰 비중을 차지했다. 다시 30년이 지난 2019~2020학년도 미국 내 중국인 유학생은 37만2532명으로, 전체 외국인 유학생의 35퍼센트를 점하는 놀라운 성장을 보였다.2

　앞으로도 미국의 중국인 유학생이 계속 늘어날지는 알 수 없으며, 양국 관계의 변화와 돌발적인 상황들이 영향을 끼칠 것이다. 2020년의 변화는 가장 극적이었다. 2020년 3월부터 9월까지 6개월간 미국 정부가 중국 학생들에게 발급한 F-1 비자는 808개로, 2019년 같은 기간에 발급한 비자 9만410개에 비해 99퍼센트가 감소했다! 물론 세계적인 코비드-19 현상이 중국에만 영향을 끼친 것은 아니지만 다른 나라의 감소 폭(인도 88퍼센트, 일본 87퍼센트, 한국 75퍼센트, 멕시코 60퍼센트)에 비하면 중국이 가장 컸다.3

　이는 역병으로 인한 일시적인 현상일 뿐 양국 관계가 악화된 결과는 아니다. 2021년 5, 6월 두 달 동안 미국 재외 영사관은 11만7000개의 F-1 학생 비자를 발급했고, 이는 2019년의 90퍼센트에 해당한다. 이처럼 학생들의 국제 교류는 빠른 속도로 회복했고 움직임 또한 거대했는데, 11만7000개의 학생 비자 중 중국 유학생은 73퍼센트의 비중(8만5000개)을 드러내며 여전히 다른 나라들을 압도하고 있다.4

　여기서 주의할 점은 미국 유학의 성격이 전체적으로 변했다는 사실이다. 20세기 후반 이후 미국에 가서 공부하는 것은 단순한 유학留學이 아니라 미국에 '남는留 법을 배우는學 것'으로 변화했다. 1965년 제정된 이민법이 그 전환점이었다. 20세기 초반까지만 해도 학업을 마친 중국 유학생들은 반드시 귀국해야 했다. 미국이 1882년 통과시킨 「배화법排華法」중국인을 배척하는 법안—옮긴이에 의해 유학생의 체류와 귀화가 허가되지 않았기 때문이다. 이 법안은 1943년 폐지되었지만 이후 한 해에 105명의 중국인에게만 이민을 허락하기 시작했고, 1965년 미국이 이민법을 수정하여 매년 2만 명으로 그 수를 늘리면서부터 미국 유학의 동기와 목적이 확연히 달라졌다. 유학을 마친 중국 유학생들이 미국에 체류함으로써 '배움이 뛰어나면 관직에 나간다學而優則仕'는 전통적 인식은 '배움이 뛰어나면 미국에 남는다學而優則留'로 변화했다. 이는 1960년대 타이완에서 "타이완 대학에 오면 미국에 간다來來來來台大, 去去去去美國"는 구호가 유행하게 된 배경이기도 하다. 그리고 지금은 중국에서 이러한 현상이 두드러지고 있다. 미국에 남을 수만 있다면 미국 유학이라는 거대한 흐름은 계속될 것이다.

정리하자면 중국 유학생이 귀국하지 않고 미국에 체류하는 현상은 20세기 후반부터, 즉 1965년 이민자 한도를 2만 명으로 늘리면서부터 본격화되었다. 이는 인재 유출이라는 문제를 낳았다. 1943년 「배화법」이 폐지되기 전까지는 유학생이 미국에 남을 도리가 없었으므로 인재 유출에 신경 쓸 필요가 없었다.

맨 처음 중국 정부가 미국에 유학생을 보내는 정책을 수립한 목적은 "초재진육楚材晉育"춘추전국시대 낙후된 초나라 인재를 진나라에서 교육시키는 것—옮긴이으로, 중국 학생을 미국에 보내 선진 학문을 익히게 한 뒤 귀국하면 등용하겠다는 계획이었다. 그리고 「배화법」이 활성화되던 1882년부터 1943년까지 60년 동안 중국 유학생은 감히 미국에 남을 엄두를 낼 수 없었다. 법안이 폐지된 후, 특히 1965년 매년 2만 명의 이민이 허용되면서부터 비로소 유학생에게 '배움이 뛰어나면 남을 수 있는' 선택이 가능해졌다. 결국 초나라 인재를 진나라에서 교육시키는 "초재진육"은 초나라 인재를 진나라에서 등용하는 "초재진용楚材晉用"의 수단이 되었고, 인재 유출 현상의 단초를 제공했다.

주의해야 할 것은 유학 정책은 시작할 때부터 학생들이 지나치게 서양화되어 중국인임을 망각한다는 거센 비판에 직면했다는 사실이다. 룽홍이 데리고 간 120명의 어린 유학생은 1872년부터 1875년까지 4차례에 걸쳐 미국 동부 뉴잉글랜드 지역에서 공부했다. 청나라 정부는 이들에게 15년간 투자하여 중등 교육부터 기초를 다진 뒤 군대·선박 분야의 인재로 육성할 계획이었으나 1881년 여름, 10년도 못 채우고 모든 유학생을 본국으로 불러들였다. 그 까닭은 이들이 지나치게 서양화되어[5] 예상했던 배움의 결과를 기대할 수 없으며 설사 학업을 완수해도 중국에 별 도움이 안 될 것이라는 우려 때문이었다.[6]

'중국이 오랑캐를 변화시키다用夏變夷'라는 전통 개념에 따른 시도는 거꾸로 '오랑캐가 중국을 변화시키다用夷變夏'라는 현상을 낳았다. 오늘날 표현으로 말하자면 서양화, 즉 정체성의 상실을 의미한다. 룽홍이 추진한 어린 유학생 계획은 지금도 중국의 대외 개방 정책과 비교되어 회자되곤 한다. 이 계획을 긍정적으로 평가하는 사람들은 유학생들이 시대를 잘못 만났음을 안타까워하며 청조 정부의 진부함과 우매를 탓하는 반면, 폄하하는 사람들은 교만하고 함께 일하기 어려운 룽홍의 독특한 개성 등을 원인으로 내세우기도 한다. 물론 나름대로 일리는 있겠으나 유학이라는 문제의 핵심에 관한 토론과 분석에는 별 도움이 안 되는 말이다. 다만 유학이 사회적 투자로 추진되었다는 점에서 중국 학생들이 과도하게 서양화되었다는 지적은 심각하게 받아들여야 할 문제다. 즉 개인 차원을 넘어 국가와 사회 전체와 관련된 사안이므로 사회적 자본이라는 관점에서 이해득실을 따져볼 필요가 있다.

1920~1930년대 중국에서는 유학에 대해 치열하고도 광범위한 토론이 이루어졌지만 사회적 주목을 끌어내지는 못했다. 그에 앞서 한 젊은

유학생이 전반적으로 유학 교육에 대해 비판한 바 있었다. 그는 바로 중국 근대사의 유명인사인 후스胡適로, 그 역시 1910년 2차 경관 국비 장학금으로 미국에서 유학을 했다. 1913년 초 그는 「비유학편非留學篇」을 발표해 유학에 반대하는 입장을 피력했는데, 사상이 무르익기 전인 20세 초반에 장문의 고문古文으로 쓴 글이라 크게 주목받지 못했다. "유학을 간다는 것은 나라의 큰 수치다留學者, 吾國之大恥也"라는 문장으로 시작되는 이 글은 중국 문화의 전성기에 주변 국가들이 앞 다투어 조공을 오던 역사를 떠올리고 있다.7

우리 문화가 전성기일 때는 위풍당당했으며 선진 문물로 인해 주변 여러 나라들의 모범이 되었다. 당나라 때 백제, 신라, 일본, 교지 등에서 자제들을 보내 태학에서 교육을 받았다. 우리의 경전을 교과서로 삼으니, 이를 구입하기 위해 몰려들자 문인들이 큰 유명세를 떨쳤다!

그러나 모두가 조공을 오던 시대는 이미 지나갔다.

지금은 전통 문명과 새로운 문명이 교차하는 시기다. 전통 문명은 찬란했으나 이제 시대에 뒤떨어졌다. 남들은 날아다니는 기계로 연기도 없이 공격해오는데 우리는 여전히 활과 화살, 조총으로 맞서고 있다. 남들은 세계 평화와 공정한 생산을 이야기하는데 우리는 여전히 하늘의 왕조와 군주 만능만을 이야기하고 있다. 남들은 생존경쟁과 '뛰어난 자가 이기고 뒤진 자는 패배한다優勝劣敗'는 이론을 말하는데 우리는 서로 예를 갖추면 싸울 필요가 없다고 한다. 남들은 우주의 다른 행성과 연락을 시도한다고 하는데 우리는 여전히 하늘은 둥글고 땅은 네모졌으며 우리가 그 중심에 있고 사방에 오랑캐가 있다고 한다.

바꿔 말하면 중국은 낙후되었으니 유학생을 태평양 너머로 보내 새로운 문물을 배워 우리의 부족함을 메워야 하는 시대가 되었다는 것이다. 그는 "새로운 기운을 얻어 발전함으로써 신주神州, 고대 중국에 대한 별칭─옮긴이에 신구 문명이 합쳐진 새로운 문명을 창조하는 것이 이 과도기적 시대에 하늘이 내린 책무다"라고 했다. 이미 후스는 '정신'과 '실용'이라는 이원론에 매몰되어 있지 않았다. 즉 "전통 문명은 찬란했지만 이미 시대에 맞지 않으니" 유학을 가서 "타인의 장점을 배워 나의 부족함을 메워야" 한다는 것이다. 그러나 유학을 단순한 수단으로 인식하여 "유학을 가는 것은 나라의 큰 수치"이므로 궁극적으로 "유학은 후학들이 유학할 필요가 없게 하는 것이다. 따라서 유학 정책은 유학을 가지 않는 것을 목표로 해야 한다. 이 목표가 없으면 유학 정책은 효과를 거둘 수 없다"면서 전국에 대학을 세우는 것이 급선무라고 주장했다. 후스는 특히 일본과 비교하면서 큰 문제점을 지적했다. 옛날에는 일본이 "중국 태학太學, 인재를 교육하던 기관─옮긴이으로 자제들을 유학 보냈는데" 지금은 중국이 그러하듯 서양으로 유학을 보내고 있으며, 지금은 더 이상 유학을 보내지 않아도 좋을 만큼 효과를 얻어냈다고 했다.

일본은 우리와 비슷한 시기에 유학을 보냈는데 학생들이 이미 돌아와서 강성한 나라를 만들어가니 큰 효과를 보고 있다. 내정은 건전해졌고 외교·군사적 위세도 대단하다. 운전사, 하녀도 글을 익혀 신문을 읽는다. 신구 문학이 합쳐져 새로운 문학이 탄생했다. 조각, 회화도 일가견을 갖춰 서양 미술에 영향을 끼치는 수준이다. 과학과 의학의 발달도 세계의 주목을 받고 있다.

후스가 유학하던 무렵은 중국이 유학생을 파견한 지 40여 년이 흐른 시점인데 어째서 일본과 달리 '유학을 가지 않아도 되는' 목표에 도달하지 못했을까? 이에 대해 후스는 "정부의 잘못된 교육 방침과 유학생의 잘못"을 지적했다. 정부에 대해서는 국내 교육을 장려하기보다 그저 유학 보내는 데 중점을 둠으로써 본말이 전도되었다고 비판했고, 유학생에 대해서는 취득한 학위를 생계 수단으로 삼은 것, 산업만 중시하고 인문학을 경시한 것, 근본을 무시한 것 등을 비판했다.

중국 전역에 기술자들이 다 퍼져 있다. 그래서 나라가 부강해졌는가? 오늘날 정쟁, 군기 저하, 외교 수모, 교육 실패, 문화 수준 저하, 민덕民德 오염 등을 수학 공식이나 기계 설계도로 해결할 수 있는가? 자동차, 선박, 철강으로 이 문제들을 정돈할 수 있는가?

산업을 중시하자는 사람들은 국가 흥망의 근본은 산업이라고 강조한다. 산업 공예는 한 부분일 뿐이다. 정치, 법률, 관리의 부패와 청렴, 민도의 제고, 종교의 선악은 기계 공정보다 훨씬 더 중요하다! 정치가 타락하면 관리들이 부패하고, 법이 제대로 시행되지 않으면 백성이 해이해지고, 교화가 이루어지지 않으면 백성이 우둔해진다. 전국에 철도가 거미줄처럼 퍼져 있고 철강으로 지구를 덮는다 한들 어찌 야만의 암흑 시대보다 안전하고 문명국 수준에

도달했다 할 수 있을 것인가? 기술자는 외국에서 초빙할 수 있으니 돈만 있으면 해결되겠지만 정치, 법률, 종교, 사회, 민덕, 백성의 지혜 문제는 누구도 대신할 수 없는 일이다. 길을 뚫고 광산을 개발하고 기계를 만들었다는 자만은 국가 전통 문화의 존망에 비할 수 없는 것이다.

오늘날 산업 인재가 필요치 않다고 누구도 말할 수 없다. 이러한 인재들은 없어선 안 되지만 본말이 전도되어서는 안 된다. 정치가, 교육자, 문학가, 과학자의 필요성은 더 강조할 필요가 없다. 량치차오梁啓超, 옌푸嚴復가 우리에게 얼마나 큰 영향을 주었는가? 잔톈유詹天佑, 후둥자오胡棟朝 역시 중요한 일을 했다. 혁명으로 인해 언론가와 사상가들의 영향도 많이 받았고 기사와 장인들의 공도 컸다. 심사숙고하여 산업만을 중시하거나 인문학을 경시해서는 안 될 것이다.

유학생들에 대해서는 두 가지 잘못을 지적했다.

1. 자존심이 없다 영국의 에드먼드 버크는 애국은 나라를 사랑하는 마음이 있어야 가능하다고 했다. 유학생들은 우리 고대 문화의 위대함, 문학의 아름다움, 역사적 영광, 민족의 돈후함을 모른다. 다른 나라의 물질문명에 취해 우리 전통을 지옥이라고 생각한다. 남의 나라를 흠모한 나머지 자신의 나라를 경시한다. 남의 보잘 것 없는 것도 보석이라 여기고, 남이 버린 벽돌 조각도 옥처럼 떠받든다. 돌아와서는 수천 년 역사를 가진 예절, 문자, 풍습 등이 개혁의

걸림돌이라며 거들떠보지 않는다. 서양인 가운데 중국에서 오래 살다가 돌아간 사람은 이런 것들을 지속적으로 선전하는데7장에서 언급되는 브랜드J. O. P. Bland의 문장과 그가 쓴 '소년 중국Young Chins'을 지칭함—옮긴이], 과연 조롱인가 아니면 정확한 결론인가?

2. 문명은 수입할 수 없다 중국 문자는 문명을 전파하는 수단으로 돛帆과 타舵, 삿대篙와 노櫓 등 차이를 모르면 가르칠 수 없고 책도 쓸 수 없다한자는 유사하게 사용되지만 글자가 다르면 의미도 다르다—옮긴이. 유학생들이 설사 천하에 없는 지식을 익혔다 한들 한자를 모르고서 무슨 소용이 있는가? 그 영향은 단지 한 시간의 수업에 그치지 않는다.

후스는 많은 결점을 안고 있으나 유학 자체를 폐지할 수는 없으니 개혁안을 찾아야 한다고 했다. 많은 사람이 중국을 '잠자는 사자'로 비유했으나 후스는 '잠자는 미인'에 빗대어 입맞춤으로 잠자는 미인을 깨어나게 한 왕자는 바로 현대 서양이라고 했다. 그러면서 '학생을 신중하게 선발하고, 국내 고등교육 기관의 증설'이라는 방법을 제시했다.

시험 자격 국어, 문학, 역사, 외국어, 수학, 과학, 유학국의 역사, 정치
유학 연한 먼저 2년은 인문학을 공부한다. 졸업 후에도 대학원에 진학하고 공대는 반드시 실습을 거쳐야 한다.
국비 유학생은 일정 기간 의무 복무를 하도록 한다.
국내에 국립대학, 성립대학, 사립대학, 전문대학을 설립하고 대학원도 세운다. 교수는 반드시 중국어로 수업하고 학생들은 하나 이

상의 외국어를 공부해야 한다.

그러나 이때 이후로 후스는 생각이 바뀌어 더 이상 「비유학편」의 주장을 내세우지 않았다. 누군가 중국을 '고대 문화가 발달한 나라' '문학의 우아함, 역사적 영광, 민족의 돈후함' 등으로 표현하면 그는 오히려 '과대 망상' '미몽' '반동'이라며 비웃곤 했다. 「비유학편」에서 철학·역사와 과학 기술을 이분법적인 본말本末의 관계로 보던 견해 대신 '과학 문명' '과학 방법'이라는 용어를 사용했다. 후스는 유학의 목표는 훗날 유학할 필요가 없게 하기 위함이라고 했지만 여러 회의 자리에서 지속적인 유학생 파견을 주장했다. 그 자신 귀국 이후 엘리트주의에 매몰되어 교육의 질을 높이려면 인력, 재력, 에너지를 고급 학부에 집중해야 함을 강조하는 입장에 선 것이다. 그가 1947년에 발표한 「학술 독립을 쟁취하기 위한 10년 계획」의 핵심 이론은 "10년 안에 국가 최대의 역량을 집중해 5~10개의 훌륭한 대학을 육성하고 연구자들의 발전을 지원해 최고의 대학으로 성장시킨다"는 것이다.[8] 전국적으로 대학을 세우자는 「비유학편」의 주장에서 이미 많이 벗어나 있다.

후스가 「비유학편」을 쓰던 1913년은 룽훙의 어린 유학생들이 소환되던 1881년으로부터 30년이 지난 시기다. 그러나 룽훙의 어린 유학생에 대해 '새로운 환경에 적응하느라 본래의 모습을 잃었고 커다란 성과도 없었다'는 비판과 '현재 유학생들의 가장 큰 문제는 근본을 무시한 것'이라는 후스의 지적을 비교해볼 때, 세월의 편차에도 유학생에 대한 비판의 축은 달라지지 않았다. 30년 세월의 간극을 지우는 비판의 결론은 결국 자신이 중국인임을 잊을 만큼 서양화됐다는 사실이다. 후스는 사상적으로 성숙해진 이후 '비非유학'을 말하지 않고 유학이 중국의 엘리트 교육

미국이 길러낸
중국의 엘리트들

발전과 연구의 지름길임을 강조했다.

룽훙부터 지금까지 150년간 여론과 (미국을 포함한) 학계에서는 유학 교육에 대해 비판적 태도가 우세했다. 후스의 「비유학편」 외침은 마치 드넓은 벌판에서 부는 호각소리가 흩어지는 것처럼 아무 반응이 없다가 1920년대 이후 완전히 다른 양상을 보였다. 이데올로기와 관계없이 모두 서양화라는 현상에 주목했다. 좌파와 우파, 자유주의자와 보수주의자, 중국에서 교육 받은 자와 귀국 유학생을 막론하고 서양화된 유학 교육이 사회 전반에 끼친 영향에 대해 하나같이 비판했으며 유학 자체를 폄하하기도 했다. 이는 서양 인사들도 마찬가지였다.

이들의 비판은 세 방향으로 모아졌다. 첫 번째는 맹목적 답습으로, 유학생들은 서양의 꽃을 가져와 자신들이 잘 알지 못하는 중국 나무에 이식했다는 비판이다.[9] 두 번째는 그들이 배운 것은 모두 이론뿐으로 이론에 상응하는 응용력이 부족하다는 것이다. 예컨대 5·4 운동 이후 상하이의 유럽유학생연합회는 산업위원회를 설치하고 국내 산업을 발전시켜 효율적으로 일본 상품을 배척하기로 결의했다. 그러나 불매 운동이 시작되자 위원회는 미국에서 돌아온 유학생들의 전문 지식을 중국의 시장 현실에 적용하기 어렵다는 사실을 깨달았다. 일본 상품은 우산, 세척 용품, 밀짚모자, 완구 등 일상 생활용품인 반면 위원회에 참가한 귀국 유학생들의 전공은 이와는 거리가 먼 토목학, 광석 제련 등이었던 것이다.[10] 세 번째는 유학생들이 지나치게 서양화되어 정체성을 상실했다는 지적이다.[11] 이에 대한 자세한 분석은 7장에서 진행할 것이다.

1920년대 학계에서도 유학생에 대한 시선은 곱지 않았다. 대표적으로 수신청舒新城의 『근대중국유학사』는 시간적으로 룽훙의 어린 유학생부터 1920년대 중기까지, 공간적으로 일본부터 유럽까지 유학의 전체 과정(국비, 자비, 경관과 그 이후 칭화대학 유학생 및 기독교 학교 유학생)을 조명했다. 근대의 유학 교육에 대한 전반적 이해를 담고 있을 뿐만 아니라 많은 자료와 통계 수치를 비판의 근거로 제시해 큰 반향을 얻었다. 그는 근대 중국의 유학 교육 실패는 유학생과 정부 모두에게 책임이 있다는 입장으로, 특히 유학생이 스스로를 '특권층'으로 인식한 점에 주목했다. 이들은 학위를 수단삼아 출세하고자 하는 경향이 강해서 귀국 후 작은 성과에 불안해했으며, 대권에 편승해 단번에 권력욕을 이루고자 했고, 탐욕이 깊어질수록 분수를 잊고 타락하는 모습을 드러냈다고 했다.[12]

그러나 수신청의 비판은 정부의 실책, 즉 청조 말부터 일관되지 않은 유학 정책과 통일된 집행기구의 부재, 느슨한 선발 시험 등에 집중되었다. 가장 심각한 것은 자비 유학생에 대한 자격 제한이 지나치게 느슨해 기본 테스트조차도 거치지 않았다는 점이다. 그는 정부가 사회 자원을 낭비했을 뿐만 아니라 "비현실적으로 출세만 바라는 허영심"을 조장했다고 비난했다. 자비 유학을 떠난 학생들은 대부분 기독교 학교 출신으로 이미 본토에서 상당히 서구화되어 있던 성향이 출국 이후 더욱 가속화되어 학문적 독립은 꿈꿀 수 없는 지경이 되었다고 했다. 또한 유학의 대상 국가가 일본과 미국에 집중되었기 때문에 이들이 귀국 후 정치·사회적으로 특별한 지위를 얻으면서 중국 사회가 일본화 또는 미국화되는 현상을 막을 수 없었다고 했다. 또한 그는 칭화대학 졸업생에 대한 투자가 집중되었으나 돌아온 성과가 너무 적어 '경제적'으로도 실패했다고 보았다. 칭화대학 출신 유학생들은 국내 현실에 대해 관심을 갖지 않아 '중국인도 서양인도 아닌不中不西' 존재가 많았다. 원래 칭화대학의 규정에는 재학생 정원의 80퍼센트는 이공계를 전공하고 20퍼센트는 인문계를 전공하도록 정해 놓았지만 실제로는 각각 반수를 점하여 원래 계획에서 벗어나기도 했다.

이어서 1966년 왕이쮀汪─駒는『중국 지식인과 서양, 1872~1949*Chinese Intellectuals and the West, 1872~1949*』를 출간했는데, 미국 학계에서는 이들 연구에 근거해 근대 중국의 유학 교육에 대한 논쟁을 전개했다. 왕이쮀는 기간을 1949년까지 늘려서 논의했는데, 1930년대 이후 유학생의 자질이 현저히 향상되었음에도 불구하고 근대 중국의 유학 교육을 실패로 규정했다. 수신청은 "유학 교육이 나라를 망국으로 이끌기에 충분했다"[13]면서도 스스로 이 비판이 "지나치게 격렬"하여 "유학생들이 이룬 공헌을 지워버리는" 면도 있다고 한 반면, 왕이쮀의 비판은 수신청보다 훨씬 날카로웠다. 그는 근대 중국의 유학 정책은 정치·사회·경제·문화 모든 방면에서 악몽이자 비극이었다고 했다.

수신청이 주로 중국 정부를 비판했다면 왕이쮀의 연구는 유학생을 겨냥한 잘 조사 정리된 기소장과 같았다. 그는 몇몇 특별한 인물을 제외한 대부분의 유학생에 대해 난감함에 가까운 평가를 내렸다. 그들은 자랑할 만한 학업 성적을 얻지도 못했으면서 안하무인으로 교만하며, 지나치게 서양화되어 중국 사회에 적응하지 못하면서 서양에 대해서는 열등감을 갖고 있으며, 지식은 실질적이지 못해서 중국 사회의 요구에 들어맞지 않았고, 쉽게 출세하려는 야심으로 오직 개인의 부귀영화를 추구할 뿐 사회적으로 갖춰야 할 도덕의식과 지도자로서의 책임감은 전혀 찾아볼 수 없다는 것이다.

왕이쮀는 이미 룽훙과 어린 유학생들에게 그러한 조짐이 있었다고 했다. 사실 룽훙은 처음부터 정부의 정책을 따르지 않았다.[14] 그는 중국은 전통 문화를 포기하고 서양의 발전된 과학기술 문화를 받아들여야 희망이 있다고 주장했으며, 그래야만 귀국 이후 "서양 문화의 기초 위에 새로운 중국을 건설할 수 있다"고 전망했다. 왕이쮀는 이에 대해 룽훙의 오만을 지적하면서 어린 학생들에게 매년 1200달러라는 거액의 교육비를 투자하면서도 별 성과를 거두지 못한 데 책임이 있다고 했다. 즉 유학생들이 야구를 하고 여자 친구를 사귀고 교회를 다니는 등 지나치게 미국 문화에 젖어들게 방치하여 감독 교사를 무시하는 일은 둘째 치고 중국 어를 제대로 구사하지 못하는 지경에 이르게 만들었다는 것이다. 더욱이 초창기 유학생들은 학업 성적도 좋지 않아서 본국으로 소환될 무렵 대학 을 졸업한 학생은 단 2명뿐이고, 10명 미만이 갓 대학에 입학한 상태며 나머지는 아직 중·고등학교에 다니는 중이었다고 했다. 1854~1954년까 지 100년 동안 대략 미국에서 유학한 중국인 학생은 2만2000명이었는 데 50~60퍼센트만이 학사 이상의 학위를 취득했다.[15]

왕이쥐의 연구는 1920년대 이후 중국 여론과 학계의 비판을 종합한 것이다. 1949년 이후의 연구에 대해서는 언급하지 않겠다. 1949년 이후 유학생에 대한 비판은 정치적 선전이라는 분위기가 농후해서 앞선 시대 의 연구 수준과 비교하기 어렵기 때문이다.

1980년대 중반 이후 개혁개방이 시작되자 중국 학계에서는 근대 미 국 유학에 대해 이전과 완전히 상반된 평가를 내놓았다. 이는 미국의 번 안사학翻案史學, 역사 연구 방법론의 하나로, 과거의 사건을 재조명하여 새로 평가하는 것— 옮긴이 영향을 받은 결과였다. 대표적인 연구는 리시쒀李喜所의 『근대 중국 의 유학생近代中國的留學生』(1987), 쑨스웨孫石月의 『중국 근대 여성유학사 中國近代女子留學史』(1995)다. 개혁개방의 물결에 따라 미국 유학생에 대해 서도 서양 제국주의의 문화 매판이라는 정치 선전 형태의 평가를 거둬 들이고 대신 중국 근대화의 애국적 선구자로 칭송했다. 물론 그들이 서 양 문화를 숭배하거나 군벌과 반동세력에 부합한 것은 사실이지만 대부 분 열심히 공부해서 곤경에 처한 중국의 출로를 찾기 위해 노력했다는 시각이다. 이런 번안사학은 다시 태평양을 건너 미국에 가서 세 편의 연구로 이어졌다. 2001년 예웨이리葉維麗가 출간한 『중국을 위한 현대적 길찾기: 미국 내 중국 유학생들 1900~1927爲中國尋找現代之路:中國留學生在美國1900~1927』,[16] 2004년 스테이시 비엘러畢樂思의 『애국자인가 반역자인가?: 미국의 중국 유학사是愛國者還是漢奸?: 中國留美學生史』,[17] 1999년 한예룽韓葉龍의 박사논문 「세계 일부로서의 중국: 1920년대 미국의 경관자금 반환이 중국 학술기관 설립에 미친 영향中國爲世界的一部分:美國退還的庚款對1920年代中國學術機構建立的影響」이다.[18]

그러나 이 번안사학 연구들 역시 개혁개방 이전에 형성된 사고의 틀을 벗어나지는 못했다. 우리는 유학생에 대한 평가에서 '애국자와 매판' 또는 '전통과 현대'라는 이분법적 사고에 갇혀서는 안 된다. 이러한 시각은 건설적이고 실제적인 시야를 얻는 데 장애물이 될 뿐더러 분석의 빈곤만 낳기 때문에 연구자가 반드시 극복해야 할 관점이다.

중국의 혁명사학, 번안사학과 같은 해석에 비하면 타이완 학계의 시각은 매우 긍정적이다. 1954년 뉴욕의 화미협진사華美協進社, China Institute of America에서는 룽훙의 예일대학 졸업 100주년을 기념하여 『중국 학생 미국 유학 100년 약사A Survey of Chinese Students in American University and Colleges in the Past One Hundred Years』라는 작은 책자를 출간했다. 이 책의 1부에서는 룽훙과 어린 유학생들의 파견, 칭화 경관 장학금의 유래와 유학생들의 미국 생활을 간략히 서술하고 있고, 2부에서는 유학생의 수, 출신 배경, 미국의 학교, 전공 등의 통계자료가 수록되어 있다. 내용의 요지는 유학생들이 선별 시험을 거쳐 미국에 왔으며 서양 문화의 정수를 배우겠다는 의지가 있었고, 귀국 후에도 훌륭한 성과를 거두었다는 것이다. 또 1931년 출간한 『명인록』에 수록된 1200명 가운데 1/4 이상이 미국 유학생이며 정치가, 대사, 총장, 대법관, 행정부서 수장, 학자, 과학자, 작가, 언론인, 사회 개혁가, 산업계 지도자, 엔지니어, 종교단체 수장, 의사, 금융가, 농업 전문가, 세관 관리, 도서관장, 교수, 예술가 등이 포함되어 있다고 했다.[19]

1977년 링훙쉰凌鴻勛·가오중루高宗魯가 펴낸 『잔톈유와 중국철도詹天佑與中國鐵路』, 1986년 가오중루가 펴낸 『아동 유학생 서신집中國留美幼童書信集』, 1993년 장원리張文理가 펴낸 소설 『중국 최초의 미국 유학생 룽훙中國第一位留美學生容宏』은 유학생에 대한 긍정적인 평가 아래 룽훙 개인과 어린 유학생들의 사례를 다룬 연구다.

이렇게 서로 다른 평가 속에서 가장 의미 있는 작업은 타이완 학자 쑤윈펑蘇雲峰이 1996년에 출간한 『칭화학당에서 칭화대학까지 1911~1929 從清華學堂到清華大學 1911~1929』라 할 수 있다. 이 연구에서 그는 1981년 출간한 『칭화대학사고淸華大學史稿』가 칭화대학을 '노예화 교육'이라는 이름으로 폄하했다면서 재조명했다. 그의 연구에 따르면 초기에 칭화대학은 외교부 관할이었는데 미국 공사의 간섭을 받는 등 국격 손상에 해당하는 일이 있었으나 시대적 상황을 고려할 때 귀국 유학생 출신이 교육부보다 외교부에는 더 많아서 안정적인 편이었다고 평가했다. 적어도 그들은 현대 지식인이었고 이념적으로 미국과 근접하여 비교적 소통이 원활할 수 있었다는 것이다. 또한 미국 공사가 간여된 상황이었으므로 기금 확보는 물론 교육 방침 면에서도 학생운동을 비롯한 외부 간섭에 휘둘리지 않았다는 긍정적인 면도 제시했다.[20] 또한 칭화대학은 미국 문화와 사회를 모델로 삼았기 때문에 초기에는 영어 교육을 중시하고 중국어 교육을 소홀히 했으나 얼마 후 이를 개진하여 융합을 꾀했다고 보았다. "미국식 교육은 학문의 독립과 사상의 자유를 존중하기 때문에 칭화대학 학생들은 잠재적 자유주의자가 되어 정치 간섭과 권위주의에 반대했고, 항전 시기 쿤밍昆明의 시난西南연합대학과 함께 자유주의의 보루 역할을 했다.”[21] 그의 주장에 따르면 칭화대학이 충분한 재원을 바탕으로 미국식 하드웨어를 갖추고 교수와 엘리트 학생들에게 건강하고 활발한 캠퍼스 생활을 제공했다. 졸업생들은 미국 여러 대학에서 훌륭한 성과를 이루었으며 차별받는 환경에서도 강렬한 애국심으로 ‘변방의 지식인周邊知識人’으로서 긍정적 영향력을 발휘했을 뿐만 아니라 개명한 입장에서 중국 문화와 사회에 합리적 비판을 가함으로써 창조적인 공헌을 발휘했음을 통계 수치로 소개했다.[22]

타이완 학계에서는 중국의 번안사학자들처럼 수신청·왕이쥐의 비판에 정면으로 반기를 들지는 않았다. 수신청과 왕이쥐가 비판한 근대 중국의 유학 교육 문제는 근본적으로 세 가지로 종합된다. 첫째는 자원 분배의 불균등이다. 즉 근대 중국은 전체적으로 교육 자원을 균형 있게 분배하지 못하고 기형적으로 고등 교육을 중시하고 초등 교육을 소홀히 했다는 것이다. 한 예로 1931년 당시 중국은 대학생 한 명당 초등학생 한 명의 200배에 달하는 교육비를 지출했다. 같은 시기 유럽 국가의 비율은 1대 8 정도였다. 이러한 불균등한 구조보다 더 기형적인 것은 대학들이 상하이, 베이징, 난징, 광저우에 집중되었다는 점이다. 1922년의 통계에 따르면 전국 30퍼센트의 대학과 41퍼센트의 대학생이 모두 베이징에 있었고, 1932년의 다른 통계에서는 상하이의 대학생이 전국 대학생의 24퍼센트를 차지하고 있다.

연해에 위치한 몇몇 도시에 대학이 집중된 현상은 유학생 대부분이 이곳에 거주했다는 점과 관계가 깊다. 1925년의 통계에 따르면 귀국 유학생 584명 중 34퍼센트, 1937년의 다른 통계에 따르면 귀국 유학생 1152명 중 28퍼센트가 상하이에 머물렀다. 게다가 교육비용이 갈수록 비싸지면서 농민과 빈민 계층은 교육의 기회로부터 멀어졌다. 가난한 사람은 더욱 가난해졌고 내륙 지역의 개발이 더딘 곳일수록 교육을 받기 힘들었다. 간혹 농촌에 사는 극소수 학생이 간신히 도시에 와서 교육을 받았다 하더라도 이들은 고향으로 돌아가지 않고 도시에 정착했다. 돌아간다 해도 대학에서 습득한 대부분의 지식이 서구로부터 받아들인 것이라는 점에서 자신이 속한 문화와 사회에 섞여들지 못하는 현상을 빚었다. 결과적으로 근대 중국 교육은 도시와 시골, 내륙과 연해, 유학생과 농민 그리고 광범위한 일반 서민 간의 격차를 더 늘려놓고 말았다.[23]

번안사학자들은 교육 자원의 분배와 정치·사회적 영향에 대해 비판하지 않았던 반면 쑤원평은 이 문제에 주목했다. 그는 "칭화대학을 설립한 목적은 지역 간 불균형을 타파하기 위한 것이었다. 공정한 경쟁을 통한 지역 간 형평성에 주목했다"고 밝혔다. 그러나 결과는 여전히 "장쑤·저장·푸젠·광둥 연해 성 출신이 대부분을 차지했다."[24] 쑤원평은 학생들의 출신 환경과 관련해 56퍼센트의 학생 배경을 조사해 "지주, 관료, 자산계층 출신이 44퍼센트"에 달한다는 결과를 확인함으로써 근대 중국 교육 자원의 분배가 균등하지 않았다는 사실에 동의했다. 그러나 이런 자원 분배의 불균등을 당시의 사회현상으로 해석하면서도 수신청·왕이쥐가 제시한 불균등이 근대 중국의 정치와 사회에 끼친 영향에 대해서는 다루지 않았다.

수신청·왕이쥐가 제기한 두 번째 비판은 유학생들이 전공한 학문의 활용에 관한 것이다. 이 문제를 심각하게 바라본 그들은 많은 통계자료를 검토한 결과 정부가 유학 정책을 수립하지 않았거나 실행하지 않았다고 밝혔다. 이는 선발과 관리와 관련된 문제였다. 왕이쥐는 1854~1954년까지 100년 동안 유학생의 40~50퍼센트가 학사 학위도 취득하지 못했다고 했다.[25] 비록 칭화대학 학생에 대해 높이 평가하고 차차 수준이 향상되어 학문적 성취를 높여나갔음을 밝혀놓긴 했으나 이공계 80퍼센트에 인문계 20퍼센트라는 기존 정책이 지켜지지 않은 부분에 대해서는 비판했다.

정책을 수립하지 않았거나 지켜지지 않은 결과 학생들의 전공은 사회적 수요와 거리가 있었고 귀국 후에 자신의 전공을 활용할 수 없었다. 1925년 조사에 따르면 34.5퍼센트에 달하는 귀국 유학생이 전공을 활용하지 못해 실업자나 가정주부가 되었다고 했다. 왕이쥐의 조사 결과 귀국 유학생들의 사회 진출은 정계와 학계에 집중되었는데 1917~1934년에는 32~40퍼센트가 교육계에서, 16~42퍼센트가 정계에서 직업을 구하고 있다. 문제는 두 분야에 집중되었다는 사실이 아니라 유학생들이 귀국 후 자기의 전공을 발휘하지 못했다는 점이다. 교육계로 진출한 이들은 주로 인문학과 농업 전공자였다. 이과 전공자는 연구할 기회를 얻지 못해 학교 밖에서 길을 찾아야 했는데 소수는 정계에 진출했지만 역시 연구나 기술직이 아닌 사무직이었다. 가장 심각한 경우는 농학 전공자로, 1925년 통계에서는 70퍼센트가 교육계에서 일하고 일부가 정계로 진출했을 뿐 농촌 현장에서 일하는 사람은 전무했다.[26] 경제계나 금융계에서 활동하는 사람들도 전공과 무관한 일을 했다.

경제 및 공학 전공자도 자신이 배운 바를 활용하지 못하기는 매한가지였다. 첫째, 상경대를 졸업한 유학생은 대부분 은행에 근무했으며 창업자는 없었다. 둘째, 564명의 경제계 인사 중 10명만 귀국 유학생 출신이며 그중 9명이 은행에 근무했다. 셋째, 40명의 공업계 인사 중 30명은 엔지니어이고 18명이 귀국 유학생이었는데, 유학생들은 전공과 무관하게 국

영 기업의 관료로 일했다.

　이런 결과는 단순히 교육 투자의 차원을 떠나 깊은 사회적 의미를 지닌다. 유학 출신들이 전공을 활용하지 못한 데는 그들이 남에게 굽힐 줄 몰랐다거나 농촌으로 가기를 꺼려했다는 심리적 요인 외에도 중국 사회의 부족한 면을 채워줄 만한 응용지식이 부족하거나 불가능했거나 원하지 않았다는 요인이 있었음을 말해주기 때문이다. 또한 그들은 학계에 남든 정계에 뛰어들든 '배움이 뛰어나면 관직에 나간다'는 전통 가치관을 극복하지 못했다. 1930년대 이후 정세 변화에 따라 유학생의 태도도 변했고 학문적 수준도 향상되었으나 항일전쟁이 발발하자 그들은 다시 주저앉고 말았다.

　번안사학자들은 수신청·왕이쥐가 제기한 두 번째 비판, 즉 전공을 활용하지 못한 부분에 대해 도전적인 대응을 보이지 못했고 개혁개방 이후에도 미약하게 유학생의 애국적인 면을 찬양했을 뿐 반박하지 못했다. 쑤원평조차도 수신청·왕이쥐의 비판에 별다른 반향을 보이지 않았다. 그는 칭화대학이 '이공계 80퍼센트, 인문계 20퍼센트'라는 기존 정책을 지키지 않은 것에 대해 논의하지 않았다. 초기에 전공의 활용 문제에 대해 언급하기는 했지만 1926년 칭화대학 출신의 직업 분포도와 이후 여러 분야의 성취를 들어 칭화대학의 교육이 성공했다고 주장했을 뿐이다. 그러나 쑤원평이 열거한 자료들로는 왕이쥐의 비판을 반박할 수 없다. 왕이쥐의 분석은 세밀했고, 쑤원평이 열거한 화려한 명단은 왕이쥐가 비판한 농업·금융·공학 전공에는 적용할 수 있지만 농업·기업·공학이 아닌 국영회사의 행정 관료에게는 맞지 않는 해석이었다.

　수신청·왕이쥐의 세 번째 비판은 수신청이 말한 '서양화' 또는 왕이쥐가 표현한바 "미국인이 되고 싶은 욕망"이었다. 왕이쥐는 룽훙을 비롯한 많은 유학생은 미국인이 되고 싶어 했을 뿐이라고 평했다.[27] 그 예로 교육 수준이 높을수록 귀화 경향도 높은 점을 들었는데, 어린 유학생 중 8명이 학사 학위를 취득했고 그중 4명이 미국인이 되었다. 학위를 얻지 못한 100여 명 중에서는 단 한 명만 다시 미국으로 돌아갔다. 이렇게 미국인으로 귀화하는 경향은 계속 이어져 1937년 출간된 『칭화동창회록淸華同學錄』에는 21명의 졸업생이 이미 14년 이상 미국에 장기 거주하고 있었다.

왕이쥐는 선발 과정을 거쳐 출국한 유학생들이 엄격한 이민법 심사에 통과해 미국에 남기란 대단히 어려운 일이라고 했다. 또한 중국 입장에서 이들이 미국에 남는다는 것은 유학 정책에 대한 투자를 회수하지 못하는 것이자 가장 우수한 인재를 잃는다는 점에서 두 배의 손실이었다. 귀화는 세대의 문제이기도 하다. 다시 말해 "유학은 가족 전통과 관계되어 있다. 부친이 유학하면 아들도 유학을 간다. 세대가 내려갈수록 중국 문화에 대한 소속감은 멀어지고 3대째가 되면 귀화는 기정사실이 되어버린다."

아쉽게도 번안사학자들은 두 연구자의 근본적 비판에 어떠한 이론도 제기하지 않았다. 그저 유학생들은 애국적이었으며 미국인의 차별이 그들의 애국심을 자극했다는 시각 그리고 대다수 유학생은 건실하며 서양화되지 않고 귀국했다는 태도만 보였을 뿐이다. 귀국했다고 해서 애국한 것은 아니며, 더욱이 「배화법」이 존재하는 한 미국 체류는 불가능했다. 그리고 애국심은 서양화 혹은 괴리감 등과 배타적 관계가 아니다.

중국 학생들의 미국 유학 열기는 갈수록 뜨거워서 사회적으로 유학교육은 중요한 이슈가 되었다. 수신청부터 왕이쥐까지 근대 중국의 유학교육은 단지 교육사의 주제를 넘어 중국 근대사 전체 맥락에서 다루어야 할 문제가 되었다. 중국 근대 정치, 경제, 문화와 사회적 맥락에서 미국 유학 교육이라는 문제를 보아야 할 것이다.

오늘날 미국에서 유학한 중국 학생에 관한 연구에서 수신청·왕이쥐의 비판을 진지하고도 신중하게 처리하지 않으면 번안사학자들처럼 '애국-매판' 또는 '전통-현대성'이라는 이원대립의 사고 틀에 갇히고 만다. 우리는 반드시 건설적이고 생산적인 문제를 제기해야 한다. 즉 21세기의 시각으로 21세기의 문제에 대해 질문해야 하며 21세기의 언어와 개념으로 분석해야 한다.

─────

이 책은 12년 전에 영어로 거의 완성했다. 당시는 미국 학계에서 활동하며 영어로 사고하고 문장을 쓰던 시기였는데, 원래는 후스 연구로부터 시작되었다. 1990년 중국 사회과학원 근대사연구소에서 후스 관련 사료를 '개방'했지만 실제로 개방은 유명무실하여 연구소에 들어가기도 어려웠고 들어가서도 자료 열람에 제한을 받아 연구는 진척이 없었다.

대신 전미중국유학생연합회가 1907년부터 1931년까지 24년에 걸쳐 발간한 『중국유미학생월보The Chinese Students' Monthly』 자료를 발견한 것은 매우 중대하고 의미 있는 일이었다. 자료를 처음 접했을 때 어떻게 이 진귀한 자료를 활용한 사람이 없었을까 의아했다. 훗날 1989년 예웨이리가 예일대학에서 쓴 논문 「두 문화 사이를 넘나들기: 미국 내 중국인 유학생의 경험 1900~1925 Crossing the Cultures: the Experience of Chinese Students in the U.S.A. 1900~1925」에서 이 자료를 활용했다는 사실을 알았다. 그러나 자료의 사용 범위와 해석은 나의 연구와 큰 차이가 있기 때문에 이 자료를 연구계획안에 포함시키기로 했다.

1999~2002년까지 1년에 1장씩 3장을 완성했고, 2004~2007년에 역시 1년에 1장씩 모두 6장까지 완성했다. 2009년 마지막 부분을 남겨두고 후스 연구의 마지막 부분인『나 아니면 누가 있겠는가: 후스舍我其誰: 胡適』를 완성하느라 잠시 이 연구를 미뤄둔 결과 12년이 흐르고 말았다.

2020년 5월 하순『장팅푸: 역사학자에서 유엔 의석을 지킨 외교관으로蔣廷黻: 從史學家到聯合國席次保衛戰的外交官』를 완성한 뒤 다시 연구를 마무리지으려 했지만 코비드-19로 인해 미국의 모든 대학도서관이 폐쇄되어 사진을 구하지 못한 채 몇 달을 허비했다. 9월 상순, 여러 사람의 도움으로 18장의 사진을 더한 뒤 2021년 3월 2일까지 반년 동안 책을 완성할 수 있었다.

이 책은『중국유미학생월보』를 주된 자료로 삼고, 1902년에 창립했다가 1931년 해체한 전미중국유학생연합회 활동을 중심으로 미국 유학생을 조명한 것이다. 이 단체는 중국 유학생들이 미국에서 처음으로 만든 전국 유학생 조직으로, 룽훙이 주도한 어린 유학생들은 포함되지 않으며 그들이 본국으로 소환된 이후의 '과도기 세대' 유학생들이 중심이다. 그렇게 볼 때 전미중국유학생연합회는 미국 유학이 유행한 이후의 산물이라고 할 수 있다. 20세기 초반의 미국 유학생을 이해하려면 전미중국유학생연합회를 이해해야 하며 선구자 세대부터 과도기 세대로 연결되는 역사의 전체 맥락을 이해해야 한다. 따라서 이 책의 서술은 1872년을 시작점으로 하여 전미중국유학생연합회가 해체된 1931년까지의 기간을 담고 있다.

"신사 여러분! 장차 중국 국회에서 우리 다시 만나기를 기대합니다!"
_ 탕사오이唐紹儀, 1908[1]

1908년 청나라 특사로 미국을 방문한 탕사오이는 성탄절을 맞아 여학생 5명을 포함한 중국 유학생 104명을 1주일간 워싱턴에 초청했다. 연회 건배사를 시작할 때 그가 유학생들에게 '신사 여러분'이라고 호명했는데, 이는 당시 여성에게 참정권을 주지 않았을 뿐만 아니라 여성은 공직에 나갈 수 없었던 중국의 현실을 반영한다. 따라서 초청된 5명의 여자 유학생은 그저 들러리에 지나지 않았다고 볼 수 있다.

탕사오이는 룽훙이 1870년대에 최초로 미국에 데려온 120명의 어린 유학생 중 한 명이다. 그는 코네티컷의 핫포드고등학교를 졸업하고 컬럼비아대학에 진학했지만 1881년 어린 유학생들이 지나치게 서양화되는 것을 우려한 청 정부가 귀국을 명하는 바람에 졸업하지 못한 채 귀국했다.

그는 귀국 이후 위안스카이袁世凱에게 발탁되어 1907년에 펑톈奉天, 선양沈阳의 옛이름—옮긴이 순무巡撫로 임명되었고, 다음해 10월 미국을 떠난 지 27년 만에 특사 신분으로 다시 미국 땅을 밟았다. 미국 정부가 중국에 상환한 1200만 달러의 경자 배상금에 대해 답례를 표하기 위해서였다. 미국은 의화단 사건으로 중국으로부터 배상받은 엄청난 액수의 2/5를 다시 중국에 돌려주는 호의(?)를 베풀었기 때문이다.

1908년 11월 30일 워싱턴에 도착한 탕사오이는 성탄절을 맞아 유학생들을 공사관에 초청했다.2 초청된 104명은 미국 동부에 거주하는 중국 유학생의 절반에 달했는데, 미국에 건너온 모든 유학생과 여학생(동부 지역의 여학생은 총 30여 명)을 대표하는 것은 아니었다. 명단의 자세한 내용과 선정 기준에 대해서는 알 수 없지만 당시 교통수단과 경비 등을 고려해 동부 지역으로 제한한 듯하다. 중서부 유학생들은 실망이 매우 컸다. 일리노이대학의 유학생들은『중국유미학생월보』의「일리노이 소식Illinois Notes」란에 이렇게 적었다. "우리는 탕사오이 특사의 초청을 받아 워싱턴에 가서 동부 유학생의 표현대로 '재미있게 놀 수 있는 기회'를 얻지 못한 것을 유감스럽게 생각한다."3 이 글은 아마도 당시 일리노이 중국유학생회 회장이었던 왕징춘王景春이 썼을 것으로 추정된다. 그는 이전에 동부 유학생회에서 활동하면서 1906~1907년까지『중국유미학생월보』의 부편집장, 1908~1909년까지 편집장을 지낸 인물로, 1908년 여름 예일대학을 졸업한 뒤 귀국했으며 민국 시기 중국철도부에서 요직을 역임했다. 탕사오이가 유학생들을 초청했을 무렵 그는 이미 일리노이대학원에 재학 중이었기 때문에 초청받지 못했다.

앞서 말했듯이 이들의 초청은 미국의 중국 유학생을 대표하는 것이라기보다는 상징적 의미가 더 컸다. 하지만 초청받은 남학생들은 전례 없는 기회에 자신이 특별히 선정되었으며 이 경험이 귀국 후 좋은 스펙으로 작용할 것이라 기대했다. 사실 동부중국유학생연합회의 전·현직 회장과 총무가 모두 초대되었고, 절반 이상이 컬럼비아대학·코넬대학·하버드대학·펜실베이니아대학·예일대학 등 아이비리그 재학생이었으니 스스로 엘리트 중의 엘리트라는 자부심을 갖고 있었으며 워싱턴에서 받은 다양한 환대가 이를 뒷받침했다.[4] 그들은 워싱턴에서 가장 좋은 카이로 호텔과 코크런 호텔에 묵었고,[5] 전용 버스와 배를 타고 초대 대통령인 조지 워싱턴의 저택이 있는 마운트버넌을 방문하기도 했다. 성탄절 당일 성대한 파티를 시작으로 각종 파티와 강연에 참석했다.

탕사오이의 환영사에 이어 구웨이쥔顧維鈞이 유학생 대표 자격으로 답사를 했다. 그는 훗날 중국 근대 외교사에서 가장 중요한 인물 가운데 한 명으로, 당시 컬럼비아대학 정치학과 대학원에 재학 중이었으며 컬럼비아대학 신문 『스펙테이터』의 편집장을 지낸 유명 인사였다. 유학생들은 오랜 미국 생활에 적응했음을 입증하듯 대부분 세 번째 주 일요일이면 교회에 나가는 기독교 신자였다. 중국 공사관에서 열린 파티에서 남학생들은 정장에 넥타이를 매고 머리에는 기름을 발랐으며 자기가 다니는 대학의 이념을 드러내려 애썼다. 서태후와 광서제가 11월에 연이어 세상을 떠난 상중喪中이었으므로 공공장소에서 교가와 학교 응원가를 부르지 못해 아쉬워했지만 마운트버넌 방문을 마치고 돌아오는 배 위에서는 예외적으로 노래가 허용되어 모두 노래를 부르며 흥분된 감정을 분출했다.

중화! 중화! Chung Hua! Chung Hua!
화이팅! 파이팅! Hoola! Hoola!

만세! 만만세! Vivela! Vivela!

중----국! Chi-i-i-na!

전체 일정의 하이라이트는 12월 28일의 백악관 방문으로, 루스벨트 대통령 접견이 있었다.[6] 남학생들은 학교별로 3대의 버스에 타고 5명의 여학생은 다른 버스를 타고 이동했고, 백악관에 도착해서는 2명씩 대열을 이루어 블루룸으로 들어갔다. 탕사오이의 간단한 치사와 루스벨트 대통령의 답사가 이어진 후 학생들은 대통령과 악수를 나누는 것으로 백악관 방문을 마쳤다. 불과 30분 만에 끝난 간단한 행사였지만 104명의 학생들에게는 영원히 잊을 수 없는 시간이었다. 동부중국유학생연합회는 『중국유미학생월보』에서 이날의 행사를 자부심 가득 찬 어조로 기술했다.

중국 4000년 역사 최초로 외국 대통령이 많은 중국 유학생을 접견했다. 새로운 시대가 왔음을 알리는 일이었다. 새로운 시대에는 선각자와 정치가가 아닌 학생도 최고 지도자를 만날 수 있다. 새로운 시대의 젊은이들은 중국에서 막중한 책임을 가져야 한다. 미국에서 교육받은 학생들이 위대한 제국과 위대한 민주국가에서 세운 진정한 우정이 태평양을 사이에 두고 전파될 것이다.[7]

유학생뿐만 아니라 탕사오이도 미국에서 받은 교육이 장차 중국에 돌아가 임무를 수행하는 데 매우 유용할 것이라 믿어 의심치 않았다. 탕사오이는 유학생들에게 무엇을 배우든 철저히 배우라고 당부했으며, 중국은 모든 분야의 배움을 필요로 하기 때문에 전문 기술은 물론 지도자로서의 능력과 행정력을 구비해야 한다고 강조했다. 따라서 공학도 역시 인

AMBASSADOR TANG SHAO-YI, MINISTER WU TING-FANG AND THE STUDENTS
Taken before the Chinese Embassy, Washington, D. C., December, 1908

사진 1 탕사오이 특사와 유학생들. 1908년 성탄절에 워싱턴 중국 공사관에서 촬영.
자료: *The Chinese Students' Monthly*, IV.5 (March, 1909)

문적 소양을 갖춰야 하며 영어에 능통해야 한다고 했다. 또한 외국어는 미래의 정치계와 외교계 인사가 반드시 구비해야 할 기본 소양이므로 영어 외에 남미권 국가와 교류할 수 있도록 스페인어도 익힐 것을 권장했다. 그런가 하면 9년 후 중국에서도 국회가 열릴 것이니 미리 의정 원칙을 익히고 중국어로 토론하는 기술도 연습하라고 했다. "1917년에는 우리도 국회가 열릴 테니 여기 있는 사람들은 일찍이 참여할 준비를 하시오!"

워싱턴에서 보낸 휴가는 참가자 모두에게 잊을 수 없는 기억을 안겨주었지만, 탕사오이의 특사 임무는 순조롭지 못했다. 미국 국무부는 대통령이 104명의 중국 유학생들을 접견하고 배상금을 돌려주는 행정 명령서에 서명하는 것으로 외교적 업무를 다했다고 판단했다. 그러나 탕사오이는 미국에서 돌려받은 배상금의 사용에 대해 미국과 새로운 담판을 짓고 싶어 했다.

미국은 두 차례에 걸쳐 배상금을 중국에 보냈다. 1차는 탕사오이가 특사로 가던 1908년에 보낸 1200만 달러로, 이 자금은 1909~1911년 사이 세 차례 파견한 유학생(후스, 자오위안런趙元任 등)의 학자금과 칭화학당(훗날의 칭화대학) 설립에 쓰였다. 2차는 1924년에 보낸 1254만 달러로, 새로 설립된 중화교육문화기금이사회가 자금을 관리했다. 두 차례 모두 미국이 중국에 은덕magnanimity을 베풀었다는 신화로 포장되었지만 중국 정부는 이 반환을 선의로 여기지 않았다. 물론 이것은 좋은 일이고 이미 조약에 서명했으므로 미국이 반환하지 않아도 뭐라 탓할 순 없지만 본래 미국이 지나치게 많이 가져간 결과였기 때문이다. 실제로 이 배상은 주미국 공사인 량청梁誠이 3년에 걸쳐 펼친 반환 요청의 노력 끝에 얻어낸 것으로, 반환에 대해 미국이 조건을 붙이는 것도 우스운 일이었다. 중국 정부는 이 자금을 철도와 광산 개발 등 현대화 사업에 쓰고 싶어 했으나 미국 정부는 오직 미국에 유학생을 보내는 데만 쓰도록 압박했다.[8]

탕사오이는 반환금을 현대화 건설에 쓰자고 주장하는 대표적인 인물로, 이미 늦긴 했지만 펑톈 순무로서 일본이 만주滿洲에서 벌이는 식민 침략을 저지하기 위해 노력해야 했다.[9] 그의 계획은 이 위험한 지역에 미국을 끌어들여 국가 간 힘의 균형을 맞추겠다는 것이었다. 그는 미국의 철도 개척자인 에드워드 해리먼Edward H. Harriman과 협력하여 전 세계 철도망을 연결할 야심을 가지고 먼저 미국에서 2000만 달러를 모아 만주 철도 건설을 위한 만주개발은행을 설립한 뒤, 이 은행을 중심으로 만주 지역의 공업 발전을 일으키려 했다.

그러나 해리먼은 1907년 10월 미국 금융시장이 불안하다는 이유로 탕사오이의 제안을 거절하자, 탕사오이는 미국이 반환한 배상금을 담보로 대출을 받으려 했다.

미국 의회가 배상금 반환을 통과시키기 전, 미국 정부는 이 자금이 중국 학생을 미국에 유학 보내는 데만 쓰이도록 하라고 요구했다. 따라서 미국 정부의 고민은 어떻게 하면 강압적인 인상을 주지 않고 중국 정부가 흔연히 수용하도록 유도할까에 꽂혀 있었으므로 탕사오이의 만주개발은행 계획은 미국의 뜻에 완전히 반하는 것이었다. 미국 정부는 중국 주재 미국공사인 윌리엄 록힐에게 중국이 배상금에 대해 다른 생각을 갖지 못하게 하라는 지시를 내렸다. 탕사오이도 미국의 강력한 의지를 알고 있었다. 그러나 1908년 10월 탕사오이는 록힐에게 만주개발은행에 관한 자세한 계획안을 제출하면서 배상금을 담보로 미국에서 자금을 받은 뒤 은행에서 번 돈으로 유학생을 파견하겠다는 의사를 내비쳤다. 록힐은 듣자마자 "만약 중국이 우리에게 한 약속을 위배한다면 (…) 미국은 (배상금 반환) 결정을 무기한 미룰 것"이라고 압박했다.

록힐의 압박에도 탕사오이는 뜻을 굽히지 않았다. 그는 본인이 미국에 직접 가서 문제를 해결하려 했다.

그러나 미국은 중국 정부로부터 배상금을 교육에만 쓰겠다는 약속을 받았으므로 번복할 이유가 없었다. 탕사오이가 11월 30일 워싱턴에 도착하기 전, 미국은 먼저 손을 쓰기 시작했다. 국무장관 엘리후 루트와 일본 주미대사 다카하라 고고로는 미·일 양국이 태평양 지역의 현상을 유지하는 데 동의하고 존중한다는 내용의 루트-다카하라 협정 체결을 서두르고 있었다. 미국 정부는 이 협정이 "중국의 독립과 영토, 주권의 완전함"을 지지하는 것으로서 미국이 중국에서 견지해온 문호 개방정책의 연속이라고 했다. 그러나 일본 외상 고무라 주타로는 루스벨트 대통령이 파견한 존 오러플린을 만났을 때 남만주는 일본 국방경계선 내에 있으며 중국의 주권과 영토 보전 구역에 포함되지 않는다는 점을 분명히 했다.[10]

루트-다카하라 협정은 탕사오이가 미국을 방문하고 있을 때 체결되었다. 당시 베이징, 베를린, 도쿄, 워싱턴 정가에서는 탕사오이의 미국 방문 목적은 반일 연맹을 요청하기 위한 것이라는 소문이 돌았다.[11] 미국은 중국에 알리지 않고 루트-다카하라 협정을 체결함으로써 만주에 관한 거래를 마무리했다. 다만 방문한 탕사오이의 체면을 살려주기 위해 단지 협정 체결을 4시간 미루고 그에게 체결 내용을 살펴볼 기회를 주었을 뿐이다.

탕사오이가 진실로 미국과 비밀 연맹을 맺을 계획이었다면 이 협정 체결은 그에게 치명타였을 것이다. 그러나 탕사오이는 국무부를 방문했을 때 이 문제를 언급하지 않았다.[12] 이 협정은 그에게 현실을 받아들이라는 압박이었고, 중국은 약소국으로서 담판에 나설 입지가 마련되어 있지 않았다.

루스벨트 대통령은 중국인이 애국심이 결여되어 있으며 상무尙武 정신도 없다고 했다. 또 중국인을 '지나인Chink'이라고 조롱하고[13] 중국 지도자들은 무능하고 확고하지 못하며 "이미 정해진 정책도 국내외에서 실행하지 못하는 경우가 많으니 아주 조심스럽게 대해야 한다"[14]고 폄하했다. 이는 미국인이 중국인을 무시하던 당시 미국 사회의 정서를 반영하는 말로서, 이 발언을 전해들은 탕사오이 사절단은 모멸감을 느꼈다. 탕사오이가 도착하기 전 접대를 담당한 조지 마빈은 미국 내 관련 부서와 연락을 취하면서 루스벨트 대통령이 탕사오이의 방문에 '상당한 적의'를 갖고 있으며 '사절단의 진정한 목적'을 미심쩍어한다는 것을 알아차렸다. 국무부는 마빈에게 사절단을 예우하되 외교 연맹에 대해서는 단호하게 거부하라고만 했기 때문에 마빈은 미·일 양국이 루트-다카하라 협정으로 친선을 맺으려 한다는 사실을 전혀 모르고 있었다.[15] 루스벨트 대통령과 국무부는 만주 문제로 일본과 갈등을 빚고 싶지 않았기 때문에 웬만하면 사절단을 피하려 했다.

탕사오이는 워싱턴에서 어떤 성과도 얻지 못했다. 그저 외교적 의례와 선양沈阳 고궁박물관 창고에 보관 중이던 도자기 한 점을 루스벨트 대통령에게 선물한 것이 전부였다.[16] 대담 기록을 보면 루스벨트 대통령은 만약 중국이 일본과 전쟁을 벌인다 해도 얻을 것이 없으며 미국은 일본과 전쟁하려는 중국을 지지하지 않는다고 말했다.[17] 루트는 탕사오이가 워싱턴에 왔을 때 루트-다카하라 협정에 관한 내용만 보여주었을 뿐 회견 기회도 내주지 않았다.[18] 열흘 뒤의 회담에서도 루트는 만주개발은행 계획에 대해 아무 반응을 드러내지 않았으며 그저 배상금은 유학생 파견에만 사용되어야 한다는 국무부의 입장을 거듭 강조했을 뿐이다.[19] 탕사오이는 배상금 이자로 유학생을 파견하고 원금을 담보로 미국에서 대출받을 수 있을지 물었으나 루트는 답하지 않고 침묵을 지켰다. 루트의 침묵non-engagement이 곧 답변이었다. 루트는 비망록에서 "탕사오이의 설명에 반대도 찬성도 하지 않았다. 그러나 침묵과 화제를 바꾸려는 나의 태도로 충분히 눈치 챘을 것이다"라고 했다.[20]

탕사오이의 방미는 시작부터 징조가 좋지 않았다. 11월 14일과 15일, 그가 아직 태평양 바다 위에 있을 때 서태후와 광서제가 잇따라 서거했다. 조정 예법에 따라 사절단은 상복을 입어야 하고 머리와 수염을 깎을 수 없었기 때문에 워싱턴 유니언 스테이션에 도착한 그들은 "전통 상복 차림에 긴 머리와 수염이 수북한 (…) 매우 거칠고 이상한 모습"이었다.[21] 더욱이 서태후가 세상을 떠나고 위안스카이가 축출됨으로써 탕사오이는 자신을 받쳐주던 든든한 배경을 잃었다. 1909년 1월, 유럽에 있던 그는 갑자기 소환되어 귀국길에 올라야 했다.

유학생들은 탕사오이의 방문 목적을 몰랐다. 『중국유미학생월보』에서는 그가 대외적으로 밝혔듯이 미국 정부의 배상금 반환에 대한 답방으로 보도했다. 이후 배상금 지불이 완납되는 1940년까지 30년 동안 적어도 1800명의 학생이 미국으로 건너갔고, 학업을 마친 뒤에는 귀국하여 요직을 맡기도 했다. 이 기간에 미국 유학중이던 일부 학생은 경관 유학생 자격을 얻기 위해 1909~1911년 귀국해서 3차 경관 유학 시험을 치르기도 했다.[22]

탕사오이가 미국을 방문하고 있을 때 유학생들은 미국의 선의에 감사를 표하는 동시에 중국 정부에게는 반환자금을 유학생에게만 사용해줄 것을 촉구했다. 1908년 11월 『중국유미학생월보』 사설에서 이러한 내용을 볼 수 있다.

미국 정부는 '공정한 교역square deal'(루스벨트가 제일 좋아하는 문구)을 주장해왔다. 루스벨트 대통령은 배상금 지불을 제의했고 국회는 신속하게 통과시켰다. 미국의 숭고한 행위는 국제 외교의 새로운 표준이 되었다.[23]

아울러 중국은 미국의 이러한 행동에 보답해야 한다고 했다.

중국 정부가 1000여 명의 유학생을 파견하는 것은 미국이라는 큰 시장에서 다른 나라들이 얻을 수 없는 우세를 점하는 것이다. 간접적으로 얻는 장점들은 글로써 묘사할 수 없을 정도로 많다.[24]

유학생들은 미국이 진정으로 중국에게 호의를 베풀고 있다고 생각했기 때문에 루트-다카하라 협정도 그들의 믿음에 별 영향을 끼치지 못했다. 『중국유미학생월보』도 이 협정이 만주에 대한 중국의 권리에 위험한 것이라고만 보도했을 뿐 어떠한 평론도 하지 않았다. 그들은 미국이 탕사오이를 얼마나 냉정하게 대우했는지 모른 채 이 방문이 성공적이라고 평가했다. 또 중국은 미국의 기개 있는 행동에 감사해야 하며, 대학 간에 친선경기를 나누듯이 양국은 서로를 응원하고 격려하자고 했다. 그런 와중에 중국 정부가 갑자기 탕사오이를 소환한 일은 외교 결례처럼 보였다. 아직 친선경기가 끝나지도 않았는데 한쪽 응원단이 퇴장한 셈이다. 위안스카이가 쫓겨나고 탕사오이가 소환된 것은 반대 세력의 대두를 말하는 것으로, 중국은 큰 손상을 입혔다. 대부분의 유학생은 위안스카이가 진보와 희망을 대표한다고 믿었으므로 그의 퇴출은 중국에서 진보 세력의 좌절을 의미했다. 1909년 2월 왕징춘은 『중국유미학생월보』에 이러한 글을 썼다.

우리는 비록 섭정왕(재풍載灃) 광서제의 이복동생으로 마지막 황제 푸이의 생부—옮긴이이 통치하는 중국에 큰 희망을 품고 있지만 중국에서 가장 진보적 인물인 위안스카이가 퇴출되었다는 청천벽력 같은 소식에 놀라지 않을 수 없다.[25]

그러나 당시 편집장이었던 왕징춘은 "우리는 현지 상황에 대해 잘 알 수 없고 참견할 여지도 없기 때문"에 섣불리 판단하지 않는다고 했다.[26]

실패로 돌아간 탕사오이의 미국 방문에는 중국 근대사에서 살펴봐야 할 여러 문제가 포함되어 있다. 당시 양국 관계를 논하는 학자들은 그의 실패는 미국을 설득하지 못한 것이 아니라 만주 책략이 미국의 대중국 정책에 반한다는 사실은 간과한 것이라고 해석한다. 마이클 헌트는 미국이 배상금을 유학생에게 써야 한다고 한 것은 알려진 바와 같이 선의도 아니고 중국에 대한 특별한 은덕도 아닌, 외교·문화·재정 등을 고려한 결과라고 했다. 가장 중요한 것은 친미 성향의 지도층과 광대한 소비층을 배양하기 위해서라는 것이다.[27]

미국이 이렇게 쉽게 자기 의지를 관철시킨 배경에는 비장의 무기가 있었다. 바로 중국의 세관과 총세무사였다. 19세기 중엽부터 중국 세관에서는 외국인을 총세무사로 고용하여 중국의 국제 신용도와 채무 상환을 관리하도록 했다. 1912년에는 외채와 배상금을 전문으로 담당하는 국제은행위원회International Commission of Bankers가 상하이에 설립되었다.[28] 이런 체제 아래 중국 정부는 세관 수입과 지출에 대해 관여할 수 없었으며, 국제은행위원회가 세관의 수입에서 외채와 배상금을 제외하고 남은 돈을 중국 정부에 전달했다. 설사 돈이 남아도 위원회가 중국 정부에 전해준 뒤에야 비로소 돈을 만질 수 있었다. 마치 집을 소유한 자가 집을 팔 때 거래 계약이 성사되면 은행에 대출금 등을 공제한 뒤 남은 돈을 받는 경우와 같은 것이다.

1927년 미국은 이 절차를 더욱 촘촘하게 수정했다. 미국이 배상한 경자 배상금인 경관庚款의 경우, 매달 중국 정부의 배상금 수표를 세관 총세무사가 미국 공사에게 보내면 미국 공사가 서명한 후 다시 외교부의 칭화기금이사회 및 경관기금관리위원회에 보냈다.[29] 왼손에서 오른손으로 보내는 놀이와 다르지 않았다. 중국이 매달 경자 배상금을 미국에 지급하면 미국은 이것저것 공제하고 나서 남은 금액을 중국에 돌려주었다. 사실 미국은 손오공 머리에 씌워진 금테처럼 이 제도를 이용하여 중국을 옥죄기 전부터 세무사 체제 아래 충분한 압박을 가하고 있었다. 중국은 은행에서 대출받아 집을 산 사람이 매달 돈을 갚아 나가듯 지불해야 했고, 자금을 내지 못하면 세관 총무사는 미국이 보낸 배상금을 보내주지 않았다.

탕사오이의 이야기는 20세기 초반 미국에 간 중국 유학생들의 면모를 단적으로 보여준다. 우선 그들에게는 미래 중국의 지도자라는 의식이 깊이 내재해 있었다. 탕사오이가 성탄절에 104명의 유학생을 워싱턴에 초대한 것은 그의 방미 목적과는 무관한 일로, 유학생들에 대한 관심과 애정을 표한 것이었을 뿐이다. 그는 초대장에 이렇게 썼다. "나는 1881년 유학생 신분으로 미국에서 귀국한 이후 계속 유학생들에게 관심을 기울여 왔습니다. 특히 유학 생활에 관심을 가지고 있어 이번 방문에서 특별히 여러분들을 만나고 싶었습니다."[30] 어쩌면 과거 자신의 유학 시절에 대한 추억이거나 젊은 후배들에 대한 관심일 수도 있다. 그러나 유학생들에게 탕사오이의 인생은 곧 자기들의 현재와 미래의 모습이었다. 그의 과거 모습은 유학생들의 현재이고, 고위관직에 있는 그의 현재는 유학생들의 미래였다. 더욱이 이번 여행지가 워싱턴이라는 사실은 상징적 의미를 더해주었다. 백악관을 방문하여 루스벨트 대통령을 접견하지 않았던가! 이는 자신들이 특별히 선발된 인재라는 사실을 재확인해준 것이다. 뿐만 아니라 탕사오이가 환영회 건배사에서 "신사 여러분! 장차 중국 국회에서 우리 다시 만나기를 기대합니다!"라고 한 것 역시 자신들이 미래 중국의 동량임을 확실히 대변하는 것 아니겠는가.

오랫동안 유학생을 연구해온 왕이쥐는 미국 유학생들에 대해 자부심이 지나쳐 교만했다고 지적했는데[31] 이는 매우 단순화한 표현이다. 중국에 전통적으로 전해지는 '배움이 뛰어나면 관직에 나간다'는 관념이 당시 서양의 문물과 기술을 배우자는 양무洋務 운동의 필요에 따라 '유학을 다녀오면 관직에 나간다'는 현대적 관념으로 변화한 것에 가깝다. 청 정부가 1870년대 탕사오이를 비롯한 120명의 어린 학생들을 미국에 보낸 까닭은 증국번·이홍장이 상소문에 밝혔듯이 "미국에서 교육을 받은 뒤 귀국하여 서양의 장점을 중국에 접목하여 익히면 강해질 것이다"라는 계획에 따른 것이다.[32] 1905년 과거제도가 폐지되고 나서 6년 뒤인 1911년에 청조는 망했다. 그 사이 정부는 귀국한 유학생을 대상으로 이른바 양과거洋科擧라는 시험을 일곱 차례나 실시해 옛 과거시험에서 부여하던 명예를 안겨주었다. 이 일곱 차례 시험에는 모두 1976명이 응시해서 1598명이 합격했으며, 1399명이 진사와 거인의 명예를 얻었다.[33]

전통 관념의 뿌리는 깊었다. 미국 유학을 다녀온 학생들은 (또는 단지 머물다 온 경우에도) 귀국 후 관직에 나가는 것을 특권으로 여겼다. 그러므로 '유학을 다녀오면 관직에 나간다'는 관념은 뿌리 깊은 엘리트 의식의 다른 표현이었다. 그들은 미국 유학을 통해 서양의 문물을 배워왔지만 구습을 타파하기는커녕 오히려 더 깊이 빠져들었다. 그들이 미국 사회에서 본 하층 계급, 즉 유럽인(특히 남아메리카에서 온 이민 노동자와 흑인)은 그들로 하여금 사회에 서로 다른 계급이 존재하는 것이 마땅하다는 인식을 심어주었다. 오히려 그들을 가장 부끄럽게 한 것은 미국 대부분의 도시에 형성된 차이나타운으로, 그들은 미국 내 중국인 노동자를 멸시했으며 중국의 수치로 여겼다. 심지어 중국인 노동자들은 미국인이 중국인을 폄하하거나 천대하는 법률을 제정하는 계기를 제공했다고 생각했으며, 같은 민족이라는 점 외에는 자신들과 어떠한 공통점도 없다고 여겼다. 일부 중국인 노동자와 자신들을 구분해서 이야기하는 미국인을 만났을 때는 감격하기도 했다. 유학생 일부는 중국인 노동자로 인해 미국인 사회에 생겨난 고정관념을 바꾸기 위해 1910년대 초 미국 동부 차이나타운에 거주하는 노동자들을 상대로 교육 프로그램을 운영하기도 했지만 오래 유지하지 못했다. 대다수 미국 유학생은 차이나타운의 노동자들과 교류하지 않았다. 이후 미국에서 얻은 중국 노동자들에게 대한 부정적 인상 때문에 이들은 귀국 후 더욱 엘리트 의식에 빠져들었다.

유학생들이 관료를 추구하는 것은 엘리트 의식이 빚어낸 자아상과 깊은 관계가 있다. 우선 이들은 정치적으로 보수파이면서 스스로는 신보수주의자라고 여겼다. 신보수주의자란 해외 경험이 없는 기존의 보수 관료와 달리 미국에서 진보적 시각과 세계관을 받아들인 존재로, 귀국 후 자신들이 수구적 관료를 대체해야 한다고 여겼다. 그러나 이들은 진보적 보수파를 자처하면서도 결코 권력자에게 도전하지 못하는 존재로, 언제나 관료로 출세하기 위해 권력자에게 충성을 맹세했다. 20세기 초, 유학생 단체는 마지막까지 권력에 충성했으나 정권이 무너지면 그들의 충성은 또 다른 새로운 정권으로 옮겨졌고 그 정권이 무너질 때까지 충성을 이어갔다.

1902년에 창설되어 1931년에 해체된 전미중국유학생연합회가 대표적인 경우다. 29년 동안 중국에서는 청나라가 멸망하고 짧은 공화정 시기가 있었으며 위안스카이·군벌·국민당에 이르기까지 여러 정권을 거쳤다. 정치적으로 연합회는 보수적인 입장이었기 때문에 끝까지 혁명을 폄하고 서태후에게 충성하다가 청조가 망하자 곧바로 위안스카이에게 의지했다. 그가 독재를 행사하여 황제에 오르자 국내 여론은 맹렬히 비나

했지만 연합회는 입장을 바꾸지 않았다. 오히려 혁명을 일으킨 쑨원孫文을 조롱했다. 신해혁명이 성공하기 전, 연합회가 발행하는 『중국유미학생월보』은 한 번도 쑨원의 이름을 언급하지 않았다. 청조가 망하고 민국이 건립되어서야 비로소 쑨원을 영웅이라 부르기 시작했지만 대부분은 위안스카이를 진정한 지도자로 여겼다. 쑨원이 위안스카이에 대항하여 일으킨 2차 혁명이 실패로 돌아가자 연합회는 쑨원에 대한 지지를 철회했으며, 쑨원은 자기 시대가 지난 줄 모르는 버림받은 어릿광대라고 조롱했다. 1920년대 중반, 국민당이 전국 통일을 이루는 것을 확인했을 때는 다시 입장을 바꾸었다. 그러나 아이러니하게도 국공國共의 분열은 연합회 해체를 촉발했다.

탕사오이의 여행에서 드러난 유학생의 또 다른 모습은 치료 불가능한 친미파라는 점이다. 미국인이 중국인에 대해 차별대우를 하고 「배화법」을 이용해 배척해도 그들은 미국에 대한 사랑을 접지 않았다. 당시는 적어도 14개 주에서 '타인종간 혼인금지법'을 제정하여 백인과 중국인(유색인)의 통혼이 금지되어 있었기 때문에 미국인과 결혼한 중국인은 미국 국적을 얻을 수 없었다. 미국에서 생활하는 동안 그들에게는 환영받지 못하는 존재라는 생각이 그림자처럼 따라다녔으며, 대부분은 직간접적인 차별 경험이 산더미처럼 쌓여 있었다. 처음 미국에 도착해 입국 수속할 때부터 시작해서 살 집을 구하지 못했을 때, 이발소나 식당에서 서비스를 거절당했을 때 등 다양한 차별 경험에 따른 트라우마를 가지고 있다.

그럼에도 이들은 미국이야말로 진정한 자유 국가이며 공정한 국가라고 굳게 믿었다. 「배화법」이 엄격하던 시절에도 미국 상류층은 자신들을 배척하지 않는다고 생각했다. 학생·관료·상인·교사·관광객들은 여전히 입국이 가능하다는 사실을 근거로 법안이 금지하는 대상은 중국인 노동자라고 했다. 또한 잘못된 정보로 인해 미국인이 중국인을 경시하는 편견을 갖게 되었으므로 중국인 스스로 이에 대해 책임을 져야 한다고 했다. 무엇보다 우리 스스로 중국을 제대로 알리려 하지 않아서 서방 여행자나 선교사를 통해 알려지게 되었는데, 그들의 무지함과 나쁜 의도 또는 선교 활동이라는 목적 때문에 중국의 어두운 면이 부각되었다는 것이다. 또한 초기에 건너온 노동자들이 무례한 행태를 보여 중국의 이미지를 훼손했으나 자신들은 미국인들에게 진정한 중국인의 모습을 보여주어 만회해야 한다고 믿었다. 앞으로 더 많은 유학생이 미국에 온다면 미국인들은 깨끗하고 점잖고 미국화된 중국 유학생들에게서 진정한 중국인의 모습을 확인하게 될 것이라 생각했다.

이들은 「배화법」과 미국에서 겪은 암울한 경험에도 불구하고 실망하지 않았을 뿐 아니라 미국의 대중국 정책을 보면서도 미국에 대한 믿음을 포기하지 않았다. 미국은 교과서이고 국제 정의를 지키는 사도이자 중국의 보호자였다. 많은 미국인과 마찬가지로 중국에 대한 미국의 문호 개방 정책은 유학생들에게 신화와 같은 것이었으며 벗어날 수 없는 이데올로기였다. 19세기 말 서구 열강이 중국을 식민지화하고 자신들의 이익을 극대화하기 위해 영토와 항만을 조차할 때 1899년 미국 국무부장관 존 헤이는 중국 시장에서 꾸준한 이익을 보장받기 위해 최초로 문호 개방 정책을 주장했다. 유학생들은 존 헤이를 중국 영토의 분할을 막아준 구세주처럼 여겼다. 즉 문호 개방 정책이 중국을 구했을 뿐 아니라 국제 정의를 수호하여 중국 영토 주권을 온전히 확보해주었다고 판단한 것이다. 더군다나 미국이 의화단 사건으로 인한 인적·물적 손실에 대한 경자배상금의 일부를 돌려주기로 한 것은 원한을 덕으로 갚는 것이라며 감격스러워했다. 그러나 실제로 미국이 돌려준 것은 초과한 금액일 뿐이며 반환 과정도 이들의 생각과는 딴판이었지만 아무도 믿지 않았다.

유학생들에게 중국에 대한 미국의 은총은 거의 종교 신앙과 같은 것이었다. 비록 미국의 대중국 정책에 거듭 실망할지언정 이 신앙을 버리지는 못했다. 1920년 중반 무렵 혁명과 반제국주의 물결이 거세게 몰아치자 비로소 미국의 대중국 정책이 모두 립서비스였으며 속 빈 강정이었다는 사실을 깨닫기 시작했다. 미국이 입버릇처럼 말하던 중국과의 우의는 실제 정책에서 거의 나타나지 않았기 때문이다.

당시 유학생들이 이토록 친미 성향을 갖게 된 까닭은 어려서부터 미국 교육을 받았기 때문이다. 이후의 유학생들은 대부분 중국에서 대학을 졸업한 뒤 미국으로 갔지만 초기 유학생들은 고등학교와 대학을 모두 미국에서 다녔기 때문에 20세기 중국 유학생 중 가장 미국화된 세대라 할수 있다. 그들의 옷차림이나 취미는 미국인과 똑같아서 미식축구를 보면서 응원가를 불렀고, 강연이나 스피치 대회 또는 학보사 등의 활동에서도 미국인 대학생과 다를 바 없었다.

유학생들은 중국 학생회 등의 조직에서도 대학에서 접한 미국식 운영을 그대로 받아들였다. 따라서 모든 대학의 중국 학생회는 물론 전미중국유학생연합회, 북미중국기독교유학생협회 등도 미국대학생학생회나 미국기독교청년회YMCA 조직과 똑같았다. 중국유학생연합회가 매년 주최하는 여름 캠프는 가장 많은 자료를 남겼을 뿐 아니라 흥미로운 활동이었다. 많은 유학생이 강연과 스포츠에 참가하거나 교가 부르기 대회, 장기 자랑 등에 참가했으며, 연합회의 차기 회장과 각 지부의 간부를 선출하거나 국내 현안 문제에 대한 토론을 벌였다. 훗날 사교춤 프로그램이 추가되자 큰 호응을 얻었다.

조직과 활동을 미국식으로 모방하다보니 운영 방식에 문제가 발생했다. 초기 전미중국유학생연합회와 각 학교의 중국 학생회는 모든 공문과 기록을 영어로 사용하기로 공식화했는데, 당시에는 아직 베이징어가 표준어로 정해지지 않았고 중국 여러 지역에서 건너온 학생들이 다양한 사투리를 써서 서로 알아듣기 어려웠기 때문에 영어를 소통수단으로 삼을 수밖에 없었다. 그러나 영어 사용이 어쩔 수 없는 선택이었다기보다는 자신의 신분을 과시하려는 의도에서였다는 게 더 정확한 표현일 것이다. 여름 캠프에서도 마찬가지였다. 중국어를 사용하자는 일부 주장도 있었지만 1920년 중반까지는 영어를 주로 사용했다. 그들이 가장 좋아하고 참여율도 높았던 활동은 영어 스피치 대회와 토론 대회였는데, 중국어 강연이나 토론 대회는 참여율이 저조하고 관심을 끌지 못한 반면 영어로 수행하는 대회는 가장 좋은 시간대에 가장 화려한 형태로 연출되었다.

남학생 사교클럽fraternities이나 여학생 사교클럽sororities은 이들의 미국화 정도를 잘 보여준다. 당시 유학생 사회에는 남학생 사교클럽 5개와 여학생 사교클럽 1개가 있었는데, 1930년대에 1000여 명이 넘는 학생이 가입했다.[34] 1922년 코넬대학 여름 캠프에서 열린 영어 스피치 대회에서 1등을 차지한 내용은 다음과 같다.

> 나의 사고방식, 행동양식, 맞고 틀림의 판단 기준은 기본적으로 미국인과 다르지 않다. (…) 미국의 초등학교, 중고등학교, 대학의 교육 목표와 방법은 온전히 그대로 내게 주입되었다.[35]

어느 나라의 유학생회도 이토록 부끄러워하지 않고 자신의 미국화를 당당히 밝힌 경우는 없었다. 그러나 그가 강조한 것, 즉 미국 교육에 의해 자신의 사상 체계가 확고히 형성되었다는 인식은 귀국 이후 조국 사회에 어떻게 적응할 것인가 하는 문제를 드러내고 있다.

미국 유학생과 중국 사회의 간극은 오랫동안 다뤄온 문제다. 1920년 이후 미국 유학생의 이데올로기는 좌파와 우파는 물론 자유주의자, 서양 학자들에게까지 토론 주제가 되었다. 특히 근대 중국 교육이 서구화되었다는 비판이 부각되었다. 서양의 교육학자 존 듀이와 장 자크 루소 그리고 중국 교육계에서 활동했던 미국 교수와 언론인도 이러한 비판에 가세했다. 이를 대표하는 저서로는 수신청이 쓴 『근대 중국 유학사』이며, 이 분석과 비판은 1966년 왕이쥐의 『중국 지식인과 서방, 1872~1949』으로 연계되었다. 1949년 이후 중국에서는 근대 유학생 문제에 대해 연구보다는 정치 선전의 방식으로 부정적 평가를 내렸다. 1980년대 말 중국이 개혁개방으로 돌아서자 학계는 과거의 정치적 입장을 버리고 유학생은 더 이상 근대 중국의 문제 계층이 아니라는 식으로 논조를 바꾸었다. 그들이 민족성을 상실했거나 서양 제국주의에 이용되어 중국을 침략하는 데 동원된 문화 매판이 아니라는 것이다.[36]

중국 근대 유학생에 대한 이러한 극단적 평가는 커다란 결점을 드러내고 있다. 다만 초기의 비판은 나름대로 충실한 자료에 근거하고 있다. 이 책에서는 이러한 해석에 근거하되 극단적인 부분에는 수정을 가했다. 한 예로 유학생들이 정치적으로 실패했다는 평가는 정확하지만 이는 그들이 미국 대학에서 동아리 활동에 참가한 경험과 관계가 있다. 많은 미국 유학생들이 선망하는 직업은 외교관이었다. 그래서 국내외에서 다양한 분쟁을 처리할 때 그들은 자신들이 미국 대학에서 참여했던 토론대회나 학생 자치회에서 익혔던 경험과 방식으로 해결하려는 경향을 보였다.

중국은 제1차 세계대전 이후 열린 파리회의 그리고 1921, 1922년에 열린 워싱턴회의에 대표단을 파견하면서 유학생들을 다수 포함시켰다. 이에 따라 워싱턴회의에는 정식 대표단 외에 유학생들이 옵서버로 참여하기도 했다. 이들은 대학 시절부터 각종 토론 대회에서 뛰어난 성적을 거둔 경험을 바탕으로 국제회의에서도 정의와 상식에 호소할 수 있을 것이라 생각했다. 그러자 일본 외무성이 뉴욕에 설립한 동서통신사의 사장 이에나가 도요키치長家永豊는 중국 대표단과 유학생들을 다음과 같이 비웃었다.

> 오늘 내가 들었던 유일한 소음은 중국 쪽에서 나왔다. 전쟁(제1차 세계대전) 동안 협약국들은 수차례 중국이 책임을 다하지 않는다고 경고했다. 전쟁이 끝나자 중국은 궤변으로 세계를 홀리려 한다. (…) 중국이 공담과 실천하지 않은 일들로 세계의 공감을 얻으려 하는데 (…) 세상에 그렇게 되는 일은 없다.[37]

중국 대표는 파리회의에서 일본이 무력으로 침공한 산둥의 독일 조차지 자오저우만膠洲灣이 반환되어야 한다고 열변을 토했지만 호응을 얻어내지 못했다. 그럼에도 미국이 국제 정의를 지키는 수호자라는 유학생들의 믿음은 결코 흔들리지 않았다.[38] 국제 외교무대의 대응이 그러했듯이 국내 정치에서도 크게 다를 게 없었다. 『중국유미학생월보』에는 국내 정치의 난맥상에 관한 글들이 실렸고, 역시 토론으로 해결해보려는 시도가 이어졌다. 사실 유학생뿐 아니라 앞서 귀국한 후스를 비롯한 많은 사람이 국민회의를 열어 군대 축소 등 현안 문제를 해결할 수 있다고 믿지 않았던가? 이들은 1920년대 중반에 이르러서야 비로소 국제 정의와 미국의 대중국 정책에 대해 환상에 젖어 있었음을 자각하기 시작했다. 유학생들이 국내외 문제를 이성과 토론에 의지해 해결하려는 믿음이 얼마나 굳건했는지를 알 수 있는 대목이다.

유학생들이 지극히 미국화되었다면 중국의 문화와 전통에 대해서는 어떤 태도를 가지고 있었을까? 물론 그들이 미국화되었다고 해서 중국 문화를 무시했다는 말은 아니다. 20세기 초 미국에 간 중국 유학생들은 일반인이 생각하는 것처럼 중국 문화나 전통을 멀리한 세대는 아니다.[39] 그들은 서방 국가, 특히 미국을 흠모했지만 동시에 중국의 전통문화에 대한 자부심도 가지고 있었다. 사실 그들의 중국 문화에 대한 태도는 미국화 정도에 따라 결정되었다기보다는 당시 중국의 현실에 대한 관찰과 깊은 관계가 있었다. 청조 말기의 입헌 개혁과 신해혁명은 당시 미국 유학생들이 즐겨 쓰는 표현을 빌리자면 중국이 오랜 잠에서 깨어나는 징후였다. 유학생들은 이런 중국 문화의 변화에 대해 깊은 믿음이 있었다. 5·4 운동에 관한 반응이 대표적인 경우다. 하지만 그들은 애국 운동으로서는 5·4 운동을 열렬히 지지한 반면 전통에 반대하는 신문화 운동의 경향에 대해서는 냉담했다. 1916년 여름 캠프의 영어 스피치 대회에서 우승한 학생은 이렇게 말했다.

오랜 역사를 가진 국가 중에서 중국은 유일하게 여전히 전통을 유지하고 있다. 미래에 발전할 수 있는 엄청난 잠재력을 가지고 있다. (…) 세계로 눈을 돌려보면 비백인종 국가들은 하나씩 망하고 있으니 우리는 반드시 성공해야 한다. 우리는 유일한 (비백인종) 독립 국가를 이룰 것이다. 만약 지구상에 통일된 문명이 출현한다면, 우리가 동아시아 민족 중 가장 서구화되었으므로 두 문명을 아우를 수 있는 유일한 국가다.[40]

이 연설은 유학생들이 미국화되었다고 해서 중국 문화와 소원했던 것이 아니며 오히려 중국 문명을 서양과 대비하여 조명하고 있다는 데 주의할 필요가 있다. 이들은 유창한 영어로 대학, 현지 교회, 민간단체의 초청을 받을 때면 중국 문화의 대변인이라는 자부심을 갖고 중국에 관한 강연을 하곤 했다. 사명감에서든 미국인들에 대한 토착 문화의 대변인 입장이든 유학생들은 중국의 민족성, 여성의 사회적 지위, 가족 관계, 정치 문화 등을 과장하거나 미화해서 설명했다. 이는 중국의 전통을 실체화reified, 본질화essentialized 혹은 역사화a-historicized하는 이른바 오리엔탈리즘의 논조였다. 이에 대해 에드워드 사이드는 『오리엔탈리즘Orientalism』에서 중국인은 "한 지역의 특정한 종교, 문화, 종족으로 경계를 삼는다"고 비평한 바 있다.[41]

그러나 20세기 초반의 유학생들은 사이드의 지적과는 달리 수동적으로 차상위의 오리엔탈리즘화를 주장하거나 서양의 오리엔탈리스트들처럼 동양 세계를 견제하지 않았다. 그들의 오리엔탈리즘론은 자신들이 미국에서 다방면으로 습득한 오리엔탈리즘 논조를 되풀이하는 것이었다.[42] 가끔 적극적으로 중국에 대한 서양의 오리엔탈리즘 논조를 유용하거나 도전하기도 했다. 물론 유학생들에게서 보이는 셀프-오리엔탈리즘self-Orientalization 경향은 중국을 위해 좋은 이미지를 세우려는 일종의 선전 전략이었을 뿐 맹신했던 것은 아니었다. 그러나 이런 논조는 중국인들의 뇌리에 깊이 자리 잡게 되었다. 근대 중국에서는 보수주의자, 자유주의자, 민족주의자, 마르크스주의자, 반대당까지 언제나 오리엔탈리즘 이론으로 중국을 이야기하곤 했다.[43]

20세기 초반에 미국에 간 유학생들은 중국 사회의 엘리트였다. 정확한 자료는 없지만 대부분 출신이 중상층 이상이었음은 의심할 여지가 없다. 이들은 모두 국비장학생들이었기에 집에서 비용을 댈 필요도 없었으며 오히려 장학금을 모아 저축을 하거나 여행을 다니기도 했다. 1920년 대 수신청부터 1960년대 왕이쥐까지 중국 유학생 연구에서는 모두 교육 자원 분배의 불균형을 지적했다. 첫째는 고등교육을 중시하고 초등교육을 소홀히 했다는 점이고, 둘째는 대부분 상하이·베이징·난징·광저우 등 연안 대도시에 교육이 집중되었다는 점이다. 이런 점은 유학에도 그대로 반영되어 20세기 초반 유학생은 절대 다수가 광둥·장쑤·저장 3성 출신이 주를 이루었다.[44] 왕이쥐에 따르면 이렇게 지역 편중이 심했던 이유는 경제적으로 부유한 가정 출신만 기회를 잡을 수 있었고, 서구화된 부유한 엘리트들이 연안 도시에 집중되어 있었기 때문이다.[45]

그러나 왕이쥐의 비판은 그 표면만 본 것으로, 교육 자원이 불균형하게 된 원인과 구조 분석을 간과했다. 20세기 초반, 그들이 유학을 갈 수 있었던 것은 개인의 노력이나 집안의 투자뿐만 아니라 당시 중국의 유학 정책과도 긴밀한 관계가 있었다. 당시 각 지방 정부는 유학에 많은 지원을 했는데 지역 사회에서 그 혜택을 입은 사람은 극히 소수였다. 말하자면 많은 납세자의 돈이 소수 행운아들에게 집중되었다는 것이다. 이 행운아들이 공개적이고 공평하게 영어와 전공 시험을 거쳐 선발된 것은 사실이지만, 당시 상황에 비춰볼 때 이런 시험 준비는 거의 기독교 학교에서만 가능했다. 과연 긴 안목과 재정을 가지고 아이들을 기독교 학교에 보낼 수 있는 가정이 당시에 얼마나 되었겠는가? 시대 변화를 읽고 기회를 먼저 포착할 수 있는 가정에서만 정부가 제공하는 국비 유학이라는 사회적 자원을 선점한 것이다.

룽훙의 어린 유학생 사업과 20세기 초반의 중국 유학생을 살펴보면 다음과 같은 현상을 발견할 수 있다. 첫째는 룽훙이 데리고 간 120명의 어린 유학생은 전부 국비 보조를 받았다는 것, 둘째는 20세기 유학생의 대다수는 시대적 흐름을 파악한 부유층의 자녀들이라는 것이다. 실제로 어린 유학생 중 48명의 가정환경을 조사해보니 2/3 이상이 양무와 매판, 상인 집안 출신이었다. 룽훙이 데려간 학생 중 13명의 자비 유학생이 포함되어 있었다는 것은 1870년대에 어떤 집안은 이미 시대의 흐름을 읽고 장차 유학이 성공의 열쇠라는 것을 깨달았음을 의미한다. 셋째는 유학생 중 90퍼센트는 광둥·장쑤·저장 등 해안 도시 출신으로 이 순서는 20세기까지 지속되었다.

중국에서 맨 처음 유학생을 데리고 갔던 룽훙은 1881년 소환되었지만 중국 사회에서 유학에 대한 관심은 이미 시작되고 있었다. 1882~1915년까지 과도기 기간의 유학생 중 절반 이상이 국비 유학생이었으며 대부분 부잣집 자제들이 그 수혜를 누렸다. 이들은 이미 기독교 학교나 영어를 가르치는 학교에서 교육을 받고 있었으며 이미 유학은 집안의 전통으로 자리 잡아가고 있었다. 이러한 현상을 토대로 왕이줴는 "아버지가 유학을 다녀오면 아들도 반드시 유학을 간다"는 유명한 말을 남겼다.[46]

20세기 들어 유학이 시대적 조류가 된 이후에도 룽훙으로부터 시작된 현상들은 여전했다. 즉 국비 유학생 비율이 높고 대부분 기독교 학교 출신의 부잣집 자제들이 기회를 얻었다는 점이다. 국비 유학생 중 절대다수를 점하는 칭화대학 출신들은 56퍼센트가 지주, 관료, 자산층 출신이고 나머지 44퍼센트도 중산층 출신이었다. 대략 유학 기간이 8년 정도 소요된다는 점에서 국비 유학 제도는 그들에게 금상첨화였을 뿐 설중송탄雪中送炭, 눈 속에 있는 사람에게 숯을 보낸다는 뜻으로, 어려움에 처한 사람을 때맞춰 돕는다는 성어—옮긴이의 경우는 아니었다. 왕이줴는 20세기 중반까지 자료를 검토한 결과 5개 성 부유층의 자녀들이 유학의 기회를 독점했음을 입증했지만, 이들이 자비가 아닌 국비 장학생이었다는 점은 간과했다. 결국 메리토크라시meritocracy, 출신이나 가문 등이 아닌 능력이나 실적, 즉 메리트에 따라서 지위나 보수가 결정되는 사회 체제—옮긴이는 사실상 신화가 되어버렸고, 배후에 숨어 있는 정치·사회·경제와 교육 자원 분배 불균등의 진실은 밝히지 못했다. 그 자원들은 소위 공개적이고 공평한 시험을 통해서 나타나는데, 실제로는 다수의 납세자로부터 소수가 얻은 수혜였다. 인재를 뽑는다는 신화 뒤에는 우월한 정치·사회·경제·문화 자원을 장악한 집안들이 있었고, 유학은 귀국 이후 이들에게 공고한 사회적 지위는 물론 더 많은 이익과 자원을 보장해주었다.

인재 선발 제도에는 젠더 문제도 있었다. 이 점 역시 왕이쥐의 시대에는 잘 보이지 않았던 문제로, 여학생들은 전체 유학생의 10~15퍼센트를 점했지만 극소수를 제외하고는 국비 유학생 선발 시험에 응시할 수 없었다. 즉 부유층 아들들은 인재 선발 제도를 거쳐 국비 장학금의 혜택을 누릴 수 있었지만 여자 자매들은 대부분 이 혜택에서 제외되었다.

이 책에서 마지막으로 토론할 문제는 여자 유학생들이다.(당시 남자 유학생들은 미국인들의 표현을 모방하여 인류에는 '아름다운 절반the fair sex'이 있다고 했다.) 탕사오이가 워싱턴에 초청한 104명 유학생 중에는 5명의 여자 유학생이 있었다. 이들은 남자 유학생 단체에서 보석 같은 존재로 여겨졌지만 사실은 장식이나 들러리 역할에 지나지 않았다. 이들은 극소수를 제외하고는 모두 부유한 집안 출신의 자비 유학생으로, 초기에는 주로 가정·인문·교육학 전공이 많았으나 점차 사회과학과 자연과학으로 영역을 넓혀갔다. 소수의 여학생은 전미중국유학생연합회, 북미중국기독교유학생협회에 참가하여 간부나 편집인으로 활동하거나 대외적으로 여러 대회에도 참가했다. 하지만 대부분의 여학생은 조직의 한편에서 남학생의 활동을 보조하는 일을 담당하거나 유학생의 대변인으로 활동하다가 귀국 후에는 결혼해서 가정주부로 살았다.

이들에게 결혼은 사랑과 반려자를 얻고자 하는 개인적 욕구이기도 했지만 사회적 압력에 따른 선택이기도 했다. 당시 여성이 독신으로 산다는 것은 상상하기 힘든 일로, 무엇보다 경제적 요인이 컸다. 즉 산업화와 경제 성장으로 여성도 직업을 가질 수 있는 시대가 열리기 전까지 결혼은 그녀들에게 최선의 선택이었다. 문화적 압박도 심했다. 가정생활demesticity은 아주 놀라운 탄력을 가진 이데올로기로서 서로 다른 시기와 수요, 서로 다른 유행에 적응할 수 있을 뿐만 아니라 문화의 울타리를 뛰어넘기도 했다. 중국에는 전통적으로 "여자는 재주가 없는 것이 큰 덕이다"라는 인식이 깔려 있지만 유가 전통에서 여성 교육의 모델은 '가르치는 어머니'에 맞춰져 있었다. 현명한 어머니가 아이들을 잘 가르쳐야 치국평천하의 인재를 육성할 수 있기 때문이다.[47]

이런 이상 아래 어머니는 외부 세계와 간접적으로 접촉하면서 아들을 치국평천하할 수 있는 인재로 교육시켜야 했다. 19~20세기 민족주의가 고양되면서 여성의 영역women's sphere이 외부 세계로 열리기 시작하자 근대 중국 여성에게도 새로운 역할이 주어졌고, 어머니의 전통적 교육법에 대해서도 새로운 해석이 등장했다. 마찬가지로 전통적 현모양처라는 이상적 여성상에도 다양한 기준이 등장했는데, 19세기 미국 여성운동과 유사하게 여성 특유의 양육 방식과 역할이 강조되었다.[48] 그러나 여성의 활동 영역을 확장하는 것이 아니라 새로운 사명에 초점을 맞춘 것이다. 더욱이 이 '현모양처' 여성상에는 집 밖으로 나가 지역사회를 위해 일하는 부분은 전혀 고려되지 않았다.

19세기 말부터 1930년대 초까지 여자 유학생 수는 큰 폭으로 증가했으며, 초기에는 교회의 지원을 받은 몇몇 여학생만 미국에서 의학을 배웠으나 차차 다양한 전공을 배우는 여학생이 200명까지 증가했다. 이 당시 중국에서는 전통 제국이 무너지고 위안스카이의 독재, 군벌, 5·4 신문화 운동, 국민당이 북벌에 성공하여 난징 정부를 수립하는 등 엄청난 변혁이 진행되고 있었다. 이에 발맞춰 일부 여성은 경제적 독립을 위해 직업을 가져야 한다고 주장했지만49 대다수 여자 유학생은 여전히 현모양처의 지위에 머물러 있었다.

여자 유학생들이 이렇게 소심하고 보수적일 수밖에 없었던 것은 그들이 경험한 유학생 단체의 보수적 성격과 관계가 있다. 남자 유학생은 자신들의 이상형에 대해 여러 방식으로 말하곤 했다. 후스는 1914년 11월 22일 일기에서 "배우자를 선택할 때 지식이 풍부한 박사 타입은 좋아하지 않는다. 빈대 잡으려다 초가삼간을 태울 수 있기 때문이다. 물론 나이 있는 여자 박사들이 현모양처가 될 수 없는 건 아니다."50 후스는 자신도 당시 일반인과 크게 다르지 않음을 무의식중에 폭로한 셈이다.

또 다른 경우도 있다. 한 남학생은 미국 여성이 "인상파 그림처럼 눈부시고 활발하고 매력적"인 반면 중국 여성은 "렘브란트 그림 속의 인물처럼 소박하고 단정하다"며 자신의 이상형은 "양자가 결합"된 아름답고 건강한 여자라고 했다.51 신문학 전공의 한 여자 유학생은 "인문학 소양을 갖추고 가사에 능한 여자가 되라"는 충고를 받았다고 했다.52

여자 유학생들은 가사를 익히는 것을 천직으로 생각하곤 했다. 『중국유미학생월보』에서는 소설, 산문을 인용하여 성별의 차이를 무시하는 여자 유학생들을 풍자하곤 했다. 한 여자 유학생에 대해 나이도 많고 인물도 좋지 않으면서 자기가 최고라고 생각한다며 자기 처지를 알아야 한다고 충고하기도 했다. 또 남자 유학생들에게는 "젊은이! 귀국해서 젊고

미국이 길러낸 중국의 엘리트들

아름다운 처자를 찾아보게나! 여자에게 공부는 중요하지 않다네. 부부 중 머리 쓰는 사람은 남자로 충분하다네!"라고 거리낌 없이 말했다.[53]

　20세기 초반, 중국에는 일본과 서양에서 들어온 현대적 교육 시스템이 형성되고 있었다. 당시 미국에 간 유학생들은 고등교육을 완전하게 받지 않았거나 기독교 학교 출신들이 많았다. 전자를 대표하는 사람이 후스이고, 후자를 대표하는 사람이 구웨이쥔이다. 또는 미국에 도착한 후 바로 대학에 들어가지 않고 몇 년간 고등학교에서 예비 교육을 받기도 했다. 장팅푸蔣廷黻가 그러한 경우다. 설사 칭화대학을 졸업하고 갔어도 대학 2학년으로 편입했다. 1920년대 이후 중국에 현대식 교육 시스템이 갖춰진 뒤에야 비로소 중국에서 고등교육을 마치거나 대학을 졸업한 뒤 유학을 떠났다.

　이들은 유학생 모임인 전미중국유학생연합회를 조직하고 동부, 중서부, 서부 3곳에 지회를 두었다. 1906년부터 1931년까지『중국유미학생월보』는 영문·중문으로 발간되었는데 중문은 그다지 호응을 받지 못해 중단되었다가『유미학생계보留美學生季報』에서『유미학생연보留美學生年報』로 명칭이 바뀌기도 했다. 기독교 학생 단체인 북미중국기독교유학생협회도『월간 유미중국기독교月刊留美中國基督敎, The Chinese Students' Christian Journal』를 발행했는데 훗날『기독중국基督中國, Christian China』으로 이름을 바꾸었다. 이들은 탄탄한 조직력으로 오랫동안 유지하여 중국 유학생 연구에 중요한 자료를 많이 남겼다.

　1931년 전미중국유학생연합회가 해체된 후 다시는 전국적인 유학생 조직을 형성하지 못했다. 제2차 세계대전, 중국인민공화국 건립, 냉전을 거쳐 1979년 외교 관계가 재개되자 미국은 다시 중국에 유학의 문을 열어주었다. 1989년 톈안먼 6·4 항쟁 이후 전미중국학생·학자자치연합회

The Independent Federation of Chinese Students and Scholars, IFCSS가 조직되었지만, 오래지 않아 유학생과 학자들이 미국에서 영주권을 얻기 위한 로비 단체로 변질되고 말았다. 1990년 중반 이후, 6·4 항쟁 이전 미국에 와서 영주권을 얻은 경우, 6·4 항쟁 이후 미국에 왔으나 영주권을 얻지 못한 경우 등 영주권을 둘러싼 논쟁이 있었다. 더구나 중국에 대한 미국의 제재를 놓고 구성원 간의 의견이 갈려 몇 차례 충돌을 겪은 후 단체는 해체되고 말았다.

1장

아메리칸 드림

揭 的 文
破 假 明
了 面 人

The civilized man's mask is removed!
We see the ferocious beast
That devours men. . . .

**Chinese students studying
in the U.S.A. 1872-1931**

돈을 벌거나 공부를 위해 혹은 선진 문물을 보려면 미국에 간다고 한다. 자유를 만끽하기 위해서도 미국에 가야 한다고 한다. 이러한 신흥 자유 국가가 있다는 소리에 내 마음도 흔들렸다. 그해 칭화대학을 졸업하고 미국에 갈 준비를 하면서 얼마나 기뻤는지 이루 말할 수 없었다.[1]

크루즈선 '중국호'가 길게 고동을 울리자 배웅 나온 가족 친지들이 모두 부두로 내려갔다. 배가 접안한 상하이 초상국招商局, 현재의 와이탄―옮긴이 부두는 발 디딜 틈 없을 만큼 많은 인파로 붐볐다. 푹푹 찌는 한여름의 무더위 속에 광둥, 상하이, 푸젠, 저장, 베이징 등지에서 몰려든 사람들이 내뱉는 사투리로 시끌벅적했다. 뱃전에서는 여행객들이, 부두에서는 가족 친지들이 서로 화려한 오색 테이프를 던지기 시작하자 갑자기 배

주변은 분위기가 후끈 달아올랐다.

두 번째 고동이 울리자 사람들은 사랑, 흥분, 희망, 걱정의 마음을 전하려는 듯 리본 테이프를 손에서 놓지 못했다. 잠시 후 마지막 고동이 우렁차게 울리자 '중국호'는 천천히 부두를 떠나기 시작했다. 색색의 화려한 테이프가 팽팽하게 당겨졌다가 끊어졌고, 사람들은 흰 손수건을 흔들면서 소리쳐 작별인사를 전했다.2

1914년 8월 15일, 1만 톤짜리 크루즈선 '중국호'는 일본의 나가사키, 고베, 요코하마와 미국 호놀룰루를 거쳐 샌프란시스코로 향하는 25일간의 항해를 시작했다. 이 배에는 111명의 중국 유학생이 타고 있었는데 대부분 1등 선실에 묵었다. 이는 극소수 유학생만이 누릴 수 있는 사치로, 입국 수속할 때 혹시 노동자로 오해받아 에인절 아일랜드Angel Island의 구치소로 보내져 송환당하지 않으려는 것이다. 111명 중 칭화대학 졸업생이 96명으로 가장 많았고 1기 경관 여자 장학생 10명이 포함되어 있었다. 96명의 칭화대학 졸업생은 넉넉한 장학금에다 모교의 저우이춘周眙春 총장이 직접 인솔을 맡아서 많은 이의 부러움을 샀다.

크루즈선을 타고 태평양 연안에 도착하다

20세기 초, 중국 유학생들은 삼삼오오 무리 지어 미국으로 떠났다. 유학생이 많지 않았던 초기에는 외교사절단과 같이 가는 것이 가장 이상적이었다. 1908년 초 우팅팡伍廷芳이 두 번째 주미 공사로 부임하면서 30여 명 유학생들과 함께 갔고, 10월에 탕사오이가 특사로 갔을 때도 20여 명의 유학생이 동행했다. 사절단과 동행하면 미국에 도착했을 때 이민국 관리에게 시달리지 않는 이점이 있다. 1909년 이후 유학생들이 점차 증가하면서 경관 유학생, 즉 훗날의 칭화대학 졸업생의 비율도 높아졌다. 칭화대학 출신 유학생들은 풍족한 국비 장학금 지원과 모교의 총장이나 대학원장, 교수들이 동행한다는 점에서 일반 유학생과 달랐다. 매년 8월 중·하순이 되면 칭화대학 유학생들이 탑승한 배는 마치 자석처럼 다른 국비·자비 유학생 무리를 이끌고 샌프란시스코를 비롯한 미국과 캐나다의 서쪽 항구를 향해 떠나곤 했다.

유학생은 자신을 보호해야 할 방법이 필요했고 중국 정부는 이에 호응했다. 1917년 중국 교육부는 각 성에서 유학생을 파견할 때 주의해야 할 훈령을 내렸다. 유학생들은 8월 30일 이전까지 상하이에 집결하고, 반드시 1등 선실을 이용하라는 것이다. 이는 미국에 파견된 칭화대학 감독관의 보고, 즉 중국인들이 샌프란시스코에서 입국할 때 수치스러운 일을 겪는다는 소식에 따른 조치였다. 교육부는 미국이나 일본 소속의 호화 크루즈선 1등 선실을 이용하기 어려운 학생들은 '중국호'나 일본우선주식회사日本郵船株式會社 소속의 선박을 이용하도록 권했다.[3]

떠나기 전 유학생은 준비해야 할 게 많았다. 여권, 비자, 신체검사, 선표 구입 외에 남학생은 양복을 맞춰야 했는데 칭화대학 유학생들에게는 대양전大洋錢으로 250전의 복장 구입비가 지원되었다. 자오위안런(칭화대학 1910년 학번, 코넬대학 1914년 학사, 하버드대학 1918년 박사)은 양복 한 벌, 중산모자derby hat, 일반 모자, 서류 가방, 여행가방을 하나씩 구입했다고 회고했다.[4] 훗날 칭화대학은 상하이의 헝캉恒康 양복점에서 사람을 베이징에 보내 치수를 잰 뒤 한 달 지나서 완성된 양복을 칭화대학으로 보내주었다. 유명한 문인 량스추梁實秋는 학생들이 주문한 양복을 입어보면 "넥타이나 와이셔츠가 없거나 (…) 옷이 너무 커서 마치 허수아비 같

왔고, 너무 작아 마치 원숭이가 무대의상을 입은 것처럼 우스꽝스러웠다"고 회고했다.[5]

청조가 멸망하기 전 남학생들은 변발 처리가 가장 곤혹스러운 과제였다. 처벌 받을 가능성은 높지 않았지만 변발을 자르는 행위는 적어도 법적으로 죽을죄에 해당하는 것이었기 때문이다. 자비 유학생은 비교적 과감했다. 구웨이쥔, 장멍린蔣夢麟(버클리대학 1912년 학사, 컬럼비아대학 1917년 박사)은 출국 전 상하이에서 변발을 잘랐다. 오늘날 사람들은 변발 문제로 얼마나 큰 두려움을 느꼈을지 상상하기 어렵겠지만, 구웨이쥔(컬럼비아대학 1908년 학사, 1909년 석사, 1912년 박사)은 "이발사가 몇 번이고 되묻더니 이를 꽉 깨물고 변발을 잘랐으며" 신문지에 싸인 변발을 받은 모친은 실성한 사람처럼 통곡했다고 한다. 장멍린은 변발이 잘리는 순간 "마치 몸이 단두대에서 잘리는 듯한 전율을 느꼈다"고 했다.[6]

국비 유학생은 매우 소극적이었다. 후스는 『사십자술四十自述』 등에서 많은 이야기를 남겼지만 변발을 자른 일에 대해서는 기록을 남기지 않았다. 다만 1961년에 쓴 글에서 "선통 2년, 19살 때 출국하면서 변발을 집에 보내 보관하도록 했다"라고 했는데 언제 어디에서였는지는 밝히지 않았다. 자오위안런은 이에 대해 다른 기억을 갖고 있다. 그는 1975년 영국에서 출간된 영문 회고록에서 1910년 2차 경관 유학생들은 출국하기 전 모두 상하이에서 변발을 잘랐다고 했다.[7] 그러나 이 회고록이 출간되기 10년 전, 후스가 세상을 떠났을 때 발표한 추모글에는 '중국호'에 올랐을 때 경관 유학생들이 아직 변발이었다고 했다. "후스는 토론을 즐기고 자신감이 강한 인상이었다. 모두 변발을 하고 있었는데 그는 습관적으로 변발을 한쪽으로 돌리는 것을 좋아했고, 화가 나면 변발을 자르겠다고 했다. 건강이 좋은 편은 아니었지만 활달하고 야심차 보였다."[8] 사람의 기억에는 오류가 있을 수 있다. 당시는 청조가 무너지기 전이었으므로 1910년 후스, 자오위안런 등 70명의 경관 유학생들은 변발을 유지한 채 미국 땅을 밟았다는 게 타당할 듯하다.

　초기 유학생들은 기독교 학교 출신이나 가족 중 유학 경험이 있는 극소수를 제외하고는 미국에 대해 전혀 알지 못했다. 미국에 간다는 것은 커다란 우려와 기쁨의 연속이었다. 상하이에서는 여러 민간단체와 종교계 지도자들이 유학생들을 위해 성대한 환송회를 베풀고 다양한 프로그램으로 그들의 긴장감을 풀어주었다. 1899년 예일대학을 졸업한 인도네시아 화교 리덩후이李登輝(1872~1947)는 1905년 7월, 상하이에서 환구중국학생회寰球中國學生會, The World's Chinese Student' Federation를 창립했다. 1903년 대학원 재학시 미국 세관에서 입국 금지를 당해 귀국해야 했던 그는 학생회를 조직해서 잡지를 출간하고 강연회를 개최했으며 유학을 준비하는 학생들에게 학교 선택이나 출국 수속, 선표 예매를 도와주고 마지막에는 환송회까지 열어주었다. 그의 생애에 관해서는 다음 장에서 자세히 소개할 예정이다.

　여러 단체가 앞 다투어 환송회를 베풀자 유학생들은 바빠졌다. 1910년 상하이 영사관이 영사관 잔디밭에서 주최한 환송회에는 당시 유학생으로 간 후스, 자오위안런도 있었다.[9] 이후 여러 단체가 협력하여 대규모 환송회를 개최하기로 뜻을 모았고, 1917년에는 환구중국학생회 주최로 상하이 최고급 레스토랑인 이핀샹一品香에서 열렸다. 상하이 주재 미국 총영사 등 주요 인사들이 참석하여 치사한 뒤에 연주회, 학생 답사, 단체 사진 촬영 등이 이어졌다.[10]

　유학을 떠나기 전 학생들은 학업 분야를 제외하고는 미국에 대해 아는 것이 별로 없었다 1910~1920년까지 칭화대학에서 유학을 위한 예비

교육을 실시했으나 학생들의 회고에 따르면 교육 자체는 그다지 효과가 없었다고 한다. 결국 초기 유학생들은 마치 헤엄칠 줄 모르는데 일단 물속에 뛰어들어 발버둥치면서 수영을 터득하는 식이었다. 칭화대학 1914년 학번들은 미국으로 떠나기 한 달 전부터 총장 저우이춘의 지도 아래 식탁 예절을 배우기도 했다. 저우이춘(1909년 예일대학 졸업, 1910년 위스콘신대학 석사)은 1913년 칭화대학 초대총장 탕궈안唐國安이 세상을 떠난 뒤 총장 자리를 이어받았다. 탕궈안은 1909년 최초로 1기 칭화대학 졸업생들을 미국까지 인솔했다. 1914년 저우이춘은 학생들이 미국으로 떠나기 전 상하이 청년회에 머무르는 한 달 동안 식탁에 앉는 법, 자리 배치, 포크와 나이프 이용하는 법, 대화하는 방법 등을 세세히 지도했다.[11] 그러나 흥미롭게도 저우이춘은 음식 주문하는 법에 대해서는 가르쳐주지 못했고, 학생들은 배에 오른 뒤 식당에서 난처한 상황을 맞았다. 다행히도 학생들은 식사비가 뱃삯에 포함되어 있는 1, 2등석 표를 구매했기 때문에 메뉴판에 있는 스프, 생선, 새우, 포크 스테이크, 비프 스테이크, 닭고기는 물론 케이크, 아이스크림, 차와 커피까지 모두 먹어야 했다.[12]

크루즈선 '중국호'는 원래 미국의 퍼시픽해운회사 소속으로 1867년부터 샌프란시스코-상하이 구간을 운행했다. 1915년 샌프란시스코 화교들이 자금을 모아 퍼시픽해운회사를 인수한 다음 회사명을 중국항운공사中國航運公司, China Mail Steamship Company로 바꾸었으나 미국에 등록되어 있으므로 미국 국기를 달았다. 그 밖에 '난징호'와 '만주호' 등을 소유했지만 오래지 않아 자금 부족과 경영 부실로 파산하고 말았다.[13] 이후 유학생들은 상하이에서 미국이나 일본, 캐나다 선박을 타고 떠나 일본 나가사키·고베·요코하마를 거쳐 하와이를 돌아 샌프란시스코나 시애틀 혹은 캐나다 빅토리아항에 도착했다.

태평양을 건너는 2~3주의 여행은 매우 다채로웠다. 배가 일본에 도착하면 나가사키·고베·요코하마를 구경했고, 운 좋으면 도쿄까지 갈 수도 있었다. 초기에 하와이의 중국학생회가 활발히 활동할 때는 하와이에 도착할 때마다 환영회와 관광을 베풀었다. 항해하는 동안 크루즈선에서는 풍성한 식사 외에 포커 게임, 마작, 셔플보드, 고리 던지기, 영화 상영 등 오락거리를 제공하여 학생들은 무료할 틈이 없었다. 다만 사교춤은 학생들이 경험해보지 못한 영역이었다. 1920년대 이후에는 유학생 사회에 사교춤이 유행하여 여름 캠프에서 선호되었지만 초기에는 이에 대한 언급을 찾아볼 수 없다. 아마도 공개된 장소에서 남녀가 몸을 밀착시킨 채 춤추는 것을 속되게 여겼을 것이다. 1924년 상하이에 있는 외국계 학교 세인트존스대학 출신 유학생들은 "식사 후 갑판에서 서양인들이 실컷 놀았다"는 기억을 남기기도 했다.[14]

미국 유학이 유행하면서 학생 수가 늘어나고 경험이 쌓이자 학생들은 배 위에서 스스로 프로그램을 만들기도 했다. 1924년 8월 하순, 프레지던트 제퍼슨 호에는 134명의 유학생이 탑승하고 있었다.[15] 칭화대학 졸업생과 자비 유학생이 반반이었는데, 칭화대학 졸업생은 모두 남학생이었고 자비 유학생 중에는 14명의 여학생이 있었다. 칭화대학 졸업생들은 이미 8년 동안 같이 교육을 받았기 때문에 서로 잘 알고 있었고, 여행 기간에 이들은 소식지를 발행하기도 했다는데 자료는 전해지지 않는다.

자비 유학생들은 주로 상하이의 난양南洋대학, 전장鎭江의 충스崇實여대와 중시여숙中西女塾, McTyiere School for Girls, 푸단復旦과 창사長沙의 야리雅禮, Yale in China 출신들로 서로 잘 모르는 사이였다. 이들은 학교 대표들로 자비유학생학생회를 조직하고 정·부회장, 중·영문 비서, 회계, 총무, 오락부장을 선출하고 출신 학교와 유학 목적, 전공 등 개인자료는 물론 뉴스,

소설, 노래 등을 게재한 자료를 발간하기도 했다.[16]

낙타가 바늘을 통과하는 것 같은 미국 입성[17]

자비 유학생들은 미국에 도착하기 전에 파티를 즐겼다. 그러나 꿈에 그리던 미국에 가까워지자 기대보다 걱정이 앞섰다. 무엇보다 걱정되는 것은 이민국 관리들이 칭화대학 출신 학생들에 비해 자비 유학생들에게 까다롭다는 점이었다. 그들은 칭화대학 유학생에게는 '배상금 학생 Indemnity Student'이라 부르면서 우대했는데, 미국 정부가 반환한 경관 비용으로 설립한 학교에서 교육을 받았으며 전문 인솔자까지 대동하는 만큼 학생 신분을 도용하여 노동자로 활동할 가능성이 희박하기 때문이었다.

자비 유학생들은 달랐다. 이들은 혹시 모를 불미스러운 경우를 대비해 배 위에서 학생회 이름으로 워싱턴 공사, 시애틀 영사, 시애틀 중국유학생회에 전보를 보내 입국 수속, 숙소, 교통 문제 등에 관한 도움을 청했다. 도착 전날 밤, 모든 것이 잘 되고 있으니 안심하라는 회신을 받았다. 이들이 우려하는 데는 이유가 있었다. 1924년 미국 대통령은 새로운 이민 법안에 서명했다. 아시아인의 미국 입국을 전면 금지하는 내용이 포함되어 있는 이 법안 때문에 유학 비자 심사가 매우 엄격해졌고, 국무부가 인정한 학교 학생에게만 비자가 발급되었다. 당시 법안은 통과되었지만 학교 명단이 아직 발표되지 않았기 때문에 초조함을 견디지 못한 일부 학생은 다른 나라로 유학을 가거나 귀국하기도 했다. 상하이 미국 총영사관은 프레지던트 제퍼슨 호가 출항하기 이틀 전에 국무부로부터 훈령을 받아 유학생들에게 단기 관광 비자를 발급했다. 여름 방학 내내 기다리던 학생들은 마지막에 간신히 비자를 받고 배표를 구하느라 한바탕 법석을 떨어야 했고 50여 명은 배표를 구하지 못했다.

배는 목적지인 캐나다 밴쿠버에 도착하여 자동차로 워싱턴 시애틀로 이동한 뒤 신체검사까지 무사히 마쳤지만 비자 문제가 발생했다. 시애틀 이민국 관리들이 자비 유학생 여권에 상하이 미국 총영사관의 서명이 빠진 것을 트집 잡고 6개월 관광 비자로 유학을 온 것에 대해 기간이 맞지 않는 것을 문제 삼았다. 다행히 임시 비자로 일단 입국을 허용하고 워싱턴의 훈령을 기다렸는데, 다행히 이틀 후 비자가 발급되어 칭화대학 학생들과 함께 기차를 타고 동부로 이동할 수 있었다. 비록 어려움을 겪긴 했지만 비교적 인도적 대우를 받은 편이었다. 미국 이민국은 1920년대 들어서야 1등 선실을 이용하는 중국 여행객에게 예우를 갖추었으며, 이전에는 유학생이 수모 당하는 크고 작은 일이 많았다. 불평등 사례는 무수히 많지만 개인의 존엄에 관한 문제인 만큼 구체적 사례는 언급하지 않겠다. 게다가 유학생 대부분은 귀국 이후에도 자신들이 미국에서 경험한 불쾌한 일을 밝히려 하지 않았다. 간혹 그토록 꿈에 그리던 '천국'인 미국에서 경험한 치욕적인 일에 대해 불만을 토로하는 사람이 있기는 했지만 대개는 본인의 잘못으로 치부하곤 했다. 그러나 적어도 20세기 초 중국 유학생들이 미국의 배화排華 분위기의 피해자라는 사실은 부정할 수 없을 것이다.

사실 미국의 새로운 이민법은 중국인을 겨냥한 것이 아니었다. 1882년 통과된 「배화법the Exclusion Act」에서 이미 중국인은 배제되어 있었고, 1924년 개정된 법안으로 미국은 모든 아시아인을 대상으로 한 배제의 마침표를 찍은 것이다. 1917년의 이민법은 아라비아부터 동쪽으로 남태평양 폴리네시아, 북쪽으로 러시아까지 포함하는 아시아 금지구역을 설정했지만 일본과 미국 식민지였던 필리핀은 포함되지 않았다. 하지만 1924년 법에서는 일본까지 포함되었다. 일본인의 입장에서는 이 법이 일본을 명시하지 않았을 뿐 분명한 '배일排日' 법안이었다.

미국은 1924년 법으로 일본인을 배척한 반면 중국인에 대해서는 상당히 관대했다. 「배화법」을 연구하는 학자들은 1897~1908년까지를 중국인 배척의 절정기로 보았다. 1882년 「배화법」이 통과되면서 중국인은 미국 국적을 획득할 수 없었고 10년 동안 중국인 노동자는 입국이 불허되었다. 10년이 지난 1892년, 입국 금지는 다시 10년 더 연장되었고 1902년에 영원히 금지했다. 비록 「배화법」은 관리, 상인, 교사, 학생, 관광객 등 면책권을 가진 계층에 대해서는 입국을 허용했지만 목적은 모든 중국인을 배제하는 것이었다. 「배화법」 6항에 면책권을 가진 자들에 대해 중국 정부가 증명서를 발급하도록 규정함에 따라 여권이 발급되기 시작했다. 1884년 수정안에서는 이 증명서에 '개인, 가족, 소속지의 모든 명칭'과 '직함, 직급, 나이, 신체 조건과 특징' 등을 기록하도록 했다.[18] 이 수정안에 따르면 증명서에는 반드시 미국 영사의 서명이 있어야 하고 이민국 관리는 이 자료를 거부할 권한이 있었다.[19]

법안은 갈수록 엄격해지고 이민국 관리의 집행 태도 또한 까다로워졌다. 1902년에는 재무부에서 정한 규정이 105개 항목으로 증가했다. 다음해 이민국이 상무부 소속으로 바뀌어 중복되거나 일관성 없는 부분을 삭제하여 61개 항목으로 조정되었다. 1906년 중국에서 이 법안에 대한 반발로 미국 상품 불매 운동이 번지자 루스벨트 대통령은 중국인에게 치명적인 조항을 취소했다.

1898년 미국의 대중국 이민 정책의 기본은 배척이었다. 법무부 장관 존 그릭스는 "「배화법」의 진정한 목적은 미국에 오고 싶어 하는 면책권을 가진 모든 중국인을 받아들이기 위한 것이 아니라 면책권을 가진 이들 중 입국이 허용된 사람들을 입국시키기 위한 것이다'라며 획기적인 결정을 내렸다. 중국 공사 우팅팡이 항의하자, 그릭스는 물러서지 않고 "조약에 명시한 면책권은 중국에 가려는 미국인에 대한 것이지 미국에 오려는 중국인에 대한 것이 아니다"라고 면박을 줬다.[20] 유학생들은 자신들이 '중국의 진정한 친구'라고 여겨온 국무장관 존 헤이가 배척을 지지했다는 사실을 믿기 힘들었을 것이다. 존 헤이는 우팅팡에게 "그릭스의 결정은 행정부서의 판단을 심사숙고한 결과"라고 전하며 "단지 중국 노동자뿐 아니라 모든 비노동자, 면책권 없는 중국인도 역시 입국이 금지된다"고 덧붙였다.[21]

일반적으로 노동자 혹은 「배화법」으로 미국 입국이 금지된 중국인은 송환되거나 구금되었는데 운이 나쁜 경우 유학생, 상인, 심지어 외교관까지 여러 이유로 모욕을 당하고 구금되었다. 초기 유학생들은 이민국 관리라는 말만 들어도 안색이 변하거나 강한 울분을 토해냈다. 중국이 약소국이었기 때문만은 아니다. 20세기 초, 중국에는 여권 제도 자체가 없어 지방 관리들이 출국 증명을 발급할 수 있었다.[22] 미국의 영사제도 역시 1906년 관료 시스템에 포함되기 전에는 투명하지 못해 뇌물로 인한 부패가 심했다. 그런 탓에 이민국 관리들은 근본적으로 중국에서 발급한 여행증명서를 신뢰하지 않았고 중국인에 대한 의심의 시선을 거두지 않았다. 그러나 무엇보다 중요한 것은 이민국 관리들이 배화 분위기의 선봉에 있었다는 것이다. 이민국의 당면 과제는 미국에 오는 중국인의 수를 줄이는 것으로, 고의적으로 미국 내 중국인을 박해하거나 내쫓는 것 외에도 특별히 엄격한 입국 심사를 시행했다. 그들은 불법 이민자를 단속할 때 형사 사건에 연루되었거나 불량배라는 명분을 내세워 영장 없이 중국인 가정에 쳐들어가 무작위로 잡아들이곤 했다. 여행 중인 중국인도 이를 피할 수 없었다. 훗날 위안스카이 정부의 재무장관을 역임한 외교관 저우쯔치周自齊가 1903년에 당한 사건도 그러한 예다. 당시 저우쯔치는 주미 공사관 1등 참사로 워싱턴에서 로스앤젤레스로 향하고 있었다. 애리조나주 플래그스태프를 지날 때 그는 이민국 관리로부터 신분증 제시를 요구받고 명함을 건넸으나 관리는 다른 증명서를 요구했다. 관리는 거친 말과 함께 저우쯔치의 팔을 비틀어 체포하려 했다. 저우쯔치가 외교관의 면책특권에 대해 말했지만 관리는 "설사 당신이 중국 황제라 해도 체포하겠다"고 윽박질렀다.[23] 중국 공사관에서 서면으로 정식 항의했지만 미국 정부는 "저우쯔치가 필요한 신분증을 제시하지 않았기 때문에 이민국 관리는 법에 따라 공무를 수행한 것이며 태도가 불량하지도 않았다"고 답했다. 같은 해 중국 공사관의 룽鎔씨 성의 수행원은 로스앤젤레스에서 경찰에게 구타를 당하고 자신의 변발로 울타리에 묶인 뒤 감옥에 수감되자 극도의 수치심에 자살하고 말았다.

이러한 분위기에서 중국인이 미국에 입국한다는 것이 얼마나 가슴 졸이는 일이겠는가! 중국인이라면 그 누구도 서류의 완전함과 관계없이 무사히 입국할 수 있다고 장담할 수 없었다. 이민국 관리들은 수시로 상사에게 "중국 상인은 조사할 시간이 없으니 그냥 돌려보내라"는 지시를 받곤 했다.[24] 면책권 있는 중국인은 마땅히 미국 여행이 가능했지만 그럼에도 구류되거나 쫓겨나는 일이 셀 수 없이 많았다. 1903년 가을, 주미 공사 량청梁誠은 마닐라 총영사인 동생 량쉰梁勳 가족을 미국에 초청하기 위해 워싱턴 당국에 협조를 요청했다. 량쉰 가족이 샌프란시스코에 도착하자 이민국은 량쉰 한 명에게만 입국을 허용하고 다른 가족들은 구금했다. 화가 난 량청이 국무부에 정식 항의를 한 뒤에야 워싱턴 당국은 입국

을 허가했다.[25]

가장 황당한 사건은 샤먼廈門에서 태어나 자바에서 성장한 뒤 환구중국학생회를 창건하고 훗날 상하이 푸단대학 총장을 역임한 리덩후이의 경우다. 그는 1899년 예일대학을 졸업했고 1903년 7월에 자바를 출발해 컬럼비아대학 정치대학원에 진학할 예정이었다. 떠나기 전 바타비아 미국 영사는 예일대학 학사 졸업증만으로도 그의 학생 신분이 충분히 입증된 다면서 입국을 보증했다. 그러나 그는 로스앤젤레스에서 입국을 거절당하고 구치소에 수감되었다. 변호사를 고용했지만 이민국은 '6조 규정'에 부합하는 증명이 없다며 그를 송환했다. 법 규정이 사람을 절망적인 상황에 몰아넣는 이런 경우는 미국인이 즐겨 쓰는 말로 'catch 22(진퇴양난)'라 할 수 있다. 리덩후이가 바타비아에서 6조 규정에 부합하는 비자 증명을 받기란 불가능했다. 그는 청나라 사람이 아니었고 바타비아의 미국 영사관은 미국의 요구에 부합하는 비자를 발급할 수 있는 기관도 아니었기 때문이다.[26]

앞의 두 경우는 매우 상징적이고 풍자적이지만 잔인하게도 현실이었다. 중국의 정치, 경제, 사회계의 (학생을 포함한) 엘리트 계층은 미국이 중국 노동자 입국을 불허하는 「배화법」에 대해 불만이 없었다. 다만 미국이 면책권을 존중하여 입국시 지나친 검사로 치욕을 주지 말 것을 요구했을 뿐이다. 자신들을 인종이 아닌 계층으로 판단해달라는 계급 카드를 제시한 것이다. 이들은 「배화법」이 계층 문제가 아니라 모든 중국인에 대한 것임을 이해하지 못했다. 법이 관리, 상인, 교사, 학생, 관광객 계층에게 면책권을 주는 이유는 그들이 상류층이기 때문이 아니라 양국이 조약을 맺을 때 양국 이민과 통상에 관한 자유로운 왕래를 허가했기 때문이다. 1880년에는 배화 분위기로 인해 중국 노동자를 제한했고, 1882년에는 중국인이 미국 국적을 취득하는 것을 완전히 금지시켰다.

「배화법」이 인종을 기초로 한다는 사실 앞에 면책 계층이라는 카드는 힘을 발휘하지 못했다. 1884년 법안 수정 당시 15항에서 명확하게 "중국의 신민E民은 물론 혹은 다른 국적을 가졌다 해도 모든 중국인을 말한다"고 명시했다.27 미국 법무장관은 1895년 훈령을 통해 인종 문제임을 재확인했다. "「배화법」이 명시하는 제한과 박탈 여부는 우리가 보는 중국인의 도덕적 품행, 민족에 대한 것인 만큼 입국을 신청하는 중국인의 신분과는 전혀 관계없다."28 이민국 관리는 1884년 수정안, 1895년 법무장관 훈령으로 이미 다른 나라로 귀화한 중국인, 캐나다 국적 한 명과 멕시코 국적 한 명에 대해서도 송환 조치했다. 이 두 케이스는 모든 외국 국적을 가진 중국인들을 돌려보내는 판례가 되었다.29

단지 못살게 구는 것이라면 별일 아니었지만, 1903년부터 이민국은 프랑스 인류학자 알퐁스 베르티옹이 설계한 과학적인 신체 측량표를 중국인에게 적용했다. 주로 중국인 노동자를 대상으로 알몸 상태로 12부위를 검사하는 방식이다. 어떤 중국인이라도 노동자라는 의심을 사면 반드시 검사를 받아야 했기 때문에 많은 중국 상인, 학생, 여행객이 강제로 이 수치스러운 절차를 거쳐야 했다. 중국에서 미국 상품 불매운동이 확산되자 1906년 이 검사는 폐지되었다.

면책권을 가지고 있는데도 배척당하는 것은 굴욕적인 일이다. 더 견딜 수 없는 것은 노동자로 취급되는 현실이다. 특히 전통사회에서 사회적 지위가 높지 않은 상인층이 가장 많이 의심을 받았다. 그러나 학생들은 달랐다. 자존감 높은 그들로서는 자신이 당하는 치욕은 곧 국가와 민족에 대한 치욕이었다. 우팅팡은 1900년 존 헤이에게 미국 정부가 유학생을 가혹하게 대하는 것은 "미국 대학이 중국인에게 문을 걸어 잠그는 것과 같다"고 항의했다.[30] 그러나 우팅팡도 미국의 배척이 모든 중국인에 대한 것이지 특정 계층이나 성별, 출신 지역과 무관하다는 것을 깨닫지 못했다.

정책의 문제든 집행의 문제든 미국은 면책권의 정의를 더욱 좁혀서 해석했다. 미국 재무부는 「배화법」에서 정의한 면책 특권자(관리·상인·교사·학생·관광객)를 바탕으로 가장 엄격한 잣대를 들이대어 명단에 없는 중국인은 전부 비면책권자로 분류했다. 즉 금융업 종사자, 매니저, 상점주, 의사, 변호사, 엔지니어 등은 비면책권자인 노동자로 분류되었으며 재무부 장관의 허가 없이는 입국할 수 없었다.[31]

면책권을 가진 대상의 범위도 더욱 좁아졌다. 원래 「배화법」에는 면책권 자격이나 입국 후 관리, 행적에 대해 명확한 법적 규정이 없었다. 학생의 경우 일단 입국하면 다른 신분으로 전환이 가능했고 졸업 후에도 무제한 미국에 머물 수 있었다. 심지어 미국을 떠난 후에도 여전히 면책권을 이용해 재입국이 가능했다. 1900년 이러한 허점을 보완하기 위해 재무부는 '학생 신분'에 대해 "미국에 와서 대학에 재학해야 하고, 중국에서 배울 수 없는 전공이어야 하며, 미국 체류 기간에는 학생 신분을 유지하되 졸업 후에는 귀국해야 한다"고 제한했다. 1년 후 재무부는 다시 "영어를 배우기 위해 입국하는 경우는 학생 신분으로 볼 수 없다"고 강화했다.[32] 그리고 이민국은 너무 많은 중국 학생이 미국에 들어오는 것을 방지하기 위해 학생 신분에 대한 검사를 엄격하게 시행했다. 청 정부가 각 성에 분산되어 있는 유학생에 관한 업무를 이민 부서에 넘기라고 했다는 소식을 접하자, 샌프란시스코의 이민국 관리는 안도의 숨을 내쉬며 "이제 중국의 청소년들이 우리가 정한 「배화법」을 피해 입국하는 것을 막을 수 있게 되었다"고 했다는 일화가 있다.[33]

미국 내 배화 분위기가 최고조에 달했을 때 이민국 관리들은 중국 젊은이들이 미국에 몰려드는 것을 막기 위해 최선을 다했다. 그러나 불과 몇 년 뒤인 1908년, 미국은 과도하게 받은 배상금을 이용해 중국 학생들을 미국에서 교육받도록 결정했다. 그 목적은 젊은 중국 학생들의 가치관, 품위, 구매 소비 성향 등을 미국화하려는 것으로, 여론도 이에 신속하게 반응했다. 그러나 이러한 여론 변화가 나타나기 전, 미국인들은 중국의 젊은 유학생들이 들어오는 것과 관련하여 「배화법」에 커다란 허점이 있다고 보았고 다양한 방법으로 보완하려 했다. 샌프란시스코 YMCA 소속으로 부두에서 아시아 유학생을 맞았던 직원은 자신의 경험을 바탕으로 다음과 같이 말했다.

이민국 관리들은 여권이 학생 여부를 증명할 수 있다고 생각하지 않았다. 모든 학생은 중국에서 여권을 얻는 과정에서 이미 미국 영사관으로부터 학생 신분을 확인받았으므로 미국에 입국할 때 다른 심사를 받을 필요가 없었다. 그럼에도 자비 유학생들은 일상적으로 에인절 아일랜드로 보내졌다. 이민국은 중국 관리를 절대 신뢰하지 않기 때문이다. '6항에 부합하는' 증명을 가진 학생, 즉 「배화법」의 면책권을 가진 학생은 입국을 허락하도록 규정했지만, 나는 수십 명의 학생들이 '6항에 부합하는' 증명을 가졌음에도 구금되는 것을 수없이 보았다.[34]

1913~1915년 사이 샌프란시스코 총영사를 역임한 어우양치歐陽祺는 이렇게 말했다.

「배화법」은 노동자뿐 아니라 면책권을 가진 자들까지 배척 대상에 포함시켜 큰 고통을 안겨주었다. 중국인은 설사 영사가 발급한 증명을 소지했거나 미국 주재 중국 외교관이 발급한 증명을 가지고 있어도 미국에 입국한다는 것은 천당에 들어가는 것보다 더 어려웠다.[35]

'에인절 아일랜드'는 샌프란시스코만의 섬으로, 여기서는 미국 이민국이 1910~1940년까지 그곳에 설치한 이민 검사소를 말한다.[36] 아시아에서 온 여행객은 샌프란시스코에 도착해 모든 서류에 문제가 없을 경우에만 입국이 허락되었으며, 만약 문제가 있다면(대부분 중국인) 배를 타고 이 섬의 구치소에 구금되어 심사받아야 했다. 남녀 공간으로 분리되어 있는 구치소에는 2층 침대가 설치되어 있었고, 언제나 남자 200~300명에 여자 30~40명 정도가 머물렀다. 심문을 기다리는 과정은 매우 비인도적이었다. 이민국 관리들은 기본적으로 중국인을 미국 시장에 뛰어들려는 노동자로 보았기 때문에 개인과 가정에 관한 사생활 등 여러 가지를 반복적으로 캐물어 허점을 찾은 다음 중국으로 돌려보냈다. 심문은 2~3일간 계속되었고 입국이 거절되면 상소할 수 있었지만 이길 가능성이 희박한데다 시간과 경비도 만만치 않았다. 이곳에서 2년간 구금을 당한 사람도 있었다. 구치소 벽에는 절망, 분노, 비통한 심정을 담은 낙서들이 가득했고, 치욕을 견딜 수 없어 스스로 목숨을 끊는 사람도 있었다.

이민 검사소가 운영되는 30년 동안 대략 17만5000명의 중국인이 이곳에 머물러야 했는데, 전체 구금자의 70퍼센트에 해당했다.[37] 당시 미국에 오는 중국인 가운데 75퍼센트가 샌프란시스코를 통해 입국했는데, 이들 중 75퍼센트가 에인절 아일랜드에 보내졌으므로 대다수 중국인이 입국시 반드시 거치는 중요한 관문이 되었다. 벽에 새겨진 낙서를 보면[38] 이곳은 절대 엘리스섬Ellis Island, 1892~1943년까지 유럽 이민자와 이민자가 입국 수속을 받던 뉴욕 근처의 작은 섬으로, 환영과 희망의 상징 — 옮긴이이 아닌 환멸과 원한, 고통의 상징이었다.

1910년 이민국은 '6항에 부합하는' 증명을 가진 면책권 계층에 대한 심사는 선상에서 하도록 규정했다.[39] 그러나 실제로 면책권을 가진 계층이라도 치욕을 피해갈 수 없었다. 이민국은 1920년대부터 점차 계급 차등을 두어 '6항에 부합하는' 증명을 소지했거나 1등 선실을 이용한 경우에는 선상에서 신체검사와 입국 수속을 진행하고 신속하게 입국할 수 있게 했다. 그 밖의 다른 승객은 설사 '6항에 부합하는' 증명을 소지했더라도 모두 섬 구치소로 보내졌다. '6항에 부합하는' 증명을 소지했으나 일본의 낡은 선박 1등 선실을 이용한 중국인 역시 구치소로 보내졌다. 구치소로 가게 되면 몇 주를 기다려야 심문 차례를 얻을 수 있었다.[40]

에인절 아일랜드라는 아름다운 이름을 가진 이 섬은 사실 중국인들의 피와 눈물로 얼룩진 곳이었다. 그러나 당시 이들에게 가장 두려운 지옥은 따로 있었다. 이곳이 설립되기 전, 서류가 미비하거나 불법 이민자로 의심되는 중국인은 부두 옆 구치소에 수감되었다. 구치소는 세관이 입주해 있는 태평양해운회사 소유의 목조 건물 2층에 있었다.[41] 길고 좁은 계단을 올라가야 하는 이곳은 '중국 감옥'이라 불렸으며, 수감자와 외부 변호사의 접촉을 차단하는 경비가 삼엄했다. 내부 경비는 태평양해운회사가 맡고 외부 경비는 이민국이 맡고 있었다. 길이 24미터, 너비 10~12미터의 공간을 서너 칸으로 나눈 이곳에는 항상 200여 명이 수감되었고, 그중 한 칸에 여성들을 수감했다. 침대는 4층으로 설치되어 있는데 층간 폭이 60센티미터도 안 되어 앉아 있을 수 없을 정도였으며, 한 침대에 두 명이 사용하도록 했다. 통신이나 면회가 금지되었으며 내부 시설이 전혀 갖춰져 있지 않아 바닥에서 밥을 먹어야 했다. 모든 비용은 수감자가 부담했으며 돈을 내지 못하면 곧장 송환 처리되었다. 경비를 부담할 수 있다 해도 구금된 지 4~5개월, 심지어 1년을 끌다가 패소해서 출국 당하기도 했다. 경비원들은 거친 말과 행동으로 위협을 가했다.

면책권 카드를 가진 계층에 대한 대접도 별반 다르지 않았다. 1908년 이민국 책임자는 노동자들이 면책권을 가진 사람으로 위장하는 일을 막으려면 난폭한 대접이 불가피하다고 변명했다. 그는 중국 엘리트 계층이 이민국의 입장을 이해하지 못하는 것을 비난하는 한편 "전혀 악의 없는 행동"이라며 자신들을 변호했다.[42]

쿵샹시 이야기

미국 사회에 배화 분위기가 만연한 가운데 미국으로 유학을 간다는 것은 상당한 용기가 필요한 일이었다. 20세기 초 중국 유학생이 입국 당시 당했던 우여곡절에 관한 기록은 많지만 중국 근대사의 유명인사인 쿵샹시孔祥熙의 경우는 세상에 잘 알려지지 않았다. 그의 전기에 따르면 이홍장이 직접 '의화대신 일등 숙의백議和大臣一等肅毅伯'이라는 명예 직함을 내리고 여권을 발급해주었다고 했다. 또한 주미 공사 우팅팡에게는 특별 대접을 당부하는 전보를 보냈으며, 미국 여자 선교사인 루엘라 마이너가 오하이오의 오벌린대학까지 수행했다는 기록이 있다.[43] 그럴듯하지만 이는 당시 상황을 간과한 의례적 묘사일 뿐이다. 즉 미국 사회에 만연한 중국인에 대한 배척 심리와 공포 분위기를 전혀 이해하지 못한 것이다. 훗날 쿵샹시는 구술한 전기에서 '의화대신 일등 숙의백'은 이홍장이 자신에게 내린 명예 직함인데 어떻게 남에게 줄 수 있겠느냐고 반문하고 있다.[44] 이홍장이 발급해주었다는 여권도 사실과 달랐는데, 이 여권은 그가 입국 당시 치러야 했던 모든 혼란의 원인이 되었다.

쿵샹시는 1901년 9월 12일, 루허潞河학원(훗날 옌칭대학에 병합됨)을 졸업한 친구 페이치허費起鶴(훗날 베이징상업학교 총장)와 함께 도릭호를 타고 샌프란시스코에 도착했다.[45] 그는 산시山西의 부잣집 아들이었지만 3등 선실을 이용했고, 3등 선실 승객이라는 점 때문이었는지 이민국 관리는 서류가 미비하다며 입국을 거부했다. 청천벽력 같은 소리였다.

이홍장이 발급해준 여권에 문제가 있으리라고는 상상도 할 수 없는 일이었지만 그들은 결국 입국하지 못했고 5일 뒤 추방되었다. 이민국의 설명은 간단명료했다. "미국 정부는 이홍장이 발급한 여권이 중요한 것이 아니라 '6항에 부합하는' 서류가 있는지를 살펴보았다"는 것이다. 이홍장은 중국에서 가장 높은 관리이자 핵심 권력자였지만 미국 이민국은 톈진의 도태道台, 행정장관—옮긴이가 발급한 서류만 인정했다. 미국 재무장관(이민국은 재무부 소속이다) 레슬리 쇼는 이홍장이 발급해준 여권과 아신阿辛이 발급해준 증명서 사이에 무슨 차이가 있느냐고 비웃었다.[46] 아신은 1870년 미국 시인 브렛 하트의 시 「이교도 중국인The Heathen Chinee」에 등장하는 중국 노동자의 이름으로, 당시 이 시는 머나먼 영국과 호주까지 알려질 정도로 유명했다.[47] 시에서 하트는 아신이 도박장에서 2명의 백인에게 사기를 치는 이야기를 묘사했는데 당시 미국인들은 중국인을 폄하할 때마다 이 이름을 떠올리곤 했다. 시의 시작은 다음과 같다.

내가 말하려고 하는 것은

아주 간단한데
수법은 교활하고
손재주는 별 쓸모가 없는
하여간 특이한 이교도 중국인에 관한 것이다.
그의 이름은 아신이었다.[48]

물론 재무장관 레슬리 쇼의 이 발언을 가지고, 이홍장이 쿵샹시와 페이치허에게 여권을 발급해준 것은 아신 류의 교활한 손재주라는 의미로 해석할 순 없다. 즉 중국인 노동자인 '아신'을 중국 최고위 관료인 이홍장에 빗대어 「배화법」에서 규정한 면책권은 반드시 '6항에 부합하는' 서류여야 할 뿐 여권을 누가 발급했느냐의 문제가 아님을 강조한 것이라 할 수 있다. 그렇다 해도 이교도를 들먹인 그의 태도는 극히 오만한 것이다. 이민국은 이홍장이 발급한 여권에 톈진 주재 미국 영사가 영문 번역을 첨가하여 발급한 비자가 '6항에 부합하는' 서류가 아니라는 이유로 이를 인정하지 않았다.

두 사람이 입국을 거절당해 송환될 위기에 처하자 수행 담당자인 마이너는 여러 곳에 도움을 청했다. 미국 법무장관에게는 그저 '이교도 중국인 두 사람'을 돌려보내는 문제일 뿐이지만 마이너는 이 문제를 기독교 사회에서 '이교도 중국인 두 사람'을 구해야 하는 사안으로 전환시켰다. 주미 공사 우팅팡도 팔을 걷어붙였다. 1주일 후 이민국은 입장을 바꿔 이들을 태평양해운회사 내의 '중국 감옥'에 구류한 뒤 중국에서 새로운 서류가 오기를 기다리기로 했다.[49]

페이치허의 표현대로 두 사람은 동물 수용소 같은 '중국 감옥'에서 1주일을 보냈다. 마이너는 두 사람의 건강이 우려된다며 샌프란시스코의 중국 영사관이 2000달러의 보석금을 내는 조건으로 병원으로 옮기도록 조처했다. 그들이 할 수 있는 일은 오직 중국에서 서류가 도착하기를 기다리는 것이었다. 그러나 당시 중국에서는 11월에 이홍장이 숨지고 8개국 연합군이 베이징을 점령하는 엄청난 혼란이 빚어지고 있었다. 1902년 2월 애타게 기다리던 서류가 주미 공사관에 도착했는데, 미국 이민국이 규정한 '6항에 부합하는' 서류가 아닌 새로운 여권이었다. 다시 서류를 받으려면 몇 달이 걸리는 상황에서 여러 유력 인사의 도움으로 두 사람은 이민국의 허가를 받고 마이너의 동행 아래 샌프란시스코를 떠날 수 있었다. 페이치허는 한 군사학교로 가서 한 학기를 보냈고 쿵샹시는 워싱턴 터코마에 있는 마이너의 집에서 건강 회복에 힘썼다. 8월 초 페이치허가 학기를 마친 뒤 터코마로 와서 합류했다. 중국을 떠난 지 이미 1년이 넘었기 때문에 마이너는 이민국에 서신을 보내 가을 학기에 맞추어 오벌린대학으로 갈 수 있게 해줄 것을 요청했다. 이민국으로부터 회신이 오지 않자 마이너는 이를 암묵적 허락으로 판단하고[50] 떠날 준비를 했다.

마이너의 선제적 행동은 허용되는 것처럼 보였지만 문제는 그녀가 북쪽 행로를 선택한 데 있었다. 터코마에서 오벌린까지 가기 위해 캐나다를 경유하는 캐나다 태평양 열차를 택했는데, 풍경이 아름답고 기후 또한 상쾌한 노선이었다. 그들이 미국을 떠날 때 이민국 관리들은 한없이 친절했으나 3일 후 열차가 미국에 들어와 노스다코타의 포탈 지역에 도착했을 때 관리들의 태도는 전혀 달랐다. 깊은 밤, 침대칸에 잠들어 있던 쿵샹시와 페이치허는 갑자기 "당신 두 명, 나와!"라고 외치는 소리에 놀라 깨었다. 개도 놀랄 정도의 노기 서린 소리였다.

그들이 샌프란시스코에서 맞닥뜨렸던 문제가 노스다코타에서 재현되는 순간이었다. 이민국은 여전히 서류가 갖춰져 있지 않으면 입국할 수 없다는 입장이었으며, 더구나 "두 사람은 캐나다의 변경을 통해 재입국을 시도했다"는 죄목이 추가되었다.[51] 다시 말해 이들이 미국을 떠난 것은 캐나다를 통해 밀입국을 시도하려는 의심스런 행위라는 것이다. 마이너는 터무니없는 말이라고 분노하면서 다시 한 번 이곳저곳에 서신과 전보를 쳐서 도움을 청했다. 많은 선교단체, 교회 지도자, 기업가들이 대통령, 국무장관, 재무장관에게 선처를 바라는 서신을 보냈다.[52] 6주 후 재무부는 샌프란시스코 이민국 보고를 근거로 두 사람이 이민국의 허가 없이 임의로 보석중인 병원을 떠났고, 일단 미국을 떠났으면 다시 입국할 수 없다는 법령을 제시했다. 어쩔 수 없이 세 사람은 9월 24일, 오벌린대학이 개학하는 날 캐나다로 떠날 수밖에 없었다.

파도 하나가 지나가자 또 다른 파도가 몰려왔다! 마이너는 오벌린대학에 갈 수 없게 되었으니 캐나다에 있는 토론토대학에 입학을 신청하려 했다. 그러나 샌프란시스코 영사관에서 즉시 돌아오지 않으면 영사관이 낸 보석금을 몰수하겠다는 내용의 전보를 받았다. 보석금을 낼 때 만약 중국에서 보내온 서류에 문제가 있을 경우 샌프란시스코 이민국에 출석하기로 약속했기 때문이다. 이때는 목적지에는 가보지도 못하고 준비해 온 돈을 거의 써버린 상태였다. 더구나 이민국은 이들에게 캐나다 태평양 철도회사 열차를 이용해 빅토리아 항구까지 갈 것을 요구했다.

미국과 캐나다 양국이 합의한 이민법에 따르면 캐나다 태평양철도회사는 미국 입국 허가증이 없는 중국인에게 열차표를 팔 수 없었다. 그들은 다시 진퇴양난에 빠졌다. 미국 법은 이들에게 반드시 샌프란시스코로 돌아오라 하면서 다른 한편으로는 미국 경내에 들어오는 것을 허락하지 않은 것이다. 다행히 오벌린대학의 한 교수가 적극적으로 도와준 덕분에 미국 연방 검사가 캐나다에서 3개월 체류할 수 있는 시간을 벌어주었고,

이 기간에 공사 우팅팡이 세 번째로 신청한 '6항에 부합하는' 서류를 기다리는 수밖에 없었다.

결국 1903년 1월 초에 기다리던 서류가 도착했고 그들은 10일 오벌린에 도착했다. 샌프란시스코에 첫 발을 디딘 후 목적지인 오벌린까지 오는 데 무려 16개월의 시간과 말로 표현할 수 없는 에너지를 소진한 뒤였다.

쑹아이링·메이링 자매 이야기

20세기 초 미국에 유학 온 중국 학생 중 쿵샹시와 페이치허가 겪은 일은 특이한 경우로, 미국 이민국이 특별히 편파적인 것은 아니었다. 오히려 그들이 바로 출국당하지 않았고 '중국 감옥'에서도 보석으로 나와 16개월 동안 시간을 끌 수 있었던 것은 온전히 미국 내 인사들이 워싱턴에 압력을 넣은 덕분이었다. 서류가 미비한 다른 중국 유학생의 경우였다면 앞서 소개한 리덩후이처럼 상소할 기회조차 없이 바로 쫓겨났을 것이다. 그러나 우여곡절의 경우가 아니라 오로지 이민국이 예외적으로 혜택을 베푼 경우로, 훗날 근대사에 이름을 남긴 사례가 있다. 공교롭게도 훗날 쿵샹시의 두 번째 부인이 된 쑹아이링宋靄齡이다.

쑹아이링은 1904년, 즉 쿵샹시가 오벌린대학에 도착한 지 1년 반 뒤에 미국으로 유학을 떠났다.[53] 당시 그녀는 14세의 어린 소녀였지만 이미 상하이 귀족학교인 '중시여숙에서 9년간 준비를 거친 뒤였다. 그녀의 아버지 쑹자수宋嘉樹(찰리 송)는 남부 감리교회를 통해 그녀를 조지아주에 있는 웨슬리언칼리지에 보내려 했다.

쑹자수는 어린 딸의 유학을 위해 9년 동안 예비 교육을 시키는 등

만반의 준비를 해왔지만 유일한 걱정거리는 샌프란시스코의 이민국 관리였다. 1904년 하늘이 내린 기회가 찾아왔다. 평소 교분이 있는 선교사 윌리엄 버크 가족이 휴가차 미국으로 돌아가는 길에 딸을 동행해달라고 부탁한 것이다. 그래도 안심이 안 되어 묘책을 생각해냈다. 쑹자수는 하이난섬海南島 출생으로 포르투갈 여권을 소지하고 있었는데, 여권에는 아오면澳門 출생으로 기재되어 있었다. 자신의 국적이 포르투갈이라는 점을 이용해 딸에게도 포르투갈 여권을 마련한 뒤, 상하이의 포르투갈 영사관에서 '6항에 부합하는' 서류를 마련하여 다시 미국 영사관에 비자를 신청했다.[54] 한마디로 미국 유학에 필요한 예비 교육, 유학 갈 학교, 여권, 비자 등 준비해야 할 모든 서류까지 완벽을 기했다. 5월 28일 쑹아이링은 버크 가족과 함께 미국 태평양해운회사 소속의 코리아호에 올라 상하이를 떠났다.

일은 계획대로 되지 않았다. 쑹자수가 고심하여 안배한 준비는 시작부터 순조롭지 못했다. 5월 28일 배가 일본 고베에 도착하기 전 한 승객이 페스트로 사망하는 일이 발생했고, 일본의 검역관은 모든 승객을 하선시켜 격리한 뒤 배를 소독했다. 게다가 탑승하기 전에 감기를 앓았던 버크 부인이 다시 고열에 시달리다가 요코하마에 도착했을 때 병원에 입원하게 되었다. 버크는 할 수 없이 잠시 일본에 머물기로 하고 휴가차 귀국하던 젊은 여선교사 안나 라니우스에게 쑹아이링과 동행해줄 것을 부탁했다.[55] 요코하마 이후로는 비교적 순탄했으나 샌프란시스코에 도착하자 우려하던 일이 발생했다. 이민국 관리는 쑹아이링의 서류, 즉 포르투갈 여권과 포르투갈 영사관에서 발급한 '6항에 부합하는' 서류가 문제였다. 쑹자수와 상하이의 미국 친구들은 1년 전 이민국이 반포한 중국인 입국에 관한 26항 준칙을 알지 못한 것이다. 이 준칙은 「배화법」이 중국인을 배척하기 위한 것으로, 중국 외의 국적을 가진 중국인은 입국이 불가했다.(다만 홍콩과 캐나다 그리고 미국 정부가 부여한 권리를 가진 영사가 발급한 '6항에 부합하는' 서류를 구비한 경우는 제외였다.) 이민국 관리가 쑹아이링을 태평양해운회사에 있는 '중국 감옥'에 구금하려 하자 라니우스는 이에 항의하며 자신이 쑹아이링과 같이 있겠다고 고집했다. 어쩔 수 없이 부두에서 수리를 기다리던 코리아호에 임시로 머물도록 했다.

라니우스는 상하이의 쑹자수와 미국 친구들에게 사정을 알렸다.[56] '중국 감옥'에 구금된다는 것은 외부와 연락을 취할 수 없는 죄인 신세와 마찬가지였기에 쑹자수는 전보를 쳐서 미국에 있는 친구들을 동원했다. 웨슬리언칼리지의 총장은 물론 감리교회에서도 캘리포니아 하원의원 조지 퍼킨스를 통해 이민국에 압력을 가했다.[57] 이민국은 어쩔 수 없이 26항을 적용하여 출국시키려다가 다시금 상하이 주재 포르투갈 영사관이 '6항에 부합하는' 서류를 발급할 권한이 있는지 국무부에 해석을 요청했다.[58] 여러 기관으로부터 압력을 받자 갑자기 이민국은 굳건하던 준칙에 탄력성을 부여하기 시작했다. 가장 빠른 방법은 미국 주재 포르투갈 대사로부터 확인받는 것인데, 마침 대사는 미주리주에서 개최되는 세계박람회에 참석 중이라 워싱턴을 비운 상황이었다. 국무부는 급히 대사를 찾아 긍정적인 답변을 받아 해결책을 찾아냈다. 쑹아이링은 구류 17일 만에 학생 신분으로 미국에 입국한 뒤 버크 가족의 도착을 기다렸다. 버크 부인은 일본에서 사망했지만 나머지 가족이 도착하여 쑹아이링은 8월 2일 드디어 웨슬리언칼리지에 도착할 수 있었다.

쑹자수는 딸이 샌프란시스코에서 당한 대접에 화가 났지만 다른 자녀들도 미국에 보내 공부시키겠다는 계획을 포기할 수는 없었다. 다만 다른 도리가 없다면 모를까 괜한 모험을 할 필요는 없다는 교훈을 얻었다. 3년 후인 1907년 자신의 동서인 온빙충溫秉忠(룽훙의 어린 유학생 중 한 명)이 유학생들을 인솔하여 미국에 가게 되자 쑹자수는 나머지 두 딸, 14세의 칭링慶齡과 9세의 메이링美齡을 동행시키려 했다. 큰딸 아이링은 이미 17세로 대학 3학년에 재학 중이었다. 두 딸은 모두 무사히 입국했고, 먼저 뉴저지(서밋)에서 여름휴가를 보낸 뒤 아이링과 합류했다.[59] 칭링은 1909년에 정식 입학했고 메이링은 조지아주 동북부의 작은 마을인 데모레스트에 머물게 되었다.[60]

모든 과정이 순조로웠지만 1910년 가을 고등학교 진학을 앞둔 메이링에게 의외의 일이 발생했다. 그녀가 백인이 아니라는 이유로 공립 그레섬고등학교로부터 입학 거절을 당한 것이다. 『중국유미학생월보』 편집장은 이 사건을 취재하기 위해 웨슬리언칼리지의 W. N. 에인즈워스 총장에게 서신을 보냈고, 다음과 같은 완곡한 내용의 답장을 받았다.

최근 그레섬고등학교가 쑹메이링의 입학을 거절했습니다. 조지아주 의회 규정에 의하면 공립학교는 현지 납세자들의 세금으로 세워진 것이니 외부 학생을 받으면 납세자의 자녀 한 명이 기회를 잃게 됩니다. 그녀가 공부해야 할 학급은 이미 정원이 차 있습니다.[61]

서신 말미에 에인즈워스 총장은 쑹메이링이 이미 가정교사를 구했고 그녀가 웨슬리언칼리지에서 머물 수 있다는 소식도 전했다. 인종 차별이든 정원 초과 때문이든 쑹메이링은 작은 시골마을에서의 생활을 마치고 가정교사를 통해 중등 교육을 이수했다. 2년 후 그녀는 두 언니의 뒤를 이어 웨슬리언칼리지에 입학했지만 인종 차별에 화가 난 탓인지 1년 뒤 매사추세츠주에 있는 웨슬리칼리지로 편입하여 1917년 졸업했다

쑹메이링의 경우는 미국인의 중국인에 대한 차별이 입국에만 국한된 게 아니라는 사실을 말해준다. 20세기 초반의 중국 유학생들은 이민국만 통과하면 모든 게 해결될 것으로 생각했지만 차별과 모욕은 그림자처럼 그들을 따라다녔으므로 어디를 가도 떨쳐낼 수 없었다. 중국인이라는 이유로 집주인이 방을 세주지 않으려 했으며, 식당이나 이발소에서 서비스를 거절하는 일은 다반사였다. 그러나 대부분의 유학생은 자신이 겪은 일을 글로 남기지 않았다. 1915년 보스턴대학에서 박사 학위를 받은 천웨이핑陳維屛은 이렇게 이야기했다. "모텔도 가장 좋은 방 아니면 가장 나쁜 방뿐이었다. 가장 좋은 방은 엄청 비싸고 가장 나쁜 방은 도저히 묵을 수 없는 곳이었다. 중간 정도의 방은 중국인에게 주지 않았다. (…) 학교에서는 기숙사를 제공하지 않아서 멀리 떨어진 곳에 머물 수밖에 없었다. 민박을 하려 해도 중서부나 동부에서 중국인을 받아줄 집은 많지 않았다."62

천웨이핑이 동부에서 겪은 이러한 경험은 다른 지역에서도 마찬가지였다. 오히려 캘리포니아와 서부의 차별에 비하면 중서부나 동부는 중국인에게 우호적인 편이었다. 일부 선교사는 캘리포니아의 배타적인 정서가 가라앉지 않는 한 중서부나 동부로 갈 것을 유학생들에게 권했다.63

이러한 차별은 1920년대에도 여전했지만 중국 유학생들은 짐짓 차별에 무심한 태도를 보였다. 때로는 차별에 대해 스스로 지나치게 예민한 반응을 보이는 것으로 치부하기도 했다. 훗날 유명한 심리학자가 된 저우센경周先庚(1924년 칭화대학 졸업, 스탠포드대학 박사)은 1925년 미국에 온 학생들이 오리건주 포틀랜드에서 택시 기사에게 "우리를 '지나인'이 아닌 '중국인'이라고 불러주어서 고맙다. 사실 '지나인'은 특별히 폄하하는 발언은 아니다"라고 말했다는 이야기를 전해 듣고 스탠포드대학이 있던 팰로 앨토Palo Alto에서의 경험을 전했다.

> 우리는 집을 구하는 데 오랜 시간이 걸렸다. 일반적으로 사람들은
> 완곡하게 방을 빌려주기를 거절했다. 어떤 이발소는 백인들만 상대
> 로 영업하기도 하지만 이미 이런 민족 차별은 보기 드문 경우고 그
> 다지 크게 놀랄 일도 아니다. 언제 어디에서나 있는 일일 뿐이다.[64]

중국 유학생들이 미국 사회에서 당한 인종 차별이나 모욕에 대해 그
러려니 하는 것은 일종의 생존 본능이었다. 견디지 못하면 유학 생활은
연옥처럼 괴로웠기 때문이다. 다만 대학 혹은 사립 고등학교는 적어도 제
도적으로 중국인에게 직접적인 격리나 차별을 행사하지는 않았다. 결국
20세기 초반의 중국 유학생들은 상아탑 안에서 생활했기에 미국 사회의
적나라한 인종 차별을 피할 수 있었다.

신입생 환영회와 관광 이후, 각자의 길을 가다

학생들은 미국에 오기 전부터 동경하는 유학 생활을 상상해왔으며,
미국에 도착한 후에는 환영회를 통해 자신의 환상을 굳혔다. 그들에게
미국은 오랫동안 꿈꾸어온 곳이며 아름답고 자유로운 나라였다. 도착한
첫날, 꿈에서 보던 샌프란시스코의 금문교를 지날 때 그들은 평생 잊지
못할 강렬한 첫인상을 가슴에 새겼다.

샌프란시스코 영사관과 워싱턴 공사관에서는 사람을 파견하여 칭화
대학 등 국비 유학생과 든든한 집안 배경을 가진 자비 유학생들을 맞이

했다. 전미중국유학생연합회 서부 지회(캘리포니아대학 중국학생회) 역시 마찬가지였다. 이들이 도착하면 미국기독교청년회YMCA와 북미중국기독교유학생협회가 환영해주었다. 1921년 8월 1일부터 9월 15일까지 북미중국기독교유학생협회는 모두 220명의 유학생을 맞이했다.[65] 물론 이 단체들은 서로 다른 이유와 목적이 있었지만 막 도착한 유학생들에게는 막막한 공포와 두려움을 잊게 해주는 창구 역할을 했다.

단체들은 먼저 공동 환영회를 개최했다. 1911년 9월 초의 환영회에서는 캘리포니아주 청년회 간사, 북미중국기독교유학생협회 대표와 지부 회장, 전미중국유학생연합회 서부지회 회장 등이 준비위원이었다.[66] 이들은 유학생들이 태평양 위에 있을 때부터 전보를 통해 연락을 취했으며, 9월 4일 새벽 배가 금문교를 통과할 무렵에는 환영 준비를 마치고 부두에 나와 기다렸다. 배가 접안했을 때는 세관 관리들과 함께 배에 올라 입국 수속을 도왔다.

이날 배에서는 71명의 유학생(경관 유학생 59명, 기타 국비 유학생 2명, 자비 유학생 중 여학생 1명을 포함한 10명)이 2시간에 걸쳐 입국 수속을 밟았다. 수속이 끝나자 중국 영사는 유학생들을 점심 식사에 초대했다. 오후에는 캘리포니아 동부의 오클랜드를 유람했고, 오클랜드청년회에서 저녁식사와 여흥을 제공했다. 신입생 환영회는 기독교청년회나 중화공소中華公所, 중국인들의 모임―옮긴이가 개최했던 것과는 달리, 유학생 조직들이 함께 참여하면서 제도화되었다. 환영사와 치사, 중국과 미국의 가곡, 미국대학의 교가, 악기 연주와 다양한 게임이 이어졌다. 새로 도착한 유학생들에게 마치 고향에서 새해를 맞는 듯한 잊지 못할 기억을 남겨주었다.[67]

환영회는 2~3일간 계속되었다. 캘리포니아 상인회에서는 자동차로 시내 관광을 시켜주었다. 중국에서 한 번도 타보지 못한 자동차에 올라 줄

지어 도로를 달리는 관광은 학생들에게 무척 짜릿한 경험이었다. 1919년 9월의 환영회에서는 총 50대의 차가 동원되었다.[68] 다음날에는 캘리포니아 금융기관이 몰려 있는 거리와 호화로운 호텔을 구경하고 오후에는 버클리대학 캠퍼스 참관과 쇼핑을 한 뒤 동부로 향하는 밤기차에 올랐다. 대부분의 유학생이 중서부나 동부 대학을 지원했기 때문에 열차를 대절해서 이동했다. 어쩌면 인종 차별 때문이었는지도 모른다. 1911년 9월 초 학생들은 침대차 5칸, 화물차 1칸, 식당차 1칸을 임대했다. 동부로 가는 긴 여정에서 차창 너머로 원주민을 자주 보았고, 이동하는 소떼를 만나면 갑자기 열차가 멈추기도 했다. 연도의 명승지에서는 내려서 사진을 찍을 수도 있었다.

열차가 라스베이거스의 오마하에 도착하자 현지 청년회에서 마중을 나와 기념 카드를 주었다. 또 시카고에서도 50여 명이 나와 환영했다. 식사 대접과 간단한 여흥 그리고 시카고 시내와 시카고 대학 관람이 이어졌다. 환영회는 이곳을 마지막으로 끝나고 이제 본격적인 유학생의 생활이 시작되었다. 중서부 학교로 가는 학생들은 내려서 자기 학교가 있는 곳으로 떠나고 동부로 가는 학생들은 다시 열차를 재촉했다.

2장

누가 먼저
사다리에 오르는가?

**Chinese students studying
in the U.S.A. 1872–1931**

楚｜材
晉｜育

구웨이쥔은 6월에 귀국해 상하이에서 여름을 보내고, (1908년) 10월 6일에 (컬럼비아) 대학으로 돌아가 법과 대학원에 진학했다. 그는 런던, 파리, 베를린, 제네바, 포트사이드(수에즈 운하 북쪽 도시), 싱가포르를 거쳐 상하이에 도착해서 6주간 머문 뒤 태평양을 건너 돌아감으로써 지구 한 바퀴를 돈 셈이다.¹

잉상더應尚德 부부는 궈빙원郭秉文 등 친구 7명을 성聖 금요일 오후 뉴저지 교외에 있는 별장에 초청했다. 이들은 요트와 낚시를 하고 피아노 연주를 들으면서 중국요리 만찬을 즐기는 등 행복한 시간을 보냈다.²

이는 『중국유미학생월보』에 실린 소식들이다. 구웨이쥔은 1904년 유학을 떠나 1908년 컬럼비아대학을 졸업했다. 대학원 진학을 앞둔 그해 여름, 그는 대학 졸업을 축하할 겸 방학을 보내기 위해 상하이로 돌아왔다. 잉상더는 1912년 오하이오주의 우스터칼리지를 졸업했으며, 다음해 컬럼비아대 대학원에 다닐 무렵 친구들을 초대했다. 많은 유학생이 부유한 집안 출신이었지만 구웨이쥔처럼 방학을 이용해 지구 한 바퀴를 돌아 세계 일주를 하거나 잉상더처럼 뉴욕 시내에서 공부하고 뉴저지 별장에 친구들을 초대하는 것은 매우 특별한 경우에 속했다.

20세기 초, 미국에 유학을 갈 수 있었다는 것은 사회·경제·문화 등 모든 면에서 하늘이 내린 축복이었다. 그러나 유학은 개인의 노력이나 집안의 투자뿐 아니라 당시 중국의 정치·사회·경제 정책과 밀접한 관계가 있다는 점을 간과해서는 안 된다. 국가는 극히 소수의 인재들에게 유학이라는 형식으로 투자했다. 좀더 명확히 표현하자면 중국 사회의 납세자들이 소수의 행운아들에게 해외에서 공부할 수 있는 기회를 제공한 것이다. 유학생들은 공개적이고 공평한 시험을 거쳐 선발되었다는 이유로 스스로를 엘리트로 여겼지만, 사실 그들을 돋보이게 한 핵심 요인은 좋은 집안 배경privileged이다. 이른바 실력주의meritocracy의 배후에는 정치·사회·경제·교육 자원의 불균형한 분배라는 현실이 존재한다. 이런 자원을 가진 자들이 바로 공개적이고 공평한 시험을 거쳐 선발된 다음 국가(사실은 납세자)가 내준 자금의 수혜자가 되어 유학을 떠난 것이다.

이러한 자원 분배의 불균형 현상은 지역 간 격차에서 극명하게 나타난다. 비단 유학뿐 아니라 신교육 보급 면에서도 마찬가지다. 많은 연구에서 20세기 초 미국 유학생의 대다수가 장쑤·광둥·저장 3개 성 출신이라는 점을 밝힌 바 있다.[3] 왕이쥐는 이런 지역적 불균형은 부유한 성의 부유한 집안이 가진 재력 덕분이라고 단언했다. 또한 미국 유학은 부유층 자녀들이 연해와 도시로 집중되는 현상을 가속화시켰다고 했다. 그들은 농촌 상황에 대해 잘 알지 못했거니와 알고 싶어 하지도 않았는데, 이 현상은 결국 1949년 공산당에게 승리를 안겨준 원인 중 하나이기도 했다.[4]

유학생과 신교육에 대한 왕이쥐의 비판과 지적은 많은 사람에게 공감을 샀지만 미국 유학과 개인 재력의 연관성에 대한 분석에서 그가 간과한 사실이 있다. 첫째, 부유층 자녀들의 미국 유학비용을 국가가 제공했다는 점이다. 즉 절대다수의 국비 유학생 장학금이 연해 성 출신의 부유층 자녀들에게 돌아간 것이다. 둘째, 이들은 혜택을 받았음에도 불구하고 이러한 자원 분배의 불균형 시스템에 대해 관심을 기울이지 않았다. 셋째, 엘리트 선발 제도를 통해 그 뒤에 숨겨진 정치·사회·경제·문화 자원의 불균형한 분배를 지적하지 않는 것이 곧 유학 자원의 불균형한 분배의 근본적 원인이라는 것이다. 마지막으로, 엘리트 선발 제도에는 성차별이 뚜렷했다. 극소수를 제외하고 20세기 초 유학생의 10~15퍼센트를 점하는 여학생들은 국비 유학 장학생을 선발하는 시험에 참여할 수 없었다.

미국 유학의 선구자

19세기 말까지 중국 사회는 유학에 별 관심을 보이지 않았으며 정부도 호감을 보이지 않았다. 1872~1881년 룽훙이 주도한 '아동 유학생' 계획이 좋은 예로, 이에 대해서는 많은 연구가 있다.[5] 이 '아동 유학생' 계획이 실패한 데는 정부의 확신이 부족했기 때문이기도 하지만 사회적 무관심의 결과이기도 하다. 당시 사대부 집안에서는 미국 유학을 좋은 투자로여기지 않았다. 청 정부는 1872~1875년 나이 어린 학생 120명(평균 나이

11~13세)을 선발해 네 차례에 걸쳐 미국 동북부 뉴잉글랜드로 유학 보냄으로써 근대 중국 최초로 국비 유학을 시행했다. 이는 양무운동의 일환으로, 미국에서 중등교육부터 받게 하여 군인 및 선박 기술자로 양성하려는 15년 장기 프로그램이다. 그러나 아이들이 빠르게 미국화되자 "기술을 익히기도 전에 나쁜 습관에 물들었다"고 보았고, 본래의 모습을 잃으면 국가에 도움이 안 된다는 판단 아래 1881년 여름 서둘러 철수시키는 우를 범했다.[6]

맨 처음 청 정부는 아동 유학 계획을 위해 200만 달러라는 거액의 예산을 책정했으니 한 푼도 개인 부담을 지우지 않겠다고 했지만 어린 자식을 유학 보내려는 부모는 거의 없었다. '배움이 뛰어나 관직에 나갈 수 있는' 좋은 수단인 과거제도가 있는데 어느 누가 이를 포기하고 기술을 가르치는 양무 사업에 자식을 보내려 하겠는가?[7] 상하이에 아동 유학생 사업국幼童出洋肄業局을 설치했지만 학생이 모집되지 않자 1872년 룽훙은 홍콩에 가서 겨우 1차 모집인원 30명을 채웠다.[8] 〈표 2.1〉에서 보듯이 1차뿐 아니고 4차까지 모집한 학생의 대다수는 광둥 출신이었으며, 사대부 계층에서는 유학에 전혀 관심을 보이지 않았다.

4차에 걸쳐 모집한 학생 120명 중 70퍼센트인 84명이 광둥 출신이었다. 광둥은 당시 교역 통상의 관문으로 중국 최초로 미국 이민이 시작된 곳이기 때문에 압도적으로 많은 유학생을 보낸 것은 전혀 이상한 일이 아니다. 주의 깊게 봐야 할 점은 광둥에서 건너간 유학생들과 미국 이민을 떠난 사람들의 상관관계다. 20세기 중기까지 미국에 이민 간 광둥 사람들은 주로 샹산香山(중산), 난하이南海, 판위番禺, 순더順德, 신후이新會, 타이산臺山, 카이핑開平, 언핑恩平 출신이다. 주장珠江 삼각주 중심에 있는 샹산과 난하이 3개 고장은 비교적 부유했지만 주변에 산을 끼고 있는 4개 고

	1872(%)	1873(%)	1874(%)	1875(%)	전체(%)
광둥	24(80)	24(80)	17(56.7)	19(63.3)	84(70)
장쑤	3(10)	2(6.7)	8(26.7)	8(26.7)	21(17.5)
저장	0(0)	4(13.3)	2(6.7)	2(6.7)	8(6.7)
안후이	1(3.3)	0(0)	2(6.7)	1(3.3)	4(4.4)
푸젠	1(3.3)	0(0)	1(3.3)	0(0)	2(1.7)
산둥	1(3.3)	0(0)	0(0)	0(0)	1(0.8)
총계	30(100)	30(100)	30(100)	30(100)	120(100)

자료: 쉬룬徐潤, 「서우제 자서연보徐愚齊自敍年譜」(타이베이, 1977), 33~46쪽

장(신후이·타이산·카이핑·언핑)은 가난했다. 그중에서도 특히 가난한 타이산에서 더 많은 사람이 이민을 택했다. 그들은 대부분 미국에서 노동자, 가정부로 일하거나 차이나타운에서 작은 가게를 운영했다. 난하이 등 3개 고장에서 온 사람들은 샌프란시스코 차이나타운의 핵심층이 되었고 샹산 출신자들은 캘리포니아에서 과수원을 하거나 과채류 도매에 종사했다.9

광둥 출신의 어린 유학생들과 이민자들의 본적이 완전히 일치한다는 점에서 〈표 2.2〉는 두 가지 사실을 말해준다. 하나는 광둥 출신 유학생 84명 중 75명(89.3퍼센트)이 샹산, 난하이 등 3개 고장과 신후이 등 4개 고장 출신이라는 것이다. 이는 전체 유학생의 62.5퍼센트에 해당한다. 반면 광둥 내 다른 현 출신은 겨우 9명(10.7퍼센트, 전체 유학생의 7.5퍼센트)에 불과했다. 다른 하나는 지역이 부유할수록 유학 참여율이 높다는 점이다. 샹산 출신은 40명(47.6퍼센트, 전체 유학생의 33퍼센트)인데, 룽훙이

〈표 2.2〉 광둥 출신 학생 본적 (1872~1881)

〈표 2.2〉 광둥 출신 학생 본적 (1872~1881)

지역 명	학생 수(%)	비율(%)
샹산(중산)	40(47.6)	33
난하이 등 3개 고장	26(31)	22
신후이 등 4개 고장	9(10.7)	7.5
소계	75(89.3)	62.5
기타	9(10.7)	7.5
총수	84(100)	70

자료: 쉬룬, 「서우제 자서연보」, 33~46쪽

이 지역 출신이라는 점도 영향을 주었다. 두 번째로 높은 비율을 나타낸 난하이 등 3개 고장 출신은 26명(31퍼센트, 전체 유학생의 22퍼센트)이다. 결과적으로 부유한 샹산과 난하이 등 3개 고장 출신은 66명(78.6퍼센트, 전체 유학생의 55퍼센트)이고, 빈곤 지역인 신후이 등 4개 고장은 9명(10.7퍼센트, 전체 유학생의 7.5퍼센트)에 불과하다.

위에서 언급한 곳들은 19세기 국제 무역에서 중요한 역할을 하던 매판買辦들의 고향이다. '매판'은 포르투갈어 '콤프라도르comprador'의 한역어로 외국 상점을 대리해 중국 상인들과 거래하는 자를 일컫는 말이다.[10] 1880년대 이전, 룽훙이 아동 유학을 구상하고 집행하여 철수하기 전까지 매판들은 대부분 샹산과 난하이, 판위 출신이었으므로 대체로 매판이라 하면 샹산 사람이라 인식되고 있었다.[11]

샹산 매판은 매우 흥미로운 대상이다. 샹산 출신의 룽훙은 영국 상점인 바오순양행寶順洋行(Dent & Co)에서 차 구매를 담당하는 매판으로 일했지만 모교인 예일대학의 명성에 누가 된다면서 매판이었다는 사실을 부인했다.[12] 샹산 출신 매판 가운데 2명은 아동유학 사업국과 밀접한 관계가 있었는데, 한 명은 유학생의 아버지였고 다른 한 명은 유명한 관료였다. 전자는 당시 가장 유명한 영국의 이허양행怡和洋行(Jardine, Matheson & Co)의 매판이었던 탕팅쑤唐廷樞로, 훗날 윤선초상국輪船招商局과 카이핑광산의 총판總辦(총책임자)이 된 인물이다. 그의 아들 탕궈안唐國安, 조카 탕사오이는 룽훙을 따라 유학을 다녀온 인물이다. 탕궈안은 「서곡」에서 탕사오이의 활동을 설명할 때 잠시 언급했듯이 칭화대학 초대 총장을 지냈다. 후자는 룽훙과 함께 학생 선발에 참여한 바 있는 관료 쉬룬徐潤이다. 그는 매판의 대표적인 인물로 항상 탕팅쑤와 같이 언급되는데 바오순양행의 매판을 지냈고 탕팅쑤의 투자 파트너였으며 윤선초상국과 카이핑광산의 회판會辦(부책임자)을 지냈다. 쉬룬의 사촌동생 3명은 선발되지 못하자 자비 유학으로 룽훙을 따라갔다.[13] 그 밖에 3명의 아동 유학생은 양무 관료 집안 출신이었다.[14]

다소 희극적으로 유학생들이 소환되면서 중단되긴 했지만 룽훙의 아동 유학생 사업은 많은 예산이 투입된 큰 규모의 프로젝트로, 그중 몇 명은 훗날 커다란 성과를 냈음에도 집안 배경에 대해서는 오랫동안 잘 알려지지 않았다. 이후 2017년 선룽궈沈榮國가 이들 유학생의 40퍼센트에 해당하는 48명의 집안 배경을 고증했는데 그들의 2/3 이상이 양무, 매판, 상인 집안 출신이었으며 8명은 관리 집안, 4명은 화교, 2명은 교회 신자, 4명은 평범한 서민 집안이었다. 이 연구는 용어 채택과 서술 및 통계에 허점이 있었지만 대단히 중요한 자료임에 틀림없다.[15]

위 연구는 룽훙의 아동 유학생 계획에 '참가자가 거의 없었다'는 오랜 고정관념을 수정해주었다는 점에서 중요하다. 사실 '참가자가 거의 없었다'는 부분은 좀더 자세히 분석할 필요가 있다. 첫째, 이 표현이 사회로부터 관심을 받지 못했음을 의미하는 것인지, 아니면 유학 기회가 있다는 사실조차 몰랐음을 의미하는지 명확히 구분해야 하는 문제가 있다. 룽훙은 자신의 회고록에서 실제로 "참가자가 거의 없어서" 어쩔 수 없이 홍콩에 가서 1차 모집생 30명을 겨우 채웠다고 했다. 그러나 이전의 서술에서 "북방 사람들은 조정에서 이러한 유학 계획을 발표했다는 것을 몰랐다. 당시 어떤 신문도 이 내용을 보도하지 않았기 때문이다"라고 진술한 부분에 주의할 필요가 있다.[16] 둘째, '참가자가 거의 없었다'는 표현은 선룽궈가 조사한 48명, 특히 2/3를 점하는 양무, 매판, 상인 집안 출신들에게는 해당되지 않는 내용이다. 이들은 일찌감치 시대의 흐름을 읽고 유학이 미래 성공을 보장하는 관건임을 알아차리고 있었다. 셋째, 몇몇 학생에게는 양무 관련업에 종사하거나 외국 상점에 근무하는 부친, 형제, 친구들이 있었다.[17] 룽훙, 탕팅쑤, 쉬룬 등은 자신의 친지에게 국비 유학의 기회를 잡도록 독려했다. 선룽궈는 이들이 끌어들인 학생들(룽훙 7명, 쉬룬 4명, 탕팅쑤·팅즈廷植 형제 15명 등)이 모두 26명이라는 사실을 밝혀냈다.

그러나 선룽궈의 이 연구는 룽훙의 아동 유학 사업에 대한 기존의 인식을 완전히 바꾸지는 못한다. 그가 찾아낸 대상 자료는 총 48명으로, 나머지 60퍼센트에 달하는 72명 학생에 대한 자료가 없기 때문이다. 이 72명은 내세울 것 없는 일반인 출신일지도 모른다. 바꿔 말하면 선룽궈가 확보한 대상 자료는 기존의 해석이 정확하다는 사실을 반증하는 것일 수도 있다. 즉 120명 학생의 대부분은 빈곤층이거나 적어도 사대부 집안의 자제가 아닐 수 있다.

마지막으로 지적할 점은 룽훙이 유학 사업을 시작할 때 이미 자비 유학이 늘어나고 있었다는 사실이다. 홍콩과 상하이의 유학생 7명이 자비를 들여 2차 어린 유학생들과 같이 미국으로 갔고,[18] 앞서 언급한 쉬룬

〈사진 2〉 1874년 량루하오梁如浩와 탕사오이가 미국에 가기 전 찍은 사진

자료: Thomas La Fargue, *China's First Hundered: Educational Mission Students in the United State, 1872~1881*, ⅩⅥ.(이하 'China's First Hundered'로 표기)

〈사진 3〉 1872년 샌프란시스코에 도착한 아동 유학생

자료: Thomas La Fargue, *China's First Hundered*, 48쪽

의 사촌 3명은 1875년 룽훙의 마지막 학생들을 따라 미국으로 향했다. 선룽귀는 쉬룬의 두 아들도 이해에 자비로 떠났다고 했다. 또한 이때 같이 떠난 천룽Chun Lung이라는 학생은 하와이 화교의 아들로, 역시 자비 유학생이었다고 한다. 따라서 총 13명 자비 유학생이 룽훙과 함께 유학길에 올랐다.

1870년대 초, 자비로 미국 유학을 떠난 학생들이 있었다는 것은 이미 어떤 이들은 유학의 중요성을 인식하고 있었음을 의미한다. 그리고 〈표 2.1〉에서 보듯이 광둥뿐만 아니라 중부 연해 성에서도 유학에 대한 중요성을 인식하고 있었는데, 특히 장쑤성이 그러했다. 3, 4차 아동 유학생 중 장쑤성 출신은 26.7퍼센트로 전체 유학생의 17.5퍼센트에 해당한다. 저장성은 낙후한 지역이었지만 이곳 출신 유학생은 전체의 6.7퍼센트를 차지하고 있다. 두 성은 19세기에 광둥성 다음으로 국제무역이 활발했던 지역으로, 이 두 성 출신의 유학생 수가 광둥성을 제외한 다른 성들을 모두 합친 것보다 많았다. 광둥, 장쑤, 저장의 순서는 룽훙의 아동 유학생 시대부터 20세기까지 유지되었다.

이 무렵 중국 사회의 변두리에서 유학에 대한 관심이 시작되고 있었다. 사대부 계층에서는 "오직 경전을 읽는 것만이 고상한 일이고 그 밖의 모든 것은 하찮다"라며 과거시험을 위한 사서오경 읽기를 최고 가치로 삼았다. 룽훙의 아동 유학 사업국은 시작할 때부터 실패가 예상되었는데, 와해의 계기는 아이러니하게도 조기 교육에 대한 감독관들의 의견 충돌 때문이었다. 어린 아이들을 미국에 유학 보내는 목적은 중국 군사 현대화에 필요한 기술 인재로 양성하는 것이므로 청 정부는 미국 가정에서 생활하는 어린 유학생들이 자신의 뿌리를 잊지 않도록 2명의 중문 교사를 특별 파견하여 사서오경을 가르치게 했다. 부감독관이던 룽훙은 청 정부의 이런 '중체서용中體西用, 중국의 유교 문화를 중심으로 하고, 서양의 과학과 기술을 도입하여 부국강병을 꾀하자는 것─옮긴이'방식에 부정적이었으며, 오히려 유학생들이 미국화되어야 함을 공개 주장하면서 정부의 지시를 무시했다.[19] 더구나 그는 미국 국적의 기독교인으로 1875년 미국 여성 메리 켈로그와 결혼했다. 이로 인해 룽훙은 초대 감독관 천란빈陳蘭彬과 계속 마찰을 빚었다. 1879년 더욱 보수적인 우자샨吳嘉善이 감독관으로 부임하자 두 사람은 물과 불처럼 사사건건 대립했다.[20] 우자샨은 베이징에 보내는 보고서에 가장 엄중한 어조로 어린 유학생들의 문제점을 지적했다. "적응한다는 핑계로 근본을 잃은 채 어떤 장점도 배우지 못하니 인재로 성장하기를 기대할 수 없을 것이며, 설사 학업을 마친다 해도 중국 사회에 별다른 도움이 되지 않을 것이다."[21]

대개 과격한 표현으로 주목을 끄는 보고서가 그렇듯이 우자샨의 논조 역시 실제보다 과장되었다고 할 수 있다. 어쨌거나 유학생들은 미국에서 중체서용에 바탕을 둔 커리큘럼을 수행해야 했다. 코네티컷주 하트포드에 있는 3층짜리 아동 유학생 사업국 사무소는 직원들 숙소 겸 75명 유학생의 중국어 공부방으로 쓰였다. 학생들은 12명씩 한 조가 되어 3개월에 한 번씩 이곳에 와서 2주일간 경전과 중국어를 공부했다. 아침 6시에 일어나 밤 9시에 잠들기 전까지 경전을 읽고 외우고 글씨 연습과 작문을 배웠다.[22] 보존되어 있는 과제물들을 보면 교습이 매우 엄격했음을 알 수 있다.[23]

당연히 이상과 현실은 괴리가 있다. 중체서용의 교습에도 불구하고 어린 학생들은 빠르게 미국화되었다. 예일대학의 유명한 영문학 교수 윌리엄 펠프스는 하트포드시에서 중학교에 다닐 때 중국 유학생들과 친구 사이였다. 그는 당시를 이렇게 회고했다.

〈사진 4〉 동방 야구팀. 1878년 코네티컷주 하트포드시에 있는 아동 유학생 사업국 사무소 앞에서 찍은 사진
(뒷줄 왼쪽부터 오른쪽으로) 차이사오치, 중진청, 우중셴, 잔톈유, 황카이자
(앞줄 왼쪽부터 오른쪽으로) 천쥐융, 리구이판, 량둔옌, 쾅용중
자료: Thomas La Fargue, *China's First Hundered*

그들의 복장은 미국 젊은이들과 같았다. (⋯) 유일하게 다른 것은 피부색과 뻣뻣하게 풀을 먹인 셔츠 깃 속의 변발이었다. 영어 발음은 사투리 없이 매우 유창해서 감탄을 자아내게 했다. 모두 똑똑하고 부지런해서 성적도 좋았고 운동도 잘해서 많은 아이의 부러움을 샀다.[24]

어린 학생들이 자기도 모르는 사이에 미국화되어가자 중국어 교습은

갈수록 무미건조하고 부담스러운 과제로 느껴졌다. 이들은 하트포드의 그 공부방을 '지옥의 집The Hell House'이라 불렀는데, 훗날 한 회고록에서 "학교가 쉬는 날에는 반드시 그곳에 가서 중국어 공부를 해야 했다. 거기 서는 자신들이 한 일에 대해 혼나기만 했다. 오직 꾸짖음만 있을 뿐 변명 의 기회는 주어지지 않았다"고 기록했다.[25]

아동 유학생 사업국의 보수적인 감독관들은 이 청소년들의 방종과 반항이 지나친 미국화의 징조라고 했지만 통제할 수 없었다. 가장 쉬운 방법은 중국으로 송환시키겠다는 위협이었고 실제로 그런 일이 발생하기 도 했다. 유학생의 가장 큰 잘못은 기독교 신앙을 갖는 것과 변발을 자르 는 행위였다. 1880년 학생들이 본국으로 돌아가기 전날 저녁에도 아동 유학생 사업국은 새로운 규정을 발표했는데, 그중 하나는 미국 교사들을 향해 중국 유학생에게 불필요한 미국 지리, 영시英詩, 피아노 등 교과 과정 을 중단하라는 것이었다.[26]

보수파의 의견이 받아들여져 유학생 송환이 결정되자 룽훙과 학생 들은 개인적으로 거부 의사를 행사했다. 룽훙의 조카 룽쿠이容揆는 청 정 부가 금한 두 가지 규정, 즉 기독교에 귀의하고 변발을 자르는 짓을 저질 렀으며 이에 대해 룽훙은 룽쿠이가 예일대학에 남아 학업을 마칠 수 있 도록 은밀히 제3자를 통해 돈을 대주었다. 탄야오쉰譚耀勳도 기독교에 귀 의했다는 이유로 지적을 받았으나 유학생끼리 돈을 모아 몰래 그에게 주 었다. 본국으로 돌아가기 위해 열차를 타고 샌프란시스코로 향하던 중 매사추세츠 스프링필드에서 잠시 멈추었을 때 룽쿠이와 탄야오쉰은 기 차에서 내렸고 예일대학에서 무사히 학업을 마칠 수 있었다.[27]

샌프란시스코에서 배를 기다리는 동안 우연히 오클랜드시 야구팀이 유학생들에게 시합을 요청해왔다. 시 야구팀은 중국 학생들을 쉽게 이길

수 있을 거라 자신했지만 중국 팀에는 훗날의 교통부 장관이 된, 고등학
교와 예일대학 시절 야구부 활동을 했으며 변화구가 특기인 투수였던 량
둔옌梁敦彦이 있었다. 결국 중국 팀이 통쾌한 승리를 거두면서[28] 미국을
떠나기 전 영원히 기억에 남을 추억을 새겼다. 배에 오르기 전, 학생들은
차이나타운에서 급히 지은 중국옷으로 바꿔 입고[29] 세 팀으로 나뉘어
귀국선에 올랐다.

이들의 귀국은 금의환향이 아니었다. 북적북적한 상하이 부둣가에
인력거꾼 쿨리苦力들이 큰소리로 고객을 찾으며 바쁘게 뛰어다니는 가운
데 학생들을 맞이한 유일한 사람은 아동 유학생 사업국에서 나온 직원
한 명이었다. 직원은 학생들을 인력거에 태워 상하이 도태 아문道台 衙門.
지방 관아―옮긴이 뒤쪽에 있는 폐쇄된 지 10년이 지난 구지求知서원으로 보
냈다. 학생 몇 명은 아는 사람을 통해 몰래 빠져나갔지만 나머지는 병사
들이 지키는 가운데 심문을 거쳐 당시 양무 사업의 일환이었던 전보, 군
함, 기계, 어뢰 제조 기관의 실습생으로 파견되었다.

1881년 아동 유학 사업국이 철수할 무렵 대학에 들어간 학생은 34명
뿐이었다. 그중 잔톈유詹天佑와 어우양경歐陽庚 2명만 예일대학을 막 졸업
했고, 나머지는 고등학교 재학 중이었다.[30] 원대한 구상 아래 전도유망했
던 유학 사업은 이렇게 허무하게 막을 내리고 말았다.

귀국 얼마 후 병사했거나 잘못을 저질러 송환된 경우, 철수 과정에서
도망친 2명과 귀국 후 다시 미국으로 돌아간 경우를 빼고 9년간 청 정부
가 막대한 금액을 지원해온 아동 유학생 사업의 효과는 극히 미미했다.
귀국 후 양무 기관에 파견된 94명의 학생 중 1/3은 갓 대학에 입학한 상
태였고 대학 졸업생은 2명뿐이었으니 애초의 군사 인재 양성이라는 기대
에는 전혀 미치지 못했다.

룽훙의 아동 유학생 사업에 대한 후대의 평가는 다양하다.[31] 그러나 19세기의 일인데다 매우 특수한 사례이므로 객관적이고도 명확히 평가하기란 쉽지 않다. 다만 기존의 평가처럼 그들이 시대를 잘못 만났음을 애석해하거나 청 정부의 진부함과 우매를 탓하는 것은 논의 범주 밖의 일이다. 물론 당시 관료와 사대부 계층이 낡은 사상에 얽매여 혁신을 거부했다는 점은 부인할 수 없다. 국가가 위험에 처한 상황에서 그들은 힘을 모아 새로운 방향을 모색하기보다는 근시안적으로 사사로운 부분에 사로잡혀 있었다. 한 예로 고위 관리를 접견할 때는 시력이 안 좋은 사람일지라도 예의상 안경을 벗어야 했다. 훗날 외교계에서 유명인사가 된 스자오치施肇基는 근시가 심했지만 양장兩江의 총독 장지동張之洞의 통역을 담당할 때 안경을 벗어야 했기 때문에 여러 번 곤란을 겪었다. 한편 훗날 주미 공사를 지낸 우팅팡의 경우도 인상적이다. 그는 싱가포르에서 태어나 광둥에서 성장하고 홍콩에서 중·고등학교를 마친 뒤 영국에서 대학을 졸업한 인물로, 1882년 톈진에서 이홍장의 참모가 되었을 때 톈진 세관 도태가 그를 위해 연회를 베풀었는데, 연회가 끝난 뒤 세관 도태와 많은 참석자는 우팅팡이 젓가락질에 능숙한 것에 놀라워했다.[32] 그만큼 현실과 동떨어진 상황이 비일비재했다.

왕이쥐는 룽훙의 아동 유학생 사업을 비판적으로 보는 대표적인 학자다. 그는 룽훙이 처음부터 청 정부의 중체서용 정책을 따를 마음이 없었다는 사실을 지적하면서 애초에 이 사업의 실패는 룽훙으로부터 비롯되었다고 평가했다.[33] 룽훙은 중국이 전통 문화를 버리고 하루 속히 서양의 선진 과학기술을 받아들여야 한다고 주장했으며, 어린 학생들이 미국 문화를 완전히 흡수한 뒤에 돌아오면 "서양 문화의 기초 위에 새로운 중국을 건립할 수 있다"고 믿었다. 왕이쥐는 룽훙의 교만함에 대해서두 지적했다. 그 자신 청 정부의 관리이면서 영어에 익숙하지 못한 주미 공사 최국인崔國因에게 영문으로 작성한 공문을 보냈다. 1895년 장지동은 룽흥을 외교 참모로 임명했는데, 룽흥은 장지동이 자신의 의견을 받아들이지 않았다는 이유로 임명된 지 3개월 만에 사임했다. 왕이쥐는 "장지동 같은 위세 높은 지방 고위관리가 룽흥처럼 오랫동안 미국에 살아서 중국의 사정을 전혀 모르는 자의 의견을 쉽게 받아들이겠는가! 초기 유학생들은 모두 이렇게 방약무도했다"고 비판의 수위를 높였다. 당시 유학생 한 명에게 1년간 지급되는 비용은 1200달러 정도로, 이는 엄청나게 비싼 교육 투자였다. 청 정부가 중도에 학생들을 철수시킨 것은 이런 비싼 투자에 비해 중국 사회가 얻을 수익이 미미하다고 판단했기 때문이다. 청 정부의 결정은 룽흥이 어린 아이들을 지나치게 미국화시킨 결과였다. 학생들은 야구를 즐기고, 미국 여자 친구를 사귀고, 기독교 신앙에 빠지고 감독 교사에 예의를 지키지도 않았을 뿐 아니라 중국어를 거의 잊고 있었다. 철수 당시에 겨우 2명만 대학을 졸업했고 몇 명은 갓 대학에 입학했으며 나머지는 고등학교에 재학 중일 정도로 실질적인 성과도 미미했다.[34] 미국화의 마지막 순서는 미국 귀화였다. 룽흥 본인 외에 120명의 학생 중 약 10여 명이 다시 미국으로 돌아감으로써 이후 유학생들이 미국에 남는 선례를 남겼다.

과도기 세대

앞서 설명했듯이 룽흥의 아동 유학생 계획이 실패로 돌아간 것은 과거제도에 대한 사대부 집안의 절대적 믿음 때문이었다. 정부조차 양무의

실무자는 열등한 계층이 선택하는 것으로 여기는데 어느 사대부 집안이 제 자식에게 그 길을 인도하겠는가? 19세기가 끝날 때까지 미국 유학생은 룽훙의 아동 유학생처럼 대부분 교회의 지원을 받거나 양무 계통에서 일하는 집안 출신이었다. 예일대학을 졸업한 룽훙 자신도 역시 교회의 도움을 받았으며, 우창武昌의 원화文華서원과 상하이의 성요한서원 창시자 중 한 명인 옌융징顔永京(외교관 옌후이칭顔惠慶의 부친) 역시 교회의 지원으로 상하이에서 교육을 마친 후 미국 오하이오주 케니언칼리지를 졸업하고 1869년 석사 학위를 취득했다.[35]

룽훙의 실험은 실패했지만 당시 싹트기 시작한 미국 유학의 열기마저 사그라진 것은 아니었다. 여러 자료들을 검토한 결과 많은 사람이 다양한 방식으로 유학을 시도했다는 사실을 알 수 있었다. 앞서 언급한 어우양겅이 다른 학생들과 같이 상하이로 철수한 해에 동생 어우양치歐陽祺(당시 겨우 15세로, 훗날 형처럼 샌프란시스코 총영사를 역임했다)는 고향 광둥을 떠나 미국으로 갔고,[36] 옌후이칭의 큰형인 옌시칭顔錫慶과 둘째 형 옌즈칭顔誌慶도 1880년 미국으로 갔다. 훗날 상우인서관商務印書館에서 영어 교과서를 편찬한 쾅푸줘鄺富灼, Fong F.Sec도 특별한 경우다. 광둥 타이산台山 농촌에서 태어난 그는 1882년 「배화법」이 통과된 해에 13세의 노동자 신분으로 샌프란시스코에 도착했으며, 배움에 대한 갈망으로 차이나타운의 야학에 들어가 주경야독했다. 기독교 신자가 된 이후에는 구세군the Salvation Army 사회봉사 팀에서 일하면서도 학업을 포기하지 않았다. 1897년 28세의 그는 캘리포니아 포모나칼리지 총장의 도움으로 중학교 과정부터 시작하여 1905년에 캘리포니아대학을 졸업하고 이듬해에는 컬럼비아대 교육대학원을 졸업했다. 중국에 돌아와서는 학교와 정부 기관에서 근무한 뒤 출판사인 상우인서관에서 영어 교과서를 편찬했다.[37] 1908년

「전미유학생연합회: 태평양 지구Chinese Students' Alliance: Pacific Coast, Annual Bulletin」 회보에 따르면 쾅푸줘는 귀국 후 광저우의 량광兩廣방언학당에서 영어를 가르쳤고 베이징 우전부郵傳部에서도 근무했다.38

　　과도기 세대의 유학생들은 미국 유학의 필요성을 먼저 깨닫고 선택한 선각자들이다. 1890년대 스자오치·스자오샹施肇祥 형제, 옌후이칭 형제, 1901년의 천진타오陳錦濤, 왕충유王寵佑·충후이寵惠 형제가 대표적인 인물들이다.39 이들은 대부분 1870년대에 출생했는데 당시는 대다수 중국인이 유학은커녕 기초적인 영어 교육도 관심을 보이지 않았던 시대로, 몇몇 기독교 학교에서 영어 교육을 막 시작하고 있었다. 일부에서는 영어 교육이 자칫 세속화와 상업화를 조장해서 기독교 학교의 원래 목적에 저해된다는 우려와 학생의 정체성에 악영향을 끼친다는 비판도 있었다.40 상하이의 성요한서원에서는 1881년에 처음 영어 강의를 시작했고 1894년에는 과학 관련 영어 강의를 개설했다. 1890년대 초반까지 여러 기독교 학교에서 다양한 학자금 지원 등을 내세워 학생을 모집하기도 했다. 어쨌든 초기에는 학생 모집도 힘들었고 몇 년 공부하고 나서는 세관이나 전보국에 취직하는 정도가 고작이었다.41 이에 비해 1890년대 미국으로 유학을 떠난 이들은 국비·자비를 막론하고 분명히 시대를 앞서간 사람들이었다.

　　룽훙의 유학생 사업이 실패로 돌아가자, 교회가 학생들이 미국으로 유학을 가는 데 중요한 가교 역할을 했다. 이 과도기적 시대에 교회의 후원으로 유학을 마친 4명의 여자 유학생이 있다. 바로 중국 최초의 여의사로 알려진 진원메이金韻梅, 쉬진훙許金訇, 캉청康成, 스메이위石美玉다.

　　진원메이Yamei King는 1864년 저장성 닝포寧波의 장로교 목사 집안에서 출생했다.42 그녀가 3세일 때 유행성 독감으로 부모가 사망했는데, 그녀의 부친은 숨지기 전 미국 선교사인 D. B. 매카티에게 딸을 맡겼다. 매카티는 휴가차 미국으로 돌아갈 때 6세의 진원메이를 데려갔다가 1년 뒤 중국으로 돌아왔으며, 훗날 주일 중국대사관에서 번역과 고문을 맡게 되면서 그녀를 일본으로 데려갔다. 이후 다시 미국으로 들어가게 되어 그녀는 1885년 뉴욕여자의과대학을 졸업했다.[43] 의대 졸업 후 2년간의 실습을 마친 후 그녀는 푸젠성 샤먼과 일본 고베에서 의사로 활동했다. 1894년 결혼 이후 하와이와 캘리포니아에 머물다가 이혼한 뒤 1905년에 다시 중국으로 돌아왔다. 그 후 2년 뒤부터는 즈리直隷 총독 위안스카이의 후원으로 톈진에 간호학교를 세워 간호사를 양성했다.[44] 1916년 위안스카이의 죽음과 함께 학교가 폐교되자 그녀는 미국 농업부의 초청으로 뉴욕에 가서 1917~1920년간 대두大豆 연구를 했고 베이징으로 돌아와 지내다가 1934년 폐렴으로 사망했다.[45]

진원메이보다 한 살 어린 쉬진훙Hu King-Eng은 1865년 푸저우의 감리교 목사 집안에서 태어났다. 집안의 영향으로 푸저우기독교학교, 여자의학원에서 공부했고 1884년 미국으로 유학을 떠났다. 영어에 익숙하지 않았던 그녀는 우선 오하이오주의 웨슬리안대학에서 공부하고 4년 뒤 필라델피아 여자의과대학에 진학해서 1894년 박사학위를 취득했다. 1년간 실습을 끝낸 후 푸저우로 돌아와 진료 활동을 했으며 감리교가 설립한 허신톈和新田부녀아동병원을 30년 넘게 운영했다. 1927년 병원이 화재로 소실되자 싱가포르로 건너갔다가 1929년 병사했다.

캉청Ida Kahn과 스메이위Mary Stone는 나이가 가장 어렸다.[46] 캉청은 1873년 장시江西 주장九江의 가난한 집안에서 여섯 째 딸로 태어났다. 그녀는 부모에 의해 감리교 선교사인 거트루드 하우 여사의 양녀로 보내졌는데, 이에 관한 여러 설이 있다. 그녀가 태어났을 때 아들이 아니 데 실망한 부모가 미국 선교사에게 보냈다는 설, 그녀를 어느 집에 양녀로 보냈는데 그 집 아들과 팔자가 맞지 않아서 거절당했다는 설, 루리여자학교, Rulison-Fish학교儒勵女子學校가 학생을 모집하지 못해 입양 방식으로 학생을 받았다는 설 등이다.[47] 캉청은 9세 때 휴가차 귀국하는 하우 여사를 따라 미국 샌프란시스코에 가서 중국인이 운영하는 학교에서 공부했다. 하우 여사는 휴가가 끝나자 그녀를 데리고 일본으로 가서 지내다가 새 직장이 있는 충칭으로 왔고, 2년이 지난 1886년 캉청은 다시 주장의 루리여자학교에서 공부했다.

스메이위의 부친은 주장에 있는 감리교회의 목사였고 어머니는 감리교회가 설립한 여자 주일학교 교장이었다. 딸이 의사가 되어 선교에 종사하기를 바라는 부모의 뜻에 따라 그녀는 루리여자학교에서 10년간 교육을 받은 후 1892년 캉청과 함께 미국으로 건너가 미시건대학 의과대학에 입학했다.

그녀들은 4년이 지나 박사 학위를 따고 주장으로 돌아와 진료 활동을 시작했다. 1903년 캉청은 난창에서 신식 병원을 개업했고, 스메이위는 중국적십자회와 중화기독교부녀절제회를 발족시켰다. 캉청은 1931년 난창에서 죽음을 맞았고 스메이위는 1937년 중·일전쟁이 발발하자 미국으로 향했다가 1954년 캘리포니아에서 세상을 떠났다. 이 4명의 여의사들은 초기에 유학의 중요성을 인식하고 유학을 떠난 선각자였다.

1885년 중·프 전쟁 이후 1895년 중·일 갑오전쟁에서 중국이 패배할 때까지 청 정부는 양무운동으로 개혁의 필요성을 인식했으나 재정난으로 유학생을 파견할 수 없었다.[48] 그러나 이 기간에 관료와 사대부 집안에서는 조금씩 유학의 가치에 눈 뜨기 시작했다. 그 좋은 예가 1862년 베이징에 설립된 양무학당인 경사동문관京師同文館이다. 설립 초기에는 학생 모집에 애를 먹었으나 1880년 말부터 입학생이 급증하면서 변화의 조짐을 보였다. 초기에는 입학생을 유치하기 위해 직원과 교사 또는 졸업생의 추천에 의지했으나 나중에는 시험으로 선발했다.[49] 졸업생들은 해외 대사관의 통역사로 파견되거나 승진하여 공사가 되는 기회를 얻었다.

양무학당 출신 학생뿐 아니라 현직 관리들도 유학에 관심을 기울이기 시작했다. 1887년 어사 셰쭈위안謝祖源이 상소를 올려 관리들을 외국에 보내야 한다고 건의한바 신청자가 너무 많아서 시험을 거쳐 10명을 선발한 뒤 미국과 유럽, 아프리카에 보냈다.[50] 1890년 청 정부는 미국, 독일, 영국, 프랑스, 러시아 주재 외교관들이 휴가차 귀국했다가 복귀할 때 동문관 학생을 동행시켜 현지 대사관에서 견습하도록 했다.[51] 물론 모두 동문관 출신은 아니었다. 앞서 언급한 스자오치는 대외 무역을 하는 집안 출신으로, 상하이 성요한서원을 졸업한 뒤 1893년 견습차 미국 공사 양루楊儒를 수행했으며 워싱턴에서 고등학교를 졸업했고 1911, 1912년 코넬 대학에서 학사와 석사 학위를 취득했다.[52]

유학이 시대적 흐름이 된 것은 무술변법, 좀더 정확하게는 8개국 연합군의 진입 이후였다. 이에 관해서는 꽤 많은 연구가 있으므로 따로 언급하지는 않겠다.[53] 장지동 등 지방 대신들의 주도 아래 흐름을 얻은 해외 유학(특히 일본)에 대해서도 많은 연구가 이루어져 왔다.[54] 여기서 짚어보려는 점은 당시에는 일본 유학이 대세를 이루어 미국 유학은 상대적으로 적었다는 사실이다. 1905~1906년 일본 유학생은 8000명에 달한 반면 미국 유학생은 겨우 217명이었다.[55] 중국과 일본은 정치·경제·문화 배경이 유사했기 때문에 정부도 일본 유학을 장려했다. 반면 미국은 일본과 달리 중국인을 위한 특별반이나 속성반이 없었고 언어 장벽과 유학비 부담이 걸림돌이 되었다. 청 정부가 1905년 설정한 국비유학 보조금 기

준에 따르면 미국 유학은 960달러인 데 반해 일본은 250달러로, 4배 차이가 났다.[56]

결국 언어 장벽과 유학비 문제가 관건이었다. 기독교 학교 출신들은 자연스럽게 미국 유학을 선택했지만 집안형편이 넉넉하지 않은 경우에는 일본 유학을 택했다. 물론 과도기 세대 미국 유학생의 집안 배경에 대한 연구가 아직 충분하지 않기 때문에 확언할 수는 없다. 8개국 연합군의 베이징 침략 이후 신해혁명에 이르기까지 베이양北洋대학, 난양공학, 경관 자금으로 설립한 칭화대학 외에 장쑤·저장·광둥·후베이·쓰촨 지역과 육군·해군·세관·한양漢陽 창포창槍砲廠 등의 기관에서도 미국으로 유학생을 파견했다.

다행히 칭화대학이 1917년 발간한 『유미동학록遊美同學錄, Who's Who of American Returned Students』에는 맨 처음 룽훙이 데려간 학생들부터 1915년에 귀국한 학생들에 이르기까지 꽤 풍부한 정보가 담겨 있다. 모든 학생의 이름, 본적, 친인척 관계, 교육 정도, 경력, 연락처 등을 확인할 수 있는 장점이 있다. 그러나 칭화대학이 귀국한 학생들에게 중·영문으로 된 설문지를 돌려 수집한 것이기 때문에 완전한 것은 아니다.[57] 명부 작성의 취지나 회수율 등에 대한 편집자의 언급은 없지만 중요한 자료임에는 틀림없다. 룽훙의 어린 유학생들은 13명의 자료만이 기재되어 있으나 1932년까지 29명의 아동 유학생 출신이 여전히 건재하고 있음을 알 수 있다.[58] 즉 통계학적 의미는 크지 않지만 과도기 세대 유학생을 분석하는 데는 귀중한 자료다. 401명의 미국 유학생 중에는 룽훙의 아동 유학생 13명과 미국 국적 화교 12명이 포함되어 있다. 다음 7개 표를 통해 376명을 분석해보았다.

〈표 2.3〉을 보면 1882년부터 1915년까지 과도기 시대 유학생의 절반

	학생 수	비율(%)
국비	179	48
부분 국비	24	6
자비	154	41
미상	19	5
계	376	100

자료: 「유미동학록」, 칭화대학, 1917

이상이 국비 장학생이다. 이 비율은 다른 통계수치와 대체로 부합하지만 자비 유학생의 비율이 다소 낮게 나타나고 있다. 아마도 설문지를 받지 못한 자비 유학생이 많을 가능성이 높다. 『유미동학록』에 대해서는 두 가지 점에 주의할 필요가 있다. 첫 번째는 소수지만 어떤 집에서는 아들들, 심지어 딸까지 미국이나 유럽에 유학을 보냈다는 것이다. 스자오치의 집안이 대표적이다. 위 자료에는 스자오치 가족 7명이 기재되어 있다.[59] 옌후이칭의 집안에서는 3명이 기재되어 있지만 다른 자료를 참고하면 이미 부친 대에 집안 내 10명이 미국 유학을 했다. 이후 더 많은 자료를 통해 전통적으로 유학을 한 집안을 조사하여 '아버지가 유학한 경우에 아들도 유학을 간다'는 왕이쥐의 발언이 입증되기를 바란다.[60] 두 번째는 이 시기 절반의 유학생이 정부 정책에 따른 국비 유학생으로, 이는 굵직한 사회적 투자의 결과라는 사실이다. 납세자들이 알았든 몰랐든 부유한 집안의 많은 자녀가 미국 유학을 갈 수 있었고, 이로써 귀국한 뒤에 높은 지위와 부를 획득하고 유지할 수 있었던 것은 분명하다.

　부유한 집안의 자녀가 납세자들의 돈으로 미국 유학을 갈 수 있었던

	학생 수	비율(%)
공립학교	165	44
기독교 학교	140	37
외국 학교	37	10
미상	34	9
계	376	100

자료: 「유미동학록」, 칭화대학, 1917

것은 남들이 구사하지 못하는 언어(영어)에 익숙했다는 사실과 밀접한 관계가 있으며, 부유한 집안 자녀일수록 이 조건을 갖추기가 쉬웠다.61

〈표 2.4〉에서 보듯이 많은 학생이 기독교 학교 출신으로, 37퍼센트인 140명이 영어로 수업하는 기독교 학교 졸업생이었다. 그중 37명은 외국에서 중학교를 졸업했고 4명 외에는 모두 영어를 사용하는 지역이었다. 미국 18명, 홍콩 12명, 말레이시아 1명, 필리핀 1명, 싱가포르 1명이다. 비영어권의 4명은 일본 3명, 독일 1명이다.

37퍼센트가 기독교 학교 출신이라고 해서 영어가 국비 유학 조건의 전부였다고 할 순 없다. 〈표 2.5〉를 보면 공립학교 출신 학생 165명 중 79명은 상하이의 난양공학, 톈진의 베이양대학을 졸업했다. 하지만 이 두 학교 역시 영어로 가르쳤다. 따라서 두 학교 졸업생과 기독교 학교 졸업생, 해외에서 중학교를 졸업한 학생을 모두 합친다면 영어를 사용하는 학교 출신이 70퍼센트에 달한다.

〈표 2.5〉에서 볼 수 있듯이 376명 중 40퍼센트가 성요한서원, 난양공학, 베이양대학 출신이다. 특히 19퍼센트를 차지하는 성요한서원의 학

	학생 수	비율(%)
성요한서원	70	19
난양공학	42	11
베이양대학	37	10
소계	149	40
기타 학교	227	60
총계	376	100

자료: 『유미동학록』, 칭화대학, 1917

생은 나머지 두 학교 학생을 합친 수에 버금간다. 성요한서원은 미국 성공회가 1879년 상하이에 설립한 학교로서 스자오치, 구웨이쥔, 쑹쯔원宋子文 등 20세기의 유명인사를 많이 배출했다. 개교 당시 기독교인 학생은 39명이었는데 기숙사와 교과서 등이 무상으로 제공되었다.[62] 1895년에 첫 대학 졸업생을 배출했고 1916년에는 대학생이 고등학생 수보다 많았다.[63] 1881년 처음으로 영어 강의를 개설했으며 이후 다른 많은 과목도 영어로 강의했다. 실용을 추구하는 상하이의 상인계층은 영어가 자식의 진로를 결정하는 중요한 요소라는 것을 일찌감치 깨달았기 때문에 성요한서원이 다른 기독교 학교들을 앞지를 수 있었다.[64]

베이양대학은 1895년 톈진에 설립되었고 자오퉁交通대학의 전신인 난양공학은 이듬해인 1896년 상하이에 설립되었다. 모두 공립학교지만 처음부터 강의와 시험을 영어로 진행했다.[65] 공학과 과학을 가르치는 학교라 모든 교재가 영어였기 때문에 영어 수업이 부득이하기도 했다. 또한 이 학교들의 초대 총장(베이양대학은 C. D. 테니, 난양공학은 존 퍼거슨)이 모

	성요한서원 학생 수(%)		난양공학 학생 수(%)		베이양대학 학생 수(%)	
전액 국비	31	44	31	74	30	81
부분 국비	6	9	4	9	1	3
자비	33	47	2	5	5	13
미상	0	0	5	12	1	3
총계	70	100	42	100	37	100

자료: 「유미동학록」(칭화대학, 1917)

두 미국인이었다는 점도 크게 작용했을 것이다. 따라서 이 시기에 세 학교가 가장 많은 학생을 미국에 보낸 것은 결코 우연이 아니다.

많은 유학생을 배출했다는 사실보다 놀라운 것은 국비 유학생 비율이 높다는 점이다. 〈표 2.6〉을 보면 난양공학, 베이양대학의 유학생 중 4/5 이상이 국비 유학생으로, 난양은 74퍼센트, 베이양은 81퍼센트에 달한다. 부유층 자녀들이 다니는 학교로 유명한 성요한서원도 44퍼센트가 국비였고 9퍼센트만이 부분 국비 유학생이다.[66]

국비 유학의 자격을 취득하는 과정은 다양하다. 부분 국비는 접어두더라도 〈표 2.7〉에서 보듯 성요한서원 출신은 31명이 전액 국비인데 그중 22명(71퍼센트)이 경관 장학금을 받았다. 상대적으로 난양공학은 전액 장학생 중 15명(48퍼센트)이, 베이양대학은 전액 국비 장학생 중 1명만이 경관 장학생이었다. 베이양대학의 경우 1914년까지 미국 유학생에 대한 경비를 학교 예산으로 따로 책정했기 때문이다. 1906~1914년까지 베이양대학은 57명의 국비 유학생을 보냈는데 44명의 졸업생이 이 혜택을 받았다.[67] 전액 국비 유학생 30명 중 적어도 18명(60퍼센트)은 학교가 제공한

	성요한서원				난양공학				베이양대학			
	전액국비	%	부분국비	%	전액국비	%	부분국비	%	전액국비	%	부분국비	%
경관	22	71	3	50	15	48	1	25	1	3	0	0
기타	9	29	3	50	16	52	3	75	29	97	1	100
총계	31	100	6	100	31	100	4	100	30	100	1	100

자료: 「유미동학록」, 칭화대학, 1917

장학금으로 유학을 한 것이다.[68]

과도기 시대에 세 학교의 졸업생 중 이렇게 많은 수가 국비 장학금(성요서원은 절반 이상, 난양·베이양대학은 80퍼센트 이상)을 받았다는 것은 학교와 학생들의 수준을 말해주는 것이기도 하다. 그러나 집안 환경역시 시험 경쟁에서 우위를 점하게 한 요소라는 사실을 간과해선 안 된다. 즉 부모가 미래를 내다보는 안목을 가졌고 경제적 형편이 넉넉하면좋은 학교에 보낼 수 있었다. 이들의 부모는 시대의 흐름과 변화의 맥을정확히 짚었고 중국 사회가 나아가는 방향의 기회를 선점한 것이다. 그렇다면 과연 어떤 집안이 자녀를 이런 학교에 보낼 수 있었을까? 공개적이고 객관적이며 공평한 시험의 배후에는 집안의 문화·사회·경제 조건의불평등이 존재했다. 그래서 왕이쥐는 저서에서 중국 유학생 정책을 맹비난했던 것이다.[69]

이런 새로운 기회와 자원도 뚜렷한 성별의 차이를 나타냈다. 〈표 2.8〉에서 보듯이 376명의 학생 중 여학생은 17명으로 5퍼센트에 불과했다. 설사 귀국한 여학생이 『유미동학록』에 많이 누락되어 있어 실제보다 낮게 통계된 수치라 하더라도 남녀 간 현저한 차이는 분명한 사실이다. 여

	학생 수	%	출신 학교	학생 수	%
여학생	17	5	중시여숙	9	53
			기타 기독교 학교	4	24
			홍콩	2*	12
			주장고등여학당**	1	5.5
			미상	1	5.5
			소계	17	100
남학생	359	95			
총계	376	100			

* 한 명은 절반 국비 보조 ** 1895년 자료는 정확치 않음
자료: 『유미동학록』, 칭화대학, 1917

학생 수가 적다는 사실 외에, 그중 태반이 국비 장학금과 인연이 없었다는 점에 주의할 필요가 있다. 17명의 여학생 중 1명만 광둥성 정부가 주는 부분 장학금을 받았을 뿐 나머지는 모두 자비 유학생이었다.

〈표 2.8〉에서는 다른 사실을 지적하고 있다. 17명의 여자 유학생 중 절반이 넘는 9명이 상하이 감리교에서 운영하는 귀족 학교인 중시여숙 졸업생이었다.(쑹아이링 세자매도 여기서 공부했다.)70 이 17명의 여학생 중 1명은 주장고등여학당 출신이고, 1명은 알 수 없으며, 나머지는 기독교 학교나 홍콩에서 교육을 받았다.

『유미동학록』을 보면 유학생의 출신 지역이 극히 불균형하다는 사실을 알 수 있다. 룽훙의 아동 유학생들과 마찬가지로 과도기 세대 그리고 20세기 초까지도 이 현상은 변하지 않았다. 〈표 2.9〉는 87.2퍼센트가 장

성	학생 수	비율(%)	순위
장쑤	135	35.9	1
광둥	106	28.2	2
저장	41	10.9	3
즈리	29	7.7	4
푸젠	17	4.5	5
소계	328	87.2	
기타	48	12.8	
총계	376	100	

자료: 『유미동학록』, 칭화대학, 1917

쑤·광둥·저장·즈리(허베이)·푸젠 등 연해 성 출신으로, 믿기 어려울 정
도로 높은 비율을 나타내고 있으나 다른 통계에서도 5개 성 출신 학생이
70~90퍼센트를 점하고 있어 사실에 가깝다.[71] 이 통계와 가장 큰 편차
를 보이는 경우는 뉴욕의 화미협진사華美協進社, 중국과 미국의 문화 교류를 촉진하
기 위해 1926년 5월 뉴욕에서 창립된 비영리 민간단체—옮긴이에서 발간한 『중국 유학
생 100년 약사A Survey of Chinese Students in American Universities and Colleges in the
Past One Hundered Years』의 수치로, 49퍼센트였다.[72]

　　그렇다고 〈표 2.9〉의 결과에 지나치게 집착할 필요는 없다. 〈표 2.10〉
은 『유미동학록』과 다른 2개의 통계를 비교한 자료다. 하나는 1910년대,
1921, 1943, 1945년 미국 유학생회에서 만든 『중국 유학생 100년 약사』
이고 다른 하나는 1854~1953년 미국 대학으로 유학을 간 중국 학생을
상대로 화미협진사가 설문조사한 결과다[73] 이 세 가지 조사 결과는 상

〈표 2.10〉 1882~1953년 미국 유학생 본적 중 상위 순위

순위	『유미동학록』 a	왕이쥐 b	화미협진사 c
1	장쑤	광둥	장쑤
2	광둥	장쑤	광둥
3	저장	저장	허베이
4	허베이	푸젠	푸젠
5	푸젠	허베이*	저장

* 1943년, 1945년 수치에서는 허베이가 3위다.
a. 『유미동학록』, 칭화대학, 1917
b. Y. C. Wang, *Chinese Intellectuals and the West, 1872~1949*, p.158
c. 『중국 유학생 100년 약사』, New York, 1954, p.33

당한 차이를 보였는데 몇 가지 해석이 가능하다. 우선 조사의 방법, 대상, 시간이다.

〈표 2.10〉은 다소 순서의 차이는 있지만 성의 순위는 대부분 일치하며 그 차이의 해석도 어렵지 않다. 우선 이들 자료의 정확성이다. 자료는 모두 설문조사로 이루어졌는데 설문지를 못 받았거나 혹은 회신이 없는 경우는 통계에 반영되지 못했다. 『유미동학록』은 칭화대학에서 만든 것으로 거리가 먼 광둥·푸젠 지역은 조사가 어려웠을 테고, 특히 광둥성의 수치가 낮았을 가능성이 크다. 화미협진사의 설문 조사는 미국 각 대학을 상대로 한 것이어서 비교적 정확도가 높지만 조사한 2만636명 유학생 중 5366명(26퍼센트)의 본적이 미상으로 되어 있어 결과에 적지 않은 영향을 끼치고 있다.

세 조사가 나타내는 순위 차이는 다른 시대적 배경을 반영하고 있다. 20세기 초의 자료는 모두 광둥 출신이 가장 높은 비율을 나타내고 있다.

물론 이는 광둥의 사회적 분위기와 관계가 있지만 왕이쥐가 지적했듯이 19~20세기 미국의 배화 정책과 이중 국적에 대한 중국인의 인식 변화로, 미국 화교 중 조상의 본적이 광둥이면 아동 유학생의 자료에도 광둥인으로 분류되었기 때문에 광둥인 비율이 높을 수밖에 없다. 그러나 왕이쥐의 통계에도 광둥은 1위로 나타났고 1945년에도 장쑤를 10퍼센트 이상 넘어서고 있다. 왕이쥐가 활용한 1914년 자료에서는 미국 국적의 중국계를 제외하고도 광둥은 여전히 장쑤를 23퍼센트 능가했다.[74] 이에 대한 해석은 쉽지 않다. 당시 유학생 자료는 초등학생부터 대학생까지 모두 망라하고 있는데, 초·중등학생 가운데 광둥인이 많은 이유는 어릴 때 부모를 따라 미국에 왔기 때문이다. 또한 1914년의 수치는 시기적 요인과 관계가 있다. 즉 1914년은 유학 초기에 속하며 광둥 출신이 절대 다수를 점하던 시기로, 왕이쥐의 통계에서 광둥 출신이 1위를 점한 이유이자 화미협진사가 작성한 통계에서 장쑤 출신이 수위를 차지한 이유이기도 하다. 왜냐하면 화미협진사 자료는 대학 이하의 학생은 포함하지 않았고 기간도 1953년까지로 세 통계 중 가장 시대 범위를 넓게 반영하고 있기 때문이다. 1953년은 장쑤 출신 유학생들이 광둥 출신을 초월하기 시작하는 단계인지도 모른다.

순위도 중요하지만 좀더 근본적으로는 19세기 말부터 이 5개 성에서 가장 많은 학생을 미국에 보냈다는 사실에 주의해야 한다. 왕이쥐는 연해의 5개 부유한 성에서 보낸 유학생은 비용 부담이 큰 미국과 독일이 압도적으로 많았고 상대적으로 비용이 덜 드는 일본이나 프랑스의 근검공학 유학생프랑스에 가서 일하며 공부 하자는 운동—옮긴이은 많지 않았다는 매우 의미 있는 결론을 얻었다.[75]

다만 왕이쥐는 이들 부유한 성의 학생 대부분은 국비 유학생으로 자기 돈을 쓰지 않았다는 사실을 간과했다. 따라서 여기서 알 수 있는 사실은 이와 같다. 5개 부유한 성의 부잣집 자식들은 정부가 공개적이고 공평하게 실시한 시험에 통과해 국가가 제공하는 교육 지원을 받아 유학을 떠났다. 인재를 선발한다는 신화의 배후에는 우월한 정치·사회·경제·문화 자원을 장악했다는 사실이 포함되어 있다. 그리고 유학은 신분 상승을 통해 귀국 이후 사회적 지위나 기득권을 보호하는 데 강고한 힘을 발휘했다.

모든 국가는 정치·사회·경제·문화적 전통에 따라 사회 자원의 운영이 다르고 자연히 정치·사회·경제·문화와 교육 정책에 반영한다. 한 사회의 교육 자원을 어떻게 분배할 것인가? 집안의 경제적 능력과 관계없이 시험으로 분배의 기준을 삼을 것인가? 아니면 재력이 있는 집안에서는 자녀의 교육비를 자체 부담하도록 하고 사회 자원은 재력이 부족한 집안의 자녀를 지원해 교육의 기회를 분배해야 하는가? 이는 그 사회의 선택으로, 사회 발전의 방향을 결정한다. 미국 대학의 경우, 장학금을 주는 기준은 기본적으로 분배를 원칙으로 한다. 아이비리그와 스탠포드대학 등 명문대일수록 이 원칙을 엄격하게 준수한다. 성적이 아무리 좋아도 집안이 부유하면 절대 장학금을 받을 수 없다. 필자가 몸담았던 학교는 필히 명문대와 경쟁해야 했기 때문에 성적을 기준으로 삼았고, 이로 인해 명문대에서 좋은 가정환경 때문에 장학금 수혜를 입지 못하는 학생들을 흡수할 수 있는 요인이 되기도 했다.

미국 유학, 유행이 되다

중국의 일반 사람들이 유학의 장점을 인식하기 시작한 시기는 1900년 이후다. 그 전에 출국한 과도기 세대 유학생들은 확실히 선견지명이 있었다. 당시 일반 사람들은 미국 유학은커녕 영어를 배울 생각조차 하지 못하고 있었으며 상류층 집안에서도 여전히 사서오경을 읽고 과거시험을 보는 게 입신양명하는 유일한 길이라 여기고 있었다. 반면 연해 도시의 상인계층은 개항장에서 일자리를 얻는 쪽에 관심을 두고 있었다. 1890년대 기독교 학교에서 영어 과정을 개설했을 때도 그들은 자식에게 영어를 가르쳐 취업시킬 심산이었다.[76] 실제로 대부분의 학생은 영어와 수학을 배운 후 개항장에서 운영하는 상점이나 양무기관의 문을 두드렸다.

시대의 변화는 사람들이 느끼지 못하는 사이 진행된다. 그리고 사람들은 하루아침에 세상이 변해버린 듯한 느낌을 받는다. 당시 중국인 유학의 달라진 분위기 역시 마찬가지였다. 예를 들어 1901~1904년까지 성요한서원에서 공부한 구웨이쥔의 회고에 따르면 당시 많은 학생이 졸업하기 전부터 미국에 가기를 원했으며 미국 교사들은 개교 30년 이래 처음 맞는 현상에 놀라워했음을 알 수 있다.[77] 구웨이쥔도 새로운 시대의 변화에 자극을 받아 미국행을 결심한 4명의 친구가 함께 가자고 했을 때 주저하지 않고 받아들였다. 1904년 그가 미국행 배에 오를 때 유학생은 7명이었다.

당시 16세의 구웨이쥔과 친구들은 미국 유학이라는 중대한 결정을 마치 농구하러 나가는 것처럼 큰 고민 없이 받아들였다. 이는 미국 유학이 유행처럼 퍼져 있었기에 가능한 일이었다. 이들은 미국의 고등학교에 들어갔고, 구웨이쥔은 뉴욕 코넬대학 근처 쿡아카데미Cook Academy에서 1년간 공부하고 난 뒤 컬럼비아대학에 진학했다.

구웨이쥔과 친구들은 20세기 초 자비로 미국 유학을 떠난 케이스에 지나지 않는다. 앞서 언급한 베이양대학, 난양공학, 훗날의 칭화대학 경관 유학생 외에도 여러 성省과 육군, 해군, 교통부, 세관, 한양 창포창 등 군대 와 정부기관에서 장학금을 책정해 유학생을 보냈다.

정부기관에서 보낸 국비 유학생은 인원을 비롯해 학업의 지속성이나 선별 기준에 큰 차이를 보였다. 확인된 바가 많지는 않지만 의외의 사람 들이 엉뚱하게 유학의 혜택을 받은 것이다. 1908~1925년까지 교통부에 서는 235명,[78] 1921~1925년까지 각 성에서는 934명의 학생을 미국에 보 냈다.[79] 각 성에서 유학생을 어떻게 선발했는지 정확히 알 순 없지만 부정 이 개입되었다는 소문이 횡행했다. 왕이쥐는 성 정부에서는 학생의 성적 이 아닌 친분 관계로 선정한 것으로 보았는데, 단적인 예로 1904년 쓰촨 성의 지원을 받은 한 유학생이 출국하는 과정에서 글을 읽거나 쓸 줄 모 르는 문맹이었다는 사실이 밝혀졌다고 한다.[80] 각 성은 사회 분위기를 반 영해 유학 보내기에 열을 올리고 있었으므로 이는 그리 놀랄 만한 일이 아니다.

1905년 청 정부는 1000년 이상 사대부 계층에 의지하여 인재를 선 발하던 과거제를 폐지했다. 그리고 유학생을 대상으로 새로운 시험(양과거 洋科擧)을 실시하여 합격자들에게는 과거시험에 급제한 자에게 내리던 공 명功名, 명예와 직함—옮긴이을 주고 결원이 생긴 관직에 임명했다. 진사進士와 거인擧人의 공명을 받은 자는 1905년에 14명이었고, 1908년에는 107명, 1911년에는 493명으로 급속히 증가했다. 청조가 망한 1911년은 양과거 가 마지막으로 치러진 해로, 양진사·양거인에게 할당할 관직이 없었다.[81]

과거제 폐지와 새로운 양과거 실시가 같은 해에 일어났다는 것은 우연의 일치였다. 그러나 이미 사람들은 크나큰 변화, 즉 서양 학위가 전통 과거시험을 대체하고 있음을 인식하고 있었다. 실제로 1906년 특별시험에 통과한 유학생들에게 관직이 주어졌다. 이 특별시험에서 유학 대상국의 문자로 시험을 치르도록 배려한 것을 보면 당시 청 정부가 그들에게 얼마나 큰 기대를 걸었는지 헤아릴 수 있다. 다시 말해 유학생들은 중국어에 능숙하지 못해도 양진사가 될 수 있었는데, 옌후이칭의 증언에 따르면 자기 이름조차 중국어로 쓰지 못하는 사람도 있었다.[82]

유학(특히 서양 유학)이 사회에서 주목을 받자 여러 성에서 실시한 유학생 선발 시험에도 관심이 집중되었다. 1907년 량장兩江 총독은 난징에서 국비 유학 시험을 시행했는데 3일간의 시험에 600명이 응시했고 남학생 10명, 여학생 3명이 선발되었다.[83] 이후 이듬해 8월 저장 항저우에서 시행된 시험은 매우 체계적으로 치러졌으며, 그 과정이 상세하게 보도되었다. 항저우 시험은 하버드대학과 예일대학의 입학시험을 모델로 삼은 것으로, 응시자 200명이 무려 6일 동안 시험을 치렀다. 첫날은 신체검사로 결막염(결막염 환자는 미국 입국 금지)을 비롯하여 건강에 문제가 있는 응시자 25명이 탈락했다. 2일째는 중국어, 유럽 고대, 중국 고사를 치렀는데 100명이 중국어 시험에 통과하지 못했다. 3일째에는 화학·수학·기하, 4일째에는 라틴어·자연지리학·상업지리학, 5일째에는 물리·프랑스어(또는 독일어) 등 외국어 과목이었다. 과학 전공을 택한 유학생이라면 외국어 대신 해석기하학을 선택할 수 있었다. 마라톤 시험의 마지막 날에는 삼각·입체 기하, 수사학, 영문 시험을 치렀는데, 영문 시험에서는 '서양 교육의 가치와 개발 중인 중국 자원과의 관계The Value of Western Education and Its Relation as a Factor Toward the Development of China's Resources'라는 문제가 출제되었다. 시험 결과 20명이 만인의 부러움 속에서 국비 장학생으로 선

발되었다.[84]

1908년 항저우에서 시행된 국비 유학생 시험은 시험 과목도 많고 그 범위도 넓었지만 중국 학생들에게 하버드대학이나 예일대학 입학시험에 준하는 수준을 요구했다는 점에서 놀라운 일이었다. 과거제가 폐지된 1905년 그해에 곧바로 교육부가 설립되었으니 불과 3년 만에 만들어낸 성과다. 교육부는 전국 각지에 현대적 교육 시스템을 도입했지만 19세기에서 20세기로 넘어가는 시기에 설립된 수십 개의 중서中西 혼합식 학교에서나 시스템이 작동했을 뿐 실질적으로는 유명무실했다.[85] 서양식 교육을 도입한 학교는 그리 많지 않았고 수준 또한 천차만별이었으며 대부분 초등 교육 수준이었다. 예외적으로 중국 교육 시스템에서 벗어나 독립적으로 운영하는 몇몇 학교가 있었다. 1908년 항저우 시험에서 합격한 20명 중 18명은 성요한서원, 난양공학, 베이양대학, 전단震旦학원 및 푸단공학 출신이었다. 이 학교들이 설립된 시기를 보면 성요한서원이 1879년, 베이양대학은 1895년, 난양공학은 1896년, 천주교 전단학원은 1903년, 푸단공학은 1905년이다. 여학교는 1907년부터 전국에 설립되기 시작했으며 그중 가장 유명한 학교는 1892년 상하이에 설립된 중시여숙이다.

당시 시험에 응시할 만한 실력을 지닌 학생은 손에 꼽을 정도였으며 시험 문제를 출제할 수 있는 사람도 그리 많지 않았다. 1908년 항저우의 유학시험 문제는 예일대학, 컬럼비아대학, 캘리포니아대학, 벨기에대학 출신이 출제했으며, 이 시험은 1909, 1911년에 3차례 시행된 경관 유학시험의 모델이 되었다. 후스와 같은 해에 2차 경관 시험을 치른 자오위안런은 유학시험을 준비하던 무렵의 기억을 『회고록』에서 밝힌 바 있다. 그가 다닌 난징의 장난江南고등학당은 기독교 학교는 아니었지만 영어와 물리 교사가 미국인이었으며, 그는 독학으로 독일어를 익혔다. 1910년 그가 치른 시험 과목은 "중문·영문 작문, 대수代數, 평면기하, 그리스사, 로마사, 영국사, 세계지리, 라틴어, 독일어 또는 프랑스어, 물리, 식물학, 동물학, 생리학, 화학, 삼각, 입체기하였다."[86] 시험 과목만 해도 엄청나다. 후스와 자오위안런이 시험을 치르기 1년 전, 1909년 경관 시험 중 서양문학 시험에는 "다음 인물들이 등장하는 책 제목을 쓰시오. 윔블Wim Wimble[87], 제시카Jessica[88], 로웨나Rowena[89], 에피Eppie"[90]라는 문제가 출제되었다.[91]

중·미 양국의 협의에 따라 중국은 미국이 반환하는 경관 자금을 매년 100명의 학생을 미국에 보내는 데만 사용할 수 있었다. 그러나 1909년 47명, 1910년 70명, 1911년 63명으로 애초에 합의한 100명을 채우지 못했다. 그렇다고 응시자가 적었던 것은 아니어서 1909년 응시자는 600명, 1910년 응시자는 400명이었다. 유학사를 연구하는 학자들은 이 수치가 당시 경관 시험의 엄격한 기준을 말해주는 것이라고 평가했다.[92] 그러나 실제 속사정은 그렇지 않았다. 리덩후이가 운영하는 상하이 귀국유학생 센터에서 발간한 『환구중국학생보寰球中國學生報, The World's Chinese Student' Journal』는 이 세 차례의 경관 시험에 큰 관심을 보였다. 이 잡지의 편집자로 1908년 항저우 국비 시험의 시험관 중 한 명이었던 리덩후이는 정부가 정한 기준이 결코 높지 않다면서 하버드대학이나 예일대학의 입학시험 수준으로 유학생을 선발해야 한다고 주장했다. 그는 영문 시험의 문제 출제자로서 영국 문학을 광범위하게 섭렵한 학생이라면 문제를 풀 수 있으며, 문제가 어렵다고 볼 수는 있으나 합격자가 적은 것은 응시생들의 준비 부족이라고 지적했다. 그와 동시에 정부가 문제 수준을 높이거나 대학 졸업생들에게만 자격을 주어야 하며, 이에 따라 자격 기준이 높아진다면 정부가 시험 과목을 미리 공표하여 준비할 시간을 넉넉히 배려하면 될 것이라고 했다.[93] 리덩후이는 1911년 경관 유학생들이 미국으로 떠난 후

자신의 잡지 사설에 발표한 글을 토대로 그들의 출신이 대학 졸업생부터 영어를 익히지 못한 4년제 중학교 졸업생까지 너무 넓다고 비판했다.[94] 유학생의 학력 수준을 일정하게 유지해야 한다는 그의 주장은 사실 귀국한 유학생들의 집단 이익, 즉 자신들의 사회적 기득권을 지키려는 이해관계를 반영하고 있다. 누구나 유학을 가고 어렵지 않게 졸업장을 받아 귀국하는 현상을 막으려는 의도가 명백하다.

당시 사람들은 국비 유학으로 미국에 가는 학생들이 영어를 가르치는 몇몇 학교 출신이라는 것을 잘 알고 있었다. 성요한서원이 대표적인 학교로, 1911년 이 학교의 졸업생은 21명이었는데 유학 시험에 통과한 학생들이 곧장 출국하는 바람에 졸업식 참석자는 6명뿐이었다. 졸업식 연설에서 총장은 학교의 자랑스러운 성과가 저조한 졸업식 참여율이라는 의외의 결과를 가져왔다며 곤혹스러워했다.[95]

기독교 학교 출신 학생들은 대체로 영어에 강한 반면 중국어 실력이 좋지 않다는 단점이 있었다. 1908년 항저우 시험에 응시한 100명 중 절반은 중국어 시험에 통과하지 못했다. 그들의 배경에 대해서는 알 수 없지만 그토록 많은 학생이 낙제했다는 것은 20세기 초에 중국어와 영어를 겸비하고 다른 과목까지 두루 실력을 갖추기가 얼마나 어려웠는지를 말해주기도 한다.

사실 학생들은 영어만 잘해도 유리한 점이 꽤 많았기 때문에 중국어 실력이 부족한 것을 부끄러워하지 않았다. 1906년 시험에서는 유학한 나라의 언어로 답안지를 쓰도록 특혜를 베풀었다. 리덩후이는 사설에서 "서양에서 귀국한 유학생들이 중국어를 잘 못한다는 것은 누구나 다 아는 사실"이라면서 "중국어와 영어 모두 잘할 수는 없다. 두 언어 사이에는 어떠한 공통점도 없기 때문"이라고 변명을 늘어놓았다.[96]

그의 기이한 변명은 불안감의 노출이라 할 수 있지만, 그 불안이 중국어의 미숙함 때문에 생겨난 것은 아니다. 미국에서 돌아온 유학생은 누구도 모국어를 잊지 않았고 '단지 외국에서 오래 생활하다보니 외국어가 익숙하고' 중국어는 그저 '생소'했을 뿐이다. 그들이 진정으로 불안해한 것은 그들 개인이나 단체의 이익이었다. 그들에게 가장 위협적인 대상은 일본 유학을 마치고 돌아와 정부에 취업 우선권을 요구하는 이들이었다. 기본적으로 일본 유학을 다녀온 사람들이 미국 유학생보다 훨씬 많았고 중국어 실력도 뛰어났기 때문에 중국어 작문 시험이 있었다면 미국 유학생보다 높은 점수를 받았을 것이다.

1906년 유학한 나라의 언어로 답을 작성하도록 하는 특혜는 엄청난 비판에 부딪혀 결국 중지되었고, 이듬해에는 유학생 특별시험에 합격하지 못한 자가 많았다.[97] 이제 일본 유학생과 경쟁이 표면화되자 그들은 일본 유학생을 겨냥해 일본의 시선으로 서양을 바라보는 것은 '중고품'처럼 수준 낮은 것이라고 비난했다. 그런 한편 다양한 국가와 다양한 학문, 다양한 수준의 학위를 인정하는 방침은 일본 유학생에게 유리한 편향적 처사라고 불만을 토로했다.[98] 당시 한 언론에 따르면 서양과 일본에서 귀국한 유학생들은 양과거 특별시험 시험장에서 서로 교류하는 일이 없었다.[99] 미국 유학생들은 당연히 자신들을 비춰야 할 스포트라이트를 빼앗겼다고 느낀 탓인지 1911년 양과거 시험이 중지되었을 때 태연했다. 불과 1년 전 『환구중국학생보』는 중앙정부에서 지방정부까지 귀국한 유학생들을 임용해서 철저한 조직 개편을 이루고 정치 발전을 가속화하여 효율을 높여야 한다고 주장했다.[100] 그러나 양과거가 폐지되자 태도를 완전히 바꾸어, 늦은 감이 있지만 비로소 서양 교육이 수천 년 이어온 '배움에 뛰어나며 과직에 나가다'는 전통적 유혹으로부터 중국 학생들을 벗어나게 했다고 자화자찬했다.

중국 교육은 관직에 나가는 것과 연결되어 있었다. 비록 서양의 영향을 받아 새로운 교육 시스템이 만들어졌지만 여전히 학생들 마음에 자리 잡은 교육과 관직의 연계를 분리시키지 못했다. 베이징 (즉 중국 정부)에서는 유학생의 전공이 무엇이든 부귀영화가 보장된 높은 자리를 마련해놓고 기다리고 있었다.[101]

양과거 시험의 폐지에 대한 미국 유학생의 입장이 무엇이든 청 정부는 더 이상 그들에게 내줄 자리가 없었다. 정부가 1000년 넘게 과거제로 인재를 선발하던 방식을 양과거로 대체하는 방침은 충분히 이해받을 만한 것이었다. 문제는 유학생은 해가 갈수록 증가하는데 그들이 돌아왔을 때 내어줄 일자리가 없다는 것이다. 앞에서 언급했듯이 1905~1906년 일본 유학생은 8000명에 달했다. 반면 19세기 말 과거제도로 합격한 진사는 한 해에 300여 명에 불과했다.[102] 1911년에는 양과거에 합격해 양진사, 양거인의 공명을 받은 사람이 493명에 이르렀다. 일본 유학이 한창 붐을 이루던 1905~1906년 무렵까지 미국 유학 흐름은 형성되지 않았다! 그러나 〈표 2.11〉에서 보듯이 1910년 미국 유학생은 1909년의 3배반 이상으로 증가하고 있었다.

〈표 2.11〉은 미국 유학생 통계처럼 설문조사나 유학생 동창회보에서 얻은 수치로, 정확하다고 볼 수 없다. 동창회보의 경우 초등학생부터 중학생 또 미국에서 태어나 성장한 화교 학생을 포함하고 있다. 이 수치는 다른 자료, 즉 「뉴욕 국제교육연구서the International Institute of Education of New York」에서 밝힌 1919년부터 수집한 미국 대학의 유

⟨표 2.11⟩ 1905~1932년 미국 유학생 수

연도	학생 수
1905	130
1906~1907	217
1909	183
1910 *	650
1914	847
1918	1124
1920~1921	917
1924	1637
1927	1417
1931~1932	1256

* 주팅치朱庭祺, 「미국유학계美國留學界」, 「유미학생연보」(1911. 6) 2쪽
자료: Y. C. Wang, *Chinese Intellectuals and the West, 1872~1940*, p.510

⟨표 2.12⟩ 1919~1931 미국 대학의 중국 학생 수

연도	학생 수
1919~1920	955
1920~1921	1255
1922~1923	1507
1923~1924	1467
1924~1925	1561
1925~1926	1317
1926~1927	1298
1928~1929	1287
1929~1930	1263
1930~1931	1306

지료. 「중국학생 미국 유학생 100년 약사」(ㅠ육), p.18

학생 통계 수치와 흐름이 일치한다. 〈표 2.12〉는 1919~1931년 해외에서 공부한 중국 유학생 수의 통계로, 〈표 2.11〉과 〈표 2.12〉의 1920년대 수치에서 상당한 일관성을 발견할 수 있다.

〈표 2.11〉과 〈표 2.12〉로부터 1900~1931년 미국에서 공부한 중국 유학생의 수를 추산하기는 쉽지 않다. 중국에 아직 대학이 설립되지 않았던 20세기 초, 유학생들은 미국에 가서 1~2년 고등학교에 다닌 뒤 대학에 진학했다. 중국에 대학이 설립된 후에는 대학을 졸업하고 난 뒤 미국 대학의 2, 3학년으로 편입했다. 따라서 이들의 미국 유학 기간은 대략 2~6년으로, 대학 졸업 후에는 귀국하거나 대학원 졸업 후 귀국했다. 다행히 화미협진사가 미국 550여 개 대학을 대상으로 1850~1953년까지 미국 대학에서 유학한 중국 학생에 관한 통계자료가 있다. 설문조사라는 한계로 인해 정확도는 떨어지지만 현재 확보할 수 있는 가장 좋은 자료다. 〈표 2.13〉의 수치가 이 자료에서 나온 것으로 1900~1931년까지 통계를 보면 미국 유학의 열기는 1910년대 후반부터 본격적으로 시작되었음을 알 수 있다.

〈표 2.13〉1900~1931 미국 대학에 신청한 중국 학생 수

연도	남학생	여학생	성별 미상	총계
1900	3			3
1901	12		2	14
1902	7	1		8
1903	4	1		5
1904	18	2	1	21
1905	24		1	25
1906	55	4	1	60

1907	69	1	1	71
1908	64	6	7	77
1909	58	3	8	69
1910	90	6	11	107
1911	77	7	6	90
1912	69	4	6	79
1913	109	14	15	138
1914	155	16	19	190
1915	172	17	24	213
1916	143	19	19	181
1917	136	21	16	173
1918	183	26	20	229
1919	219	20	22	261
1920	322	26	47	395
1921	304	40	43	387
1922	307	49	47	403
1923	351	32	43	426
1924	322	32	29	383
1925	279	37	33	349
1926	266	42	33	341
1927	233	50	19	302
1928	237	43	26	306
1929	286	34	20	340
1930	248	40	28	316
1931	170	33	24	227
총수	4,992	626	571	6,189

자료: 「중국학생 미국 유학생 100년 약사」(뉴욕), p.26~27

미국 유학생이 큰 폭으로 증가한 후에는 이들을 개괄적으로 설명할 수 있는 용어를 찾기 어렵다. 〈표 2.13〉에 나타난 1900~1931년의 전체 학생 수(6189명)는 실제보다 적게 잡힌 것이겠지만 분류하기에는 쉽지 않다. 이 31년간 수치가 큰 폭으로 증가한 것 외에도 학생들의 배경이 앞 시대보다 훨씬 복잡해졌기 때문이다.

학계에서는 유학생과 유학사에 별 관심을 보이지 않아서 1920년, 1930년대 이전 시기의 연구는 거의 이루어지지 않았으며, 왕이쥐가 1966년 『중국 지식인과 서방 1872~1949 中國知識分子與西方, 1872~1949』를 발표한 이후에도 후속 연구가 이어지지 않았다. 20세기 후반에서 21세기로 넘어갈 무렵 3권의 주목할 만한 연구가 나왔는데, 2권은 책으로 출간되었고 1권은 박사 논문이다. 2001년 예웨이리가 출간한 『중국을 위한 현대적 길찾기: 미국 내 중국 유학생들 1900~1927』[103], 2004년 스테이시 비엘러가 출간한 『애국자인가 반역자인가?: 미국 내 중국 유학생의 역사』다.[104] 박사논문은 1999년 한예룽의 『세계 일부로서의 중국: 1920년대 미국의 경관자금 반환이 중국 학술기관 설립에 미친 영향』이다.[105]

한예룽은 중국 유학생들이 미국에서 두 가지 포부를 실현했다는 점을 강조했다. 전공 학문을 통한 개인적 포부의 실현과 더불어 세계무대에서 다른 과학자들과 경쟁하게 되었다는 것이다. 예웨이리는 유학생들이 일상생활의 실천을 통해 어떻게 새로운 사회 관습, 인간관계, 단체 결사를 이끌어냈는지에 주목함으로써 중국 현대화라는 관점에서 새로운 방향을 모색하고자 했다. 스테이시 비엘러는 도발적인 제목이 암시하듯 1949년 이후 중국 유학생 평가에 새로운 시각을 제시했다. 그녀는 룽훙의 어린 유학생들이 공부를 마치기 전에 국내에 소환되어 방치된 운명을 조명했다. 중국 정부는 유학생에 대해 의심의 눈초리를 거두지 않았으며 그들이 필요할 때는 이용하다가 필요치 않거나 정치가 혼란할 때는 홀대 및 구박하는 등 함부로 취급했다고 주장했다.

이 세 연구는 1980년대 개혁개방 정책 이후 유행한 번안사학을 반영하고 있다. 1949년 이후 중국 공산당은 이들 유학생에 대해 "외국 문화를 맹목적으로 숭배하고 외국인과 결탁했다"거나 "외국인에게 노예화되었다"고 했고 "문화 매판"이라는 식으로 맹비난했다. 그러나 1980년대 번안사학은 180도 다른 평가를 했다. 개혁개방의 입장에서 미국 유학은 서방 제국주의의 문화 매판이 아니라 중국 근대화 과정에서 선구자적 역할을 했다는 것이다. 예웨이리, 한예룽의 연구는 중국 번안사가 바다 건너 미국으로 옮겨가 탄생한 산물이다. 중국인으로서 미국에서 연구와 교육을 하는 두 사람은 물론이고 미국인인 스테이시도 이와 같은 입장을 취했다.

아이러니하게도 번안사학 역시 1980년대 개혁개방 정책 이후 형성된 사고 틀을 벗어나지 못했다. 20세기 미국 유학생에 대한 평가는 애국자-매판 혹은 전통-현대라는 이분법의 틀에 얽매일 필요가 없다. 유학생이 애국자라거나 매판이 아닌 현대화의 선구라는 시각은 유학생을 이해하는 데 방해가 될 뿐 아니라 우리의 시야를 좁게 하여 좀더 의미 있는 시각을 저해한다. 즉 자원 분배, 유학 정책이 국가와 사회의 수요에 부합했는지, 귀국한 유학생이 사회의 요구에 부합했는지 등을 살펴보는 데 도움이 되지 않는다. 애국자-매판, 전통-현대성이라는 이분법 대립은 정확한 분석을 어렵게 하니 이러한 사고의 틀에서 벗어나야 할 것이다.

세 권의 연구서는 모두 왕이쥐의 연구를 인용하고 있지만 그가 비판한 문제에 대해서는 대답을 내놓지 않았다. 그런 의미에서 1980년대 유행한 번안사학은 역사적 실어증이라는 실수를 드러냈다. 1949년 혁명으로 사회 단절이 생기면서 번안사학자들은 이전의 연구 성과를 몰랐거나 접할 수 없었거나 외면했다. 중국에서 태어나 성장하고 미국으로 유학을 간 예웨이리는 접어두더라도 미국인인 스테이시 비엘러는 이러한 틀을 피해갈 수 있었음에도 그러지 못한 것은 번안사학이 끼친 영향을 반증하는 것이다.

1920, 1930년대 유학과 신교육에 대한 연구는 이미 한 세기 전의 산물이며 1966년 왕이쥐의 연구도 반세기 전의 성과다. 그러나 이들이 제기했던 문제에 대해 답변이나 재평가, 반성은 아직도 이루어지지 않고 있다. 이제 유학생 전체에 대해 전공, 여학생의 비율과 전공, 국비 유학생 비율, 성비의 차별, 학위 취득 비율 등의 문제를 분석해볼 것이다. 왕이쥐도 이 부분에 관심을 보이긴 했지만 충분한 분석이 없어 보완과 수정이 필요하다. 왕이쥐는 부유층 자녀들이 유학 기회를 독점했다며 강하게 비판했지만 국비 유학이라는 커다란 숲을 보지 못했다. 또한 국비 유학에서 여학생들이 받았던 차별대우도 왕이쥐의 시대에는 문제로 인식되지 않았다.

20세기 초, 유학생들은 어떤 전공을 선택했을까? 왕이쥐는 수집된 자료들을 분석한 결과를 하나의 표로 완성했다.[106] 이에 따르면 당시 가장 많은 관심이 집중되었던 전공 분야는 학생의 25~40퍼센트가 선택한 공학이었다. 초반에는 8~10퍼센트에 머물던 자연과학은 20세기 중반에 14~18퍼센트로 증가했다. 경제학, 정치학, 교육학 등 사회과학도 골고루 선택되었다. 가장 비인기 분야는 농학으로, 1935년 이후에는 신학·음악·예술 분야보다 낮았다. 왕이쥐는 유학생들이 실질적practicality이지 못한 증거라며 지적했다.[107]

왕이쥐의 연구를 토대로 여섯 가지 통계를 통해 20세기 초 유학생들이 가장 많이 선택한 10개의 전공을 〈표 2.14〉로 작성했다. 앞쪽 3개의 내용은 1910년, 1918년, 1927년 단일연도의 것이고, 뒤쪽 3개의 내용은

순위	1910 a	1918 b	1921 c	1927 d	칭화 e	왕이쥐 d	1854~1953 f
1	공학	공학	공학	공학	공학	공학	공학
2	인문과학	과학	상학	상학	상학	과학	과학
3	철도행정	인문과학	과학	과학	과학	상학	상학
4	농학	경제학	경제학	의학	경제학	의학	경제학
5	과학	의학	의학	경제학	정치학	교육학	교육학
6	광산학	교육학	인문과학	정치학	인문과학	경제학	정치학
7	경제학	농학	정치학	교육학	의학	인문과학	인문과학
8	상학	광산학	교육학	인문과학	교육학	정치학	의학
9	법학	정치학	광산학	농학	농학	문학	농학
10	정치학	상학	농학	문학	법학	농학	사회학

a. 주팅치, 「미국유학계」, 「유미학생연보」(1911. 6) 15~16쪽
b. The Chinese Students' Directory, 1918(New York, 1918), p.22
c. Who's Who of the Chinese Students in America(Berkley: California, 1921) pp.83~87
d. Y. C. Wang, Chinese Intellectuals and the West, 1872~1949(Chapel Hill, 1966), "Appendix B", pp.510~511
e. Y. C. Wang, pp.111~112
f. 「중국학생 미국 유학생 100년 약사」(뉴욕), p.34~35

여러 통계를 종합한 것이다. 이 표는 왕이쥐의 결론, 즉 가장 인기 있는
전공은 공학과 자연과학이라는 것을 증명하지만 농학이 비인기 전공이었
다고 단정하기는 어렵다. 농학은 점차 하위권으로 떨어지긴 했지만 10위
권 밖으로 밀려나지는 않았기 때문이다.

　　표 〈2.14〉에서는 다음과 같은 결론을 얻을 수 있다. 공학·자연과학·
상학·경제학·정치학·농학·인문과학은 항상 10권 안에 들었고, 교육학·
의학은 5차례, 광산학과 법학은 2차례, 철도행정과 사회학은 1차례 들었
다. 자연과학·상학은 지속적으로 상승했고, 농학·광산학·법학·철도행정

〈표 2.15〉 1800s~1953 여자 유학생 비율

연도	남학생(%)	여학생(%)	총계
1890~1917 a	359(95)	17(5)	376(100)
1910 b	598(92)	52(8)	650
1915 c	1,137(88.5)	148(11.5)	1,285
1918 d	995(88.5)	129(11.5)	1,124
1854~1953 e	14,274(69.2)	3,692(17.9)	20,636

*성별 미상으로 확인된 2,670명(12.9퍼센트)은 포함되지 않았다.
a. 「유미동학록」(청화대학, 1917)
b. 주팅치, 「미국유학계」, 「유미학생연보」(1911. 6) 8, 13쪽
c. The Chinese Students' Directory, 1915.
d. The Chinese Students' Directory, 1918.
e. 「중국학생 미국 유학생 100년 약사」(뉴욕), p.26~27.

은 하강했다. 농학은 비록 하위권이지만 꾸준했고 철도행정·광산학·법학은 후순으로 밀려났다. 가장 놀라운 것은 20세기 초, 중국 영토가 넓고 광물도 풍부하여 개발 시대를 예고하던 철도행정과 광산학이 빠르게 밀려났다는 점이다.

왕이쥐의 연구는 선구적이었지만 여학생의 상황에 대해서는 주의를 기울이지 않았다. 〈표 2.15〉를 보면 여자 유학생이 전체의 5~17.9퍼센트로 나타나 있는데, 앞서 말했듯이 설문조사로는 여학생 수가 실제보다 적을 가능성이 높다. 확실히 1917년 『유미동학록』에서는 5퍼센트로 턱없이 적은 수치를 나타냈다. 반면 화미협진사의 설문조사에서는 17.9퍼센트라는 높은 수치를 보이는데, 이는 1949~1954년 타이완에서 온 여학생들이 포함된 결과일 것이다.[108] 20세기 초 여학생의 비율은 대략 10~15퍼센트로 보는 것이 타당하다.

우리는 20세기 초반의 여자 유학생이 얼마나 되는지, 어떠한 분야의

〈표 2.16〉 1854~1953년 미국 여자 유학생 인기학과 순위

순위	학과
1	과학
2	교육
3	사회학
4	가정학
5	영문학
6	예술
7	음악
8	경제학
9	경영학
10	역사학

자료: 「중국학생 미국 유학생 100년 약사」(뉴욕), p.34~35.

〈표 2.17〉 1890s~1917년 미국 여자 유학생들이 선택한 학과

학과	학생 수
인문학과	6
교육학과	3
음학학과	3
의학과	2
수학과	1
철학과	1
문학/음악	1
고등학교	1
미상	1
총수	19

자료: 「유미동학록」(칭화대학, 1917)

학과	학생 수
의학과	11
자연과학	9
음학학과	7
교육학과	5
역사학과	4
인문학과	3
치의과	1
물리학과	1
경제학과	1
미술학과	1
문학과	1
신문학과	1
가정학과	1
미상	5
총수	53

자료: 『유미동학록』(칭화대학, 1937)

학문을 전공했는지 자세히 알 수 없다. 유일한 자료는 1954년 화미협진 사가 출판한 『중국학생 미국 유학생 100년 약사』로, 〈표 2.16〉의 근거가 되었다. 그러나 이 순위는 1949~1954년 타이완에서 온 여학생이 포함되어 편차가 있을 수 있다는 점에 유의해야 한다.

〈표 2.17〉 수치는 『유미동학록』을 정리해서 나온 것으로 1890~1917년의 과도기 세대 19명의 전공학과다.

〈표 2.18〉은 1914~1927년 칭화대학 출신 여자 유학생 53명의 전공

학과다.

〈표 2.16〉〈표 2.17〉〈표 2.18〉에서 두 가지 사실을 확인할 수 있다. 하나는 자연과학을 전공하는 여자 유학생이 많았다는 사실이다. 화미협 진사의 『중국학생 미국 유학생 100년 약사』에서 자연과학은 1위를 차지하고 있고, 칭화대학 출신 여학생의 경우 자연과학이 2위를 나타내고 있다. 또 20세기 중반까지 자연과학(특히 화학)·교육·음악·사회학·인문학 ·가정·역사학과는 매우 인기 있는 학과였다. 반면 〈표 2.16〉에서 의학은 10대 순위에서 밀려났다. 가정학과·경제학과 역시 하위였지만 100년 조사에서는 4, 8위를 기록했다.

부유층 자녀들이 국비 유학을 가는 것과 국비 유학의 성별 차이 문제로 돌아가 보자. 왕이쥐는 연해 성과 부유층 자녀들이 사회적 자원 분배의 불균형 속에서 미국 유학을 독점했다고 비판했다. 그러나 그들 중 많은 수가 국비 유학생이었다는 점은 간과했다. 본서에서는 20세기 초 연해 부유층 자녀들 절대 다수가 국비 장학이라는 혜택을 받았다는 사실을 확인했다. 아마도 향후 연구를 통해 부유층 자녀들의 국비 장학이 20세기 초기 현상에 그치지 않고 1949년까지 지속되었음을 확인할 수 있을 것이다. 사회가 오직 '인재 양성'이라는 개념을 장학금 수여의 기준으로 삼는 한 부유층 자녀들은 그 사회가 제공하는 자원의 수혜자가 될 가능성이 가장 높다. 아이러니하게도 왕이쥐는 미국 유학생들 태반이 부유층 자녀라는 사실을 기반으로 유학생이 늘어날수록 국비 유학생의 비율이 줄었다는 사실을 입증하기 위해 많은 노력을 기울였다.[109] 즉 국비 유학생이 전체 유학생에서 차지하는 비율은 1905년 61퍼센트, 1910년 32퍼센트, 1925년 20퍼센트, 1929~1935년 19퍼센트, 1942년 3퍼센트로 점차 줄었다는 것이다[110] 그러나 이 수치를 인용할 때는 신중을 기할 필요가 있다. 1905~1942년의 중국은 엄청난 정치적 혼란을 겪고 있었고 중일전쟁으로 온 나라가 불안정했기 때문에 유학 정책과 유학생 수도 이러한 영향을 피할 수 없었다. 그렇기에 1942년의 3퍼센트라는 수치는 특히 신뢰하기 어렵다. 전쟁이 극심한 시기의 가장 낮은 수치는 통계학에서 이상치異常値라 하여 인용하지 않는다.

왕이쥐의 통계적 분석을 논외로 치더라도 1920년대 후반부터 1930년대 초반의 자료가 없는 상태에서 국비 유학생의 비율이 감소했다는 그의 주장은 무리가 있다. 또한 왕이쥐가 근거로 활용한 전미유학생연합회가 발행한 동창회 자료는 면밀히 살펴볼 필요가 있다. 우선 미국 현지에서 태어나고 자란 화교 자녀들은 본적을 광둥이라 적었고 태반이 국비 장학생이 아닌 자비 유학생이었다. 이 화교 학생들이 포함되었기 때문에 자비 유학생이 비율이 높은 것이다. 즉 동창회 명부를 바탕으로 유학생의 수를 계산하면 국비 유학생 비율이 현저히 낮을 수밖에 없다. 이 때문에 왕이쥐는 1942년 국비 유학생이 3퍼센트까지 떨어졌다고 본 것이다. 당시 일본에 의해 해안선 전체가 봉쇄되었고 재정난까지 겹치면서 청 정부는 국비 유학생을 감축하거나 취소해야 했다. 물론 자비 유학생도 감소했지만 돈과 인맥을 가진 자들의 자녀는 별 지장이 없었다. 중국 출신 유학생이 감소함에 따라 자연히 미국에서 태어나 성장한 화교 학생들이 동창회 명부에서 차지하는 비중은 증가했다.

〈표 2.19〉의 1921, 1922년 수치는 설명이 필요하다. 1922년 유학생 수는 1921년의 2배에 달한다. 그런데 1921년 동창회 명부는 설문조사를 통해 만들어진 경우로, 설문지를 회신하지 않은 사람이 적지 않다. 예를 들어 1921년 동창회 명부에는 1918년에 칭화대학을 졸업한 리지李濟의 이름이 보이지 않는다. 또한 설문지를 작성한 뒤 회신한 경우에도 누락된

〈표 2.19〉 미국 유학생 중 국비·자비의 비율

연도	국비 유학생(%)	자비 유학생(%)	총수(%)
1910 a	207(32)	443(68)	650(100)
1915 b	453(35)	832(65)	1,285(100)
1918 c	469(42)	655(58)	1,124(100)
1921 d	346(43)	458(57)	804(100)
1922 e	612(36)	1,065(64)	1,677(100)

a. 주팅치, 「미국유학계」, 「유미학생연보」(1911. 6) 12쪽
b. *The Chinese Students' Directory*, 1915
c. *The Chinese Students' Directory*, 1918
d. *Who's Who of the Chinese Students in America*(Berkley: California, 1921) 록펠러 장학금을 받은 6명은 제외(5명 남학생, 1명 여학생)
e. *The Handbook of the Chinese students in U.S.A, 1922*(Chicago, 1922) p.60

답변이 있어 통계가 완전하지 않다. 예를 들어 역시 1918년 칭화대학을 졸업한 탕융퉁湯用彤은 국가 장학금을 받았다는 항목에 표기하지 않았는데, 이에 관한 별도 정보가 없었다면 그를 자비 유학생에 포함시켰을 것이다. 그럼에도 1921년 명부는 상세한 편집 구성에서 최고의 자료라고 할 수 있다. 생일, 출생지, 미국 도착 날짜, 재학 학교, 전공과 학위, 장학금 수여 기관, 발표한 문장, 참가한 동아리 등 항목이 망라되어 있기 때문이다. 이 동창회 명부에서 국비 유학생과 자비 유학생의 비율을 계산하고 출생 자료를 기초로 화교 자녀들을 제외하면 비교적 사실에 가까운 결과를 얻어낼 수 있을 것이다. 다만 편집 배경에 대한 설명이 없고 학생들의 이름과 주소 외에 신분에 관한 배경 자료가 없는 점은 매우 아쉽다. 1921년과 1922년 명부는 학생 수의 차이가 너무 커서 통계적 의미를 확보할 수 없으며, 이 2년간의 자료로 추세를 판단하기에는 무리다.

그러나 1922년 동창회 명부에는 학교, 소재지, 국비·자비의 수치를

〈표 2.20〉 1922년 미국 유학생 중 국비 출처

장학금 지급 기관	학생 수
교육부	233
교통부	66
허난성	32
장시성	17
광둥성	16
저장성	14
산시성山西	14
산둥성	12
교육부 *	8
후난성	7
장쑤성	6
안후이성	5
즈리	4
푸젠성	4
지린성	4
광시성	4
산시성陝西	4
윈난성	4
후베이성	3
윈난독군	3
펑텐	2
구이저우	2
간수성	1
스촨성	1
칭화대학	379
미국 유학 예비생	250

진첩생津贴生**	66
전문학교 남학생	31
전문학교 여학생	22
교육부	6
특별생	4
총계	612

* 성 정부를 통해 수여한 장학금
[진첩생津贴生: 자비 유학생이 칭화대학에 학비 보조를 요청한 경우 — 옮긴이]
자료: The Handbook of the Chinese students in U.S.A, 1922(Chicago, 1922) p.60

분류한 3개의 표가 있으며 국비 장학금의 종류도 밝혔다. 〈표 2.20〉은 1922년 612명 장학생이 받은 장학금의 출처를 정리한 것으로, 중앙부서 중 장학금을 가장 많이 지급한 곳은 교육부에 이어 교통부였다. 지방의 22개의 성에서도 장학금을 지불했다. 윈난성은 4명의 학생을 보냈으며 윈난 독군督軍, 군 최고 책임자 — 옮긴이도 3명의 유학생을 따로 보냈다. 칭화대학이 책정한 장학금은 서로 다른 6개의 항목을 보이고 있다. 이전의 명부를 참고하면 국방부와 해군은 물론 베이징에 있던 세무 전문학교에서도 장학생을 파견했다.

통계의 문제, 전쟁의 여파, 동창생 명부의 문제 외에도 국비 유학의 기회가 점차 감소한 현상은 당연한 것이다. 정부 조직 시스템의 현대화에 따라 파견 기관이 통일되었기 때문이다. 그렇다고 국비 유학생의 수가 줄어든 것은 아니었다.

자원 분배의 불균형이라는 문제는 부유층 자녀가 기회를 독점했기 때문이기도 하지만 유학생의 성별에 따른 차등 선발 때문이기도 하다. 〈표 2.19〉를 보면 화교 출신 자비 유학생이 조사에 포함되어 국비 유학생이 1910년부터 1920년대 초기까지 점차 상승하고 있으며 전체 학생

〈표 2.21〉 국비 유학생 남녀 비율

연도	남학생		여학생		총수 국비생
	국비생 총수의 비율		국비생 총수의 비율		
1915 a	425	37%	28	19%	453
1918 b	441	44%	28	22%	469
1921 d *	329	44%	17	30%	346

a. *The Chinese Students' Directory*, 1915
b. *The Chinese Students' Directory*, 1918
d. *Who's Who of the Chinese Students in America*(Berkley: California, 1921)
 * 록펠러 장학금을 받은 6명은 제외(5명 남학생, 1명 여학생)

중 남학생이 여학생보다 압도적으로 많다는 사실을 알 수 있다. 1915년, 1918년, 1921년의 수치는 유학생 개인의 자료를 바탕으로 성별 분류가 가능하다. 〈표 21〉을 보자.

20세기 초 미국 유학생들에 관한 마지막 문제는 학위를 취득한 자가 얼마나 되는가 하는 것으로, 상세한 자료를 확보하기 전까지는 확실한 수치를 알 수 없다. 일반적으로 우리는 미국에서 공부한 모든 학생을 '미국 유학생'이라는 표현으로 개괄하곤 하지만 결코 유학의 성질은 단일하지 않으며 그들 또한 동질적인 집단이 아니라는 사실을 명심해야 한다. 즉 미국 유학생 사이에는 다양한 모순과 긴장이 존재한다. 이는 계층, 고향, 출신 학교, 중국에서 온 사람과 미국에서 태어나 성장한 사람 등의 엄청난 간극이 있었기 때문이다. 1954년 화미협진사가 발표한 자료에는 1854~1953년 100년간 미국 대학은 1만3797개 학위(학사 4590, 석사 7221, 박사 1727, 명예학위 33, 증서 104, 기타 학위 혹은 증서 122)를 2만906명에게 수여한 것으로 나타났다.[111] 약 66퍼센트의 유학생이 학위를 취득한 것이다. 그러나 중복된 경우가 있어 왕이쥐는 40~50퍼센트의 '스스로 엘리트라고 허세 부리는' 유학생들은 학위를 취득하지 못했을 것이라고 추정했다.[112]

왕이쥐의 추정이 너무 가혹한 것인가? 다른 자료를 살펴보자. 공부 잘하기로 자타가 공인하는 칭화대학 출신 유학생의 수치가 있으니 왕이 쥐가 인용한 화미협진사 자료와 함께 비교해보자. 칭화대학 국비 유학생에는 여러 종류가 있는데, 가장 잘 알려진 두 유형은 1909~1911년 유미학무처遊美學務處가 3차례에 걸쳐 180명의 경관 장학생을 선발한 것과 1911년 칭화학당이 설립할 때부터 1929년 입학과가 종료되는 순간까지 18년간 967명의 유학생을 배출한 것이다. 이 두 가지 유형 외에 다음과 같은 다섯 가지 유형이 더 있다. 1914~1928년까지 7차례에 걸친 여자 유학생 53명, 1916~1929년 9차례에 걸친 전문학교 남자 유학생 67명, 진첩생 499명, 민국 성립 이후 보낸 특별학생 70명, 1933~1936년·1941년·1944년 칭화대학이 전국에서 선발한 국가 장학생 132명 등이다. 이 일곱 가지 유형 모두 칭화 기금으로 총 1968명의 유학생을 지원했다.[113]

일곱 유형의 칭화대학 국비 장학생 중 학자들이 가장 일반적으로 인용하는 경우는 네 가지 유형, 즉 1909~1911년의 경관 장학생 180명, 1911~1929년의 967명, 1914~1928년의 여학생 53명, 1916~1929년의 전문학교 남학생 67명 등 모두 1267명이다. 이 가운데 국비 장학생에 대해서는 타이완 학자 왕수화이王樹槐의 『경자배관庚子賠款』 연구서 통계를 참고할 수 있다.[114] 〈표 2.22〉는 화미협진사의 조사(『미국 유학생 100년 약사』)와 왕수화이의 조사(칭화대학 출신)에 근거해 학위 취득의 비율을 조사한 자료다.[115]

1909~1929년까지 칭화대학이 파견하거나 지원한 학생 수와 100년

〈표 2.22〉 미국 유학생 학위 취득 통계

	총수 (%)	박사 (%)	석사 (%)	학사 (%)	기타 (%) *	학위 없음 (%)
100년 조사	20,906 (100)	1,727 (8)	7,221 (35)	4,590 (22)	259 (1)	7,109 (34)
칭화대학	1,289 (100)	254 (20)	544 (42)	336 (26)		151 (12)

* 기타 학위 혹은 증서

간 미국에서 공부한 유학생을 비교해보자. 학위를 기준으로 유학생의 성적을 평가할 때 일류 대학인 칭화대학 출신 유학생은 가장 탁월한 성과(박사 학위 취득)에서 가장 형편없는 성과(학위를 취득하지 못함)의 비율을 넘어서고 있다. 한편 석사 학위를 취득한 칭화대학 출신의 비율은 100년간의 비율보다 특별히 높지 않다. 칭화대학 유학생의 박사 취득률은 20퍼센트, 100년간의 유학생 비율은 겨우 8퍼센트다. 칭화대학 유학생이 학위를 취득하지 못한 경우는 12퍼센트, 100년간의 유학생 비율은 34퍼센트에 달했다.

　왕이쥐는 100년간 유학생의 약 66퍼센트가 학위를 취득했다는 통계로부터 40~50퍼센트에 달하는 '스스로 엘리트라고 허세 부리는 유학생들'이 한 개의 학위도 취득하지 못했다고 추정했다. 너무 엄격한 것인가? 칭화대학 유학생은 1909~1929년까지 88퍼센트가 학위를 취득하고 12퍼센트만이 취득하지 못했으니 중국 최고 학부 졸업생으로서 당연히 자부심을 가질 만하다. 그러나 중국 최고 학부생인 만큼 마땅히 평균 이상일 수밖에 없다는 점을 잊어서는 안 된다. 따라서 100년간 유학생들의 학위 취득에 대한 왕이쥐의 평가가 지나치게 엄격하다고 말할 수는 없다.

3장

조국과 자신의 문제

**Chinese students studying
in the U.S.A. 1872-1931**

중국에서 온 유학생들을 환영합니다. 어떤 면에서 보면 이 나라는 이상하고 외로운 곳으로, 특히 주변에 동포 학생이 없으면 더 힘이 듭니다. 마음이 힘들고 향수에 젖을 때 미국 동부 학생들의 마음을 다독여줄 중국유학생연합회로 찾아오세요. (…) 우리는 동료이자 여행의 길동무로 이 자리에 있지만 귀국한 후에는 인생의 영원한 동반자가 될 것입니다.[1]

9년간의 입헌 준비 기간이 끝나면 중국에 새로운 정부가 탄생합니다. (…) 해외에 있는 우리 유학생들은 당연히 미래의 정치 지도자가 되어 맡게 될 막중한 임무에 대해 생각해야 합니다. 우리는 지방이 아니라 중앙 정부의 지도자가 될 것입니다. 문제는 우리 앞에 놓인 무거운 책임을 질 준비가 되었느냐 하는 것입니다. 이론만으로는 부족하니 현실 경험을 통해 우리의 지식과 경험을 증진시켜야 합니다. 이를 위해 동부 중국유학생연합회는 가장 이상적인 실험 장소를 제공할 것입니다.[2]

유학생들이 스스로 단체를 결성하려 한 까닭은 쉽게 이해할 수 있다. 단결이 곧 힘이기 때문이다. 특히 타향에서는 서로 힘을 합쳐 도와야 하며 사람·언어·음식·풍습을 공유해야 한다. 20세기 초반, 중국 유학생들은 독특하게도 유학생 단체를 귀국 이후 중국이 선택할 새로운 정부 체제의 실습장으로 활용했다.

위의 두 번째 인용문은 루슈정陸秀貞의 글이다. 그녀는 상하이 귀족학교인 중시여숙을 졸업했으며 『중국유미학생월보』의 부편집장을 지내고 1908년 전미중국유학생연합회The Chinese Student' Alliance of America 부회장에 당선되는 등 유학 기간에 열성적인 활동을 펼쳤다. 1909년 1월, 그녀가 『중국유미학생월보』에 위 글을 발표했을 때만 해도 2년 뒤 청조가 멸망할 줄은 아무도 예상치 못했다. 통찰력 있게 9년간 입헌 준비를 추진해온 이들조차 마찬가지였다. 입헌주의에 동조해온 유학생들은 혁명을 지지하지 않았으며 미국식 제도가 중국의 모범이 될 것이라 생각했다. 또한 입헌 정치야말로 국가에 봉사하고 지위도 상승할 수 있는 기회를 부여할 것이라 믿었다.

루슈정은 구체적으로 유학생 단체를 민주공화국에 비교하면서 장차 중국 정부에서 지도자로 활동하기 위한 실습 장소로 삼을 것을 제안했다. 얼핏 보면 대학생의 치기 어린 허세 같으나 중국의 사대부 계층이 국회 설립을 청원하고 있을 무렵[3] 태평양 너머 미국 유학생들은 유학생 단체를 기반으로 삼권 분립 제도를 구축했다는 것은 향후 의정 활동에 대비해 지도자 역량을 키우기 위한 것이다.

이러한 움직임에 힘입어 1902년 드디어 전미중국유학생연합회를 출범시켰다. 초기에는 유학생들이 같은 학교에 다니는 것도 아니고 미국에 체류하는 기간도 길지 않아서 그저 일시적인 단체 정도로 여겨졌지만 무려 29년이나 유지되었으며, 1931년 국공國共 분열국민당과 공산당의 대립—옮긴이 여파가 태평양 너머까지 전해지면서 지도부의 분열로 연합회는 해체되었다. 지도부는 전미중국유학생연합회가 미래의 국가 지도자와 의회 정치인이 될 학생들이 민주주의를 배우는 훈련장이라고 했다. 그러한 취지로 연합회 내에 행정부와 입법부는 물론 짧은 기간이나마 사법부를 구성하여 대표와 간부가 서로 견제할 수 있도록 했다. 또한 미국을 동부, 중서부, 서부 지역으로 나누어 매년 여름캠프를 개최함으로써 유학생들에게 문학, 스포츠, 여가 활동 등 다양한 즐길 거리를 제공하면서 의견을 모으는 기회로 활용했다. 캠프 참가자들은 다음해 지도부 선정이나 주요 현안에 대한 안건을 내고 토론을 거쳐 표결에 부쳤다.

20세기를 통틀어 이 유학생 단체만큼 중국의 운명에 대해 강한 사명감과 무한한 믿음을 드러낸 사례는 찾아볼 수 없다. 1989년 톈안먼 6·4 항쟁 이후 결성되었다가 얼마 못 가 해체한 전미중국학생·학자자치연합회IFCSS, The Independent Federation of Chinese Students and Scholars 정도가 있었으나 조직 형태, 활동력, 지도부 능력 등에서 전미중국유학생연합회는 유일무이했다. 물론 이 단체가 미국 내 유일한 중국학생 단체도 아니었고 활동 기간이 가장 길지도 않았다. 20세기 초 가장 오랫동안 활동을 펼친 유학생 단체는 1909년 설립 후 1947년까지 유지한 북미중국기독교유학생협회였다.[4] 그러나 전미중국유학생연합회는 많은 활동 자료를 남김으로써 20세기 초반 미국 유학생을 이해하는 데 크게 기여했다.

이 단체가 남긴 자료를 보면 다른 경우와 마찬가지로 특정 인물과 그들의 활동을 부각하고 그 밖의 일에 대해서는 소홀하다는 단점이 엿보인다. 주로 미국 동부, 특히 뉴잉글랜드 지역 유학생의 활동에 초점이 맞춰져 있기 때문이다. 동부 지역은 당시 기선을 타고 태평양을 건너온 유학생들이 첫발을 내딛는 캘리포니아의 반대편에 위치한 곳이다. 유학생들에게 캘리포니아는 입국의 관문이자 초기 목적지였던 반면, 동부는 최초의 유학지도 아니었고 가장 먼저 단체가 결성된 곳도 아니었다. 그러나 미동부중국유학생연합회The Chinese Students' Alliance of Eastern States, U.S.A는 회원 수, 조직력, 지도부의 능력 면에서 미국 내 유학생 단체 중 가장 왕성한 활동을 보였다. 이는 지도부가 단체 내 많은 위기와 갈등을 극복하고 다른 단체들의 도전을 물리친 결과라 할 수 있다. 동부 유학생들이 어떻게 미국 내 중국 유학생 전체를 대변하는 자리에 서게 되었는지를 이해하려면 먼저 단체 설립부터 시작해 대립과 분열의 과정을 살펴볼 필요가 있다.

20세기 초반 중국 유학생은 중국 내 지식인들이 의회 설립을 청원하기 전부터 이미 미국에서 공화국이라는 실험을 전개했다. 예웨이리는 자신의 저서 『중국을 위한 현대적 길찾기: 미국 내 중국 유학생들, 1900~1927』에서 민주주의 실험에 대한 유학생들의 관심 정도는 중국 내 정치 상황과 비례하는 '공식'을 이룬다고 주장했다. 신해혁명 이전까지 유학생들은 간접적인 상상의 방식으로 국내 청원운동에 참여함으로써 민주주의를 체험했다. 이어서 단체 내 삼권 분립의 견제 시스템을 만들어 전제 정권에 대한 불신임을 표출하기도 했다. 그러나 신해혁명 이후 독재자 위안스카이를 지지하는 등 강력한 중앙정부를 옹호하는 입장으로 돌아선 것은 내우외환의 압력에 처한 중국에 힘 있는 지도자가 필요하다고 보았기 때문이다. 이러한 중앙집권식 민족주의centralized nationalism는 유학생 단체 내에서 강력한 집행부가 중시된 현상을 반영한다. 예웨이리의 공식에 따르면 1920년 중국이 혼란한 군벌시대로 접어들면서 국내 정세가 점차 암울해지자 유학생들은 방관자가 되어버렸고, 결국 유학생 단체에 대한 관심도 시들해졌다.5

예웨이리가 제시한 '공식'의 문제점은 유학생들을 국내 정세에 대해 수동적으로 반응하는 순진무구한 존재로 인식한 것으로, 그들에게는 아무 잘못이 없으며 중국에 출현한 많은 정권과 권력자들과 무관하다는 변명에 불과하다. 더욱 이해할 수 없는 점은 그녀는 유학생 단체가 간접적인 상상의 방식으로 국내 청원운동에 참여했고 또한 삼권 분립의 견제 시스템을 만들어 전제 정권에 대한 불신임을 표출했다고 했지만, 사실 이들은 정부를 자극할까 두려워 국내 청원운동에 참여하지 못했다. 예웨이리는 유학생들이 위안스카이의 반민주 통치를 용인함으로써 자신들의 독립적 입지를 스스로 제한하고 정치의 변두리로 내몰리게 되었다는 점을 인지하지 못했다. 더욱이 위안스카이가 반민주, 제제帝制 운동황제 체제로 돌아가자는 움직임—옮긴이으로 가는 과정에서 유학생들이 공범자 역할을 했다는 사실도 깨닫지 못했다. 유학생들이 중국 정치에 대해 자유, 민주, 현대적 입장을 취했다는 인식은 그녀의 크나큰 착오였다.

유학생들은 그녀가 설명한 것만큼 상상적 참여자나 방관자가 아니었다. 많은 유학생은 유학 시절부터 이미 권력에 부합했으며 귀국 후에는 적극적으로 결탁했다. 이러한 태도는 청 정부의 몰락, 위안스카이의 독재, 군벌이 할거하던 시기는 물론이고 국민당 정부에서도 변하지 않았다. 그들은 정치적으로는 보수였고 사회·경제적으로는 기득권층이었으며, 그들의 이데올로기와 계급적 이해관계는 정치 세력과 긴밀한 관계를 맺게 했다. 미국 유학 당시 그들이 신봉한 민주주의적 신념은 허울 좋은 말이었을 뿐 직접 시련을 극복하고 얻은 결과물이 아니었다. 그녀의 주장에 따르면 유학생들은 '현대성을 추구한 사람들'일 뿐으로, 잘못이 있다면 반동적 독재자들이 자신들의 애국적 열정을 협박하고 악용하도록 허락했다는 것이다.

유학생들이 청 정부를 지지하다가 나중에 위안스카이를 옹호한 것은 한마디로 보수적 성향과 엘리트 의식 때문이다.(이에 대해서는 4장에서 분석할 것이다.) 그들의 엘리트 의식과 보수적 성향은 연합회 내부 충돌의 주요 원인이기도 했다. 예웨이리의 말에 따르면, 유학생들은 중국인에게 현대 국가의 귀속감을 심어주기 위해서는 우선 지역주의省籍와 방언의 장벽을 제거해야 하므로 관청에서 영어를 사용해야 한다고 주장했다.[6] 그러나 이는 사실과 다르다. 유학생들 자체적으로도 계층·지역·출신 학교 등이 달랐고 출생지도 중국과 미국으로 갈려 다양한 마찰과 갈등을 빚었다. 그러다가 1920년대 혁명 사조가 몰아치자 유학생 연합회의 일부 구성원이 급진적인 입장을 취하면서 새로운 충돌 국면을 맞았다.

예웨이리는 자신이 만든 공식의 피해자이기도 하다. 그녀의 간단한 공식에 비춰볼 때 20세기 초반의 유학생들은 마치 무대 위에서 펼쳐지는 연극에 과몰입한 관객처럼 보인다. 처음에는 상상력을 발휘해 연극 내용에 참여했지만 막장으로 치닫기 시작하자 함께 관람하는 친구들끼리 싸움을 벌인 형국이다. 예웨이리가 자신의 유학생 연구 최종 시기를 1927년으로 제한했다는 것 또한 그들 사이에 발생한 갈등을 전혀 이해하지 못한 증거라 할 수 있다. 사실 유학생들은 연극의 관람객으로서 싸운 게 아니라 자신들이 극중의 주인공이었기 때문에 싸운 것이다. 20세기 초반 유학생들은 미국에 있었지만 중국의 모든 정치적 변화에 참여하고 있었으며, 국공 합작의 경우도 마찬가지였다. 1927년 장제스蔣介石가 난징에서 벌인 청당清黨, 국민당 내에서 반대파를 숙청하는 작업—옮긴이의 여파가 태평양을 건너오는 데 4년이 걸렸다. 즉 1931년 초 전미중국유학생연합회에서도 청당이라는 연극이 연출된 것이다. 이로 인해 학생 지도자들은 당에서 축출되었으나 그로 인해 전미중국유학생연합회도 붕괴되고 말았다.

미동부중국유학생연합회 발족

오늘날 남아 있는 전미중국유학생연합회 창립에 관한 기록은 전형적인 승리자의 역사라 할 수 있다. 자료의 내용을 살펴보면 축소되었거나 일관성이 결여된 점이 확인되는데, 이는 고의적으로 어떤 발언을 묵살하거나 자료를 훼손했을 가능성을 말해준다. 20세기 초, 물방울이 모여 작은 개울을 이루듯 규모를 확장한 이 유학생 단체는 캘리포니아를 시작으로 뉴잉글랜드와 중서부로 영역을 넓혔다.

캘리포니아는 중국 유학생이 맨 처음 단체를 결성한 지역이지만 근거 자료가 미흡해서 창립 시기와 초기 구성원에 대해서는 정확히 파악할 수 없다. 예컨대 전미중국유학생연합회의 공식적인 창립일은 1902년 10월 17일이지만[7] 창립 구성원 중 한 명인 슝충즈熊崇志, Samuel Young는 1901년 10월 17일로 기억하고 있다.[8] 그는 로스앤젤레스에서 태어나고 자란 화교로 1904년 캘리포니아대학을 졸업했다. 그런가 하면 1902년 12월 17일에 창립되었다는 기록도 있다.[9] 이 문서에 따르면 창립 구성원은 버클리, 오클랜드, 로스앤젤레스에서 온 23명이며 창립 장소는 로스앤젤레스에 있는 회중會衆교회Congregational Church였다. 그러나 슝충즈는 구성원에 대

해 캘리포니아대학 유학생 18명이었다고 주장했다.[10]

중국에서 온 유학생과 미국에서 나고 자란 학생들 사이에는 깊은 골이 형성돼 있었다. 「전미중국유학생연합회 약사」에서 구웨이쥔은 이렇게 말했다.

캘리포니아에 도착한 유학생들의 눈에 비친 미국 태생의 화교 학생들은 오직 돈벌이에만 관심을 보일 뿐 중국의 국내 상황에 대해서는 무지하거나 관심이 없었다. 이들의 애국심을 고취하기 위해서는 우선 좋은 관계를 형성할 필요가 있었다. 이것은 서로 학업에 관한 도움을 주고받으면서 구국救國의 일념을 도모하고자 함이었다.

이 짧은 발언에서 전미중국유학생연합회 결성의 뚜렷한 목적을 알수 있다. 즉 중국인이면서 자신을 미국인이라 생각하는 화교 학생들에게 중국을 알려 애국심을 고취시키겠다는 것으로, 학문적 상부상조는 부차적인 문제였다.

이 문장은 영문으로 작성되어 『중국유미학생월보』에 발표되었는데, 화교 학생들의 거부감을 의식한 것인지 표현이 매우 함축적이다. 8년 전왕젠쭈王建祖는 중국어로 쓴 「학생회의 기원과 1차 대회 기록」에서 이렇게 말한 바 있다.

미국의 많은 화교 상인은 자녀 진학에 적극적이지 않다. 그래서 초등학교만 마치고 바로 취업 전선에 뛰어드는 이가 많으며, 중·고등학교에 진학하는 자는 10분의 1도 안 되고 대학 진학자는 더욱 적다. 오랫동안 고향에 가보지 못해 중국어 구사도 서툴고, 미국에 오래 살다보니 자기 뿌리도 문화도 잊어버렸다. 미국은 배우기에 가장 좋은 나라지만 화교는 중국인도 미국인도 아닌 不中不美 존재로 살아가야 하니 어찌 슬프지 않은가. 부모가 식견이 없으면 자녀를 훌륭한 인재로 키우기 어렵다. 인재를 키워야 나라를 빛낼 수 있으며, 학문을 익히는 것이 그 방법이다. 그들에게 학문의 혜택과 조국의 영광을 일깨우려면 단결 정신을 고양시켜야 한다. 미국에 사는 중국인 학생들도 단결된 애국정신을 가져야 한다. 미국에 배우러 오는 많은 사람이 기술만 배울 뿐 애국정신을 얻지 못한다면 갠지스강의 모래처럼 쉽게 물결에 쓸려가게 마련이다. 지금 당장은 학문에 도움이 안 될지라도 바탕에 단결된 애국정신이 있다면 서로 소통이 가능하다. 오늘 학문을 배워 장래의 간격을 좁히자. 그것이 단체의 할 일이니 이를 위해 학생회를 조직한다.[11]

위에서 왕젠쭈가 미국에서 태어나 성장한 화교들은 "초등학교만 마치고 바로 취업 전선에 뛰어들"거나 "중·고등학교에 진학하는 자는 10분의 일도 안 되고 대학 진학자는 더욱 적다"고 한 부분에 대해 로스앤젤레스에서 태어나고 자란 슝충즈는 동의하지 않았다. 그는 「미국의 중국학생 Chinese Students in America」이란 글에서 이렇게 말했다.

미국에 사는 중국인들은 자녀 교육에 많은 관심을 기울이며, 날이 갈수록 예비학교(대학 진학을 준비하는 학교, 즉 고등학교)에 진학하는 학생이 많아지고 있다. 이는 중국인이 미국인보다 더 절실하다는 뜻이다. 중학교를 졸업한 중국인이 상급 학교에 진학하지 않는 경우는 많지 않으며 오히려 초등학교를 끝으로 학업을 멈추는 경우가 많다. 중·고등학교 진학보다 대학 진학이 훨씬 수월하기 때문이다. 일단 고등학교에 들어가면 대학에서 전공할 분야에 대해 고민을 시작한다.[12]

습충즈는 화교들이 교육에 관심이 적어서 유학생들이 생각하는 것처럼 근시안적이거나 대학에 입학하는 자가 적다면 전미중국유학생연합회의 탄생을 어떻게 해석해야 하느냐고 반문했다. 그리고 중국 출신이든 화교 출신이든 구분 짓지 말고 "모든 중국 학생이 굳게 단결해서 하나의 목표를 향해 애국심을 길러야 한다"고 했다.[13]

전미중국유학생연합회는 중국에서 온 학생들을 중심으로 조직되었고, 그들이 글 속에 화교들(노동자의 자녀들)에 대해 우월의식 또는 그들을 낮잡아보는 시각을 드러냄으로써 잠재되어 있던 갈등이 불거졌다. 이에 대해서는 6장에서 다시 분석하겠다. 이렇듯 중국인의 단결을 강조하면서 화교 노동자와 그 자녀들을 가르치는 듯한 유학생들의 태도는 근본 취지에 어긋난 것이다. 결국 단체 내 학생들의 갈등은 단체를 만들 때부터 잠재되어 있었다고 할 수 있다.

전미중국유학생연합회의 자료에서는 화교들을 수동적인 존재로 규정하고 격려와 육성을 받아야 할 대상으로 묘사함으로써 창립 시기에 화교들이 수행한 적극적이고도 중요한 역할을 무시했다. 전미중국유학생연합회 초기의 간부 5명에 대한 자료를 정리한 〈표 3.1〉를 보면 총리(영문 President를 번역한 것, 즉 회장)는 천진타오陳錦濤, 부총리는 류스룬劉軾倫, 중문 서기는 후둥자오胡棟朝, 영문 서기는 주선후이朱神惠, Jee Pond Mooar, 총무는 쉐숭잉薛頌瀛이다.[14]

〈표 3.1〉 전미중국유학생연합회 1기 간부 명단[15]

이름	직위	출생지	출신 학교
천진타오 차기: 류스룬	총리	광둥 난하이 샌프란시스코	베이양대학 캘리포니아대학 (나중에 스탠포드대학으로 옮김)
류스룬 차기: 왕충후이	부총리	샌프란시스코 홍콩	캘리포니아대학 베이양대학
후둥자오	중문 서기	광둥 판위	베이양대학
주선후이	영문 서기	샌프란시스코	캘리포니아대학
쉐숭잉	총무	광둥 상산	베이양대학

이 5명의 원적原籍은 모두 광둥이며 3명은 베이양대학 국비 유학생이었다. 1902년 겨울에 천진타오가 동부의 예일대학으로 옮기자 류스룬이 총리(회장)가 되었고 왕충후이王寵惠는 부총리(부회장)가 되었다. 홍콩에서 태어난 왕충후이 역시 베이양대학 국비 유학생이다. 주선후이는 원적이 광둥 카이핑開平이지만 샌프란시스코에서 태어나고 자랐고, 천진타오 역시 같은 화교일 것으로 추측된다. 이 사실에 부합한다면 간부 2명은 미국에서 태어나 성장한 화교다.

2기 간부는 모두 7명이다.[16] 1기보다는 간부의 이력이 다양해졌다. 물론 중국의 베이양대학 출신이 여전히 다수를 차지하지만 출생지는 푸젠과 저장 출신이 더해져 광둥 일색에서 벗어났으며, 중국에서 온 학생들이 주축을 이루고 있다.

화교 학생들의 본적이 광둥으로 기록된 것은 시대적 배경에 따른 것이다. 당시 미국의 배화 분위기로 인해 화교의 취업이 매우 제한되자 일부 화교들은 중국으로 돌아갔다. 이 단체의 1, 2기 회원인 습충즈도 광둥 둥메이현東梅縣에 적을 둔 화교인데 1906년에 중국으로 돌아가서 1907년

이름	직위	출생지	출신 학교
쉬충잉 차기: 주선후이	총리	광둥 난하이 샌프란시스코	베이양대학 캘리포니아대학
주선후이	부총리	샌프란시스코	캘리포니아대학
왕전쭈	중문 서기	푸젠 샤먼	베이양대학
장중위안章宗元	중문 부서기	저장 우싱吳興	난양공학
류스룬 차기: 주선언朱神恩	영문 서기	샌프란시스코(?) 샌프란시스코	캘리포니아대학
주선언 차기: 슝충즈	영문 부서기	샌프란시스코	캘리포니아대학
후둥자오 차기: 장순더江順德	총무	광둥 판위 광둥바오안寶安	베이양대학

유학생들을 상대로 거행된 양과거 시험에 합격해 진사 공명을 얻었다. 이후 탕산唐山 루쾅路礦학교 교장을 지냈으며 훗날 뉴욕 총영사를 거쳐 국민정부 시절 멕시코와 브라질 대사를 역임했다. 주선후이의 경우 1909년 중국으로 들어와서 둥산성東三省 병원의 주임 의사를 거쳐 민국 초기에 징펑철로京奉鐵路의 안과 의사로 활동했다. 주선언은 1910년 중국에 들어와서 재정부 관료와 베이징대학 강사를 지냈다.[18]

초기의 전미중국유학생연합회 조직은 단순했고 하는 일도 많지 않았다. 주로 유학생 명단 작성, 청 정부 관련 소식 게재, 학생들이 관심 가질 만한 뉴스 수집, 가난한 학생을 위한 일자리 소개, 베이징어 작문 교사 알선, 초등학교 졸업 이상 회원을 상대로 학습 지도 등의 활동을 했다. 1904년 『용종학생龍種學生, The Dragon Student』을 중국어로 발간하고 이듬해에는 중문과 영문으로 발간했다. 1905년 봄에는 회원이 150명으로 늘었으며, 그중 35퍼센트는 동부 지역 여러 주에 퍼져 있었다. 그러나 결성 2년 만에 유쾌하지 못한 일로 분열의 위기를 맞았다. 이에 대한 유학생들의 언급이 보이지 않아 사건의 전말을 확인할 수는 없지만, 여러 자료를 종합한 결과 중국에서 온 학생과 화교 출신 학생 간의 불협화음이 원인이었던 것으로 보인다. 전미중국유학생연합회 1기 회장이었던 천진타오는 1908년 8월 대청은행大淸銀行의 총재로서 미국을 방문했을 때 동부 유학생들이 주최한 여름캠프에 참석해 국가와 개인의 지속적인 발전을 위해 노력해달라고 당부했다. 또한 서양인은 마주 앉아 토론으로 문제를 해결하는데 중국인들은 죽기 살기로 다툰다면서 지역주의, 지방, 종족, 계층, 직업 등으로 분열하는 중국인의 민족성에 대해 지적했다. 그 예로 전미중국유학생연합회가 중국에서 온 학생들과 미국에서 성장한 화교들의 불화로 인해 허무하게 분열되었다고 발언했다.[19]

갈등의 발단이 무엇인지는 알 수 없지만 1905년 8월 13일 14명 회원이 전미중국유학생연합회를 떠났고, 캘리포니아대학 버클리 캠퍼스에서 새로운 단체인 태평양연안중국유학생협회가 결성되었다. 1919년 취커밍區克明이 발표한 글에는 화교들이 새로운 단체를 결성했다는 내용이 포함되어 있다.

이 협회의 회원은 대부분 미국에서 성장한 청년들이다. 그러나 회원 모집에 자격 제한을 두지는 않았다. 16살 이상이면 학력과 상관없이 회원이 될 수 있고 간부에 나설 수 있었다. 이는 전미중국유학생연합회와 구별되는 것으로, 그들은 회원 자격이 까다로웠지만 우리는 규정의 폭을 넓혀 문턱을 낮췄다. 수년간 두 단체는 각자의 방식으로 일했으며 서로 교류하지 않았다.[20]

이처럼 북부 캘리포니아의 샌프란시스코에서 결성한 전미중국유학생연합회는 2년 만에 두 개의 단체로 분열되었다. 미국에서 태어난 화교 학생들이 독립한 것이 분열의 주된 원인이었지만 유학생들이 동부 대학으로 옮겨간 것도 영향을 끼쳤다. 단체가 와해되기 전 150명의 회원 중 35퍼센트가 뉴잉글랜드 지역의 대학으로 진학한 것이다. 그들 중 캘리포니아에서 중학교 및 대학을 졸업하고 동부로 간 회원이 몇 명인지, 중국에서 갓 도착해서 뉴잉글랜드의 대학으로 간 학생이 몇 명인지는 확인할 수 없다. 다만 광둥·후베이·저장·장쑤 등 여러 지역에서 건너오는 국비 유학생이 많아졌고 동부 학교들의 명성이 알려진데다 중국인에 대한 배척이 서부보다 약한 점이 유학생들을 동부로 향하게 했다.[21]

전미중국유학생연합회에서 회원으로 활동하던 학생들은 동부로 온 후 자연스럽게 대서양 연안 지역 중심의 새로운 단체를 조직하려는 움직임이 있었으나 다니는 학교가 곳곳에 분산되어 있어 실현시키기까지는 시간이 소요되었다. 따라서 동부 연안 지역의 유학생 수는 가장 빠르게 증가했지만 단체 결성은 유학생 수가 가장 적었던 중서부보다 늦어졌다. 1903년 시카고의 유학생들이 중서부중국유학생연합회中西部中國留學生聯合會를 조직했고, 이듬해인 1904년 뉴욕주의 이타카 근처에 자리 잡은 학생들이 코넬대학과 주변 10여 개 대학 연합의 이타카중국유학생연합회를 조직했다. 이에 자극을 받은 것인지 1905년 8월 28일, 암허스트에 있는 매사추세츠대학 농과대학 박물관에서 36명 학생들이 이틀간 준비 회의를 거쳐 "중국의 복지를 도모하고 유학생들을 결집하여 공동이익을 촉진한다"는 목표 아래 미동부중국유학생연합회美東中國留學生聯合會 결성을 선언했다. 이 단체의 주목할 만한 점은 중국 유학생 단체 중에서 미국에 주재하는 청 정부의 공사관과 가장 긴밀한 관계를 맺었다는 것으로, 주미 공사 량청梁誠과 참사參贊 저우쯔치周自齊가 참가하여 단체 결성을 권유한 것으로 알려져 있다.[22] 량청은 룽훙이 주도한 120명의 아동 유학생 중 한 명으로 매사추세츠주 앤도버에 위치한 필립스아카데미를 졸업했으며, 그의 아들도 암허스트중학교에 다니고 있었기 때문에 량청은 매년 여름휴가차 이곳을 찾았다. 이후 중국 공사관과 긴밀한 관계를 유지하고 협력을 이끌어내는 것은 동부연합회의 중요한 전통으로 자리 잡았다. 또한 1907년 개최된 3차 여름캠프에서 량청과 저우쯔치가 명예회원으로 추대되었는데, 이후 주미 공사와 영사가 연합회 명예회원으로 예우되는 관례가 만들어졌다.

　1905년 여름, 미국의 중국 유학생 사회는 캘리포니아, 시카고, 버클리, 이타카, 암허스트 5개 지역에 단체를 갖추었다. 중서부중국유학생연합회의 경우 중서부 지역으로 진학하는 유학생이 적은데다 거의 시카고대학에 집중되었기 때문에 소수의 회원이 시카고를 중심으로 활동했다. 그런 이유로 이 연합회와 이타카연합회는 스스로 지역 단체로 여겼고 활동도 지역에 국한했다.

　이와는 달리 캘리포니아의 두 단체는 지역 규모로 조직되지 않았으며 서로 경쟁관계였다. 버클리의 태평양연안중국유학생협회는 전국적 조직인 샌프란시스코의 전미중국유학생연합회와 달랐지만 창립 초기부터 동부 유학생들을 적극 유치하여 조직 규모를 확대하는 등 강한 의지를 드러냈다. 그러나 오래 못 가서 두 단체는 급속한 규모 축소를 맞았다. 전미중국유학생연합회는 창립 후 3년 만에 회원이 150명으로 늘었지만 1907년 말에는 20명을 채우지 못하는 정도였다.[23] 2호까지 발간한 잡지 『용종학생』 역시 어려움을 겪게 되었고, 1906년 샌프란시스코에 발생한 대지진으로 제작이 무기한 연기되었다. 결국 미국 내 모든 학생 단체를 망라하겠다는 목표로 추진된 잡지 발간은 16쪽짜리 영문 타자 통신문을 월간 제작하는 정도로 축소되었다.

샌프란시스코 지역에서 두 단체가 경쟁을 벌인 결과는 양쪽 모두의 실패로 돌아갔다. 앞서 밝혔듯이 서부의 전미주중국유학생연합회가 실패한 원인 중 하나는 중국에서 온 유학생들이 점차 동부로 옮겨가면서 상대적으로 서부 회원의 수가 감소한 데 있었다. 이와 더불어 서부에서 공부를 마친 학생들이 졸업 후 귀국하거나 다른 지역으로 떠날 무렵 신입회원 모집에도 어려움을 겪었다. 1911년 왕정옌王正延은 "미시시피강 서쪽으로는 중국 유학생이 오지 않는다. 단체는 이미 화교 학생 단체로 변해버렸다"라고 했다.[24]

이것은 빈말이 아니었다. 1907~1908년 전미주중국유학생연합회 회장으로 활동한 스투피터司徒彼得, Peter Soo Hoo는 1884년 광둥 카이핑에서 출생하여 1894년 가족과 함께 캘리포니아로 이민을 왔고, 고등학교 졸업 후 스탠포드대학에 진학하여 광시성의 장학금을 받아 토목공학을 전공했다.[25] 1908년 그는 미동부중국유학생연합회회장에게 보내는 편지에 자신들이 처한 어려움을 토로했다. 그 핵심은 대부분의 회원이 고등학생인데 대학생 회원이 절대적으로 부족한 까닭에 모범을 보여줄 선배가 없다는 것이다. 이렇듯 실질적인 도움을 주지 못하게 되자 고등학생들은 "대부분 치의대에 진학했다. 더 안타까운 것은 어떤 학생들은 고등 교육에 대한 인식 부족으로 그저 영어만 익혀서 중국인이 운영하는 상점에서 통역이나 하면 된다고 생각한다"는 것이다.[26]

'전미주全美洲'라는 아름다운 이름을 가진 이 단체는 결국 '태평양안중국유학생연합회太平洋岸中國留學生聯合會'로 단체명을 바꿨는데 버클리의 '태평양연안중국유학생협회太平洋岸中國留學生協會'와 너무 비슷해서 다시

'미서중국유학생연합회美西中國留學生聯合會'로 바꿔야 했다. 공교롭게도 버클리의 태평양연안중국유학생협회 역시 전성기는 2년밖에 유지하지 못했다. 이 단체는 1905~1907년 동부연합회와 손잡고 1907년 『연보Annual Report』를 중문·영문으로 발간했고,[27] 서부 유학생들을 대표해 동부연합회를 초청해 캘리포니아 지진 구호 활동을 펼쳤으며, 청 정부에 철도 주권 문제에 대한 청원 운동을 주도했다. 그러나 알 수 없는 이유로 전미 유학생 단체에서 퇴출되었고 이후 단체명을 '버클리중국학생회The Berkeley Chinese Students' Club'로 변경했다. 이로써 캘리포니아의 두 단체는 3년도 못 되어 지역 단체로 격하되었다.

유학생들이 동부로 옮기면서 샌프란시스코 지역의 두 단체가 위축된 반면 5개 단체 중 가장 늦게 출범한 미동부중국유학생연합회는 출범 첫해에 회원 36명에서 110명으로 대폭 증가하는 반사이익을 누렸다. 양적 성장보다 중요한 것은 행정·조직 구성에 꾸준히 변화를 모색하여 전체적인 시야를 갖추었다는 사실이다. 어떤 면에서 이 단체는 다른 단체들보다 '제국주의' 색채가 강해서 창립 직후부터 모든 유학생 단체를 통합하기 위한 활동에 나섰다. 먼저 가까운 곳에 있는 이타카중국유학생연합회와 병합을 시도했다. 1906년 8월의 한 보고서에는 "다행히 이타카연합회가 우리와 병합하기를 원한다. 우리는 지역과 목표가 일치해서 연합해야 힘을 발휘할 수 있다"라고 했다.[28] 이타카중국유학생연합회와 통합한 후에는 시카고의 중서부중국유학생연합회를 흡수해 관할 아래 지역 '지회'로 두려 했다. 1907년에는 새로운 법을 마련해 로스앤젤레스 동쪽에 위치한 모든 주를 '동부' 지역으로 포함함으로써 중서부중국유학생연합회라는 존재를 삭제해버렸다.

또한 미동부중국유학생연합회는 가장 먼저 결성된 유학생 단체인 샌프란시스코의 미주중국유학생연합회에 대해 위압적 태도를 취하는 등 제국주의적인 면모를 드러냈다. 사실 미동부중국유학생연합회는 회원 및 조직 규모 면에서 전미주중국유학생연합회를 압도하고 있었기 때문에 이미 협의 및 토론 자리에서 대등하지 않았다.[29] 1907년 후반기에 미동부중국유학생연합회는 회원 수 기준으로 양측이 비례대표를 선발하고 '공동 협의체Joint Council'를 구성하여 현안을 해결하자고 제의했다. 이에 대한 답신이 바로 앞서 언급한 스투 피터의 편지였다. 그는 이 제안을 적극 수용하고 미동부중국유학생연합회가 주최하는 여러 활동에 동참하고 싶지만 아쉽게도 거리가 너무 멀고 재정이 부족해서 대표를 파견하기가 어렵다고 답변했다.[30]

미동부중국유학생연합회 회장 왕징춘은 스투 피터가 단체 활동의 애로사항을 토로하고 미동부중국유학생연합회에 대한 부러움을 표현한 내용을 완전한 항복으로 받아들였다. 그는 아주 고압적인 말투로 "동부 연안의 여러 단체처럼 우리 단체 산하의 지역 조직으로 남아서 중대 문제 결정에 참여하라"고 회신했다.[31] 왕징춘의 말투가 비위에 거슬렸는지, 스투 피터가 회신을 보낸 기록은 찾아볼 수 없다. 1년 후인 1909년 샌프란시스코와 버클리 유학생 단체가 병합했고 앞서 언급한 미서중국유학생연합회로 단체명을 변경했다.[32]

이로써 미동부중국유학생연합회의 서진西進 정책은 잠시 멈추었지만 영향력은 동부에서 중서부까지 확장되었으므로 시카고의 중서부중국유학생연합회는 완전히 활동 영역을 잃고 말았다. 1909년 봄, 시카고에서는 미동부중국유학생연합회 영문 편집인에게 편지 한 통을 보내 자신들의 조직 활동 실패를 인정하는 한편, 향후 지역 단체로 전환하고 명칭도 '시카고중국학생회'로 바꾸겠다고 했다. 그러나 "훗날을 기대하겠다"는 말과 함께 "미동부중국유학생연합회를 배위 조직을 새롭게 정비해서 중서부의 다른 학생회를 병합하겠다"고 덧붙여 여운을 남겼다.[33]

미동부중국유학생연합회와 민주주의의 실습

20세기 초 모든 중국 유학생 단체들은 전국 조직이든 지방 조직이든 기본적으로 서로를 모방했다. 연합회나 학생회는 결성할 때 먼저 헌장을 제정하고 선거를 통해 간부를 뽑았다. 간부 인원과 명칭은 단체의 크기에 따라 달랐지만 일반적으로 회장, 부회장, 비서, 회계 등이 주축이었다. 임기는 중서부는 반년, 동부는 1년이었다. 당시 중국은 아직 전제 황권 시대였기 때문에 유학생들이 헌장을 제정하고 선거를 통해 지도부를 조직하는 게 쉬운 일은 아니었다. 그러나 그들이 전제 정권의 전통적 통치 방식을 벗어나 민주주의의 실천을 시도한 것은 특별한 자질이 있어서가 아니라 미국의 고등학생, 대학생의 방식을 모방한 것이다.[34]

중국 유학생 학생회는 학교 내의 국제학생 클럽Cosmopolitan Club에서 정기적인 모임을 가졌다. 특별히 전미주중국유학생연합회는 샌프란시스코 차이나타운의 중화회관에서, 컬럼비아대학동창회는 뉴욕의 중국 영사관에서 모이기도 했다. 모임은 보통 격주 또는 한 달에 한 번 열렸으며, 안건에 대해 논의를 마친 뒤 다과와 노래로 모임을 끝마쳤다. 학술적 분위기가 강한 학생회에서는 토론이나 학술 보고가 포함되기도 했지만 대개는 친목 활동이 중심이었으며 의제 토론이나 학술 행사 등은 부차적이었다.

미동부중국유학생연합회 역시 크게 다르지 않았다. 다만 초기에는 다른 단체들과 달리 거점 지역이 없어 활동 기반이 취약했다. 매사추세

〈사진 5〉코넬대학 중국 학생회 회원 사진
맨 앞줄 오른쪽 끝 팔짱 낀 이가 후스, 맨 뒷줄 오른쪽 끝 안경 쓴 이가 자오위안런
자료: *The Chinese Students' Monthly*, Ⅷ, 8, 548쪽

츠 암허스트는 창립 당시 헌장을 제정한 곳이었을 뿐이다. 그럼에도 명목
상 동부 지역을 담당하고 있으면서 미국 전 지역을 포괄하는 입장이었다.
한 번도 고정적인 모임 공간이 없었으며 매년 임원이 새로 선출될 때마다
본부를 옮겼는데, 이는 어떤 면에서 시대를 앞서간 행보로 볼 수 있다. 요
컨대 틀에 얽매이지 않는 기업 활동방식, 즉 통신을 활용하여 분산적으
로 임무를 수행했기 때문이다. 회장은 하버드에 있고, 회계는 MIT, 영문
비서는 컬럼비아대학에 있는 식인데 업무 수행에는 지장이 없었다.

또한 동부에 있는 여러 대학의 학생회를 조직 아래 두지도 않았다.
초기에 뉴잉글랜드 주변에는 중국 학생이 많지 않아서 학교마다 학생회
를 구성하기 어려웠기 때문에 학생들은 직접 미동부중국유학생연합회에
가입했다. 이후 각 학교에 학생회가 생겼지만 미동부중국유학생연합회 관

할이 아니었기 때문에 여전히 개별적으로 직접 가입해야 했다. 나중에 회장이 된 왕정옌은 1910년에 각 학교의 학생회를 미동부중국유학생연합회 조직으로 흡수하자는 의견을 내기도 했지만 실현되지 않았다.[35]

미동부중국유학생연합회가 문어발식 조직 확장을 하지 않은 것은 현명한 선택이라 할 수 있다. 그러지 않았다면 학생 수가 적어서 학생회를 구성할 수 없는 학생들을 참여시킬 수 없었을 것이기 때문이다. 반면 각 캠퍼스에 조직을 두지 않음으로써 학생들에게 소속감이나 구심력을 부여하지 못하는 단점도 있었다. 이에 회원들에게 소속감을 심어주고 참여와 견제의 권리를 강화하기 위해 1905년 8월 하순부터 매년 8월 여름캠프를 개최했다. 이는 암허스트 창립 당시의 경험을 제도화한 것이다. 동부연합회가 주최하는 여름캠프는 핵심 활동으로 간부들은 학술, 오락, 스포츠 등 풍부한 프로그램을 마련해 학업에 지친 학생들의 심신을 달래주고 업무 보고와 정책 토론 그리고 선거를 통해 다음 임원진과 장소를 결정했다.

여름캠프는 이 단체가 맨 처음 시작한 아이디어가 아니라 YMCA가 1886년부터 매년 매사추세츠 노스필드에서 개최한 것이다. 오전에는 성경 읽기와 선교, 오후에는 스포츠, 밤에는 오락 활동으로 구성되었는데[36] 미동부중국유학생연합회 창립 구성원 대부분이 YMCA 여름캠프에 참가한 경험이 있었으므로 이를 모방한 것이다. 다만 오전의 성경 읽기 프로그램은 업무 보고와 명사 강연으로 대체했다.

해마다 여름캠프에는 많은 회원이 참여했으며, 업무 보고를 듣고 의사 결정 토론과 표결에 참여해 다음 집행부를 선발하는 등 회원에게 자기 권리를 행사할 수 있게 했다. 이렇게 해서 미동부중국유학생연합회의 여름캠프는 최고 의사결정 기구로 자리 잡았다. 다만 1년에 한 번 열렸기 때문에 시기에 맞지 않는 안건을 보완하기 위해 영문판 『통신Bulletin』을 수시로 발간해서 업무를 공유했다. 첫 해에는 500자 이내 분량으로 타자를 쳐서 부정기적으로 발간하는 일방소통 방식이었지만,[37] 2년째인 1906년 편집장 구웨이쥔과 부편집장 왕징춘이 잡지 『중국유미학생통신』을 정식으로 인쇄하여 발간했다.[38] 첫 사설에서 "모든 회원이 자기 의견을 공개적으로 말할 수 있는 장이 필요하다. 소수 몇 사람이 모든 의사를 결정해서는 안 된다. 여론에 의해 결정하고 연합회의 정책과 업무로 이어져야 한다"고 밝혔다.[39]

이렇게 설득력 있는 방향 제시에도 불구하고 간부들의 업무 처리가 불투명하다는 불만이 제기되었다. 1907년 한 간부가 청 조정에 보낸 한 통의 전보가 그 발단이었다. 전보의 내용은 미국의 파나마 운하 공사가 중국인 노동자들을 운하 건설에 투입하지 못하도록 청 정부가 나서달라는 청원이었다. 그러나 중국인 노동자 모집을 제안했던 파나마 운하공사의 책임 엔지니어인 존 스티븐은 미국의 「배화법」에 저촉된다는 사실을 알고 곧바로 제안을 취소했다. 즉 그 간부는 전보 칠 필요가 없는 사안을 가지고 회원들에게 알리거나 동의를 구하지도 않은 채 전보를 띄웠고, 그로 인해 다른 회원들이 피해를 입게 된 것이다. 이 전보 사건을 고발한 사람은 조선 기술을 가르키는 푸저우 선정船政학당 졸업생 선팅칭沈遯淸(또는 선시난沈希南)으로, 선정대신船政大臣, 푸젠 선정국의 책임자—옮긴이 선바오전沈葆禎의 손자였다. 당시 그는 MIT에서 조선공학을 공부하고 있었으며 1906~1907년에 단체에서 '기록자historian'를 맡고 있었다.

학생들은 정부 정책에 간여할 수 없었기 때문에 이 청원 행위는 청 정부가 제재를 가하는 빌미가 될 수 있었다.[40] 선팅칭은 연합회가 여론을 묻지 않고 행동했으므로 비밀공작이라고 문제 삼았으며, 나아가 전보 사건은 빙산의 일각으로 연합회가 헌장 개정을 추진하려는 것이 더 큰 문제라고 지적했다. 각본을 정해놓고 스스로 드라마를 썼다는 것이다. 말하자면 『중국유미학생통신』 편집인이 먼저 사설을 통해 헌장 개정을 제의하면[41] 회장은 편집인과 임원들을 뽑아 개정위원회를 구성함으로써 모든 회원 또는 회원 대표들이 개정에 참여할 권리를 완전히 박탈했다는 것이다.[42]

이러한 내부 갈등은 간부들 간의 권력 투쟁을 드러낸 것으로, 선팅칭 역시 간부 중 한 명이었으므로 초기 지도자들의 리더십과 내부의 정치 문화를 노출한 셈이다. 1908년 여름캠프에서 부회장에 당선된 루슈정은 "이는 소수 간부들의 전횡에 따른 위기로 충돌이 시작되는 단계"라고 경고했다.[43] 이러한 갈등을 심각하게 받아들인 그녀는 부회장으로 당선된 지 한 달도 안 되어 사임했다. 문제가 어디서 비롯되었으며 어떤 부분이 심각했는지에 대해선 구체적으로 밝히지 않았지만[44] 역사상 첫 여성 부회장은 이렇게 단기간에 자리에서 물러났다.

이런 파장에도 불구하고 간부들은 1907년 여름캠프에서 대부분 재선되었다. 전임 부회장 C. S. Bok과 선팅칭만 연임되지 못했는데, 선팅칭은 아예 선거에 불참했다. 왕징춘은 영문 부편집인에서 회장으로, 구웨이쥔은 세 번째 영문 편집자로 당선되었다. 구웨이쥔이 창간한 『중국유미학생통신』은 제목을 『중국유미학생월보中國留美學生月報』로 바꾸었다.[45] 1906년 미동부중국유학생연합회 집행부가 연임한 뒤로 '소수 간부들의 전횡'은 재발하지 않았다. 1907년 여름캠프에서는 양권兩權 분립의 원칙에 근거해 헌장을 개정하고 '대의부代議部, the Board of Representatives'를 구성함으로써 어떤 간섭도 받지 않았던 행정부를 견제하는 체제를 만들었다.

대의부는 단체의 중앙 조직이 되었다. 그러나 앞서 말했듯 미동부중국유학생연합회는 각 학교의 학생회를 지방 산하 조직으로 편입시키지

The
Chinese Students' Monthly

VOL. IX   NOVEMBER 10, 1913   NUMBER 1

Published Monthly from November to June, Inclusive, Under the Authority
of the Council of the Chinese Students' Alliance in U. S. A.

Contents

TERMS—$1.00 a year to non-members and $ .70 to members of the Alliance,
  payable in advance to the Chinese Students' Monthly. Postage prepaid
  in U. S. A.; 24c. extra for foreign countries.
CHANGE OF ADDRESS:—Notice to that effect must be given to the Circula-
  tion Manager one month in advance. Both the new and the old address
  must be given.
DISCONTINUANCE:—Subscriptions are continuous until notice to the con-
  trary is received by the Circulation Manager.
ADVERTISEMENTS:—Rates and detailed information will be sent on appli-
  cation to the Advertising Manager.

VON-FONG LAM, Business Manager
General Office, 156 Huntington Avenue, Boston, Mass.

〈사진 6〉『중국유미학생월보』차례

자료: The Chinese Students' Monthly, IX, 1(November 10, 1913)

않았기 때문에 가분수 형태의 구조를 띠고 있었다. 유학생 중에는 자신
이 다니는 학교의 중국 학생회 구성원이긴 하지만 연합회 회원이 아닌 경
우도 있었다. 즉 연합회와 각 학교 학생회의 회원은 겹쳐지지만 양자 사
이는 아무 관계가 없었기 때문에 학생회로부터 유학 생활에 필요한 도움
을 받을 수 있다면 굳이 연합회에 참여할 필요를 느끼지 못했다. 앞서 언
급한 대로 1910년 각 학교의 중국 학생회를 미동부중국유학생연합회 시

스템으로 편입시키자는 왕정옌의 주장이 거부되었다가 쇠퇴기에 들어선 1925년 여름캠프에서 다시금 이 안건이 헌장 개정안에 올라 가까스로 통과되었다. 그러나 여러 학교 학생회가 연합회의 지회로 편입되기를 거부했다.[46] 연합회와 학생회가 소속 관계로 얽혀 있지 않았기 때문에 비교적 학생이 적은 곳은 지역 단위로 연합회 지회를 결성하는 등 편성이 유연한 면도 있었다.

연합회 회원은 각자 자신의 학교나 지회에서 대표를 선출하고, 대표들의 모임인 대의부를 통해 연합회에 대한 감독과 권리를 행사했다. 선출되는 대표의 수는 각각의 회원 규모에 따라 배정되었다. 회원이 많은 지회에서는 10명당 1명의 대표를, 회원이 적은 지회에서는 5명당 1명을 선출했다. 대의부에는 부장·비서·회계 감사를 두었으며, 연합회 최고 입법기구로서 입법권과 예산 집행권 그리고 자금 모집 및 대출 권한이 부여되었다. 연합회 회장은 대의부의 결정에 거부권을 행사할 수 있으며, 대의부는 회장이 부결한 안건에 대해 2/3 이상의 표결로 부결시킬 수 있었다.[47]

이렇듯 대의부는 회원들에게 민주주의 시스템에서 민주 정치를 실습할 수 있는 기회를 제공했지만 초기에는 민주적 절차와 효율 행정을 놓고 의견 차이를 보여 갈등을 빚기도 했다. 1908년 연합회는 최고 입법기구인 대의부의 대표성을 굳히고 소수 지회의 권익을 보호하기 위해 회원 5명당 1명의 대표를 선출하기로 했다. 그러나 2년 만에 연합회 회원이 300명을 넘어서면서 대의부가 비대해지자 다시 원래대로 규정을 바꿔서 회원 10명당 1명의 대표를 선출하기로 했고, 1911년에는 15명당 1명으로 상향 조정했다. 회원들은 여름캠프에서 행정부와 대의부에 대해 주권을 행사했는데, 2/3 이상이 동의하면 헌장을 개정할 수 있으며 과반수 요구로 부칙 개정을 요구할 수 있었다.

미동부중국유학생연합회 조직 구성은 미국 연방정부 시스템을 모방한 것이므로 대의부는 연합회의 '국회'였다. 또한 양권 분립은 연합회를 공화국으로 설정하여 민주 정치의 이상을 실험하는 것으로, 그들은 이러한 시도에 큰 자부심을 느꼈다. 이렇듯 청 정부가 정식으로 입헌 제도를 도입하기도 전에 자신들은 장차 중국에 돌아가서 참여하게 될 정치를 연습한다는 데 자부심을 가졌던 것이다! 사실 연합회는 1911년 법사위원회Judiciary Committee를 만들어 헌장 해석에 기초해 행정부와 대의부 간의 쟁점을 해결하려고 했다.[48] 이는 미국의 삼권 분립 원칙을 연합회 조직에 그대로 적용한 것이다. 하지만 학생 단체인 만큼 권력 구조나 분배가 복잡하지 않았고 제3의 견제 기구가 필요하지도 않았기 때문에 1년 뒤 법사위원회는 해산되고 다시 양권 분립 시스템으로 돌아갔다.

미동부중국유학생연합회는 추상적이지만 작은 규모의 공화국이었다. 간부들은 동부의 대학 곳곳에 떨어져 있으면서 통신을 이용해 운영 업무를 진행했으며, "회원들의 뜻에 충실히 따른다"는 말을 입에 달고 살았다. 1908~1909년의 회장 왕정옌은 "행정부는 대다수 회원이 대표를 통해 밝힌 의사를 충실히 따르며 헌장에 의거해 집행한다"고 했다.[49]

이러한 발언을 상투적 표현이라 폄하할 필요는 없지만 지도자들의 언행이 일치하지 않는 경우는 곳곳에서 볼 수 있다. 연합회 지도자들은 헌장을 제정하거나 개정하는 일에 공을 들였으며 문장 수정에도 신중을 기한 반면 집행에 대해서는 별로 신경 쓰지 않았다. 1910년 개정위원회 건의안에서는 다음과 같이 지적했다. "본위원회에서 이 보고서를 제출하기에 앞서 유감을 표해야겠다. 연합회의 헌장과 법조항은 현재까지 한 번도 제대로 준수된 적이 없으며 역시 중시되지도 않았다. 그 결과 어떤 회원들의 행동은 본 조항에 심각하게 저촉되었다."[50] 예를 들어 회계 처리

규정에 따르면 25달러 이상의 지출에 대해서는 먼저 심사를 거쳐야 했지만 지켜지지 않았으며 『중국유미학생월보』에도 보고되지 않았다. 더욱이 잡지의 부편집인과 업무 담당자 임명이 총편집인(행정부)의 업무인지 대의부의 업무인지에 대해서도 견해 차이를 드러냈다.

헌장과 조항을 제대로 이해하지 못한 연합회 지도자들의 법치 개념 부족은 지적될 만한 일이다. 비록 이들이 부단히 개정과 조정을 통해 큰 테두리 안에서 법을 준수하려 노력했다 해도 민주주의와 행정 효율 간의 모순을 극복하지 못했다. 연합회 조직은 커다란 결점을 안고 있었다. 우선 그들은 작은 규모의 공화국을 표방했지만 형태만 유사했을 뿐이었다. 지도부가 여러 곳에 분산되어 있어 모든 행정과 법안을 서신으로만 처리할 수밖에 없었으며, 연합회 간부와 대표를 선출하는 시기가 다른 문제도 안고 있었다. 헌장에 따르면 행정부 간부는 여름캠프에서 선출되고 각 지회의 대의부 대표는 11월 초에 선출되었는데, 지금처럼 실시간 교류가 불가능하던 당시에 이러한 '공화국' 업무가 얼마나 더디고 부진했을지 짐작되고도 남는다. 왕징춘 등은 수차례 "행정부 정책은 오직 헌장과 회원들의 뜻에 따르며 대표들의 의사가 우리의 목표"라고 했다.[51] 차기 회장인 왕정옌은 회장을 전신국의 교환대에 비유하며 "회원들이 원하는 바를 한쪽에서 다른 한쪽으로 전달하는 것이 자신의 업무"라고 했다.[52]

민주주의 실천과 효율 행정 사이에서 무엇을 희생해야 했을까? 이에 대해 『중국유학생통신』의 편집인 구웨이쥔의 주장, 즉 헌장을 고치는 것은 행정 개혁을 위한 것으로 양권 분립과는 관계가 없다는 발언에 주의할 필요가 있다. 그는 연합회가 경비 부족 문제를 해결하지 못하는 점과 간부들의 직권이 불분명한 점을 지적하며 "적절하고 효율적인 헌장을 기초로 안정적인 재정을 제공하여 간부들의 권한을 분배 관리해야 한다"

고 주장했다.[53] 이런 이유로 헌장을 간소화하거나 심지어 대의부의 많은 권한을 삭제하기도 했다. 그러다보니 대의부는 파리 목숨과 다름없는 처지가 되었다. 연합회 회원이 증가함에 따라 대의부가 확대되자 덩치만 클 뿐 효율이 떨어진다는 비판이 또 다시 제기됐다. 1910~1911년 회장이었던 구웨이쥔은 대의부 권한을 회장 한 명에게 집중시키자고 건의했다.[54] 그는 대의부 운영은 회장 권한 밖의 일이라는 사실을 잘 알고 있었으나 어떤 건의 사안은 신속히 처리할 필요가 있다고 생각했다. 즉 대의부의 효율을 제고한다는 명분으로 대의부 책임자를 행정부 아래에 두려 한 것이다. 대의부는 그러한 시도는 양권 분립 정신에 위배된다는 이유로 제안을 거부했다.[55]

이러한 주장은 구웨이쥔만 제기한 게 아니었다. 1914년 여름캠프에서 대의부를 폐지하자는 건의까지 나왔지만 몇 차례 토론 끝에 무산되었다. 『중국유미학생월보』 편집장 쑹쯔원宋子文은 캠프가 끝난 뒤 "이 건의는 연합회 내 경험 많은 사람들의 지지를 받았지만 수차례 토론 끝에 통과하지 못했다"며 유감을 표했다.[56]

대의부가 설치된 1907년부터 1914년까지 7년 만에 연합회가 자부심을 가졌던 양권 분립의 구조는 붕괴될 위기에 처했다. 이는 연합회가 사실은 민주 공화정의 훈련장이 아니었다는 것 그리고 대의부는 미국 국회에 비교될 수 없다는 인식을 일깨워주었다. 1909~1910년 연합회 회장을 지낸 하버드대학의 주팅치朱庭祺, T. C. Chu는 이 점을 간파하고 자신은 기본적으로 양권 분립을 지지하지만 대의부 권한을 줄여야 한다고 주장했다. 그는 "정부 관리와 달리 연합회의 직무는 순전히 의무다. 혜택이 따르지 않는 일이다." 나아가 그는 "이론적으로 대의부는 연합회 내 입법 업무를 담당하지만 실제적으로 모든 법률은 행정부 건의에 의해 탄생한다. 이러한 방식은 잘못된 것이 아니다. 만약 모든 회원이 제한 없는 권리를 향유하려 한다면 그 단체는 명확하고 일관된 정책을 실행할 수 없다"면서 입법 부문은 행정 부문을 보좌하는 것이 우선이며 견제는 부차적이라고 생각했다. 그가 생각하는 대의부의 주요 업무는 행정 부문이 실행하는 업무에 무게를 실어주고 회원들이 연합회 업무에 참여할 수 있도록 이끌어주면서 회장의 전횡을 방지하는 것이었다.[57]

앞서 예웨이리는 자신의 저서에서 '공식'을 제시하면서 첫 단계에서는 유학생들이 삼권 분립의 견제 시스템을 통해 간접적이고 추상적인 방식으로 국내 청원 운동에 참여함으로써 전제 정권에 대한 불신임을 표출했다고 말했다.[58] 그러나 결국 이 공식은 시험을 통과하지 못하고 말았다.

미동부중국유학생연합회는 지도층부터 견제 원칙보다는 행정권이 우선해야 한다는 생각을 갖고 있었다. 그들이 원하는 입법 부문은 행정 부문을 위한 권한과 위엄, 명분을 합법적으로 보완해주는 것이었다. 예웨이리는 유학생들의 말에만 귀 기울였을 뿐 그들의 행동에 대해서는 검증하지 않았다. 그렇기 때문에 유학생들이 국내 지식인을 무시했으며 청 정부가 멸망하기 전날 밤까지 충성심을 드러낸 사실을 알지 못했다. 그들의 보수적 성향을 읽지 못했고 정부 조직의 직책을 탐하는 욕망에 대해서도 무시했다. 그녀는 유학생들이 "중국 최초의 전문가 그룹"으로, "정부 외 지역에서 독립적이고 자주적인 자리를 구하려 했다"[59]고 말했지만, 그들이 무시하던 사대부 계층과 똑같이 '배움이 뛰어나면 관직에 나간다'는 관념 아래 지위를 요구한 존재였음을 간과했다. 행정 우월주의 신념을 가진 그들은 보수 성향의 관료를 추구했으며, 그러다보니 권력자에게 충성하는 태도를 벗어나지 못했다. 이 점에 대해서는 다음 장에서 분석할 것이다.

이러한 보수적인 정치철학은 미동부중국유학생연합회가 전성기에 다른 지역 유학생 단체들에게 도전받았을 때부터 시작된 것이다.

전미중국유학생연합회의 성립

미동부중국유학생연합회는 조직 내부에서 다양한 실험과 개혁을 시도하는 신선한 활동을 보였다. 그 결과 1905년 36명의 회원으로 시작해 불과 5년 만에 회원수가 400명 가까이 증가했다.[60] 미국은 땅이 넓은데다 당시 교통 시설도 그다지 편리하지 않았으므로 미국 전역에 퍼져 있는 유학생들이 여름캠프에 참여하기 위해 한 곳에 모이기란 쉬운 일이 아니었다. 그러나 미동부중국유학생연합회는 미국 내 모든 중국 유학생 단체를 병합하고자 하는 야심을 갖고 있었다. 이에 지리적 한계를 고려해 로키산맥 동쪽에 있는 미국 영토 2/3 이상의 주를 우선 통괄하기로 하고 산맥 서쪽 지역은 별 영향력을 발휘하지 못하는 미서부연합회에 넘기려 했다.

미동부중국유학생연합회를 향한 첫 번째 도전장은 중국 본토에서 날아들었다. 1905년 7월, 미동부중국유학생연합회가 창립을 1개월 앞둔 시점에 상하이에서 환구중국학생회寰球中國學生會, The World's Chinese Student' Federation가 결성되었다.[61] 창립회원 51명 중 영국 유학생 1명, 미국 유학생 5명, 일본 유학생 6명이 참여했다. 1660년 창립한 런던왕립학회the Royal Society of London를 모방한 이 단체의 목표는 전도유망한 과학자를 배출하는 것으로, 창립 연설에서 "중국은 오직 인재에 의존할 수밖에 없다"는 목적을 밝히고 "전 세계에 흩어져 있는 학생을 결집해서 서로 격려하고 돕도록 한다. 분산되어 있는 역량을 모으기 위해 유기적인 모임을 만들고 진가를 빛내고 영향력을 증가시켜 중국의 이익을 도모한다"는 의지를 표명했다.

환구중국학생회는 상하이 공공조계公共租界, 미국·영국이 상하이 개항장 주변에 설치한 치외법권 지역―옮긴이 내에 있었는데 다양한 강연·음악·연극 활동을 주최하고, 1장에서 언급했듯이 여름에 출국하는 유학생들을 위해 성대한 환송회를 열어주는 등 해외 유학생들의 출국을 도왔다. 심지어 초등학교와 중학교를 설립했다. 이 단체는 베이징 관화官話, 러허熱河 지역 방언―옮긴이를 공식 언어로 정하고 1906년 여름 『환구중국학생보寰球中國學生報, The World's Chinese Student' Journal』라는 격월간지를 중문·영문으로 발간했다. 그러나 중문 독자가 많지 않아 2권 6호부터는 영문판만 발간했다.[62] 1907년 말 회원이 400명에 달했고 국내의 큰 도시 및 말레이시아의 페낭섬, 싱가포르, 하와이 호놀룰루 등지에 지회를 두었다.

환구중국학생회가 빠르게 성장하는 동안 미동부중국유학생연합회는 걸음마 단계에 들어서고 있었다. 미동부중국유학생연합회는 미국 내 모든 중국 유학생회를 자신의 조직으로 흡수하겠다는 야심찬 포부를 지니고 있었지만 국내외 모든 중국 학생(재학생과 졸업생 또는 유학생까지)을 결집하고자 하는 환구중국학생회에 비하면 보잘 것 없는 수준이었다. 따라서 연합회의 일부 회원은 "연합회를 공고히 하여 국내외 영향력을 증가시킬 수 있고 출국하는 유학생에게 더욱 유익한 정보와 서비스를 제공할 수 있다"는 이유로 미동부중국유학생연합회가 세계중국학생회의 지회로 들어가야 한다고 주장했다.[63] 이들 회원의 압박으로 1907년 미동부중국유학생연합회는 7인 위원회를 구성하여 논의를 시작했다.

그러나 논의한다는 명분으로 시간을 끌다가 부결시키려는 전술이었다. 7인 위원회에는 연합회 원로인 구웨이쥔과 왕징춘이 포함되었는데, 그

〈사진 7〉『환구중국학생보』표지
자료: The World's Chinese Student'
Journal, VI 1(September, 1911)

The World's
Chinese Students' Journal

Vol. VI   September, 1911.   No. 1.

Contents

THE WORLD'S CHINESE STUDENTS' JOURNAL, is an Illustrated Bi-monthly Magazine. It is published on the 1st day of every other month—six issues a year.

PRICE.—The subscription price is three (Mex.) a year, payable in advance ; sixty-five cents a single copy ; postage extra.

CHANGE OF ADDRESS.—When a change of address is ordered, both the new and the old addresses must be given. The notice should be sent one month before the change is to take effect.

DISCONTINUANCES.—If a subscriber wishes his copy of the World's Chinese Students' Journal to be discontinued at the expiration of his subscription, notice to the effect should be sent ; otherwise it is assumed that a continuance of the subscription is desired.

HOW TO REMIT.—Remittances should be sent to the General Manager, P. K. Chu care of W. C. S. Federation, E. 562, Burkill Road, Shanghai.

COMMUNICATIONS.—(1) All communications relating to advertisements should be addressed to the General Manager, P. K. Chu W.C.S. Federation, Shanghai.

(2) All matters relating to publications of articles and all correspondence to the Journal should be addressed to the Editors, care of W. C. S. F. Headquarters, Shanghai.

(3) All literary communications must be written on one side of the paper only. While contributions are solicited, the Editors do not guarantee the publication, and will not undertake to return manuscripts which are not accepted for publication.

〈사진 8〉『환구중국학생보』차례
자료: The World's Chinese Student' Journal,
VI 1(September, 1911)

해 여름캠프에서 이들은 다섯 가지 이유를 들어 두 단체의 합병에 거부할 것을 권고했다. 가장 중요한 이유는 합병이 민주주의 절차에 맞지 않는다는 것이고, 현실적인 두 가지 이유는 미국에서 상하이까지 거리가 너무 멀어서 유학생들이 세계중국학생회 회의에 참가하기 어렵다는 것과 합병 이후 연합회는 다양한 영역의 인재를 잃게 되므로 장차 회원들이 정부에 참여할 기회를 얻기 힘들다는 것이다. 이들은 "우리가 출판하는 『연보』는 중요한 자료다. 만약 우리가 세계중국학생회와 합치면 이 자료들을 통째로 넘겨주어야 하기 때문에 우리가 작성한 자료적 가치도 잃게 될 것이다. 정부에 우리를 소개하고 추천해야 하는 상황에 전혀 도움이 되지 못한다. 특히 정부가 우리를 필요로 할 때 우리는 『연보』를 통해 모든 회원의 상세한 자료를 제공할 수 있어야 한다"고 했다.[64]

민주주의 원칙 때문이었는지 아니면 '자리'를 얻을 기회를 잃고 싶지 않아서였는지 알 수 없지만 1907년 여름캠프에 참가한 대다수 회원은 7인 위원회의 주장에 동의했다. 사실 미동부중국유학생연합회는 환구중국학생회와 목적이 달랐기 때문에 합병을 취소하는 것이 그리 어려운 선택은 아니었다. 환구중국학생회는 학생 단체를 자처하고 있지만 간행물의 주요 언어는 영어였으며 그 대상은 귀국한 유학생이나 상하이 기독교 학교에 다니는 영어 구사 가능한 학생이었다. 전 세계에 있는 중국 학생을 결집하여 중국을 부흥시키겠다는 이상은 숭고했지만 해외 유학생들을 위한 학문 외적인 사교와 친목을 도모하기란 현실적으로 불가능했다.

어떤 의미에서 환구중국학생회와 합병 논의는 미동부중국유학생연합회가 발전하는 과정의 이정표라 할 수 있다. 합병의 유혹을 뿌리침으로써 로키산맥 너머 서부연합회와 세력을 양분하는 기로에 들어섰기 때문이다. 여기서 시카고의 미중서부중국유학생연합회 존재는 완전히 무시되었다. 반년 후 미동부중국유학생연합회는 미서부중국유학생연합회에게 각자 회원 수에 비례한 대표를 선출한 다음 공동 협의체를 조직해서 합병 문제를 해결하자고 제의했다. 사실 동부연합회 회원은 140여 명이고 서부연합회 회원은 20명도 안 되었으므로 이 제안은 공동 협의체 구성을 통해 협력 과정과 의제를 선점하려는 것이었다. 동부연합회는 1909년 여름캠프에서 공동 협의체 안을 통과시켰으며 서부연합회도 이 제안을 받아들일 수밖에 없었다.

공동 협의체 구성으로 인해 동부연합회는 패권을 거머쥐었다. 미동부중국유학생연합회헌장 규정 외에 있는 중국 유학생 단체는 회원 50명 이상이면 가입 신청을 할 수 있고, 공동 협의체 2/3의 찬성을 얻으면 대표를 파견해 참여할 수 있었다. 대표단은 집행인 1명, 편집인 1명, 평의원 약간 명(50명당 1명, 50명을 초과할 경우 26명당 1명)이었다.[65]

물론 전체 유학생 업무를 주도한 것은 공동 협의체가 아닌 동부연합회였다. 1912년 동부연합회 회장직에서 이임한 구웨이쥔은 다음과 같이 말했다.

강력한 힘을 가진 동부연합회는 공동 협의체 산하의 조직이다. 풍부한 자원과 인재, 높은 효율의 조직 시스템으로 야심차게 유학생에게 필요한 사업을 확장할 수 있다. 이렇게 볼 때 공동 협의체는 명분상 상급 조직일 뿐 (…) 유학생과 관련된 사업, 『미국유학생 연보』『중국유미학생월보』『미국유학생 동창회록』『중서대조일력中西對照日曆』발간 등 모두 동부연합회가 주도하므로 공동 협의체와는 아무 관계가 없다.[66]

동부연합회가 모든 일을 도맡아 한다는 구웨이쥔의 발언은 지나친 것이며 공동 협의체가 동부·서부 연합회보다 높은 최고 기구로 존재한다는 말도 입에 발린 소리일 뿐이다. 동부연합회가 자아도취에 빠져 있을 때 갑자기 중서부 유학생들이 독립을 선언하는 일이 발생했다. 동부연합회는 공동 협의체 헌장에 "미동부중국유학생연합회 헌장 규정 외의 중국 유학생 단체만 공동 협의체에 가입할 수 있는 자격이 있다"라고 했다. 중서부 단체의 독립 선언은 동부연합회가 중서부를 잃는 것이며 새로운 전국 유학생 단체를 받아들여야 한다는 것을 의미하기도 했다. 이 새로운 단체가 조직된다면 동부연합회는 여전히 강력한 힘을 발휘하더라도 지위는 '지회'일 뿐이며, 다른 지회와도 동등한 관계가 되는 것이다.

구웨이쥔은 「전미중국유학생연합회 약사」에서 단체의 역사를 단일하고도 평면적으로 보았고 전반부의 분열과 다툼에 대해서는 주마간산으로 묘사했다. 오히려 유학생 단체 간의 주도권 다툼을 청소년 성장기의 성장통으로 간주하면서 그로 인해 전미중국유학생연합회가 탄생했다고 했다.[67]

그러나 실제로는 구웨이쥔의 말처럼 단순하지 않았다. 앞서 말했듯이 1909년 봄, 시카고의 중서부중국유학생연합회는 동부연합회의 압박에 못 이겨 자체적으로 시카고중국동창회로 격하시키면서 조직을 재정비해서 다시 돌아오겠다고 천명한 바 있었다. 그러나 이렇게 빠른 시간 안에 용감하게 돌아올 줄은 아무도 예상치 못했다. 1909년 12월 28일, 시카고의 저녁식사 모임에서 중서부 유학생들은 한 가지 조사를 추진하기로 정했다. 인디애나주 퍼듀대학에 요청하여 중서부에서 여름캠프를 따로 개최한다면 참가할 의향이 있는지를 유학생들에게 묻기로 한 것이다.

중서부 유학생들의 이 행동에는 이유가 있었다. 1907년 전까지만 해도 시카고대학에 다니는 소수 유학생을 제외하면 중서부의 중국 유학생들은 희박한 수준이었다. 그러나 중서부 대학의 학비와 생활비가 동부보다 저렴하다는 이점 때문에 1907년부터 유학생들이 몰려들었다. 그 결과 1909~1910년 116명의 경관 장학생 중에서 45명(39퍼센트)이 중서부 지역의 대학으로 진학했다.[68] 또한 1912년 광둥성에서 파견한 국비 유학생 25명 중에도 중서부의 대학을 선택한 학생이 많았다.[69] 1907~1912년에 일리노이대학의 중국 유학생은 2명에서 48명으로, 미시건대학은 7명에서 59명으로, 위스콘신대학은 3명에서 30여 명으로 증가했다.[70]

중서부 유학생이 급증하는 사이 동부는 이미 성장의 정점을 찍고 있었다. 동부연합회가 성장세를 계속 유지하려면 중서부 유학생들을 끌어들여야 했다. 미국 유학생 통계가 항상 정확한 것은 아니지만, 〈표 3.3〉의 대략적인 통계를 보면 중서부 유학생의 비중을 확인할 수 있다. 물론 모든 유학생이 연합회에 가입한 것은 아니기 때문에 동부연합회의 회원 수와 일치하지 않으며, 중서부의 많은 유학생은 동부연합회에 가입하지 않았다. 예를 들어 1911년 일리노이에는 90명의 중국 유학생이 있었는데 32명만이 동부연합회의 회원이었다.[71] 즉 중서부는 개척의 여지가 충분했음

〈표 3.3〉 중국 유학생 분포 통계, 1909~1911[72]

연도	총 유학생 수(%)	동부 유학생 수(%)	중서부 유학생 수(%)
1909	183 *(100)	136(74)	47(26)
1910	465(100)	306(66)	156(34)
1911	650 **(100)	330(51)	201(31)

* 이해의 총 유학생 수는 239명. 자료가 부족하여 이 분포비율은 대학생만 포함
** 이 수는 서부 유학생을 포함했다.

을 말해준다.

처음에 동부연합회는 중서부의 유학생들이 독자적으로 여름캠프를 개최하는 데 긍정적인 반응을 보였다. 미국 유학생들에게 여름캠프는 가장 중요한 행사라는 사실을 잘 알고 있었기 때문이다. 캠프에서 진행되는 강연이나 보고가 무료하다는 불평도 있었지만 음악, 스포츠, 단막극 등 프로그램은 학교 간 경쟁이 더해져 관심을 모았고 특히 1910년대 말부터 시작된 무도회의 인기는 폭발적이었다. 1908년까지 동부연합회가 주최하는 여름캠프는 매사추세츠에서 열렸는데 중서부 학생들은 거리와 여비 문제로 참가하기가 쉽지 않았다. 이후 뉴잉글랜드의 다른 주에서 돌아가며 개최하게 되었는데, 1909년에는 뉴욕의 해밀턴대학, 1910년에는 코네티컷주 하드포트의 트리니티대학에서 개최되었다. 그 무렵 동부연합회는 중서부 유학생들이 분리secession 또는 독립을 요구하는 듯한 분위기를 감지했다. 그리고 1910년 봄 동부연합회는 '우리의 중서부 회원'[73]들이 요구하는 것이 독자적인 여름캠프뿐만 아니라 연합회 독립이라는 사실을 알았다. 물론 동부연합회는 승인을 거부했다. 『중국유미학생월보』 사설에서 중서부 회원들에게 단결의 중요함을 호소하면서도 8월에 중서부 유학생들이 개최한 여름캠프에 대해서는 아무런 언급도 하지 않았다. 그러나 소식을 차단하여 현실을 외면하는 듯한 태도로는 중서부 학생들의 분리 독립 요구를 막을 수 없었다.

1910년 8월, 일리노이주 에번스턴에 있는 노스웨스턴대학에서 116명의 유학생이 1차 중서부 유학생 여름캠프를 개최하면서 독립적인 중서부 유학생 단체가 서서히 그 모습을 드러내기 시작했다. 회원 중에서 위원회를 구성해서 독립적인 단체 창립을 모색하자는 제안도 나왔고, 동부연합회와 기존의 관계를 유지하되 여름캠프를 돌아가며 개최하자는 제안도 있었으나 모두 강력한 반대에 부딪쳤다. 그런데 누군가 독립적인 유학생 연합회 창립 안건을 투표로 결정하자는 제안을 하자 받아들여졌다. 결국 전미중국유학생연합회를 창립하기로 결의했고, 그 아래에 동부·서부·중서부 3개 지회를 두기로 했다. 이를 위해 북미중국유학생연합회 중서부 지회를 결성했으며 동부연합회의 헌장과 조직을 참고하여 오하이오주 우스터대학의 잉상더를 회장으로 추대하고 각 행정부서의 간부를 선출했다.[74] 중서부 지회를 결성한 후 곧바로 코네티컷주 하드포트에서 여름캠프를 개최 중이던 동부연합회에 전보를 쳐서 중서부 유학생들의 전미중국유학생연합회 성립에 관한 결의를 전달했다.[75]

동부연합회가 이 전보를 받고 어떤 반응을 보였을지 상상하기는 어렵지 않다. 이는 반란이었다. 중서부 유학생들이 독립하면 동부연합회는 애팔래치아산맥 서쪽에서 로키산맥 동쪽까지, 즉 미국 영토 절반에 퍼져 있는 많은 회원을 잃는 것이었다. 이 결의에 참가한 116명 유학생 중 78명은 원래 동부연합회의 회원으로, 동부연합회 입장에서 볼 때 중서부 유학생들은 전미유학생연합회라는 전국적 조직을 결성한다는 명분 아래 반란을 도모한 것이다. 그러나 동부연합회가 전국적 조직 결성에 반대하는 것은 단결이라는 명분을 내세워 중서부가 다른 지회를 설립하지 못하게 하는 가식일 뿐이므로 비웃음을 살 수밖에 없다.

동부연합회가 중서부 유학생들의 독립을 예견하지 못한 것도 아니었다. 하드포트에서 여름캠프를 개최하면서 5인 위원회를 구성해 중서부연합회 독립을 승인한 뒤 공동 협의체에 참가할 자격을 부여함으로써 기선을 제압하려고도 했다. 또는 승인은 거절하지만 '일국양제—國兩制, 한 국가에 2개의 체제—옮긴이'와 유사한 '일회양단—會兩團, one alliance, two conferences, 한 단체에 2개의 모임—옮긴이' 방식의 협상 조건도 고려했다.[76]

중서부에서 지회 명의로 전미유학생연합회를 세우자는 전보가 도착하자 5인 위원회는 설 자리를 잃고 말았다. 동부연합회 회장 구웨이쥔은 이 제안을 받자 예일대학의 왕정옌, 하버드대학의 주팅치, 일리노이대학의 왕징춘, 우스터대학의 잉상더, 시카고대학의 리야오방李耀邦, John Y. Lee으로 구성된 5인 위원회를 구성했다. 5명 중 3명은 중서부에 있으며 앞의 3명은 모두 동부연합회 회장을 역임한 인물이었다. 왕징춘은 일리노이에 있지만 예일대학 학부를 졸업했고 동부연합회의 원로였다. 표면적으로는 중서부 측이 다수를 차지하므로 구웨이쥔은 이 3명의 원로가 동부연합회의 입장에서 중서부의 독립 의지를 잠재워주기를 희망했다. 그는 이 위원회에 "중서부연합회나 전미연합회 중 어떤 것이 필요한가? 아니면 둘 다 불필요한가?"라고 물었다. 구웨이쥔은 회장에게 부여된 행정적 특권을 이용하여 중서부에서 제안한 전미유학생연합회 창립 안건을 교묘하게 바꾸어 중서부연합회나 전미유학생연합회 혹은 현상 유지 중 하나를 선택하도록 유도한 것이다.

　　이외에도 구웨이쥔은 유학생 사회의 유일한 매체인 『중국유미학생월보』를 이용해 중서부 지회를 압박했다. 그는 중서부 지회를 전혀 거론하지 않은 채 법 조항을 언급하면서 "동부연합회의 헌장에 따르면 회원이 위헌적으로 조직을 설립하는 것에 대해 회장은 금지할 수 있다"고 했다.[77] 동시에 분리주의자들이 회원 모집을 위해 나서는 행위를 비판하면서 미국에 갓 도착한 유학생들에게 "벌써 중서부 지회가 성립됐다는 잘못된 생각"을 심어주고 있다고 지적했다. 그를 더욱 분노하게 만든 것은 동부연합회 중서부 회원들에게 회비 납부를 거부하게 했다는 소식이었다.[78] 1911년 11월 『중국유미학생월보』 사설에서 그는 "오도된 대중the misinformed public"이라 하며 "소위 중서부연합회라는 것은 없다"고 일갈했고, "『중국유미학생월보』 12월호에서 잉상더를 '중서부 회장'이라 부른 것은 잘못"이라며 자신의 실수를 인정했다.[79]

동부연합회가 승인을 거절하고 압박을 가한 데 비해 중서부 유학생들은 유연하고 이성적인 자세를 유지했다. 전미연합회 창단을 호소한 자신들의 행위는 도덕적 우위를 점하고 있다고 판단했기 때문에 타협할 의사가 없었으며 오히려 동부연합회가 단결이라는 미명으로 권력을 독점하려 한다고 비난했다. 중서부 지회장 잉상더는 『중국유미학생월보』에 글을 발표해 "조직 내에는 다양한 사람이 있지만 시대의 흐름을 보는 사람만이 진정으로 효과적인 공헌을 할 수 있다. 새로운 도전을 맞이할 자세가 없으면 빈껍데기만 남는다. 새로운 모습으로 다시 태어나지 못하면 흔적도 없이 사라질 것이다"라며 동부연합회를 비판했다. 또한 중서부 지회는 전미유학생연합회를 요구하므로 동부연합회가 제안한 공동 협의체 같은 다른 형식의 단체는 받아들일 수 없다고 했다. 그는 공동 협의체를 1787년 미국이 헌법을 수정하기 이전 지도력을 잃어 산만했던 연방제도에 빗대어 이런 제도 아래서 공동 협의체는 "몇몇 연합회의 연맹이었지만 중앙정부는 이에 대해 어떤 힘도 발휘하지 못했다"고 했다. 반대로 전미연합회는 현재의 미국처럼 중앙과 지방의 권한이 뚜렷한 연방제도로 "능히 단결을 이끌어낼 수 있고 효율적으로 중앙 행정부서를 움직일 수 있다"고 했다.[80]

구웨이쥔은 뛰어난 정치 외교 감각을 지닌 인물이었으므로 이 대결을 피할 수 없음을 몰랐을 리 없다. 중서부연합회가 대연합이라는 기치 아래 두려울 것 없는 입장이라는 점도 알고 있었을 것이다. 뿐만 아니라 구웨이쥔이 임명한 5인 위원회 역시 중서부가 다수를 차지하고 있었다. 5인 위원회 중 왕징춘과 왕정옌은 구웨이쥔의 예상과 달리 냉담한 입장을 보였다. 구웨이쥔은 왕징춘이 일리노이대학 대학원에 진학했고 왕정옌은 미시간대학에서 공부했다는 사실을 잊고 있었던 것이다. 1910년 12월 말, 5인 위원회는 전미유학생연합회 결성을 건의했다.[81] 이 건의는 다음 해 여름 동부·중서부·서부 등지에서 거행된 여름캠프에서 통과되어 정식으로 전미중국유학생연합회가 창립되었다.

전미중국유학생연합회의 결성은 중국 유학생들이 동부, 중서부, 서부 3개 지역에 분명한 경계를 두고 지회를 차리게 되었음을 의미한다. 동부 지회는 애팔래치아산맥 동쪽, 서부 지회는 로키산맥 서쪽의 여러 주를 관할하게 되었다. 지회의 회원은 전미연합회의 회원이기도 하며, 자신이 속한 지회에 연회비를 납부하면 다른 지역 학교로 옮기더라도 회원 자격이 유지되었다. 각 지회의 운영은 미국 연방제를 모델로 삼아 독자적으로 실행되었으나 미국 전역에 있는 중국 유학생의 이익에 관한 일은 전미연합회가 집행과 중재를 맡았다. 기본적으로는 삼권 분립의 원칙을 고수했지만 사법 부문은 역할이 미미하여 사실상 양권 분립이었다. 입법기구는 미국의 하원을 모방한 평의회Council이며 각 지회의 회장은 당연직 평의원Councilmen 외에 회원 수 비례로 평의원을 선발하여 파견할 수 있다. 행정기구는 행정위원회Executive Committee로 평의원들은 선거를 통해 정·부회장, 비서, 회계를 선발했다. 각 지회의 회장도 이 위원회의 당연직 위원에 포함되었다. 평의회 당연직 평의원과 행정위원회 당연직 위원은 상호 견제가 필요한 자리인데 각 지회의 회장이 겸직한 것을 보면 전미중국유학생연합회는 견제의 원칙을 온전히 구현하지 못한 듯하다. 전미중국유학생연합회 헌장에는 이들의 투표권에 대한 언급이 없었다. 연합이라는 이상을 관철하기 위해 원래 동부연합회가 간행하던 『중국유미학생월보』『미국유학생 연보(중문)』『미국유학생 동창회록』 등도 모두 전미연합회가 맡게 되었다.

연도	동부(%)	중서부(%)	서부(%)	총수(%)
1910	385	-- 1	--2	
1911	175(52)	120(36)	40(12)	335(100)
1912	239(61)	155(39)	--2	394(100)
1913	275(44)	232(37)	122(19)	629(100)
1914	290(45)	232(36)	122(19)	644(100)
1915	339(40)	--2	--2	830(100)

1. 아직 성립하지 않음.
2. 자료가 없음.

전미중국유학생연합회가 창건되자 동부연합회는 새로운 시스템을 바탕으로 역량을 끌어올려야 했다. 각 지회의 회원 수를 비교한 〈표 3.4〉에서 보듯이 중서부는 1912년을 정점을 찍고 있으며 서부는 회원 수가 대폭 늘어나긴 했으나 캠퍼스 및 지역 사안에만 관심을 기울여 활동이 정체된 상태다. 동부는 서부와 중서부에서 학생들이 옮겨오거나 대학원생이 증가하는 등 새로운 학생들이 꾸준히 유입되고 있었다. 1910~1915년 자료와 『중국유미학생월보』의 분산된 자료들을 종합해보면 1910년 중반 이후 동부의 명문인 컬럼비아대학에 100여 명의 중국 유학생이 다니고 있었다. 이러한 수적 우세 속에서 전미중국유학생연합회의 간부들(회장은 물론 『중국유미학생월보』 『미국유학생 연보』의 사장과 편집인 등)이 모두 동부 출신이었다.

〈사진 9〉〈사진 10〉〈사진 11〉은 동부, 중서부, 서부 3개 지회가 개최한 여름캠프의 기념사진이다. 이 사진에서도 동부가 주도적인 영향력을

발휘하고 있음을 확인할 수 있다.

1911년 전미중국유학생연합회의 결성은 미국의 중국 유학생 역사에서 획기적인 사건이라 할 수 있다. 이후 동부연합회는 전미중국유학생연합회 내에서 핵심적인 역할을 했지만 실권을 완벽하게 장악하지는 못했다. 중서부 지회가 전국연합회 결성을 건의했을 때 승인하지 않고 버텼던 전력이 있었기 때문이다. 어쨌든 민주적 절차에 어긋난다는 이유를 들어 반대했지만 대세를 인정하고 승복한 뒤에는 전미연합회의 지회로 물러났다. 비록 그들이 전국연합회 내에서 주도권을 쥐고 있다 해도 어디까지나 민주주의 원칙에 의해 행사될 뿐이었다.

중국 유학생 사회의 단층

20세기 초반 중국 유학생 연구는 (일본, 프랑스, 미국 등 해외에서 공부하는) 모든 유학생에 대해 출신 지역 문제를 제외하고는 동질적인 집단으로 보는 경향이 있었다.[83] 이에 관련된 자료를 가장 쉽게 확보할 수 있기 때문이다. 학자들은 유학생들의 사회적 배경을 통해 그들을 묘사하려고 노력했지만 이러한 접근 방식은 (몇몇 인물의 전기 자료를 추가해) 그들의 출신지가 부유한 지역인지 빈곤한 지역인지를 통해 사회적 배경을 추정하는 것일 뿐이다. 또한 유학생들의 동질성을 강조하다보니 단체 내에서 전개되는 갈등과 충돌은 간과되거나 묻히고 말았다. 예웨이리의 연구가 전형적인 경우로, 그녀는 20세기 초반의 유학생을 일상생활에서 현대성을 실천한 최초의 중국인으로 묘사함으로써 공동의 이해와 가치를 가진 단체라는 신화를 만들어냈다. 사실 다른 모든 자유결사 단체 및 모임

〈사진 9〉 1911년 프린스턴에서 개최된 동부연합회 여름캠프

자료: *The Chinese Students' Monthly*, Ⅶ 2(December 10, 1911)

〈사진 10〉 1911년 위스콘신 메디슨에서 개최된 중서부연합회 여름캠프

자료: *The Chinese Students' Monthly*, Ⅶ.1(November 10, 1911) 72, 73쪽

〈사진 11〉 1913년 서부연합회의 여름캠프

자료: *The Chinese Students' Monthly*, 9.1(November 19, 1913) 64쪽

과 마찬가지로 중국 유학생은 공동의 이상과 이해를 바탕으로 결합했지만 그들 사이에는 당파, 지역주의, 편견에 따른 간극이 존재했다. 좀더 정확히 말하자면 유학생 사회에는 계층, 이념, 출신지와 학교, 중국 출신과 화교 간의 갈등과 충돌로 가득했다.

전미중국유학생연합회 창립은 유학생들의 숭고한 이상과 비전을 가장 완벽하게 나타낸 훌륭한 결과였다. 그와 동시에 당파적 색채로 가득한 면모를 연출하기도 했다. 이 단체의 초기, 즉 예웨이리의 표현에 따르면 모든 회원이 여름캠프에 참가하던 황금기[84]의 회원들은 연합회가 가장 골머리를 앓고 있는 문제에 무관심했다. 그중 하나가 회비 문제로, 처음 액수는 1달러였다가 1913년 2.5달러로 인상되었다. 회비는 연합회의 유일한 자금원으로 행정 및 잡지 출간 비용으로 쓰였는데 동부연합회 때부터 회비가 잘 걷히지 않아 애를 먹었다. 동부연합회는 1907년 회비 징수위원회를 두었지만 징수 성과는 60퍼센트밖에 되지 않았다. 그런데 1913~1914년 회계를 담당한 르오후이차오羅惠僑는 4차례나 독촉 고지서를 발급하고 여름캠프에서도 회비를 걷는 등 노력하여 80.8퍼센트 납부라는 엄청난 기록을 세웠다.[85] 그러나 1919년 중반에는 절반에 달하는 회원이 회비를 내지 않으면서 예전 상황으로 돌아갔으며, 1918~1919년에는 회비 납부자가 겨우 37퍼센트라는 최악의 기록을 남겼다.[86]

회비가 걷히지 않는다는 것은 회원들이 연합회 활동에 무관심하다는 뜻으로, 1908년 동부연합회는 회원들에게 연합회 업무에 관심을 가져줄 것을 여러 차례 호소했다.[87] 여름캠프에서도 이러한 무관심의 증거가 포착되었다. 캠프는 1주일 동안 진행되는데 매일 아침 10시 반부터 시작되는 업무 보고에 참석하는 회원은 2, 3명뿐이었다.[88] 대다수 회원은 이성 교제, 오락 프로그램, 무도회 등에만 관심을 보일 뿐 업무 보고나 토론 대회에는 신경 쓰지 않았다. 1914년에 일리노이주립대학 어바나 샴페인 캠퍼스에서 중서부 여름캠프가 개최되었는데 이때 참가한 '사관'은 다음과 같은 기록을 남겼다. 기록의 포인트는 여학생이었다.

여름캠프가 매우 성공적이었다는 것은 다음과 같은 사실에서 알 수 있다. 인터클럽 나이트Inter-Club Night 행사는 모든 좌석을 꽉 채웠다. 여학생들은 대환영을 받았으며 하루 종일 그녀들이 묵는 숙소를 찾는 사람이 끊이지 않았다. 그녀들을 돌봐야 하는 사감 chaperons은 피곤해 죽을 지경이었다. 숙소는 컸지만 밀려드는 방문객들을 맞기에는 여전히 비좁았다. 복도와 응접실은 앉을 자리가 없었고 계단 역시 발 디딜 틈조차 없었다. 여학생의 초대를 받은 남학생은 기뻐서 어쩔 줄 몰랐다.

여학생들이 남학생에 대해 엄청난 흡인력을 보이자 그는 업무 회의가 어떻게 간신히 정족수를 넘겼는지를 흥미로운 일기문 형식으로 기록했다.

8월 30일 아침 9:30 정족수 미달. 의장 매우 기분이 나쁨.

9월 1일 아침 9:30 정족수 미달. 의장 상당히 초조함.

9월 2일 아침 9:30 정족수 미달. 의장 화를 터뜨림. 사람을 시켜 대표들을 불러 개회하려 했으나 여학생 숙소에서 불러내지 못함.

9월 3일 아침 9:30 정족수 미달. 의장은 어쩔 수 없어 여학생들에게 친구를 데리고 회의에 와달라고 애원함. 겨우 1/5의 대표들만이 불쾌한 모습으로 출석함.

그리고 다음과 같이 주를 달았다.

만약 여름캠프에서 누구를 찾아야 할 경우 여학생 숙소부터 가보라. 거기서 찾지 못했다면 (아마도 그럴 리는 없겠지만) 운동장에서 찾을 수 있을 것이다. 업무 보고 회의장이나 강연 대회장에서는 결코 찾을 수 없다. 업무 보고는 다음과 같이 진행된다. 한 위원이 안건을 제출하면 비서가 동의하고 의장은 통과를 선언한다. 강연 대회장에는 몇 사람이 더 있는데 대부분 심사위원들이다.[89]

회원들은 업무 보고에 무관심했고 3개 지회는 서로에 대한 의구심과 경쟁이 싹트고 있었다. 회비가 걷히지 않아 재정난에 시달리게 되자 갈등

〈사진 12〉 1911년 여름캠프 활동을 그린 만화

자료: *The Chinese Students' Monthly*, 7.1(November 10, 1911), 32~33쪽

은 더욱 심해졌다. 연합회는 재정 적자에 대해 회원 수에 따라 분담하는 방식으로 해결하자고 했지만 서로 책임을 전가할 뿐이었으며, 어쩌다 자금 여유가 생길라치면 조금이라도 더 확보하려 신경전을 벌였다. 1909년 동부연합회의 위처우머우雨綢繆에 의해 추진된 예비비Reserve Fund는 더욱 쟁점이 되었다. 1911년 당시 예비비는 1500달러 정도였는데 당시 전미중국유학생연합회가 창립하게 되자 중서부 지회에서는 분리를 앞세워 예비비 분배를 요구했다.**90** 결국 1914년에서야 동부 지회는 예비비 중 400달러를 중서부 지회에 내주고, 중서부 지회는 이 금액에서 다시 50달러를 전미중국유학생연합회에 내놓기로 타협했다. 그러나 중서부 지회는 50달러를 내지 않고 차일피일 미루다가 막판에 '중서부 지회의 의사나 규정에 부합하지 않으면' 돈을 사용할 수 없다는 전제를 걸었다.**91** 이렇듯 3개 지회의 갈등으로 전미중국유학생연합회는 회원들의 구심점으로서 역할을 하기 어려웠다. 한편 회원들은 연합회가 연합회 소속이 아닌 학교 캠퍼스 내의 학생회 조직으로 파고드는 것에 대해 불편한 심기를 드러냈으나 1925년 전미중국유학생연합회는 헌장 수정을 통해 이를 실현하려 했고 여름캠프에서 간신히 통과시켰다. 그러나 많은 대학 학생회가 이의를 제기하면서 연합회의 지방 지회가 되기를 거부했다. 하버드대학 학생회의 경우가 대표적이다.**92** 연합회가 회원들에게 동기 부여를 제공하지 못하자 회원 모집에도 어려움이 따랐다. 전성기에 연합회 회원은 전체 미국 유학생의 80퍼센트를 차지했으나 이 당시 회원은 50~60퍼센트 정도였다.

미국 내 유학생 단체에는 지역주의, 출신학교, 출신(중국/화교) 등 몇 가지 단층이 존재하고 있었다. 지역주의 문제부터 살펴보자. 예웨이리는 자신의 연구에서 연합회가 발간한 『미국유학생 동창회록』에 출신 지역 항목이 없다는 점을 강조하면서 이것은 전통 사대부 계층이나 일본 유학생 사회와 구별되는 점이라고 지적했다. 이러한 참신하고 현대적인 신분 확인identify people 방법은 미국 유학생의 "고심 끝에 나온 구체적인 행동으로 '새로운 민족주의new nationalism'를 만들어가고 있음"을 증명한다고 했다. 심지어 "지역주의와 지역 간 경계를 허물기 위해 유학생들은 여름캠프 동안 영어를 '공식' 언어로 정함으로써 중국의 복잡한 방언을 피해 지역 차이를 줄이고 공감대를 형성하고자 했다"고 높이 평가했다.[93]

사실 모든 연합회가 출간한『미국유학생 동창회록』에는 본적을 적는 칸이 있었다.[94] 미국 유학생이 출간한 학생회 명부, 일본 유학생 혹은 전통 과거제도의 치록縉錄, 과거시험 동기 합격자의 성명·연령·본적을 기록한 명부―옮긴이 등에도 모두 본적을 적게 했다. 유학생들의『미국유학생 동창회록』에서는 성씨를 영어 병음 순으로 쓰고 그 옆에 본적을 적는 칸이 있으며, 이어서 미국 도착 시간, 국비·자비 여부, 중국의 출신학교, 재학 중인 미국 학교와 연락처 순으로 기재하게 되어 있다.

동향회관 조직이 현대의 민족주의에 동원되고 활용되었다는 연구[95]도 있는 만큼『미국유학생 동창회록』에 본적을 기재하는 것이 현대적 개념에 위배되는 낡은 전통이라고 한 예웨이리의 주장을 그대로 수용할 필요는 없다. 다만 지역에 관한 학생들의 편견이 유학으로 인해 줄어들지 않았다는 사실은 주의할 필요가 있다. 즉 중국 유학생들은 자유 국가에 와서 공부하고 있지만 지역 편견은 그림자처럼 한 몸이 되어 태평양 건너 미국까지 날아왔던 것이다.

유학생들은 자신이 유학 시절에 경험한 지역 편견에 대해 말하기를 꺼린다. 그들이 이를 문제로 받아들이지 못했거나 미국 인종 차별 문제를 언급하지 않는 것처럼 대수롭지 않은 일로 생각했기 때문일 수도 있다. 사실 이에 관한 자료를 남긴 사람들은 대부분 사회 변두리에서 활동한 사람이거나 외부자다. 한 예로 미국에서 태어나 성장했지만 광둥어를 구사하는 메이치쥐梅其駒, Ernest Moy는 전형적인 화교 출신으로, 훗날 중국에 가서 영자신문 『더차이나프레스The China Press』의 편집장을 지냈으며 국민정부에서 미디어 관련 업무를 관장했고 다시 미국에 돌아간 이후에는 국민당 정부의 로비스트로 활동한 인물이다. 1923년 그는 『중국유미학생월보』에 유학생들이 광둥 출신을 멸시한다는 내용의 글을 실었다.

1910년 메이치쥐는 중국 학생회 모임에 참석했을 때 매우 교만한 형제를 알게 되었다. 어느 성의 부유층 고위관리 아들로 태어난 그들은 노골적으로 광둥 사람을 무시했다. 그가 처음으로 지역 차별을 경험한 순간이었다. 민국 이후 이러한 분위기가 개선되긴 했지만 "내 경험에 비추어 지금까지도 서양 교육을 받은 많은 학생이나 관리들은 동포와 교류할 때 여전히 지역 차별의식에서 벗어나지 못했다"면서 모든 중국 유학생들이 이런 근시안적 국가관myopic vision of nationality에서 벗어난 것은 아니라고 했다.[96]

물론 지역주의가 변하지 않는 것은 아니고 객관적 환경이나 권력 구조의 판도에 따라 달라지기도 했다. 북방과 화중 출신은 늘 광둥 출신을 무시했다. 호놀룰루에서 태어난 차이쩡치蔡增基, Jun Ko Choy는 신해혁명 당시 컬럼비아대학을 졸업한 뒤 귀국해서 국민정부의 재정부 금융관리 국장, 철도부 관리 사장, 건설위원회 비서장을 역임했다. 그는 컬럼비아대학에 다닐 때 60여 명의 중국 유학생을 출신 지역에 따라 이렇게 분류했다. "정치적 경향으로 볼 때 북방·후난·광둥 사람은 직접적이고 호전적인 성격 때문에 항상 잘 뭉치는 편이다. 창장長江·쓰촨·후베이·광시·저장·장쑤 사람은 비교적 원만하고 순하면서 명석해서 반대편 파벌을 형성하곤 한다."[97]

어찌됐든 미국 유학생 사회에서 광둥 사람은 가장 무시당하는 대상이었다. 1902년 중반까지 남캘리포니아에서 태어나 성장한 마미-루이스 렁Mamie-Loius Leung은 미국 서부에 만연한 지역 편견에 혀를 내둘렀다. 그녀는 중국 학생들에게 심어져 있는 차별의식의 뿌리가 너무 깊어서 "어떤 처방도 도움이 안 되고 도저히 화합할 수 없다. 그들은 (영국 시인) 러디어드 키플링의 시 구절을 바꾸어 '북방은 북방, 남방은 남방, 두 곳은 영원히 만나지 않는다'라고 한다"고 묘사했다.

우리 학생회에서는 광둥 출신이 다수를 점하며 실권을 차지하고 있다. 속수무책의 북방 출신은 작은 자리를 맡은 채 자신들을 연못 속의 작은 새우에 비유하곤 한다. 자연히 학생회 활동에는 관심이 없으며 광둥 사람을 '세상 물정 모른다deadheads'거나 '멍청이dumbbled'라고 조롱한다. 반대로 북방 출신이 많은 서해안 지역 학교에서는 남방 사람들이 찬밥 신세다. 이렇듯 능력에 관계없이 어떻게 하면 자기편을 무대에 올릴 수 있을까만을 고심했다. 솔직히 말해서 학생회 선거는 이미 '부패한 당파 정치'로 전락했다.[98]

그녀는 이런 편견이 자신은 우수하고 '타인'은 비열하다는 착각에서 비롯되었다고 했다. "북방 사람에게는 남방 사람이 싫어하는 면이 있다. 상대편도 마찬가지였다. 그들은 자신이 더 우월하다는 착각에 빠져 상대를 대한다."[99] 어떤 사람은 이러한 편견과 공공연히 표출되는 적대감이 방언에서 기인한다고 보는 한편 좀더 비관적인 사람은 생태적 차이로 해석하기도 했다.

광둥 출신은 서해안이든 미국 전역이든 수적으로 우세했기 때문에 공세적이었다. 2장에서 언급했듯이 특히 20세기 초반, 현지에서 출생하고 성장한 화교까지 포함하면 언제나 광둥 출신이 가장 많았다. 자연히 화북이나 화중 지역에서 온 학생들은 광둥 출신에 대해 적대감을 가졌고, 이는 중국에서 온 학생과 화교 학생 사이의 긴장과 갈등으로 이어졌다. 마미-루이스 렁은 이렇게 말했다. "전자는 중국에서 태어났기 때문에 모종의 숭고하고 우월한 인자를 지니고 있다는 믿음으로 화교들을 무시했다. 이에 분개한 후자는 중국 출신 학생들이 어눌하고 고지식하며 옷차림이 촌스럽다는 등 미국 기준에 못 미친다고 여겼다."[100]

미국에서 성장한 화교들은 아무리 영어를 잘해도 중국에서 온 학생들에게 인정받지 못했다. 중국에서 태어나야 '진정한 중국인'이고 미국에서 성장한 화교들은 이도 저도 아닌 종족ethnic limbo이라며 폄하했다. 현대 민족주의에서 탄생한 대중화주의pan-Chineseism는 해외에서 태어나고 자란 화교도 모두 중국인이라고 선전했다. 그러면서도 마음속으로는 화교들이 스스로 '진정한 중국인'임을 증명하기 전까지는 관찰을 요하는 probationary 중국인에 준하는 존재로 여겼다. 증명의 중요한 기준은 베이징어官話를 구사할 수 있느냐의 여부로, 중국에서 온 유학생들이 보기에 영어는 유창하지만 베이징어를 구사하지 못하는 사람(화교)은 진정한 중국인이 아니었다. 그들에게 광둥이나 타이산台山어는 중국어로 간주되지 않았다.

언어를 중국인 여부를 판단하는 기준으로 삼는 것은 양날의 칼이 될 수 있다. 광둥어를 쓰는 광둥 출신 학생들은 베이징어가 광둥어보다 우수하다고 여기지 않았고 중국을 대표하는 언어라고 생각하지도 않았다. 그들 역시 언어에 대해서는 배타적 애국주의자였다. 훗날 베이징대학 총장을 지낸 장멍린은 회고록 『시후西湖, Tides from the West』에서 미국 유학

시절의 경험 하나를 소개하고 있다. 그는 샌프란시스코 차이나타운의 어느 잡화점에서 광둥 출신 주인과 소통하기 위해 자기가 아는 모든 광둥어를 동원하다가 결국은 필요한 물건 품목을 글로 써서 보여주었다. 이를 지켜보던 한 노파가 "어떻게 중국말을 못하는 사람이 중국 글자를 쓸 줄 알지?"라며 놀라워했다고 했다.[101]

20세기 초 베이징어가 관화에서 국어國語로 바뀌자 베이징어·북방어를 사용하는 사람들은 우월감을 갖게 되었으며, 특히 영어 외에 광둥어·타이산어를 구사하는 화교들에 대한 우월감이 더했다.

언어 문제 외에 계층의 문제도 있었다. 중국에서 온 유학생들은 미국에서 태어나 성장한 화교 학생들의 부모가 대개 노동자라는 사실을 알고 있었으며, 전통사회에서 사농공상을 구분 짓는 계층의식을 가지고 화교를 문화적 자산이 전혀 없는 하층민으로 여겨 무시했다. 계층 및 지역주의 편견이 결합되어 드러난 갈등은 매우 추악했다. 이에 대해 메이치쥐는 다음과 같이 풍자했다.

우리 학생회에는 옷차림에 특히 신경 쓰는 두 명의 회원이 있다. 그들의 외모와 행동거지가 나의 주의를 끌었다. 많은 회원과 마찬가지로 그들은 고정적으로 동창회 모임에 나왔고 모든 문제에 관여했다. 나는 아무리 노력해도 그들의 말을 알아들을 수 없었다. 두 사람 모두 평범하지는 않았다. (…) 그들은 형제인데 어떤 성의 부유한 고위관료의 아들들이라고 했다. 그들은 자존심이 매우 강하고 오염될까 두려워 다른 회원들과 교류하지 않았다. 그들은 광둥 출신이라는 이유로 나를 매우 무시했다.[102]

북방·화중 지역에서 온 유학생들은 광둥 출신들을 하층민으로 치부했지만, 그들 모두가 상류층 집단은 아니었다. 훗날 은행가로 유명해진 천광푸陳光甫는 장쑤 출신으로 유학생들이 지위나 재산에 민감하다는 점을 꿰뚫어보았다. 그는 컬럼비아대학에서 구술사口述史, 개인이나 집단의 기억을 구술, 즉 인터뷰를 통해 정리한 것—옮긴이 프로그램에 참가했을 때 다음과 같이 신분의 차이를 설명했다. "유학생은 많았지만 나는 친구가 많지 않았다. 나는 출국하기 전 견습공이었던 데 비해 다른 유학생들은 베이양대학 졸업생이거나 고관대작의 자손들이었다."[103]

중국에 현대식 교육이 기반을 잡기 시작하면서 같은 학교 출신이 늘어나자 출신 학교는 지역주의와 계층을 대신하는 세력화의 새로운 구심점이 되었다. 난양대학, 성요한서원, 훗날의 칭화대학 졸업생들은 동창회를 통해 공동의 이익을 도모했다. 나아가 이런 동창회들은 유학생 단체에서 더 큰 권력과 영향력을 놓고 경쟁하기 시작했다. 1913년 동부연합회가 코넬대학에서 개최한 여름캠프에 참가했던 차이쩡치(호놀룰루 출생)는 "상하이 성요한서원 출신 학생 정객들이 회의를 장악하고 친구들을 차기 『중국유미학생월보』 편집자로 선발했다"라고 조롱했다.[104] 특히 칭화대학 출신들이 가장 강력한 세력을 과시하며 전미중국유학생연합회를 위협하기에 이르렀다. 이들은 이미 회원 수, 조직, 활동 범위 등 다방면에서 독립적인 유학생 단체에 버금가는 영향력을 발휘하고 있었기 때문이다. 성요한서원 졸업생으로 1915년 『중국유미학생월보』 편집자였던 쑹쯔원은 이런 발언을 남겼다.

전미중국유학생연합회 일부 회원은 최근 칭화대학 동창회에 대해 상당히 우려를 표하기 시작했다.

이들은 이미 전미중국유학생연합회의 활동 영역을 침범하여 자기들만의 『연보』를 출판하고, 연합회가 전국에 3개 지회를 두는 것을 모방하여 학교마다 동창회를 조직하는 등 여러 증거가 나타나기 시작했다.

사실 칭화대학 동창회의 행동은 난양대학이나 성요한서원 동창회보다 아직 심각한 것은 아니다. (많은 사람은 이런 시각을 의심하지만) 그렇다고 이것이 연합회의 일을 침범하지 않는다는 것은 아니다. (…) 난양대학이나 성요한서원 동창회는 50~60명 정도여서 500~600명을 가진 연합회에 위협을 주지는 않는다. 그러나 칭화대학 동창회는 연합회 회원의 절반을 차지하여 연합회를 칭화 대 비칭화의 두 그룹으로 분열시킬 수 있다.[105]

유학생 사회에서 칭화대학 출신들의 영향력은 〈사진 13〉과 〈사진 14〉에서도 엿볼 수 있다. 사진은 1912년 동부, 중서부연합회가 개최한 여름캠프에서 찍은 동창 모임으로, 칭화대학의 '경관 동창회'(후스, 자오위안런 등이 회원)는 정기적으로 모임을 가졌다.

쑹쯔원이 우려했던 '분열'은 발생하지 않았다. 그러나 강력한 힘을 드러내며 왕성한 활동으로 연합회를 압박하던 칭화대학 동창회를 고려할 때 유학생들은 예웨이리가 말하는 '하나의 동질적 단체'는 아니었다. 동창회는 원초적인 고향의 정서로 뭉친 동향회보다는 높은 수준이었지만 배타성 면에서는 뒤지지 않았다. 배타성 외에도 동창회는 학력이나 경제 수준에 따른 차등이 있었다. 칭화대학·베이징대학 동창회는 모교에 대한 강한 자부심을 드러냈고 성요한서원 동창회는 부유층 자녀다운 스타일

〈사진 13〉 동부 경관 학생 동창회(1912년 매사추세츠 여름캠프)

셋째 줄 오른쪽에서 두 번째, 앞줄 친구 어깨에 두 손을 올려놓은 인물이 후스다.

자료: *The Chinese Students' Monthly*, Ⅷ.2 122~123쪽

〈사진 14〉 중서부 경관 학생 동창회(1912년 미시건 앤아버 여름캠프)

자료: *The Chinese Students' Monthly*, 8.2 122~123쪽

을 벗어나지 않았다. 유학생 사회에서 이런 차등 의식은 분열을 조장하는 원인이 되었다.

동창회 외에 알파벳 명칭의 남녀 학생 사교 클럽이 있었다. 당시 중국 유학생들은 미국인 대학생들의 학생 사교 클럽에 가입할 수 없었기 때문에 자체적으로 클럽을 조직한 것이다. 1925년 『중국유미학생월보』 사설에 따르면 전국적으로 400~500명의 회원을 거느린 4~5개 조직이 있었으며, 미국과 중국의 대도시에 이들 클럽의 깃발이 펄럭이고 있었다.[106] 1920년대 예추위안葉秋原은 F. F, A. L, 정의사正義社, the Cross Sword 등 3개의 클럽이 있다고 했다.

> 유학생들은 미국 학생들을 모방하여 남녀 사교클럽을 조직했다. 남학생들은 F. F, A. L, 정의사 등 몇 개가 있었다. F. F는 구웨이쥔이 조직한 것으로 멤버는 대부분 성요한서원 출신이다. 예전에는 세력이 강했으나 최근 쇠퇴 조짐을 보이고 있다. A. L은 파오밍링鮑明鈴 등이 조직했고 대부분 칭화대학, 둥우東吳대학 출신이다. 지금 세력이 가장 크다. 정의사는 왕정옌이 조직한 것으로 출신 학교가 다양하고 세력도 크지 않다. 여학생들 클럽에 대해서는 잘 알지 못한다. 이들은 여름캠프나 성탄절 때 뉴욕의 아스터호텔 등 크고 유명한 호텔에서 모임을 갖는다. 때로 부잣집 딸들도 무도회에 초대되는 성대한 행사였다.[107]

이들 모임은 비밀결사의 성격을 가지고 있었는데 가장 많이 알려진 클럽은 성지회成志會, CCH였다. 난카이南開대학 경제대학원 펑셴팅方顯廷 교수가 회고록에서 그 흔적을 노출한 바 있었다. 나는 난카이대학을 거쳐 코넬대학에서 강의한 적 있는 천궈핑陳國平, Rockwood Chin 교수에게 전화를 걸어 성지회에 대해 물어보았다. 1980년대 성지회 회원이었던 그는 깜짝 놀라며 어떻게 알았는지 되물었다. 내가 팡 교수의 회고록에서 보았다고 하자 그는 비밀이라면서 화를 냈고 인터뷰를 거절했다.

미국 학생들의 사교 클럽과 마찬가지로 중국 유학생들은 클럽 활동을 통해 형제처럼 가깝게 지내면서 학교생활을 돕고 장차 사회에서도 그러한 관계를 유지하고자 했다. 팡 교수의 기억에 따르면 난카이대학의 장바이링張伯苓 총장도 당시 회원이었다. 장바이링 총장은 성지회 관계를 이용해 역사학자 장팅푸蔣廷黻, 경제학자 허롄何廉, 팡셴팅, 리줘민李卓敏, 천궈핑, 정치학자 링빙凌冰, 샤오궁취안蕭公權, 장춘밍張純明 등 뛰어난 여러 학자를 초빙할 수 있었다.[108]

이 사교 모임에 대해 알려진 사실은 많지 않지만, 이러한 비밀 모임이 존재했다는 것은 유학생 사회에 또 다른 단층이 있었음을 말해준다. 유학생 단체 내에 지역주의, 출신 학교, 계층 간 갈등과 충돌은 우리가 상상하는 것보다 훨씬 더 복잡했다. 1925년 미국국제청년협회의 장학금을 받아 시카고대학, 하버드대학에서 1년씩 연구를 수행한 셰푸야謝扶雅는 『유미심흔遊美心痕』에서 전국적 조직으로는 전미중국유학생연합회를, 종교적으로는 북미중국기독교유학생협회를 손꼽았다. 그 밖의 조직에 대해서는 이렇게 말했다.

국가주의를 표방하는 대강회大江會가 있고 학문 연구에는 경제학회, 법정학회, 사회학회 등이 있다. 출신 학교로는 칭화대학 동창회, 베이징대학 동창회, 링난嶺南대학 동창회 등이 있다. 이외에도 알려지지 않은 500~600개의 조직(남녀 사교클럽)이 있다.

이들은 유학생들을 결집케 하는 장점이 있었으나 한편으로는 분열의 원인이 되기도 했다. 사부아는 시카고의 예를 들었다.

시카고에는 100여 명의 유학생이 있는데 단체는 20여 개에 달했다. 서로 의견이 달라서 충돌을 빚기도 했다. 선거 및 회계 장부에 관해 다양한 추문들이 떠돌곤 했다.[109]

유학생 사회의 이러한 단층들, 즉 계층, 지역주의, 출신 학교, 중국에서 온 학생과 화교 사이의 갈등, 사교 모임 등이 언제나 활성화되었던 것은 아니다. 때로 어떤 단층은 휴면 상태에서 숨죽이고 있다가 다른 단층과 교차하면서 새로운 단층을 만들어내는 식이었다. 예웨이리는 시간이 흐르면서 "전미중국유학생연합회처럼 공동의 목표, 많은 회원 수를 가진 방대한 조직의 시대도 지났다"고 했지만 북미중국기독교유학생협회는 1947년까지 활동했다. 물론 예웨이리의 말처럼 "1920년대 중국이 정치 이념 다툼으로 분열이 심해지자" 많은 유학생 단체도 점차 사분오열했다.[110] 전미중국유학생연합회는 빠르게 쇠퇴하지는 않았지만 이념 갈등이 깊어지면서 1931년 붕괴되었다.

유학생 단체는 대체로 보수적이었지만 이념적으로도 혼연일체였던 것은 아니다. 여기에는 중국에서 발생한 두 가지 사건이 결정적 계기로 작동했다. 첫 번째 사건은 신해혁명으로, 혁명 이후 전미중국유학생연합회는 고심 끝에 혁명을 지지하기로 했다. 또한 중화민국이 건립되는 시점까지 회원들은 위안스카이를 지지하거나 반대하는 등 다양한 의견을 보였으나 쑨원에 대해서는 관심을 보이지 않았다. 대다수 학생은 국내 정치의 안정과 치안이 중요한 때이므로 강력한 지도자가 필요하다고 판단했다. 위안스카이가 과연 강력한 지도력을 갖춘 인물인가 하는 토론, 공화제와 군주입헌제 중 무엇이 중국에 적합한 체제인가 등의 쟁론이 벌어졌다.

두 번째는 연아용공聯俄容共, 소련과 연합하고 공산당을 인정함―옮긴이과 북벌에 나선 국민당의 흥기였다. 유학생 사회는 북벌로 중국을 통일하고 제국주의와 군벌을 타도하자는 열기로 가득했다. 1927년 장제스의 청공清共, 공산당을 소탕하여 청산한다는 뜻―옮긴이 닝한寧漢, 난징南京과 우한武漢을 합친 말로, 국민정부의 분열을 상징함―옮긴이 분열 이후 연합회가 발간하는 『중국유미학생월보』의 논조는 점차 급진화되었다. 장제스가 3년간 공산당 색출에 힘을 기울이자 연합회도 유사한 활동을 전개했다. 1931년 1월 연합회는 '1월 적색 공포the January Red Menace' 사건의 주범인 『중국유미학생월보』 주필과 부편집인 한 명을 제명했다. 문제는 급진주의자를 쫓아냈음에도 불구하고 회원들은 연합회에 더 이상 관심과 지지를 보내지 않았다는 것이다. 연합회는 그렇게 붕괴되었다.

이후 20세기가 막을 내릴 때까지 중국 유학생들은 전미중국유학생연합회와 같은 활력과 지속력을 가진 조직을 결성하지 못했다. 유일하게 북미중국기독교유학생협회만이 1947년까지 활동을 유지했다. 한편 성격은 다르지만 전미중국유학생연합회에 비교될 만한 조직으로 1989년 6·4 혁명 이후 결성한 전미중국학생·학자자치연합회The Independent Federation of Chinese Students and Scholars, IFCSS가 있었지만 10년도 못 되어 해체되고 말았다.

4장

권력의 종이 되다

Opportunity Of The Returned Students
Savant — "Gentlemen, can you wait a few hours
longer? My master is not up yet."

**Chinese students studying
in the U.S.A. 1872-1931**

楚 材
晉 育

여러분 가운데 미래의 대통령, 성장省長, 국회의원, 야심찬 정치가
가 있습니다. 엔지니어는 물론 철강회사, 석유회사, 철도회사의 최
고 책임자가 될 분도 있습니다.[1]

여러분은 대학의 체육관에서 체력을 단련하고 토론 동아리에서
사고력을 증진하고, 여러 잡지에서 글쓰기 능력을 키우고, 모범이
되는 훌륭한 모델을 정해 자신을 독려하고, 다양한 학생 단체에
참여해 조직 관리의 경험을 쌓아야 합니다. 우리에게 잠재된 실력
을 개발해 중국에 필요한 희생, 책임감, 봉사 정신을 함양하십시
오. (…) 학생 여러분! 중국의 젊은이 여러분! 멀지 않은 장래에 국
가는 여러분에게 국가 운영에 참여하는 막중한 임무를 맡길 것입
니다. 대학에서 철저한 준비를 통해 인격 함양과 건강한 신체, 총

명한 지혜, 풍부한 경험을 쌓아야만 국정에 입문했을 때 (…) 모두 나라의 동량이 될 것입니다!²

첫 번째 인용문의 예언은 들어맞지 않았다. 1912년 중서부연합회의 여름캠프에서 열린 영어 스피치 대회에서 황쭝파黃宗法가 연단에 올라 이와 같이 말했을 때 모두에게 이 말은 예언이 아니라 곧 맞닥뜨릴 현실이었다. 이렇듯 20세기 초반 유학생들은 자신들이 장차 국가의 동량이 될 것을 믿어 의심치 않았다. 1912년 3차 경관 유학생으로 미국에 온 황쭝파는 미시건대학에서 공부했고 이 대회에서 2등을 수상했다.

두 번째 인용문의 주인공은 유명한 구웨이쥔으로, 그가 『중국유미학생월보』 편집장일 때 쓴 글이다. 구웨이쥔의 글과 황쭝파의 연설은 4년의 시차가 있지만 모두 같은 믿음을 표출하고 있다. "멀지 않은 장래에 국가는 여러분에게 국가 운영에 참여하는 막중한 임무를 맡길" 것이니 "인격 함양과 건강한 신체, 총명한 지혜, 풍부한 경험을 쌓아야만 국정에 입문했을 때 (…) 모두 나라의 동량이 될 것"이라는 믿음이었다.

두 사람은 전통 유가에서 말하는 '배움이 뛰어나면 관직에 나간다'는 신념을 표출한 것으로, 이 뿌리 깊은 유가적 전통은 미국 땅으로 옮겨가서도 굳건했다. 오히려 미국의 경험이 더해지면서 유학생으로 하여금 엘리트 중의 엘리트라는 확신을 갖게 했다. 그들은 이 '자유의 땅'에서 보고 배운 새로운 학문으로 새로운 도전의식을 고취하기보다는 기존의 엘리트 의식을 공고히 한 것으로, 어려서부터 몸에 밴 유가적 의식이 미국에 온 후 더 자연스럽게 이념화되었다고 말할 수 있다. 즉 흑인, 유럽인, 아일랜드에서 온 이민자, 차이나타운의 중국 노동자 등을 인종으로 차등짓는 미국 사회가 유학생의 엘리트 의식을 강화시켰다.

엘리트 의식과 자신들이 국가를 이끌어갈 지도자라는 신념이 결합되면서 유학생들은 자연스럽게 정치적 보수성을 띠게 되었다. 예웨이리는 이에 대해 '급진적' 성향을 피했다고 표현했다.[3] 또한 미국 유학생들이 "숱한 노력을 통해 중국 현대화의 길을 찾은" 선구자로서 "중요하고 없어서는 안 될" 많은 유산을 남겼지만 반세기 동안 그 공로가 인정되지 않았으며 불공평한 대접만 받았다고 유감을 표했다.[4]

그녀는 유학생들의 보수적인 정치 입장을 분석하지 않고 문제의 본질을 흐렸다. "이데올로기에 사로잡힌 급진주의자에 비해" 유학생들은 중국의 복잡한 문제를 "실용 철학적pragmatic philosophy 입장에서 혁명보다는 점진적이고 기술적인 방식으로 해결하려 했다"는 것이다.[5] 실제로 유학생들은 혁명에 반대하는 입장이었으며 중국이 안고 있는 대부분의 문제는 기술적 방식으로 해결할 수 있다고 믿었다. 그렇다면 보수적인 정치 성향을 가진 그들은 왜 '이데올로기에 사로잡힌 급진주의자'들과 달리 기술적 방식으로 중국의 문제에 접근하려 했을까? 그들의 실용적 태도가 유가의 경제적 관점에서 비롯되었다는 증거는 무엇인가? 그들의 실무적 태도, 전문가의 권위에 대한 추종, 자신들이 서양에서 배운 전공을 '중국화'하려 노력했다는 근거는 무엇인가? 이러한 점들에 대해 예웨이리는 답변하지 않았다.

예웨이리는 전통과 현대라는 이분법적 관점을 통해 유학생들의 정치적 보수성에 대한 질문을 회피했다. 즉 전통은 보수이고 현대는 진보라는 것이다.[6] 이에 따라 유학생들은 현대적이고 진보적이라고 한 그녀의 찬사는 혼란스러웠던 중국 근대사에서 그들이 맡은 비겁한 역할에 면죄부를 제공한 셈이다. 실제로 그녀는 "20세기 상반기, 열악한 환경에서 많은 전문가는 포부를 펼칠 수 없거나 타협을 강요받았다"면서 그들의 불운을 동정했다.[7] 이는 유학생들이 악정惡政과 각종 재해로 점철된 중국 사회경제 체제의 피해자일 뿐 주범이나 공범이 아니며, 심지어 유학생들은 이데올로기에 사로잡히지 않았다는 시각이다. 한 세기 전, 카를 만하임은 지식인은 '사회에서 독립적'인 존재로서 어떤 계층에도 속하지 않고 자유롭게 움직이며 자신이 속한 계층의 이익을 초월한다는 이론을 제기했다.[8] 그녀가 이 이론의 영향을 받았는지는 알 수 없으나 미국 유학생은 이데올로기를 초월한 집단인 양 묘사하는 한편 일본 유학생에 대해서는 상반된 잣대를 적용했다. 즉 중국 근대 전문가 그룹 가운데 일본 유학 출신이 미국 유학 출신보다 월등히 많았지만 이데올로기 면에서는 뛰어나지 못하다고 폄하했다.

사실 미국 유학생들은 선명한 이데올로기를 드러냈을 뿐만 아니라 스스로를 새로운 보수주의자로 자부하고 있었다. 새로운 보수주의자란 미국에서 진보적 시각과 세계관을 획득한 자들인 동시에 귀국 이후 수구 관료 세력을 대체할 계층을 의미한다. 그러나 진보적 보수주의자를 자처하면서도 권력자에게 감히 도전하지 못했다는 점에서 이들은 일본 유학생과 차이를 드러냈다. 이들은 고위 관료가 되고 싶은 열망 때문에 언제나 권력자에게 충성을 맹세했다. 20세기 초 유학생들의 이익을 대표하는 연합회는 중국의 권력층이 붕괴되는 마지막 순간까지 충성을 바쳤으며, 권력층이 무너진 뒤에는 새로운 권력자를 향해 재빠르게 몸을 돌려 역시 그들이 무너질 때까지 충성을 표했다.

전미중국유학생연합회가 활동하던 1902~1931년 당시 중국에서는 청조가 무너진 사건을 시작으로 짧은 민국 시기를 거쳐 위안스카이, 군벌, 국민당이 들어설 때까지 여러 정권이 부침을 거듭하고 있었다. 정치적으로 보수의 입장에 선 유학생들은 혁명당을 적대시했기 때문에 중국 내 여론이 바뀌고 있는 와중에도 여전히 서태후와 위안스카이를 지지했으며 쑨원에 대해서는 주저 없이 비난을 퍼부었다. 위안스카이를 자신들의 지도자로 여겼던 대다수 유학생은 쑨원이 위안스카이를 타도하는 '2차 혁명'이 실패한 이후 1920년 초반까지 잔혹하리만큼 쑨원을 조롱하면서 자기의 시대가 지났음을 깨닫지 못하는 어릿광대로 취급했다. 1920년대 중반 유학생들이 마지막으로 방향을 바꾼 것은 쑨원이 세운 국민당이 북벌을 통해 중국 통일에 다가갔을 때였다.

'백성의, 배운 사람에 의한, 백성을 위한' 공화국

20세기 초 미국 유학생들은 엘리트 의식에 푹 젖어 있었다. 소수만이 누릴 수 있는 미국 유학의 기회를 잡은 자신은 급변하는 정세 속에서 중국이 필요로 하는 존재, 즉 자신이야말로 중국을 이끌어갈 존재임을 믿어 의심치 않았다. 미국 유학생들에게 전통 시대의 지식은 더 이상 쓸모가 없으며 사대부 계층은 도태되어 마땅한 존재였다. 그러나 유학을 통해 새로운 지도자의 조건을 학습했음에도 불구하고 그들이 머릿속으로 그리는 지도자는 유가 사상에서 말하는 그 모습, 즉 과거 사대부들과 다를 바 없이 '유학에서 돌아와 관직에 나가는' 모습이었다. 훗날 베이징대학 총장과 교육부장관을 역임한 장멍린蔣夢麟은 "교육을 받은 자만이 지도자가 될 수 있다. 백성은 반드시 그 지도자를 따라야 한다"며 링컨 대통령의 유명한 게티즈버그 연설을 인용하여 "우리의 모토는 백성의, 배운 사람들에 의한, 백성을 위한 정부다. 백성의 지식이 성숙해지면 백성에 의한 정부로 바꿀 것이다"라고 했다.9

정부 관리가 되어 일하는 것을 당연한 수순으로 여겼던 유학생들은 자신들을 우선적으로 임용해줄 것을 정부에 여러 번 청원했다. 이에 청 정부는 1905년부터 7년간 귀국한 유학생들에게 양洋과거를 거쳐 관리로 나가는 특별 기회를 부여했다. 예웨이리는 이 부분에 대해 완전히 다른 해석을 제시했다. 전문가 의식이 충만한 유학생들의 입장에서 양洋과거라 는 특별 시험은 합법적이지 않은illegitimate 것이며 초보자가 전문가를 평 가하는outside evaluation 모욕적인 처사이므로 받아들일 수 없는 일이라는 것이다. 하지만 당시 언론에서는 갈수록 많은 귀국 유학생이 "관직을 찾 아 벌떼처럼 베이징으로 날아갔다"고 보도했다.[10]

유학생 입장에서 보면 청 정부의 양과거 특별 시험은 정당한 것이었 다. 더욱이 1906년 청 정부는 유학생들에게 파격적 배려, 즉 자신이 유학 했던 국가의 언어로 답안을 작성할 수 있게 해주었다. 어떤 유학생은 중 국어로 자신의 이름조차 쓸 줄 모르는 황당한 경우도 있었으나 인재가 시급한 때라는 변명으로 얼버무려졌다. 이런 일은 유학생들에게 사소한 문제일 뿐으로, 그들이 생각하는 중요한 문제는 다른 데 있었다. 그들은 시험관의 자격, 능력, 판단력에 의문을 제기하면서 일본 유학을 다녀온 시험관들이 일본 유학생을 편애하여 높은 점수를 주었다거나 답안지를 고쳐주었다고 고발했다.[11] 그리고 "서양에서 교육을 받아서 공정한 경쟁 에 대해 철저한 인식을 갖고 있는 유학생에게 불공평한 대우는 매우 가 슴 아픈 일"이라며 분개했다.[12]

3장에서 1907년 미국동부연합회가 지회로 끌어들이려 한 환구중 국학생회의 시도를 물리친 사실을 설명했는데, 당시 동부연합회는 단체 가 사라지면 나타날 엄중한 결과에 대해 회원들에게 다음과 같이 경고 했다. "우리가 환구중국학생회에 가입하면 그 단체에 우리 이름만 올라

갈 뿐이다. 정부에 우리를 소개하고 추천하는 데 전혀 도움이 되지 않는다. 특히 정부가 인재를 필요로 할 때 우리는『유미학생연보』를 통해 모든 회원의 상세한 자료를 제공할 수 있어야 한다."[13] 청 정부가 붕괴되기 전 실시한 양과거는 귀국한 유학생들에게 '유학에서 돌아오면 관직에 나간다'는 욕망을 충족시켜주는 동시에 인재를 발굴하는 기회이기도 했다. 1905~1911년에 총 1388명의 귀국 유학생이 특별 시험에 합격하여 진사와 거인의 작위를 받았는데, 이중 일본 유학생이 1252명이고 서양 유학생이 136명이었다. 물론 이 수치가 귀국한 유학생들의 수준을 나타내는 것은 아니다.[14] 옌징燕京대학 사회학과를 창건한 존 버지스John Burgess, 步濟時는 처음 베이징에 와서 미국기독교청년회의 비서를 맡았다가 1911년 의미 있는 보고를 했다.

> 베이징은 유럽, 일본, 미국에서 귀국한 유학생들이 모이는 중심 지역이다. 이들 대다수는 정부에서 일하기를 원한다. 특히 베이징이 아닌 다른 지역에는 가려 하지 않는다. 이들에게 교직은 그저 관직에 나가기 전에 거치는 과정일 뿐이다. 교직에 있으면서 중앙 각 부서 젊은 관리들과 교류하고, 양과거를 통해 외교부·병부 등 여러 부서에 들어가게 되면 바로 학교에 사표를 내고 관료의 길로 나선다.[15]

1911년, 베이징 정부의 부서마다 귀국 유학생으로 채워지자 청 정부는 이듬해부터 양과거를 치르지 않기로 결정했다. 1914년 12월『중국유미학생월보』에 다음과 같은 소식이 실렸다. 위안스카이가 인재를 등용하기 위해 유학생들에게 학위증을 가지고 총통부에 있는 정사당政事堂에 등록하라고 하자 700명 넘는 유학생이 등록을 마쳤다는 내용이다.[16] 이듬해 위안스카이는 민국 시기 처음이자 마지막으로 양과거 특별시험을 개최했는데, 응시자 192명(다른 기록에 따르면 약 240명) 가운데 151명을 선발해 결원을 충원했다.[17]

양과거 특별 시험 때문이 아니라도 베이징은 귀국한 유학생들이 가장 선호하는 지역이었다. 1917년 『신보申報』의 보도에 따르면 많은 이가 베이 양北洋 정부에서 자리를 잡았다. 베이징에는 유학생 950명 중 806명이 관계에 있었는데 각 부처의 25퍼센트는 주사主事·첨사簽事·사장司長·참사參事·기사技士·기정技正 등이고, 전체 인원의 50퍼센트가 농업부 및 상업부 소속이었다.[18]

양과거는 다시 부활되지 않았지만 '배움이 뛰어나면 관직에 나간다'는 관념에 물든 귀국 유학생들은 정부가 자신들을 우선시해야 마땅하다고 생각했고, 으레 귀국하면 베이징에 거주하는 정부 관료가 되고자 했다. 1918년 당시 유학생 출신은 서양에서 귀국한 수백 명을 비롯해 일본에서 온 이들까지 2000명 가까이 되었다.[19] 자리는 한정되어 있는데 원하는 사람이 많다보니 경쟁이 치열해졌고, 유학생들은 초조한 나머지 불만이 쌓여갔다. 1917년 『중국유미학생월보』 사설에서는 "기업적 안목이 전혀 없는 정부가 자원을 낭비하고 있다"면서 "원칙도 없이 그저 방임laissez-faire"하는 정책으로 인해 "많은 학생이 비싼 비용을 들여 유학을 했는데(국비 유학생이 높은 비율을 차지) 귀국 후 방치되고 있다"며 정부를 비판했다.[20]

미국 유학생들은 귀국 후 관직에 진출하는 것을 자신들의 특권으로 여겼다. 그중 눈에 띄는 사례가 미국에서 중등 교육부터 시작해 1911년 컬럼비아대학 법학과를 졸업하고 중국인 최초로 뉴욕 변호사 시험에 합격한 메이화취안梅華銓이다. 그는 양과거 시험이 역사의 유물로 넘어가고

Opportunity Of The Returned Students
Servant —."Gentlemen, can you wait a few hours longer? My master is not up yet."

〈사진 15〉 귀국 유학생들의 기회
하인: "여러분! 조금 더 기다려주시겠어요? 주인께서 아직 안 일어나셨습니다!"
자료: *The Chinese Students' Monthly*, Ⅷ.1(November 10, 1911) 64~65쪽

제제帝制 또한 사라진 지 여러 해 지난 1917년, 유학을 마치고 돌아오면 관직에 나가야 한다는 글을 발표해 사람들을 놀라게 했다.

귀국한 유학생의 지식, 생각, 개성 등은 각자 다르지만 공통적으로 정부에 우선 임용civil or political preferment해줄 것을 요구한다. 이들은 공부를 시작할 때부터 귀국 후 관직에 나간다는 목표를 갖고 있었다. 이러한 갈망은 긴 시간 여습을 하고 지식을 쌓으면서 더욱 강

럴해졌다. 정부와 민간에서도 자연스럽게 학생들에게 국가를 구원하는saviors 지도자의 자세와 사명을 격려해왔다.[21]

유학생들의 염치없는 요구는 예웨이리 연구의 맹점을 보여준다. 그녀는 양과거의 폐지로 인해 유학생들이 뜻하지 않게 관직을 포기하게 되었다고 했다.[22] 그러면서 민국 시기에 많은 학회와 학과가 창설된 사례를 들어 유학생들이 정부 영역 밖에서 독자적으로 전문 단체와 취업 공간을 만들었다고 주장했다. 그러나 영국, 미국에서 발전한 특별한 전문 단체가 중국에 이식되기까지의 과정에 대해서는 분석하지 않았다. 마갈리 라슨의 말에 따르면 전문 단체는 '영국, 미국 등 자본주의 산업 국가를 대표하는 자유시장 경제' 안에서 함께 발전했으며, 이런 단체는 관료 및 조직과 대립적antithesis 위치에 있었다. 관료 시스템이 오래되었거나 강력한 권력을 행사하는 중앙정부 체제의 유럽 사회(물론 중국을 포함)에서 전문 단체의 발전은 '그리 자연스러운spontaneous' 현상이라 할 수 없다. 그는 나폴레옹 시대의 공학 학회, 프로이센의 법률 학회, 제정 러시아 시대의 서양의학 학회는 모두 문관 시스템에 가까운 것으로, 영국이나 특히 미국의 전문 단체와는 다르다고 했다.[23] 예웨이리는 이러한 라슨의 이론을 무시한 채 오직 자신의 견해만을 드러내면서 민국 시기 옌징대학에 창설된 사회학과에서 사회학이 중국화되는 과정을 예로 들었다. 그러나 옌징대학 사회학과 내 '사회학파'와 '사회공작파' 사이에 열띤 경쟁이 있었던 사실에 대해서는 언급하지 않았으며, 아이러니하게도 정부가 손을 내밀자 옌징대학 사회학과의 연륜 있는 교수들(모두 귀국 유학생 출신)은 줄줄이 정부기관으로 들어갔다.[24] 이는 귀국 유학생들이 정부 바깥에서 전문 단체를 조직하여 자유롭고 독자적인 영역을 개척했다는 주장과는 완전히 배치되는 사실이다.

유학생들에게 '배움이 뛰어나면 관직에 나간다'는 관념은 시대에 뒤떨어진 조롱의 대상이거나 극복해야 할 전통 사대부의 구습이어야 마땅하다. 그런데 어째서 유학생들은 관직에 연연했을까? 그들이 미국에서 얻은 경험은 전통적 엘리트 의식에 대한 반성을 이끌어내지 못했으며 오히려 그러한 인식을 강화하는 계기를 제공했다. 그들은 미국에서 민주주의 사상을 접하는 동시에 미국 사회에 존재하는 인종과 계층에 관한 도저한 울타리를 목도했다. 더욱이 유학생 여름캠프에 초청된 미국의 종교·학술·민간단체의 명사들은 으레 유학생들이야말로 중국의 엘리트이며 미래의 지도자라고 치켜세웠다. 1917년 중서부연합회가 위스콘신대학 메디슨 캠퍼스에서 여름캠프를 개최하면서 유명한 경제학자 리처드 엘리 교수에게 초청 강연을 부탁하자 그는 '민주국가의 리더십'이라는 주제 아래 평등 철학과 불평등 철학의 대립적인 사회철학을 소개했다.[25] 계몽주의는 모든 인간이 평등하다는 평등 철학을 주장하지만 새롭게 등장한 불평등 철학은 태생적이고 유전적인 불평등이 존재함을 주장하며 19, 20세기의 생물학은 교육과 문화가 사람 간의 불평등을 더욱 심화시켰음을 입증한다고 했다.

엘리 교수는 1894년 위스콘신대학 사회학과에서 사회주의 경제학을 강의하면서 파업에 찬성하고 사회주의를 제창했다는 이유로 고발당했다. 대학 측은 위원회를 구성하고 공청회를 열어 조사한 결과 고발 사유가 부당하다고 매듭지었다.[26] 엘리 교수는 보수주의자를 자처하면서 오스트리아 사회사상가 안톤 멩거가 남긴 "평등한 방법으로 불평등한 사람을 대하는 것이 가장 불평등한 방법이다"라는 명언을 인용하여 불평등 철학을 설명했다.[27] 또한 노예제에 반대한 사람들이 잘못된 평등 철학을 옹호한 미국 역사를 예로 들면서 미국은 노예제 반대론자들로 인해 남북전쟁 이후 가장 불행한 역사를 겪게 되었으며, 이는 자립할 능력이 없는 노예들을 스스로 살아가도록 방치한 탓이라고 했다. "백인에게 나약한 흑인을 지도할 책임을 맡겨서 재산 축적, 투표 방법을 통한 정치 참여 등을 교육시켰다면" 노예 해방 이후의 수많은 시행착오를 피할 수 있었다면서[28] 유학생들에게 "강자는 약자를 이끌어야 할 책임이 있으며 그들이 잠재력을 발휘할 수 있도록 도와야 한다"고 당부했다.[29]

엘리 교수는 미국 유학생들로 하여금 전통 유가적 엘리트주의를 현대 사상에 접목시키는 사회철학을 제공했을 뿐만 아니라 새로운 어휘를 낳게 했다.

나는 보수주의자이지만 급진주의자는 아니다. 엄격히 말하면 나는 귀족이지 민주주의자가 아니다. 내가 '귀족'이라는 말을 사용할 때는 내 마음속에서는 물론 법률에서 규정하는 귀족이 아니라 그저 귀족으로 태어났다는 뜻일 뿐이다. 태어나자마자 부귀영화를 누리는 귀족이기보다는 살면서 사회를 위해 탁월한 공헌special service을 할 수 있는 귀족이어야 한다.[30]

엘리 교수는 경제학 교과서를 저술했으며 '미국경제학회'를 창립하고 회장을 역임한 저명한 학자였던 만큼 직접적인 증거는 없으나 그가 사용한 '귀족'이란 단어가 유학생들에게 영감을 주었을 것이 틀림없다. 1909~1910년 동부연합회 회장을 지낸 주팅치朱庭祺(하버드대학 경영학 석사)는 어느 글에서 역사적으로 중국은 2000년 전에 귀족 계급이 사라진 뒤로 오직 지식 귀족만 존재한다고 했다. 또한 엘리 교수의 의견을 이어

받아 지식 귀족은 타고난 자로서 민주적이며 개방적일 뿐 아니라 유동적인 존재라면서, '능력을 갖춘, 우수하고 교육 받은' 사람은 이 계급에 속하지만 이 조건을 갖추지 못하면 자격을 상실한다고 했다.[31] 주팅치는 전통 유가를 따르던 사대부와 마찬가지로 지도자는 지식과 덕행을 구비해야 한다고 생각했다.

1911년 한안韓安(코넬대학·미시건대학 졸업 후 위스콘신대학에서 공부했으며 훗날 농상부 임무처林務處 회판會辦, 산림을 관리하는 부책임자 — 옮긴이 역임)은 애국회愛國會를 창립했다. 애국회의 활동 기간은 2년밖에 안 되지만 한안은 비정치적이며 혁명을 지지하지 않는 지식인들이 백성의 교육·사회·경제 복지를 위해 힘을 모을 것을 주창했다.[32] 또한 애국회는 백성을 위한 정보 제공, 기술 원조, 자선 사업의 중심이 될 것이므로 지역 봉사에 관심이 있는 사람은 동참하라고 했다.

한안 역시 애국회의 주장이 전통 유가의 엘리트주의와 다르지 않다는 사실을 인지하고 있었다. 그는 "상층 계층이 도덕심moral fiber을 잃는다면 우리는 하층 계급을 개조시킬 가망이 없다"고 한 케르셴슈타이너의 말을 인용하면서 "이 말은 우리가 어렸을 때부터 귀에 못이 박이게 들었던 공자의 '군자의 덕은 바람이요 소인의 덕은 풀이니 바람이 불면 풀은 반드시 눕는다君子之德風, 小人之德草; 草上之風必偃, 다스리는 자가 모범을 보이면 백성은 따르게 마련이라는 뜻 — 옮긴이와 같다"고 했다.[33]

한안은 케르셴슈타이너의 발언이 공자의 말과 유사하다고 했지만 이것은 표면만 본 것이다. 케르셴슈타이너는 독일 뮌헨대학의 총장을 지낸 인물로, 지식층은 국민의 도덕의식을 일깨우기 위해 솔선수범해야 마땅하지만 국민 역시 그러한 훈련을 받아야 한다고 주장했다. 그 역시 엘리트주의자였으나 국민의 복지(국가의 복지)는 "국민이 자기에게 주어진 권리와 자유에 근거해 자기 방식으로 쟁취하는 것"이라 믿었다.[34] 그는 "우리가 해야 할 일은 시궁창으로부터 대학까지, 영국의 모든 아이에게 자기 능력을 다해 가장 높은 곳까지 오르도록 기회를 제공하는 것"이라는 헉슬리의 말을 인용했다.[35] 이처럼 케르셴슈타이너는 국민에 대해 "바람이 불면 눕는 존재"로 여기지 않았다. 한안은 전통 유가적 엘리트주의의 안경을 끼고 보았기 때문에 그와 공자의 견해가 닮았다고 느낀 것이다.

> 우리가 오늘날의 언어로 일상생활에 빗대어 말하자면, 중국에서 어떤 사회 지도자가 자동차를 타고 다니며 파나마모자에 서양 구두를 신는다면 국민은 그를 모방한다. 그러지 않으면 불편함을 느낄 것이다. 한 유학생이 서양의 다양한 사치품으로 집안을 화려하게 장식하면 다른 친구들도 따라 할 것이다. 사람은 사회적 동물이다. 모방이 창조보다 쉽다. 인류 역사의 경험은 언제나 하층 계급이 상층 계급을 모델로 삼아 모방했다는 것을 보여주었다.[36]

한안의 터무니없는 이야기는 우스꽝스러운 것으로, 물질적 표준으로 경제가 낙후하고 빈부 격차가 현저한 중국 사회에서 엘리트 계층의 지도자 역할을 강조한 점은 적절하지 않지만, 유학생들에게 사회 지도자로서의 책임과 인식을 호소한 것만은 명백하다. 『중국유미학생월보』는 감동적인 사설을 비롯해 논문, 여름캠프 스피치 대회 연설로 가득한데, 유학생은 품격을 길러 민간대사 역할을 해야 한다는 주장을 비롯해 미래 지도자로서 필요한 지혜와 안목에 대한 다양한 문체의 글들이 망라되었다. 그중 가장 눈에 띄는 글은 애국심과 지도자의 의식에 관한 것이다. 구웨이쥔은 「오늘날 중국 학생들 앞에 놓인 과제The Task before China's Students

> 신학문의 옹호자이자 개혁의 지지자로서 유학생들은 서양의 사상과 이상을 전파하고 현대 과학을 도입해야 할 책무가 있다. 국회 청원 운동이 몰아치는 지금, 그들은 최대 다수의 사람에게 최대의 행복을 안겨줄 헌법을 찾지 않으면 안 된다는 점을 확실히 해야 한다. 백성에게 나라 일에 관심 갖기를 호소하고 사회를 이해하도록 도와서 나라 일이 곧 자신의 일임을 깨우치게 해야 한다. 아편 흡연이나 전족 등 사회 악습을 척결해서 건강한 사회를 만들어야 한다. 또한 이성적이고 성숙한 여론을 조성하여 관리들의 부패 고리를 끊어내고 나라를 개혁의 길로 인도하는 책임을 회피해서는 안 된다.[37]

앞서 3장에서 미국에서 태어나 자란 메이치쥐梅其駒가 13년간 중국 학생들과 소통하면서 받은 인상적인 경험의 일부를 소개했다. 그는 1911년 프린스턴대학에서 개최된 여름캠프에서 "연단에서 유창한 영어로 조리 있게 말하는 학생들을 보니 내 가슴이 뛰었다"고 회상했다. 또한 "그들은 진지하고 품위 있었다. 그들은 중국을 대표하는 입장으로 외국에서 공부하는 사명감을 알고 있는 것 같았다"고 했다.[38]

유학생들은 자신의 사명에 대해서는 장황설을 늘어놓았지만 중국의 백성에 대해서는 별 관심이 없었다. 놀랍게도 25년의 역사를 지닌 『중국 유미학생월보』에서 중국 백성에 관심을 보인 글은 단 2편이었다. 그중 한 편은 샌프란시스코 화교인 양화옌楊華燕, In Yang이 쓴 글로 "작은 하천이 상류로 거슬러오를 수 없듯이 백성의 수준이 낮으면 결코 부강한 나라가 될 수 없다"면서 백성이 무지하고 가난하면 국가도 강성해질 수 없음을 피력했다. 그리고 케르센슈타이너의 주장처럼 좋은 교육 시스템을 통해 백성을 훈련시켜 좋은 공민으로 만드는 것이 최선의 방법이라면서 "애국 심, 남성다움manhood, 공민의 책임을 가르치는 교실이 바로 '인민의 보루' 이자 방어선"이라고 했다.[39]

『중국유미학생월보』는 항상 엘리트에게 필요한 지도자 요건에 대해 서만 논한 반면 그녀는 백성과 엘리트가 함께 공화국을 건설해야 한다고 일갈하고 있으며, 매우 드물게도 여성을 공민의 범위에 포함시켰다. 그러 나 '남성다움'을 언급한 부분에서 유학생들 사이에 남성 우월적 심리가 깔려 있었음을 엿볼 수 있다.

다른 한 편의 글은 경관 장학생 쑨헝孫恒(1910년 예일대학, 하버드대학 경영학 석사)이 쓴 것으로, 그는 사회 하층 계급인 쿨리苦力을 언급하면서 양화옌보다 진보적인 입장을 드러냈다. 그는 "유학생들이 서구 전문직 종 사자와 같은 생활을 누리고 있을 때" 쿨리들은 비참한 생활을 하고 있다 면서 정의심과 경각심을 일깨우고 있다. 그러나 그의 호소는 쿨리가 중국 의 명성에 누를 끼친다는 우려에서 나온 것으로, 이는 차이나타운의 중 국 노동자들이 중국인의 이미지를 해친다는 인식과 다를 바 없었다. 그 는 서양 여행객들이 중국에 가서 쿨리의 모습을 보고 중국인은 '모두 빈 곤하여 비참하게 산다'는 인상을 얻지 않을까 걱정하면서 미래의 중국이 산업화하는 과정에서 소수 전문가에만 의존해서는 안 되며 대다수 백성 의 노력에 달려 있음을 강조했다. 사실 그의 인식은 자신들이 중국의 미 래를 짊어지고 있다는 믿음에 기초한 것으로, "이 광활한 나라가 전통 시 대의 혼란에서 벗어나 부강한 현대 국가가 되려면 엘리트들에게 의존할 수밖에 없으니" 유학생들은 "복잡하고 어려운 한자보다 간단한 문자를 사용하는 새로운 문화로 바꿔야 한다. 거리의 쿨리들도 중국의 정치와 산업 발전에 중요한 존재라는 사실을 사회에 인식시켜야 한다"고 했다.[40]

『중국유미학생월보』 25년의 역사에서 백성 일반을 언급한 글은 단 2편이었으나, 그마저도 엘리트가 상상하는 중국의 미래상을 벗어나지 못했다. 이것이 의미하는 것은 무엇일까? 그들이 발표한 숱한 글에서 백성에 관한 언급이 빠져 있다는 것은 무심함 또는 소홀함이라기보다는 고의적 무시라 할 수 있다. 앞서 언급한 메이화취안은 어려서부터 미국에서 살았으며 컬럼비아대학을 졸업한 인물로, 미국 유학생들이 귀국 후 중국에서 느끼는 불쾌한 경험('적응하지 못하는 것')은 유학생의 잘못이 아니라 중국의 잘못이라고 농담 반 진담 반으로 말했다.

> 중국을 떠난 지 4~10년 된 젊은이는 그동안 외국인처럼 먹고 입고 외국어로 말하며 살았다. 그가 중국에 돌아온 지 반년 만에 내국인home folks의 생활방식에 동화되기란 불가능한 일이다. 갓 귀국한 유학생의 심리를 이해하고 연민의 정을 가져야 한다. 갓 공부를 마친 그는 자부심이 강하며 자기 가치를 높게 평가하고 있다. 요컨대 방금 백악관을 떠나 앞으로 무엇을 해야 할지 결정하지 않은 미국 대통령과 같다고 할 수 있다.[41]

"외국인처럼 먹고 입고 외국어로 말하며 살았다"는 메이화취안의 표현은 호미 바바가 말한 '모방mimicry'의 개념으로, 7장에서 자세히 분석할 것이다.[42] 여기서는 메이화취안이 말한 '내국인'이라는 표현에 주의할 필요가 있다. 이 용어에 대해 별다른 설명은 없지만 나라 바깥으로 나가보지 않은 사람에 대한 통칭이 분명하다. 그는 귀국 유학생들을 "자신의 직책에 필요한 조건이나 준비를 조금도 실천하지 않은" 전통 사대부 계층보다 훨씬 나은 새로운 계층으로 여겼다.[43] 한 유학생이 "우리가 아니라면 도대체 누가 지도자가 될 것인가?"라고 물었을 때 그는 "부패하고 자신의 이익만 쫓는 관리? 고리타분한 옛것에 파묻혀 현실을 모르는 사대부? 우리보다 젊지만 불행히도 중국에 남아서 공부하는 학생? 똑똑하지만 무지한 상인? 경험은 있으나 아는 것이 없는 농민? 아니다. 절대로 아니다!"라고 강하게 부정했다.[44]

지극히 미국화된 자신에 대한 자부심이 강했던 메이화취안은 영어를 유창하게 구사했으며 엘리트 의식이 묻어나는 과장된 표현을 즐겨했다. 1913년 그는 컬럼비아대학 행정학과의 프랭크 굿나우 교수(훗날 존스홉킨스대학 총장)가 카네기국제평화기금회the Carnegie Endowment for International Peace의 소개로 위안스카이의 헌법 및 법률 고문이 된 것은 중국의 대단한 성취라고 했다. 언론에서는 정치적 의미를 배제했지만, 메이화취안은 굿나우 교수의 임명은 미국 체제의 정신을 대표하는 것이며 미국의 민주적 이상과 방법으로 중국의 민주주의를 지지하는 성과라고 과장했다.[45] 그러나 아이러니하게도 위안스카이가 국회를 해산하여 총통의 자문기구로 전락시키고 홍헌 제제洪憲帝制 운동을 일으켰을 때 이 헌법 고문은 위안스카이의 모든 행위를 변호함으로써 헌법 훼손의 당사자가 되었다.[46]

굿나우 교수에 대한 메이화취안의 큰 기대는 대다수 유학생이 위안스카이를 옹호했다는 사실을 반증한다. 그는 굿나우가 "무능하고 잡다한 국회의원들"의 반대에 부딪칠 것을 염려하면서[47] 위안스카이가 독재적으로 통치해야 하며 국회를 압박해 힘 있게 개혁을 추진해야 한다고 주장했다.[48] 즉 메이화취안은 중국 헌정과 법률 개혁이라는 중요한 과제를 "무능하고 잡다한 국회의원들"이 다루는 사안으로 전락시킨 것이다. 그에게 의원들은 '쉬지 않고 떠드는 교조주의자' '아무 의견이 없는 자' '반동분자' '자기는 모르는 것이 없다고 떠드는 자'들일 뿐이었다. 그는 백성이 굿나우 교수를 이해해야 하는 이유에 대해 이와 같이 말했다.

그가 백성과 이 문제로 부딪치지 않는 것은 매우 다행한 일이다. 그는 선교사가 아니니 백성에게 자신을 믿으라고 할 필요가 없다. 굿나우 교수가 우리 정부에 한 건의는 전혀 이해할 수 없다. 우리는 물론 그가 도움을 준 것에 대해 백성이 이해하기를 바라지만 이를 설득하는 일은 엄청난 고역을 자초하는 것이다.[49]

메이화취안과 다수의 유학생은 중국 지도자층에 자신들만 있는 것은 아니라고 겸손한 태도로 말하지만[50] 그들이 드러내는 사명감과 리더십에 대한 오만한 자부는 이미 자아도취의 경지에 다다랐다. 이러한 엘리트 시각의 한계에 대해서는 뒤에서 다시 분석할 예정이다.

물론 모든 유학생이 자아도취에 빠진 것은 아니다. 이러한 오만하고 자아도취에 빠진 유학생들에게 공개적으로 도전장을 내민 한 여자 유학생도 있었다. 빙신冰心이라는 필명으로 유명한 셰완잉謝婉瑩이 그 주인공으로, 1924년 10월 9일 보스턴 교외의 웨슬리칼리지에 다닐 무렵 그녀는 쌍십절 경축 파티신해혁명이 발발한 1911년 10월 10일을 기념하는 행사 — 옮긴이에서 '비리더십Non-leadership'이라는 주제로 강연을 했다. 그리고 『중국유미학생월보』에 장차 중국에서 지도자가 될 것이라 믿어 의심치 않는 유학생들을 비판한 연설 내용이 실렸다. 이 글에서 그녀는 유학생들이 미국에 올 수 있었던 것은 단지 기회를 얻은 것일 뿐이고, 미국 땅을 밟았다고 해서 지도자가 되는 것은 아니라고 했다. 또한 미래 중국의 지도자를 자임하는 유학생들의 태도를 개탄하면서 그러한 자세는 자기의 정신을 왜곡할 뿐 아니라 국가의 발전에도 장애가 되는 것이라 했다. 진정한 지도자는 자기를 낮추려는 겸손함과 아래에서부터 일하려는 의지를 보여야 하며, 모두 이러한 지도자의 특성을 갖추어 국가를 위해 봉사해야 한다고 했다.[51]

보수는 신념인가, 관료가 되기 위한 조건인가?

유학생들은 국정을 담당하는 것이 자기의 사명이라 믿었으므로 당연히 귀국만 하면 요직을 맡을 것이라 기대했다. 왕이쥐의 연구에 따르면 20세기 전반, 귀국 유학생들은 대학에 자리 잡은 이들이 가장 많았고 그다음 선택은 정계 입문이었다. 정계에 입문한 사람이 가장 많은 해는 1934년(42퍼센트)이고 가장 적은 해는 1925년(15퍼센트)이었다. 대학교수는 1919년(39퍼센트)에 가장 많았고 1937년(24퍼센트)에 가장 적었다.[52] 또 다른 의미 있는 지표는 서양에서 돌아와 정부기관의 직책(부서 내 최고 책임자)을 얻은 유학생의 수가 꾸준히 증가했다는 점이다.(1915년-12명 중 5명, 1923년-12명 중 7명, 1932년-18명 중 14명, 1937년-16명 중 12명, 1943년-20명 중 16명, 1947년-24명 중 17명)[53]

유학생이 이렇게 정계에 몰린 현상은 당시 많은 관찰자가 공통적으로 확인한 사실이다. 당시 중국에 머무르던 서양인들의 증언에 따르면 유학생들은 권력자를 지지했으며 이념적으로는 우익 성향이었다. 1923~1941년 상하이에서 발행된 『상하이위클리리뷰The China Weekly

Review』의 발행인 겸 편집장인 존 파월은 "내가 아는 미국 유학생들은 한 명도 공산당에 가입하지 않았다. 수천 명에 달하는 유학생들은 모두 국민당원이었다"라고 했다.[54] 코민테른의 대표 미하일 보로딘은 "중국의 도적土匪들은 군벌로 변신하여 손쉽게 귀국 유학생들을 소집해 하나의 정부를 구성할 수 있다"고 신랄하게 비판했다.[55]

상대적으로 과거제도에 대한 잔상을 갖고 있는 1920~1930년대 중국 사람들은 배운 자를 높이 받드는 전통적 시각으로 귀국 유학생들을 바라보았다. 그런 까닭에 이들의 정치적 이념을 비판하기보다는 정계에 입문한 뒤 드러난 교만함과 부패, 사회와의 단절 등에 대한 비판이 더 거셌다.[56] 왕이쥐는 이러한 비판선상에서 중화민국의 실패와 공산당 승리의 책임을 서양에서 돌아온 유학생들에게 돌렸다. 정계에 나가지 않은 사람들은 지도자로서 당연히 져야 할 정치적·도덕적 책임을 방기한 것이고 정계에 나간 사람들은 "그저 당권자의 도구가 되기만을 원했다"면서 보로딘과 유사한 비판을 했다.[57]

1980년대 개혁 개방 이후의 번안 사학자들은 유학생들을 비방하고 매도한 혁명 사학자와는 다른 입장을 드러냈다. 예를 들어 예웨이리는 그들을 이데올로기에 구속되지 않은 (마치 이데올로기가 없는 사람이 존재하는 것처럼) 이성적이고 실무적인 전문가 그룹으로 묘사했다. 즉 중국 현대화의 길을 찾기 위해 노력했지만 중국의 장기적 혼란과 이데올로기에 사로잡힌 정치 운동에 의해 궤멸되었다는 논리다.[58]

유학생들은 대단히 선명한 이데올로기를 가지고 있었다. 그들은 신념이든 아니든 자기에게 유리하면 보수 이데올로기를 받아들였다. 물론 유학생 중에 공산당원이 없었던 것은 아니다. 다만 공산당 가입이 금지되고 당원으로 드러나면 처결되던 시대였기에 아무도 스스로 공산당원임을 노출하지 않았을 뿐이다. 20세기 전반기의 가장 유명한 마르크스주의자로서 농촌 경제를 연구한 천한성陳翰笙(1920년 캘리포니아의 포마나칼리지 학사, 1921년 시카고대학 석사)이 대표적인 인물로, 그는 1926년 코민테른에 가입하고 1935년에 중국 공산당에 가입했지만 이 사실을 공개한 것은 1949년 이후였다.[59] 지차오딩冀朝鼎(1926년 시카고대학 학사, 1936년 컬럼비아대학 박사)의 경우는 더욱 극적이다. 그는 최초의 공산당원인 미국 유학생으로, 1940년대 국민당 정부 재정부에서 쿵샹시와 함께 활동한 스타급 고위 관료였다.[60] 물론 이 두 사람 외에 다른 유학생 출신 공산당원도 확인할 수 있다. 1920년대 말기『중국유미학생월보』에서 급진적인 작가로 활동했으며 1931년 유학생연합회가 '적색공포'를 발동한 정변 당시에 제적된 회장과 편집장에 대해서는 후반부에 다뤄볼 예정이다.

그러나 대다수 유학생들이 권력자에게 충성했다는 사실은 의심할 여지가 없다. 그들이 원하는 지도자 역할은 기존 정치 체제 안에 있었기 때문에 누가 권력을 잡는가와 상관없이 충성을 바쳤다. 미국 유학생 전체의 이익을 대변하던 연합회는 최후의 순간까지 권력자를 옹호했으며, 정권이 망하면 새로 들어선 정권을 향해 몸을 돌려 따르는 식이었다. 물론 이들이 순전히 자기 이익 때문에 정부에 충성했다고 볼 수는 없으며, 보수라는 신념에 기초한 것일 수도 있다. 중요한 점은 그들이 자신의 보수적 신념을 자랑스러워했다는 것이다. 1911~1912년『중국유미학생월보』편집장을 지냈고 훗날 칭화대학 총장을 역임한 차오윈샹曹雲祥(1911년 예일대학 졸업, 1914년 하버드대학 경영학 석사)은「우리의 위치Our Place」라는 글에서 '보수는 미덕'이라고 표현했다.

모두가 알고 있는 사실은 진정 국가에 공헌하는 사람은 구파의 급진주의자, 신파의 보수주의자라는 점이다. 그들은 폭넓은 견식broad principles과 이성적 사상sane ideas을 갖추어 현실에 안주하거나 경거 망동하지 않는다. 무모하게 돌진하지도 않고 백성에 대해 실망하 거나 포기하지 않는다. 우리의 위치는 혼란스러운 여러 부분을 연 결하여 동질체로 만드는 응고제, 즉 두 그룹을 잇는 다리 역할을 하는 데 있다.[61]

구웨이쥔은 동부연합회의 보수적 입장을 드러내면서 국가와 유학생 들에게 필요한 이념이라고 설파했다. 1908년 1월 『중국유미학생월보』 사 설에서 그는 "우리는 확실하게 보수주의를 표방해야 한다. 다만 중국과 유학생들의 복지를 최대한 보장하는 보수주의여야 한다"라고 했다.[62]

차오윈샹은 '신파의 보수주의자'가 해야 할 일은 "현실 정치에 간여 하지 않고 학업에 전념하여 미래에 국가에 보답하는 것"이라 했다.[63] 전미 중국유학생연합회는 국내 사안을 놓고 찬반 토론을 거쳐 청 정부에 3차 례 전보를 띄워 청원 운동에 참여한 바 있다. 연합회 내부적으로는 정부 를 자극할 수 있다는 이유로 반대한 부류도 있으나[64] 정치적 안목을 지 닌 학생들의 생각은 달랐다. 1907년 봄, 구웨이쥔 등은 자신들의 정치적 노력이 웨한粤漢철도광둥 광저우에서 후베이 우창을 잇는 철도—옮긴이 쟁의 해결, 파 나마 운하의 중국 노동자 문제를 처리하는 데 영향을 끼쳤다고 판단하면 서 만약 개입하지 않았다면 정부는 속수무책이었을 것이라 자부했다.[65]

1907년 11월 청 정부는 학생들의 정치 간여를 금지했다.[66] 그러자 1908년 1월 구웨이쥔은 『중국유미학생월보』에 글을 발표해 중국은 아직 '민족주의 유아기'에 머물러 있기 때문에 '과도한 열기overenthusiasm'는 위 험을 초래할 수 있다면서 입장을 바꿨다. 나아가 정치에 간섭한 유학생들을 청 정부가 가만두지 않을 것을 알아차리고 차오원샹의 논조에 동의를 표하면서 "연합회가 국내 문제에 대해 토론하는 것을 회피하자는 게 아니라 경솔하게 정치 문제에 개입하지 말자는 것이다. 그것은 아직 정계에 들어가지 않은 학생들의 범주 바깥의 문제이기 때문이다"라고 했다.[67]

유학생들이 말하는 '우리의 위치'는 어디인가? 서태후와 광서제가 1908년 11월 14, 15일 연달아 세상을 떠나자 유학생들은 크나큰 상심에 빠졌다. 하버드대학과 MIT의 중국 유학생 학생회는 1908년 11월 25일 제단을 설치하고 다음과 같은 내용을 발표했다.

> 황제와 황태후가 세상을 떠나 승천했지만, 조국에 위대한 공덕을 남기셨다.
> 하버드대학과 MIT 중국학생회는 황제와 황태후가 남긴 공헌에 최고의 경의를 표하며 충성스런 신민의 의무를 다하고자 한다.
> **결의** 국내외 모든 백성은 애도를 표한다. 중국 백성은 황은을 입어 태평성대를 누렸으니 영원히 그 은혜를 잊지 않을 것이다.
> **결의** 위 결의문을 『중국유미학생월보』에 싣는다.[68]

동부연합회는 『중국유미학생월보』 사설을 통해 전 회원의 애도를 표하고 광서제와 서태후의 공헌을 다음과 같이 예찬했다. "우리는 황제와 황태후의 귀중함을 진정으로 알지 못했다. 지금에야 지도자를 잃은 손실을 깊이 깨닫고 있다. 아편, 전족, 노예를 금지하고 국회와 헌법 제정을 결정한 것은 모두 그들의 공덕이었다."[69]

청조의 마지막 황제 푸이溥儀가 등극하자 유학생들은 다시 한 번 '우리의 위치'를 확인했다. 3세의 어린 푸이가 등극하기 전 『중국유미학생월보』 사설에서는 푸이를 후계자로 결정한 것은 "심사숙고의 결과"라 했다.[70] 또 다른 잡지에서는 셰익스피어 희극 『맥베스』의 대사, 즉 4막에서 맥베스가 세 번째 유령(머리에 황관을 쓰고 손에는 과일 나무를 든 아이)에게 "어린아이 머리에 지존의 관이 씌워져 있다"고 한 대사를 인용하여 실소를 자아내게 했다.[71] 『맥베스』에서 황관을 쓰고 유령 모습으로 나타난 아이는 맥베스에게 피살되어 왕위를 찬탈당한 스코틀랜드 국왕 던컨의 아들 말컴이다. 즉 말컴이 유령으로 나타난 것은 훗날의 재기를 암시한 것으로, 이 사설을 쓴 동부연합회 회장 왕징춘은 푸이를 어린 말컴 3세에 비유했다. 그러나 푸이가 말컴 3세라면 잔혹하고 사악한 맥베스는 서태후를 암시한 것이란 말인가? 타국의 문학작품에 빗대어 사람을 욕보인 것은 잘못된 표현방식이다.

당시 많은 유학생이 그렇듯 왕징춘 역시 청 정부에 충성했다. 신해혁명 이후 왕징춘은 임시정부 외교부 참사參事에 이어 징펑京奉, 징한京漢 철도 관리국 국장을 역임했다. 당시의 임시총통 쑨원이 그의 상관이었다. 1904년 세인트루이스에서 국제박람회가 개최되었을 때 왕징춘 일행은 쑨원과 같은 숙소에 묵게 되었는데 왕징춘은 쑨원 일행을 의도적으로 피했다.[72] 물론 쑨원은 당시 청 정부에게 수배된 입장이었으므로 왕징춘 등의 행동을 질책할 수는 없으나, 몸을 사리는 것과 정치적 충성은 다른 문제다. 앞서 말했듯 1915년 위안스카이가 민국 정부를 황제 시대로 되돌리려 했을 때 왕징춘은 다른 '국민 대표들'과 함께 찬성표를 던졌다.

왕징춘이 맞닥뜨린 '난처한 상황'은 관직에 뜻을 두었던 모든 미국 유학생이 청조 말기부터 수차례 경험한 일이다. 그들이 직면한 첫 번째 딜레마는 청조 말기에 일어난 입헌 운동에 대한 입장이었다. 중국 신상층紳商層, 교육을 받은 상인 계층으로 양무운동 이후 사회적 역할이 두드러짐─옮긴이을 중심으로 입헌 예비기간을 단축시키자는 청원 운동이 전개되자 미국 유학생들은 이를 지지하고 싶었지만 청 정부를 자극할까봐 망설였다. 이에 동부 연합회는 청 정부가 점진적으로 국회를 소집하려는 것은 현명한 선택이라는 발언과 함께 관망의 태도를 취했다. 앞서 언급한 애국회의 한안은 1908년 12월 『중국유미학생월보』에 작용과 반작용의 법칙을 인용하여 청원 운동은 부당하다는 취지의 글을 발표했다. 그가 말한 반작용이란 청 정부가 3년 안에 국회를 소집해야 한다고 주장한 법무부 주사主事 천징런陳景仁을 파면한 것으로, 그는 "프랑스 대혁명 시기의 공포 정치나 영연방 국가에서 수많은 사상자를 낳은 전쟁들을 떠올려볼 때 우리가 맞이한 상황은 전혀 심각한 것이 아니다"라며 인내심을 호소했다.[73]

1908년 청 정부가 9년 내에 국회를 소집하겠다고 발표하자 왕징춘은 다시 『중국유미학생월보』에 「중국에서 개혁은 진심인가?Is the Reform of China Sincere?」라는 제목의 글을 게재하여 "헌법을 토대로 백성이 서서히 자신의 어깨에 부과된 막중한 의무와 책임을 깨달아야 한다는 점을 고려할 때 정부가 9년 이후 국회를 소집한다는 것은 매우 현명한 판단"이라고 했다.[74]

급변하는 국내 정치 상황에도 유학생들은 '우리의 위치'를 벗어나지 않은 채 귀국 이후 관직에 나갈 기회를 잡기 위해 신중한 태도를 취했다. 청 정부가 자신들의 눈과 입을 막아도 별 문제가 아니라는 듯 행동했다. 1909년 1월 탕사오이가 미국에 왔을 때 위안스카이가 하야하자 왕징춘은 "청천벽력 같은 소식"이라면서도 "상황이 명백해지기 전에 속단하지 말아야 한다. 표면적으로 보면 반동의 기미로 볼 수 있지만 아무리 주의 깊게 관찰해봤자 충분히 알 수 없는 일이다. (…) 우리는 그 자리에 있지 않았으니 참견의 여지가 없다"면서 물러섰다.[75]

국내에서 국회를 서둘러 소집해야 한다는 청원 운동이 일자 유학생들도 관심을 보였다. 동부연합회 지도부는 신중한 입장을 취했지만 일반 회원의 반응은 달랐다. 1910년 코네티컷주에서 개최된 여름캠프 영어 스피치 대회 제목은 「결의: 중국은 당연히 1917년 이전에 국회를 소집해야 한다Resolved, that China should summon her National Assembly before」였다. 펜실베이니아대학과 예일대학이 찬반 양측으로 나뉘어 토론을 벌였는데 반대파인 예일대학이 지지를 얻었으며 대표인 왕정팅王正廷이 최우수상을 받았다.76 그러나 캠프에 참가한 많은 회원은 조기 소집을 주장하는 펜실베이니아대학의 의견에 동의했다. 이들의 압박으로 청원 운동에 참여할 것인지를 정하기 위해 미국 내 다른 단체들과 연합위원회를 구성하자는 결의안이 채택되었다. 1910년 9월 동부연합회 회장 구웨이쥔은 스피치 대회에 참여한 찬반 양측에서 선발한 1명씩을 포함한 5인 위원회를 구성한 뒤, 1911년 2월 1일 전까지 국회 소집의 장단점에 대해 연구한 보고서를 제출하도록 했다.77 그러나 이후 『중국유미학생월보』에서 5인 위원회의 보고 기록이 확인되지 않는 것으로 보아 구웨이쥔의 지연 전술이 있었을 것으로 의심된다.

1911년 2월 러시아가 만주 변경에서 중국을 침범하자 동부연합회는 뜻하지 않게 국회 조기 소집을 요구하는 청원 운동에 참여하게 되었다. 2월 18일 러시아는 중국에게 만주에 대한 러시아의 경제적 요구를 받아들이라는 최후통첩을 보냄으로써 북만주를 병합하려는 야욕을 노골적으로 드러냈다.78 컬럼비아대학 중국학생회는 긴급회의를 통해 동부연합회가 베이징 국회에 전보를 보내 평화 유지를 위한 노력과 전쟁에 대비하도록 촉구해야 한다고 했다. 이에 동부연합회는 전보를 보내기로 결정했지만 과정은 상당히 복잡했다. 구웨이쥔은 1911년 2월 보고서에서 이렇게 말했다.

30.5달러를 내고 전보를 쳤지만 전보는 도착하지 않았다. 「국가 규정」 7조에 선동적인 단어(국회)가 포함되어 있으면 베이징 전보국이 전송을 금지했기 때문이다. 위급한 상황이라 우리는 상하이의 『시보時報, Eastern Times』에 전보를 쳐서 각 성의 자의국諮議局, 1909년에 국회 개원을 준비하기 위해 각 성에 설치한 조직─옮긴이에 전해달라고 요청했다. 전보 내용은 열강이 변경에 군대를 배치했으니 자의국은 국회를 긴급 소집해서 평화 유지와 전쟁 준비를 모색하자는 것이었다. 국회 소집은 국가 생존의 울타리다.

『뉴욕선New York Sun』지는 이 과정을 잘못 보도했다가 정정하는 해프닝을 연출하기도 했다.

『선』지는 2월 28일 「중국 학생들 혼나다Chinese Students Rebuked─베이징에 전보를 치다」라는 제목으로 부실 보도를 했고, 우리가 바로 정정을 요구하여 오늘 그 내용이 신문에 등재되었다.[79]

동부연합회가 전보를 치던 그 시점에 중국 내 신상들은 4차이자 마지막으로 국회를 소집하자는 청원 활동을 발동하고 있었다. 신해혁명의 전야에 들어선 것이다. 미국 유학생들의 눈치전도 절정으로 치닫고 있었다. 2월 『중국유미학생월보』는 이러한 사설을 실었다.

천조天朝 역사에서 지난해는 가장 의미 있는 시간이었다. 그저 동화 속에나 일어날 법한 많은 일들이 발생했다. 누가 중국에서 이렇게 놀랄 만한 큰 걸음들이 발생할 줄 상상이나 했겠는가?[80]

"놀랄 만한 큰 걸음들"이란 첫째 1910년 6월 11일 난징에서 거행된 난양권업회南洋勸業會(중국에서 개최된 최초의 박람회), 둘째 YMCA가 제안하여 10월 난양권업회 장소에서 개최된 1차 전국체육대회, 셋째 아편 금지 운동, 넷째 10월부터 시작된 변발 자르기 운동, 다섯째 청원 및 국회개회운동 등을 말한다.

그로부터 8개월 후 신해혁명이 발발했다. 내내 눈치만 보던 동부연합회는 곧 청 정부와 결별을 선언했다. 1909~1910년 회장을 지낸 주팅치는 『중국유미학생월보』 국내판의 편집자로, 신해혁명에 대해 '반란revolt'과 '혁명revoltion' '반란군rebels'과 '혁명군revoltionists'이라는 용어를 뒤섞어 쓰면서 정세 변화에 따라 입장을 바꾸는 자세를 취했다.[81]

1912년 봄, 『중국유미학생월보』에는 혁명을 찬양하는 글들이 등장했다. 1909년 1차 경관 장학생인 주푸朱復는 "미국에서 혁명이 발생한 이래 세계 어느 나라에서도 중국의 혁명 지도자들만큼 자기희생적이고 애국적이며 능력과 경험을 갖춘 자는 없었다"고 했다.[82] 주팅치도 더 이상 눈치를 보지 않고 "구정권을 지탱하던 세 기둥은 부패한 황실, 관료, 군대였다"며 청 정권의 관 뚜껑에 못을 박아버렸다.[83]

미국 유학생들이 새 옷 갈아입듯 청 정권을 향한 충성을 가뿐히 거둬들임으로써 그동안 그들이 충성해온 대상은 만청滿淸이나 입헌군주 체제가 아닌 바로 자신들이었음을 입증했다. 결국 그토록 자신만만하게 말하던 보수의 정치철학은 신념이었다기보다는 현상 유지가 자기들에게 유리하다는 인식의 수산이었을 뿐이다. 그들은 관료가 되기 위해 보수주의

〈사진 16〉「새로운 승자」
자료: *The Chinese Students' Monthly*, Ⅶ.2(December 10, 1911) 152~153쪽

자가 된 것이었다.

　헌신짝 버리듯 청 정권과 결별한 그들은 신해혁명으로 건립된 임시정부를 지지했지만 이것이 공화정을 지지했다는 뜻은 아니다. 그들은 공화정을 믿지 않았다. 쑨원에 대한 태도가 가장 좋은 예다. 신해혁명 이전까지만 해도 쑨원의 이름조차 거명하지 않던『중국유미학생월보』가 이제는 그를 영웅이라 칭하면서 탁월한 식견으로 임시 대총통을 사임하고 위안스카이에게 자리를 양보했다고 찬양했다. 1911년 12월, 주팅치는 공화정은 이미 기정사실이라고 발표했다. 청 조정의 입헌군주 체제는 이미 되돌릴 수 없는 국면이라고 했으나, 주팅치는 내전이 계속되면 열강이 간섭하게 될 것을 가장 우려했다.[84]

　1911~1912년도 편집장인 차오윈샹은 입헌군주파와 공화파가 대치하

는 상황에 대해 "혁명의 목표는 이미 달성"했으니 이제는 "누가 백성의 안전, 평화, 번영을 보장할 것인가?"라는 문제가 남았다고 했다. 그러면서 위안스카이를 이탈리아를 통일한 카밀로 벤소에 비유하면서 문제를 해결할 사람은 오직 위안스카이라고 했다. "대다수 사람은 위안스카이가 비교적 안정된 정부를 세워 제국의 평안을 기할 수 있을 것으로 생각한다. 그는 청 황실을 우대하면서 질투심 가득한 공화파와 차별성을 보여주었다. 공화파는 청 황실을 박대하고 외부 세력의 개입을 초래할 것이다."[85]

당시 미국 유학생 가운데 진정으로 만청에 충성한 근왕파勤王派는 많지 않았다. 차오윈샹 역시 혁명에 반대했지만 근왕파는 아니었다. 그는 1911년 12월 『중국유미학생월보』 사설 「충성에 충성한다Loyalty to Loyalty」에서 충성에는 가장 낮은 단계의 개인적 충성私忠부터 무리群, 당黨, 국가, 이상에 대한 충성 등 여러 단계가 있다고 했다. 그러나 이 모든 충성보다 더 높은 단계는 충성에 대한 충성으로, 이성적인 사람이 지켜야 할 근본 원칙이라고 했다.

가장 마지막 형식에 대해서는 냉정히 판단해야 한다. 이를 위해서는 이전의 모든 충성을 희생해야 하기 때문이다. 표면상으로는 불충 같지만 사실 진보적이고 선진적인 이상을 포함한다. (…)

(…) 우리가 어떤 상황에서도 정부에 충성해야 하는 것이 애국은 아니다. 정부는 백성의 복지를 보장해야 한다. 백성의 이익이 보장 받지 못한다면 우리는 백성과 약속한 더 높은 단계를 위해 전 정부에게 표한 충성과 단절해야 한다. 서방 정치 제도에서는 이를 '혁명의 권리'라 한다. 우리의 좌우명은 '애국은 따르는 것이다

Patriae Amore Ducamur; the love of country leads'이다.(차오원상은 1911년 11월호 표지에 이 라틴어로 이 좌우명을 인쇄하고 '염치를 아는 것은 용기에 가깝다'라고 번역했다.) 만약 국가 개념을 정확하게 정의한다면 목전의 정치 위기에서 우리가 지켜야 할 가장 높은 단계가 무엇인지는 쉽게 판단할 수 있다.[86]

한 달 뒤에 발간된 1912년 1월호에서 차오원상은 「혁명과 최고의 목표Revloution and the Surpreme Cause」라는 사설을 통해 더욱 분명하게 말했다.

청 정부에 대한 충성은 모든 애국 시민의 당연한 책임이자 의무였다. 그러나 정부가 무능하고 고질적인 부패에 빠져 백성에게 한 약속과 선서를 지키지 못하면(그 어떤 신성한 계약도 쌍방이 충실하게 이행한다는 원칙 아래 실행되는 것이다) 혁명은 합리적인 권리다. 이것이 오늘날 백성의, 백성에 의한, 백성을 위한 정치 개념이다. 군주의 권력은 하늘이 내리는 것이라고 생각하는 정부는 이 현대적 개념에 부합하지 않는다. 중국 황제는 '천자天子'라고 불렸으나 군주의 권력이 하늘이 내리는 것이라는 개념은 이미 기원전 350년 맹자에 의해 산산이 부서진 바 있다. 맹자는 '백성이 가장 귀하고, 사직이 다음이며, 군주가 가장 가볍다民爲貴, 社稷次之, 君爲輕'라고 했다. 고대의 교훈과 현대의 이론 모두 백성이 정부의 압박, 관리의 부패에 고통당하는 상황이라면 혁명은 당연한 권리라고 말하고 있다.[87]

차오원상은 미국 유학생 중 몇 안 되는 신념적 보수주의자이자 입헌군주론자였다. 1912년 초 공화정이 대세를 이룬 뒤에도 그는 진심으로

'중국의 카밀로 벤소'가 '공화정의 열기'를 잘 풀어주기를 바랐다.[88]

　　1911년 11월 25일 컬럼비아대학의 중국 학생회가 위안스카이에게 보낸 전보를 보면 차오윈샹의 의견은 유학생을 대표한다고 볼 수 있다. 구웨이쥔 등 3인이 초안을 잡은 이 전보는 전체 유학생 명의로 보낸 것으로 시카고, 일리노이, 미시건, MIT, 예일 등 각 대학의 중국 학생회가 이 내용에 동의하고 비용을 분담했다. 『중국유미학생월보』에 실린 전보의 영문본에 따르면 그들이 위안스카이에게 혁명 대열에 참가할 것을 권하는 이유는 네 가지다. 첫째는 전국이 이미 혁명을 지지하고 있다는 것, 둘째는 황실 체제가 계속 유지된다면 프랑스혁명 이후의 전개 양상처럼 혁명이 계속될 것이라는 것, 셋째는 3/4의 성들이 이미 독립을 선포했으니 오직 공화정만이 나라의 단결을 도모할 수 있다는 것, 넷째는 내전이 계속되면 외세의 침략을 초래할 수 있다는 것이다. 말미에는 다음과 같은 건의를 덧붙였다.

> 황제가 퇴위한 뒤 러허熱河에 거주지를 마련해주고 만인滿人, 기인旗人에게 한인漢人과 같은 공민권을 부여한다. 멍구(몽골), 신장 등에도 같은 권리를 부여한다. 그러면 백성이 합심해서 나라를 위해 헌신할 것이다. 이는 서양에서도 동의하는 바다. 국가의 안위는 귀하의 판단에 달려 있다. 중국의 워싱턴이 되려면 깊은 고심이 필요하다.[89]

　　위안스카이를 '중국의 워싱턴' 또는 '카밀로 벤소'에 비유한 부분은 황당하지만 그에게 걸었던 유학생들의 기대가 얼마나 컸던가를 알 수 있다. 차오윈샹은 「공화정의 열기」라는 글에서 중국이 '혼란 정국의 과도기 단계'를 거칠 때 발생할 열강의 간섭을 우려했다. 이는 신해혁명 전부터 일본 유학생 사회에서 량치차오와 혁명당이 치열하게 전개했던 논점 이다.[90] 그러나 당시에 『중국유미학생월보』는 이러한 논쟁에 무관심하다 가 신해혁명 이후 비로소 공개적으로 이견을 드러내기 시작했다. 이는 유 학생 사회에 내재해 있는 또 다른 이데올로기적 단층을 표출한 것이다.

1912년 1월 17일, (자오위안런과 후스를 포함한) 코넬대학 중국 유학생 26 명은 공동성명의 서신을 차오윈샹에게 보내 공개 항의했다.[91] 특히 그의 글 가운데 「혁명과 최고의 목표」에서 다음과 같은 내용을 공격했다. 첫째 는 위안스카이를 중국의 카밀로 벤소라 비유한 것, 둘째는 혁명파의 지도 자를 '질투심이 강하다'라고 묘사한 것, 셋째는 "대다수 사람들은 위안스 카이가 안정된 정부를 구성하리라고 믿는다"라고 한 것, 넷째는 나라를 중건하는 데 위안스카이가 안정적이라고 한 내용이다.[92]

다른 비교 자료가 없어서 후스가 기초한 이 글이 얼마나 대표성을 지니는지는 알 수 없으나, 대다수 유학생이 위안스카이에 반대했다면 주 류의 의견을 대표한 것이라 할 수 있다. 이와 반대로 위안스카이를 옹호 하는 것이 주류 의견이었다면 그는 소수파의 반대 의견을 반영한 것이다. 이 서신이 서명한 코넬대학 중국 유학생은 전체 48명 중[93] 26명이었다.

차오윈샹도 물러서지 않았다. 그는 자신이 쓴 글에 대한 책임은 자신 에게 있으며 공개 서신 혹은 투고 방식으로 반박하는 것에 대해 기꺼이 받아들이겠다고 했다. 그는 위안스카이가 '배신자'라는 의견에 반박했다. 증거를 들어 반박한 것이 아니라 10여 개의 반문을 던져 위안스카이의 초연함, 공헌, 광명정대함이 증명된다고 했는데, 이 반문들을 구태여 인용 할 필요는 없을 것 같다. 차오윈샹은 자신을 비판한 사람들을 향해 청조 가 건재하는 한 그대들은 청나라의 신하이며, 진정한 배신자는 위안스카 이가 아니라 서신에 서명한 자들이라고 했다.

『중국유미학생월보』는 전미중국유학생연합회의 기관지다. 연합회는 아직까지 공화정에 대한 의사를 표하지 않았지만 어떤 회원들은 혁명을 지지할지도 모른다. 우리는 오직 학문적 입장에서 공화정을 옹호할 뿐이다. 대다수 국비 유학생들은 청 정부가 주는 돈으로 공부하고 청 정부가 임명한 감독의 관리를 받고 있다. 파벌 간 싸움이라는 측면에서 볼 때 위안스카이는 '배신자'라 할 수 있겠지만 상대방도 우리가 반역죄를 저질렀다고 말할 수 있다. 연합회가 혁명에 대해 정식 입장을 발표하기 전까지 『월보』는 학문적이고도 초연한 입장을 유지해야 한다.[94]

차오원샹이 후스 등의 공개 서신에 반박하고 있을 무렵, 1911~1912년 전미중국유학생연합회 회장인 궈빙원郭秉文은 1912년 1월 16일 "전미유학생연합회는 중국 영토 위에 연합공화국을 건립할 수 있다고 생각한다. 중국의 특징과 장점을 가장 잘 발휘할 수 있는 체제일 것이다"라며 공화정을 지지한다고 정식 선언했다. 아울러 차오원샹에게 서신을 보내 "단결된 행동으로 중국에 공화제 정부가 건설되는 것을 지지할 때"라고 했다. 서신 말미에는 "우리는 기관지인 『중국유미학생월보』를 통해 연합회의 입장을 밝힐 것이며 공화정이 백성의 복지를 위해 노력할 것을 요구한다"고 했다.[95]

그러나 『중국유미학생월보』 편집부는 지도부 의사에 따르지 않았다. 차오원샹은 겉으로는 연합회의 입장에 따르는 것처럼 행동했지만 1912년 3월호에 상반된 견해를 표명했다. 첫째는 자신은 입헌군주를 지지하지만 소위 다수라고 하는 미친 민의가 공화를 요구한다는 것이다.

냉철한 두뇌의 많은 유학생은 입헌군주를 지지한다. 그러나 압도적으로 많은 백성은 큰소리로 공화를 지지하는 것을 보니 앞으로 소집될 각 성 대표들도 공화 정부에 찬성표를 던질 것 같다. 국가의 복지를 이루기 위해 충성스러운 공민은 개인의 의견 차이를 접어두고 다수의 의견을 따라야 한다.

차오원상은 또 공화정은 사분오열된 중국을 구할 수 없고 오직 강력한 중앙정부만이 중국의 운명을 구할 수 있다고 했다.

'신공화국 호'는 곧 출항하여 망망대해로 나간다. 선장(쑨원이든 위안스카이든)은 혼란에 빠진 신장, 멍구, 만주와 많은 적국을 헤치고 나아가야 한다. 이 '오래된 제국, 젊은 공화국'이라는 배가 저 험한 파도를 헤치고 나가려면 강력한 중앙정부를 신속히 구성해서 거칠고 고집 센 무리들을 제거해야 한다. 흩어진 조각들로 채워진 제국은 이 난국을 극복할 수 없을 것이다.

마지막으로 차오원상은 명칭만 '민국民國'으로 바꾼다고 해서 공화국이 되는 것이 아니며 강력한 중앙정부가 있어야 중국을 진정한 공화국으로 바꿀 수 있다고 했다.

삿갓을 쓴다고 다 스님이 되는 것이 아니듯, 내부가 비어 있는데 이름만으로 공화국이 될 수는 없다. 중국에서 공화정이 성공하려면 강력한 연방 정부에 의한 중앙집권이 이루어져야 한다. 모든 성에서 공화정을 실시한다는 것은 심각한 재해를 수반하는 실험이다.

현실은 공상이 아니라 현대 국가의 기초를 다지는 과정이다. 격앙된 기세가 일시적으로 분위기를 띄울 수는 있지만, 넘치면 개인과 사회를 휩쓸어버린다. 역사는 수없이 이를 증명해왔다.[96]

차오윈샹은 입헌군주를 주장했지만 얼마나 많은 유학생이 이에 동조했는지는 알 수 없다. 다만 위안스카이를 옹호하면서 강력한 중앙정부가 필요하다는 주장으로 유학생들의 공감을 이끌어냈다. 『중국유미학생월보』 편집부 내에도 동조자가 있었다. 1912년 3월 주팅치는 '국내 뉴스 평론'란에서 위안스카이를 정치 천재라고 표현하면서 이에 반대하는 유학생들을 질책했다. 위안스카이가 남방 혁명군 토벌이라는 명목으로 베이징에서 만주군滿洲軍을 한군漢軍으로 대체한 것은 만주인이 한인을 죽이는 것을 방지하고 단번에 만청滿淸을 궤멸시키려는 치밀한 계획이라고 해석했다.[97]

전미중국유학생연합회 회장은 '단결된 행동'을 요구했으나 차오윈샹은 지도부와 다른 입장을 드러냈다. 우선 1912년 3월호에 서부 지회가 샌프란시스코에서 '공화와 제제帝制 중 중국에 적합한 체제는 무엇인가?'라는 주제로 개최한 토론 대회의 내용을 실었다. 이러한 행동이 입헌군주를 옹호하는 자신의 입장을 뒷받침하려는 것이었는지, 아니면 학문적 토론을 이끌어내려 한 것이었는지는 알 수 없다. 이 토론 대회에서는 당시 캘리포니아대학 버클리캠퍼스에 재학 중인 야오관순姚觀順, George Bow(1914년 노리치사관학교 졸업)이 공화정을 지지하는 논지를 펼쳐 우승했으며, 3월호에 「중국에 가장 적합한 정치 체제는 공화정이다」라는 제목으로 그 내용이 실렸다.[98] 반대 입장에서 입헌군주를 지지한 스탠포드대학의 M. L. 우Woo는 잡지사에 자신의 논지를 제공하지 않았으므로 차오윈샹이 '불편한

교통, 우매한 백성, 보수적인 중국인'이라는 요지로 그의 주장을 요약 게 재했다.[99]

차오원샹은 공화정에 반대하는 또 다른 논고도 소개했다. 당시 런던 대학에 유학 중이던 왕원촨王文顯, John Wong-Quincey(훗날 칭화대학 영문학과 교수)은 「중국의 위기The Crisis in China」라는 글에서 입헌군주라는 단어는 한 번도 쓰지 않은 채 공화정을 반대하는 게 아니라 중국에 공화정이 적합하지 않다는 경종을 울리는 것일 뿐이라고 했다.

공화정 실시는 매우 화려한 실험이지만 중국은 프랑스나 미국이 아니다. 중국은 저 두 나라에는 없었던 특수한 상황에 처해 있기에 결코 극단적인 실험을 해서는 안 된다. 첫째 우리는 실험의 위험을 감당할 수 없고, 둘째 역사가 우리는 안 된다고 말하고 있다.

왕원촨은 량치차오가 혁명당과 벌였던 논쟁을 다음과 같이 설명했다. 첫째는 중국은 내우외환의 협공에 시달리고 있다는 것, 둘째는 열강이 호시탐탐 노리고 있어 실험에 실패하면 분열의 운명에 처한다는 것, 셋째는 백성의 수준이 너무 낮다는 것, 넷째 중국이 수천 년 동안 제국을 유지할 수 있었던 이유는 중국인 특유의 보수성 때문이라는 것이다. 중국의 사상 중 어떤 것은 시대착오적이지만 나뭇가지가 병들었다 해서 나무 전체를 잘라버릴 수는 없다는 식의 그의 논리는 차오원샹이나 주팅치와 맥락을 같이한다.

신중하고 조심스럽게 우리의 특수한 상황을 이해해야 한다. 먼저 중국 백성의 지식 수준을 높이고 나서 투표를 실시해야 하며, 선

258

거권부터 내주는 것은 위험한 일이다. 천박한 선동가들로 인해 자신은 물론 국가와 동포를 해할 뿐이다. 이 중요한 시기에 우리에게 필요한 것은 강력한 중앙정부다.[100]

차오윈샹은 공화정을 지지하는 전미중국유학생연합회와 다른 입장을 공개적으로 밝힌 것에 대해 제재를 받지 않았다. 이 사실은 연합회의 입장에 간부들이 동의하지 않았기 때문일 수 있다는 점에서 주의 깊게 볼 필요가 있다. 이런 분열의 흔적은 여기저기서 나타난다. 야오관순은 "중국 국내의 보편적 시각은 입헌군주이며 공화제가 아니다"라고 했는데,[101] 이 또한 미국 유학생 사회의 다수 의견이었을 수 있다. 공화정을 지지하는 연합회 회원들은 연합회가 위안스카이에 투항하는 것으로 간주했을 것이다. 『중국유미학생월보』 4월호에는 「단결을 호소하며A Plea for Unity」라는 글이 실렸는데 서부 지회가 많은 학생회로부터 독립적인 행동을 요구받고 있다는 내용이다.

전미중국유학생연합회 서부 지회는 10여 개 학생회로부터 결의문을 받았다. 하나는 상하이에 전보를 쳐서 혁명군에게 휴전하지 말고 계속 싸우라는 것이며, 다른 하나는 유학생들이 혁명 기금을 모으자는 것이다.[102]

유학생들의 입장이 무엇이든 위안스카이의 권력이 공고해지면서 모든 논의는 무의미해지고 말았다. 실제로 『중국유미학생월보』에서는 위안스카이 독재에 대한 언급이나 비판이 전혀 없었으므로 그들은 '위안스카이의 반민주적 행태를 용인'한 셈이다.[103] 유학생들은 처음부터 위안스카이가 강력한 중앙 집권으로 중국을 구해줄 것으로 기대했다. 위안스카이를 연구한 미국의 학자 어니스트 영Ernest Young, 楊格은 위안스카이가 초대 총통이 되어 신사 계층과 열강의 광범위한 지지를 얻었다고 했다. 그러나 신사 계층은 대의제, 개인의 권리, 행정권에 대한 입법권의 견제 등이 견실한 민주주의 토대 위에 세워져야 하는 사실을 잘 이해하지 못했다.[104]

유학생 계층만 위안스카이와 중앙 집권을 지지한 것은 아니었다. 1912년 5월 5일, 위안스카이와 남방의 혁명정부가 청 황실 퇴위 및 위안스카이 대총통 취임 등을 협의하던 무렵 영국 유학을 마치고 돌아온 딩원장丁文江은 곧 위안스카이의 고문이 될 G. E. 모리슨에게 서신을 보내 "위안스카이가 개인적 매력으로 사람들을 압도한 것은 이번 혁명에서 가장 빛나는 점"이라며 중국의 미래를 낙관했다.[105]

훗날 중국 공산당 창당 발기인 중 한 명인 리다자오李大釗 역시 위안스카이를 옹호했다. 1913년 6월 1일 그는 「지방 도독에게 경고함裁都督橫議」에서 지방 도독들의 권력 확대는 중앙 집권에 장애가 되니 중앙 권력을 공고히 해서 지방의 분열과 열강의 침입을 막아야 한다고 했다.[106] 이 역시 량치차오가 혁명당과 벌인 논쟁의 관점과 완전히 부합했다.

딩원장과 리다자오만큼 개성이나 세계관이 판이한 관계는 찾아보기 힘들다 그럼에도 둘 다 위안스카이를 지지했으며, 더 정확하게는 오직 위안스카이만이 안정을 유지하고 열강을 막을 수 있다고 보았다.

이런 사례에서 보듯이 미국 유학생들이 위안스카이를 옹호한 것은 그리 놀랄 일이 아니다. 권력자에게 의지하려는 이들의 보수성은 쑨원에 대한 조롱에서 적나라하게 표출되었다. 신해혁명 이후 아주 짧은 기간 유학생들이 쑨원에게 경의를 표하기는 했으나 그를 좋아한 것은 아니었다. 그가 위안스카이를 타도하자는 '2차 혁명'에 실패하자 유학생들은 쑨원을 물에 빠진 개로 풍자하거나 신랄하게 비판하는 등 엄청난 양의 글을 쏟아냈다. 동부연합회가 주최한 여름캠프의 영어 스피치 대회에서 2년 연속 우승한 발표문의 제목은 모두 위안스카이를 칭송하고 쑨원을 비난하는 것이었다. 첫 해 우승자 탕웨량唐悅良(1913년 예일대학 졸업, 1915년 프린스턴대학 석사, 훗날 국민정부에서 외교부 차관 역임)은 1914~1915년 전미 중국유학생연합회 회장을 지냈는데 1913년 코넬대학에서 개최된 여름캠프 영어 스피치 대회에서 우승을 차지했다. 그의 연설문 제목 「선을 넘은 전진over-progressiveness」은 '보수주의의 견제를 받지 않은 전진'이라는 의미를 담고 있다. 그는 당시 정당들의 '선을 넘는' 위험성, 즉 어떠한 정강이나 정치철학도 없이 그저 권력을 탐하여 난립한 현상을 지적하면서 오직 자기 이익에 집착하고 명성을 얻고자 투쟁할 뿐 국가 복지에는 관심을 두지 않는 행태를 비판했다. 또한 쑨원과 그 추종자들을 매도하면서 "그들은 아무 근거도 없는 질투심으로 추종자들을 선동해 쑹자오런宋敎仁을 암살하고 중앙정부를 반대했다"고 주장했다.[107]

1914년 동부연합회가 암허스트에서 개최한 여름캠프의 영어 스피치 대회 우승자는 컬럼비아대학 버나드칼리지에 재학 중인 리메이부李美步, Mabel Lee로, 「중국의 애국주의Chinese Patriotism」라는 제목의 연설문은 위안스카이에 대한 칭송으로 일관하고 있다. 그녀는 위안스카이가 멀리 내다볼 줄 아는 개명한 정치가이며 현대 중국 애국주의의 모범이라고 찬사했다. 또한 경자庚子사변 때 서태후가 내린 '외국인을 죽이라殺洋人'는 유지를 위안스카이가 '모든 외국인을 보호하라'로 고침으로써 자신의 안위 대신 분할의 운명에 처한 나라를 구했다고 했다. 그리고 "2차 혁명 때 위안스카이가 어떻게 해야 했는가? 적들의 요구대로 물러났어야 했나? 그랬다면 중국의 운명은 어찌되었겠는가?"라고 반문했다. 그녀도 위안스카이를 조지 워싱턴에 비유했다.

조지 워싱턴은 세 번째 연임을 거절함으로써 애국심을 충분히 증
명했다. 위안스카이는 계속 자리에 남아 격랑의 나라를 다스리고
있다. 전자는 미국 미래의 복지를 생각한 것이고, 후자는 눈앞에
닥친 중국의 위기를 고려한 것이다. 비록 방법은 달랐지만 동기는
일치했다. 전자는 국가 시스템의 확립을, 후자는 국가 안전을 고려
한 것이다.[108]

그녀의 연설은 여름캠프에 참가한 사람들의 열렬한 환영을 받았다.
1915년도 『중국유미학생월보』 편집장 쑹쯔원은 하버드대학에 다니고 있
었는데 이해 여름캠프에 관한 보도에서 "리메이부의 연설이 끝나자 사람
들은 모두 리메이부화李美步化, Mabelized되었다"고 했고,[109] 양취안楊銓은
"그녀의 연설에 감명받지 않은 사람이 없을 정도로 근래 가장 뛰어난 연
설이었다"고 호평했다.[110] 후스는 위안스카이에 대해 "비열하고 어리석은
인사"라고 비난했으며 그가 죽은 뒤에는 "하늘을 가린 죄는 절대 용서받
을 수 없다"고 했지만 리메이부의 연설을 듣고는 "호방하고 기개 높은 여
성들이 있는데 그중 리메이부가 으뜸이다"라고 칭찬했을 정도였다.[111]
　위안스카이에 반대하는 사람들에 대한 유학생들의 증오는 상상을
초월했다. 1914년 미시건대학에서 「공자의 사회철학The Social Teaching of
Confucius」으로 박사 학위를 취득한 르오윈옌羅運炎은 "스스로 개혁파라고
하는 자들은 목적이 무엇이든 현실에 대한 불평분자로, 고집 센 이단들
이다. 그저 싹을 잘라버리는 수밖에 다른 방법이 없다"면서 반역자들을
절대 용서해서는 안 된다고 했다.[112]

〈사진 17〉컬럼비아대학 동창회 사진(1915년)
위에서 아래로 세 번째 줄, 우측에서 세 번째가 리메이부.
자료: *The Chinese Students' Monthly*, Ⅶ.1 (March, 1915) 310

당시 하버드대학에 다녔으며 훗날 정신병에 걸린 쉬청쭝徐承宗도 르오원엔 못지않았다. 그는 1914년 1월호『중국유미학생월보』'시사단평時事短評'난에 국민당이 2차 혁명 실패 후의 낭패한 모습을 풍자한 「1914년을 맞으며」라는 글을 게재하여 그들이 일본에서 영원히 떠돌기를 진심으로 바란다는 독설을 남겼다.

그토록 혁명을 꿈꾸던 유랑인사들에게 새해를 맞아 전해줄 축복은 "장수하시고 신선한 공기를 많이 마시라"는 것이다. 비열한 선전이 철저히 실패했음을 축하한다. 왜냐하면,

무한 혁명=터무니없는 극치의 경지Revolution ad absurdum
(멕시코. 뉴턴의 재즈 감성 선율)

+혁명 = −국토

(러시아, 일본이 발명한 최근 공식)

∴ 만세! 「3차 혁명?」 만세!

(쑨원 박사 각하의 절묘한 계산 결론 혹은 기자의 일시적인 억측)113

이렇듯 황당한 공식을 만들어 분노를 표출한 쉬청중의 글은 20세기 초반 이래 중국의 많은 지식인이 혁명이 불러올 외국의 간섭, 국토 상실을 얼마나 우려했는지를 반영하고 있다. 르오원옌은 "현실에 대한 불평분자들은 (…) 싹을 잘라버려야 한다"는 과격한 반응을 보였는데 유학생 주류의 의견은 어떠했을까? 물론 다른 정치적 견해를 지닌 자들은 '싹을 잘라버려야 한다'는 게 주류의 생각은 아니었겠지만 사회적 안정을 유지하기 위해 일정 정도 압박이 필요하다는 게 대다수 유학생의 입장이긴 했다.

『중국유미학생월보』는 위안스카이가 2차 혁명 이후 정적들을 제거하고 강압적인 독재를 행사한 사실에 대해서는 전혀 언급하지 않았다.114 물론 위안스카이의 지나친 압박 정책에 반대하는 목소리가 없었던 건 아니었다. 1913년 11월 위안스카이가 국민당을 해산하고 당원 300명의 자격을 취소했을 때 여성과 아이들을 대하듯 국민당을 이끌어야 문명국가들의 호감을 살 수 있다는 글이 발표되었다.

한 국가의 문명 수준은 여성과 어린아이를 어떻게 대하는지를 보면 되고, 한 국가의 정치적 지혜는 반대당을 어떻게 대하는지를 보면 된다. 몇 달 전 쑹자오런의 암살로 다수당인 국민당은 원내대표를 잃었고 쑨원은 2차 혁명 실패로 일본에서 떠돌고 있다. 타협을 거부하는 이들이 재정비를 하는 동안 백성은 그저 조용히 변화를 지켜만 보고 있었다. 이는 마치 타협을 거부하는 자들은 이미 제거defang 되었거나 혹은 힘을 잃고 여성처럼 되어버린 모습이다. 남성인 우리 (위안스카이, 미국 유학생 엘리트, 미래 국가의 동량)는 반대당을 여성화, 가정적domesticate인 존재로 온순하게 만들어야 한다.[115]

미국 유학생들은 행정권이 더욱 강화되어야 한다고 생각했다. 3장에서 분석했듯이 연합회 내에서도 행정권이 항상 우위에 있었다. 이들이 삼권 분립의 공화정을 지향한다는 것은 허울 좋은 말일 뿐으로, 입법권은 행정권을 강화시킬 수 있는 상황에서만 존재할 수 있었다. 그들은 위안스카이가 반대당을 탄압하는 행위를 지지하고 헌법으로 독재를 포장하는 것마저 찬사했다. 그 대표적인 사례가 참의원과 중의원에서 각각 30명을 선출해 구성된 위원회가 만든 '천단天壇 헌법'이다. 이 위원회는 국민당이 다수였지만 위안스카이는 2차 혁명을 무력화하고 나서 위원들에게 자신이 요구하는 헌법을 만들라고 압박했다. 1913년 10월 천단헌법이 공포됨에 따라 총통의 권력이 확대되었으나 내각제는 유지되었다. 이에 격분한 위안스카이는 국민당이 헌법을 유린했다면서 "헌법 초안이 행정권을 침범해 독립적 행사를 막음으로써 국회가 전횡을 한다"고 비판했다.[116] 이에 위안스카이를 지지하는 다수의 지방 도독들이 국회를 해산하고 의원 재선출을 촉구하고 나섰다. 11월 위안스카이는 국민당 의원들의 자격을 박탈하고 이듬해 1월 국회를 해산했다.

1913년 『중국유미학생월보』의 편집장은 전년도 동부연합회 회장을 지낸 웨이원빈魏文彬(이듬해 컬럼비아대학 박사)으로, 그는 1914년 1월호 사설에서 논리적으로 천단 헌법을 비판했다. "정부 권력이 지나치게 커질 위험은 있으나 (…) 헌법은 여전히 행정권을 입법권에 종속시키고 있는데,

문제는 입법권 남용에 대한 견제 장치가 있는가 하는 것이다"라며 국회의 무책임한 독주를 경계했다. 그는 국회의 독주를 막을 수 있는 가장 효과적인 방법은 여론인데 중국 백성의 수준이 이에 미치지 못하기 때문에 결국 천단 헌법은 입법 지상주의를 확인시켜줄 뿐이라고 분개했다. "우리는 강력한 중앙 정부를 원한다. 권력이 자유롭게 행사될 수 있는 정부여야 한다."[117] 『중국유미학생월보』는 웨이원빈의 사설 뒤에 굿나우가 지지를 표하는 의견서를 첨부했다. 굿나우는 일본 와세다대학 국제법 교수인 아리가 나가오有賀長雄를 위안스카이의 법률 고문으로 추천했는데, 아리가 나가오가 대의정치에 반대하는 학자라는 사실은 이미 널리 알려져 있었다. 공화정의 모범생인 미국 출신 굿나우는 중국과 중국인이 아직 민주주의를 실행할 수준이 안 되었다는 점을 근거로 위안스카이의 독재 정책이 타당하다고 보았으며 작금의 중국 현실에는 홍헌洪憲, 1916년 1월부터 3월까지 3개월 동안 위안스카이가 세운 중화제국의 연호—옮긴이 제제가 부합한다고 주장했다. 이 분야에서 굿나우보다 권위 있는 사람은 없었다. 상황 파악을 제대로 하지 못하고 오도unwitting dupe한 것이든 그저 고용된 용병이었든,[118] 그는 고용주인 위안스카이를 실망시키지 않았다. 그는 천단 헌법이 총통의 권한을 제한하는 것은 입법권이 행정권을 제멋대로 조종하는 것이라면서 위안스카이는 헌법 수정을 요구할 권리가 있다고 했다.

그렇게 할 권리가 있음을 그(위안스카이)가 인식한 것은 매우 적절하다. 우리는 지난 2년의 경험을 통해 헌법 초안의 장단점을 판단하는 데 그만한 자격을 갖춘 사람이 없다는 사실을 잊어선 안 된다. 국민회의가 기술적인 이유로 그에게 도움을 청하지 않는 것을 도저히 이해할 수 없다.[119]

헌법수정위원회는 입법권의 과도함을 인정했으며, 이로써 1914년 5월 1일 「중화민국 약법約法」이 공포되면서 총통의 권력이 강화되었다. 굿나우는 이 약법 제정에 자신은 간여하지 않았다고 했으나 사석에서 "내가 지난해에 건의한 대부분의 내용이 받아들여졌다"고 했으며 "본래 내가 건의한 것보다 총통의 독립적 권력이 더 커졌으나 (…) 대체적으로 받아들일 수 있다"며 만족해했다.[120]

위안스카이는 「중화민국 약법」을 통해 얼마나 큰 권력을 쥐게 되었을까? 웨이원빈은 6월호 사설에서 미국의 보도를 인용해 위안스카이는 "총통은 국회 소집·정지·해산의 권한, 선전포고·강화, 모든 문무 관리의 임명과 파면, 군통수권, 국회가 제정한 법안을 부결할 수 있는 절대적 권한을 갖는다"고 설명했다. 그는 전미중국유학생연합회 기관지의 편집인으로서 미국 여론이 「중화민국 약법」을 비난하는 것을 이해할 수 없다고 했다. 오히려 "이 법에 무슨 놀랄 만한 내용이 있는지 모르겠다. 이 권력들은 위안스카이가 국회를 해산하기 전부터 가지고 있었던 것"이라고 하면서 미국 언론이 "이 법이 영구적인 것이 아니라 일시적 변통책이라는 사실을 전혀 모르고 있다"고 불만을 토로했다.[121]

모든 유학생이 이 '일시적 변통책'을 지지한 것은 아니었고, 후스는 처음부터 위안스카이에 반대했다. 그는 『유학일기』에서 우창武昌 봉기로 깜짝 놀란 베이징 정부가 위안스카이를 육군 총사령관에 임명했다며, 1911년 10월 17일의 일기에 "위안스카이가 이미 임명되었다는데 그는 정말 비겁한 인물이다"라고 했다.[122] 『코넬데일리선Cornell Daily Sun』지는 1911년 11월 21일 코넬대학 중국 유학생들이 우팅팡伍廷芳에게 전보를 보내 각 성의 대표를 소집해서 새로운 헌법을 제정해줄 것을 호소했다고 보도했다. 그들은 청 정부가 임명한 위안스카이는 새 정부를 이끌기에 적합한 인물이 아니며 민심을 얻지 못할 것이라 여겼다. 신문은 유학생들의 위안스카이에 대한 생각이 미국 여론과 정반대라고 했다.[123]

1914~1915년 『중국유미학생월보』 「국내 뉴스」란의 편집인이었던 후스는 10월호 「국내 뉴스」란에 함축적으로 "신 약법을 잘 읽어보면 왜 총통 선거법과 총통 임기에 관한 규정이 없는지 놀랄 것이다"라고 썼고,[124] 11월호에서는 민주적 절차가 지켜지지 않았음을 지적했다. 그는 참정원이 선거법과 임기에 관한 규정을 약법회의에 넘겼는데 약법회의는 두 달째 회의만 할 뿐 결과가 없다고 했다.[125] 1915년 2월호에는 "총통은 '총통선거회'에서 선출하며 임기는 10년인데 연임이 가능하며 정치 상황에 따라 무한 연임도 할 수 있다"라고 간략하게 보도했다.[126]

위안스카이가 독재 통치를 하던 1년 동안 전미중국유학생연합회는 여전히 위안스카이에게 충성했다. 이는 정치적 성향이 보수라는 점과 관직에 진출하고자 하는 야심 때문만은 아니고, 국제 정세를 비롯한 여러 중대 사건이 복합적으로 작용한 것이다. 1914년 11월 일본이 독일 조차지인 자오저우膠州를 점령하고 중국에 '21조 요구사항'을 제시했으며 위안스카이가 황제가 되기 위한 제제 운동을 시작하자 연합회는 입장을 바꿨다.

1915년 8월 '주안회籌安會'가 결성되면서 위안스카이의 제제 운동이 기정사실화되었다. 당시 굿나우는 존스홉킨스대학 총장이었는데 절묘하게도 그해 여름 베이징에 와서, 중국은 공화정보다는 제제가 적합하다는 권위자로서의 의견을 제시했다.[127] 11월 전미중국유학생연합회는 위안스카이에게 전보를 띄워 정식으로 국가 체제를 변경해선 안 된다는 의견을 표했다. 많은 중국 학생회와 동창회도 반대 성명의 전보를 보냈으며 『중국유미학생월보』 편집자인 쑹쯔원도 연합회의 입장을 충실히 보도했다. 물론 유학생 중에는 제제 회복을 찬성하는 사람도 있었으나 워낙 반대가

거셌기 때문에 쑹쯔원은 찬성 견해를 보도할 필요를 느끼지 못했다.[128]

중국이든 유학생 사회든 항상 찬성과 반대의 견해가 존재하는데 그 뿌리를 보면 '강력한 중앙 정부가 필요하다'는 전제를 지니고 있다.[129] 후스는 "중국처럼 아직 민도가 자리 잡지 못한 나라는 개명한 계층이 현명한 지혜로 우매한 대중을 이끄는 것이 가장 좋다"면서 굿나우의 이중 잣대를 비판했다. "만약 우리가 우매한 하층 계층, 무관심한 민중의 시각으로 미국을 본다면 미국에 적합한 정부 형태는 무엇이겠는가?"

『중국유미학생월보』에 글을 발표한 모든 사람은 강력한 행정권이 행사되어야 한다는 시각을 가지고 있었다. 쑹쯔원은 한 사설에서 제제를 지지하는 '주안회'의 활동은 웃기는 일이라고 무시했다. 다만 굿나우 같은 권위자가 밝힌 내용, 즉 중국은 유구한 제제 전통을 가지고 있으며 민도는 아직 깨이지 않았고 참정 경험 또한 없으니 제제가 안정을 확보할 수 있는 좋은 통치 방식이라고 발언한 데 좌절했다. 그는 중국인의 민도가 성숙되지 않아 자치를 할 수 없다는 것은 "대단한 모욕이며 중국 역사 속에서 얼마든지 반박할 사례를 찾을 수 있다"고 했다. 물론 중화민국이라는 짧은 기간에 "말로 표현할 수 없는 고난을 겪어서 (…) 민족정신은 매우 쇠약해졌지만" 중국인은 "확고한 믿음으로 흔들리지 않을 것"이라 했다. 또한 "중국 역사상 황제의 아들들이 황위를 쟁탈하려는 일이 수없이 많았다"면서 제제를 지지하는 사람들의 논리를 완전히 부정했다. 위안스카이가 자신의 아들들을 보며 "큰 인물은 호랑이 아들을 낳지 않는다"라고 한 말을 인용하면서 제제로 돌아가는 것은 시대착오적인 일이라고 했다. "지금 중국에게 필요한 것이 강력한 지도자"라면 "공화정을 세워 전국이 함께 지지하는 강력한 리더십을 가진 지도자를 뽑으면 되고 (…) 만약 위안스카이가 제제를 죽은 사람도 살리는 선단仙丹으로 여기지 않는 대신 공화정을 세워 백성에게 권력과 의무를 부여하고 정부를 잘 훈련시킨다면 그가 임기를 마치고 물러난 뒤에도 국가는 얼마든지 잘 운영될 것이다"고 했다.[130]

『중국유미학생월보』에 제제를 지지하는 글을 발표한 사람들은 쑹쯔원과 마찬가지로 강력한 행정력으로 통합의 힘을 발휘함으로써 외세에 대항하는 인물이 필요하다고 했다. 그중 두 사람은 훗날 전미중국유학생연합회의 회장을 지냈다. 첫 번째 인물은 당시 하버드대학에 다니던 장푸원張福運(1916년 동부연합회 회장, 1917년 전미중국유학생협회 회장, 1923년 자오퉁대학交通大學 총장 역임)으로, 그는 중국에 필요한 정치 시스템의 조건은 "입헌군주제가 공화정에 비해 중국의 행정 효율을 높이고 복지를 더 향상시켜 단결을 촉진할 수 있다고 믿는다면 제제 회복을 지지해야 한다"고 했다. 또한 일본은 중국이 제제를 회복할까 두려워 1차 세계대전이 끝난 뒤 중국에게 다시 결정하도록 재촉했다면서 "나는 제제가 중국을 단결시켜 일본의 침략을 제어할 수 있다고 생각한다. 일본인은 무조건 제제를 반대하는 사람들보다 총명하다"고 했다.[131]

제제를 지지하는 글을 발표한 두 번째 인물은 당시 위스콘신대학에 다니던 황펑화黃鳳華(1919년 컬럼비아대학 박사, 1918~1919년 전미중국유학생연합회 회장 역임)였다. 그는 국가 체제에 관해서는 "가장 생각이 깊은 사람"이 결정하도록 해야 한다고 말했지만 사실상 제제를 지지했다. 그는 '정부'는 목적이 아니라 목적을 달성하려는 수단이기 때문에 시스템은 중요치 않으나 전쟁 방어력, 국가 자원의 개발, 백성의 행복 쟁취 등이 선택의 주요 근거가 되어야 하며, 어떤 시스템이든 이런 목적을 달성할 수 있다면 선택하겠다고 했다.[132]

쑹쯔원은 투고한 글에서 제제 회복을 지지하는 쪽과 공화정을 지지하는 비율은 1대 6이라고 했다. 대부분의 학생이 공개적으로 말하기를 꺼렸으나 제제 회복을 지지하는 사람들은 이보다 많았을 것이다. 물론 전혀 무관심한 사람도 있었다. 3장에서 언급한 호놀룰루 출신 화교 차이쩡치는 컬럼비아 학생회가 굿나우와 비교적 진보적인 찰스 베어드 교수를 초청하여 중국에서 제제를 시행하는 문제에 대해 의견을 물었던 일을 회고록에 기재했다. 베어드 교수는 프로이센-프랑스 전쟁 이후 나폴레옹 3세의 전제정치에 반대하고 제3공화국을 지지한 레옹 강베타를 소개하면서 "여러분 모두가 귀국 이후 중국의 강베타가 되기를 기대한다"고 했지만, 차이쩡치가 기억하기로는 "유감스럽게 아무도 그의 말을 귀담아 듣지 않았다. 대다수 학생은 엔지니어나 행정학 등 실용학문 전공자라서 정치적 중립을 유지했다."[133]

차이쩡치는 유학생들의 이러한 태도에 불만을 토로했다. 대부분 '부잣집 아들딸'인 그들이 하는 일은 "자기의 이익에 집착하거나 굿나우가 말하는 '거짓 선지자false prophet'를 도와 완성할 수 없는 일을 완성토록 하는 것"이라 했다.[134] 그는 1915년 위안스카이의 제제 운동에 반대하다가 『베이징포스트北京郵報, Peking Post』 부편집장을 사임했다.[135]

1915년 많은 유학생이 정부기관에서 일하기 위해 중국으로 돌아갔다. 이해에 위안스카이는 민국 시기 처음이자 마지막 양과거 특별시험을 실시했으며 151명이 합격하여 자리를 얻었다. 현재 이들에 관한 명단과 유학국 관련 자료는 찾을 수 없지만 외교부 9명, 내무부 9명, 재정부 22명, 농상부 21명, 교통부 18명, 교육부 16명 등 부서에 절반 이상의 유학생이 배치되었다.[136]

어니스트 양은 "젊은 관리와 귀국 유학생들이 위안스카이 등극에 중대한 역할을 했다"고 했다.[137] 그중 가장 중요한 인물은 구웨이쥔으로,

1912년 컬럼비아대학 박사 학위 구술시험 전에 이미 위안스카이의 영문 비서로 발탁되었으며 1915년 28세의 젊은 나이에 주미공사가 되었다. 어니스트 양은 '인민의 황제로 추대된' 위안스카이를 구웨이쥔이 미국에서 어떻게 변호했는지 매우 생생히 묘사했다. 구웨이쥔은 1916년 1월 '미국 정치사회과학 아카데미'의 한 강연에서, 한쪽에는 전통 사대부 계층이 있고 다른 한쪽에는 귀국 유학생들이 있는 분열된 나라로 중국을 묘사하면서 "보수파와 급진파 간에 상호 수용 가능한 해결책을 찾는 문제"가 발생했다고 했다. 또한 중국은 불평등 조약으로 인해 많은 자유를 잃었으며 내부 분열과 열강의 침략 등으로 반신불수의 상태라면서 다른 유학생과 마찬가지로 (제제가 됐든 공화정이 됐든) 강력한 행정력이 필요하다고 강조했다. 그는 자신이 권력자와 타협한 사실을 숨긴 채 현란한 정치적 말재간으로 제제는 중국이 "일치단결하여 자원을 개발하고 백성의 뜨거운 애국심을 도모할 정부가 필요하다는 것을 반영한 것"이라고 역설했다.[138]

워싱턴에 있을 때 구웨이쥔은 위안스카이를 매우 청렴하고 존경스러운 지도자로 포장했다. 그러나 제제 운동에 비판적이던 『경보京報, Peking Gazette』는 미국 유학에서 돌아온 한 유학생의 난처한 모습을 보도했다. 1915년 11월 하순, 전국 각 성에서 선출된 국민대표들은 국가 체제를 변경하기로 의결했고, 12월 11일 134명 참정원의 '국민총대표'들은 이를 투표에 붙였다. 전미중국유학생연합회 1909~1910년 회장을 지낸 왕징춘은 134명 중 한 명으로 교통부에 근무하고 있었다. 투표자들이 한 명씩 연단에 나가 명부에 서명하고 투표지 위에 찬성과 반대를 표기하는 기명記名 투표 방식으로 진행되었다. 투표가 완료되고 개표가 시작되자 선거관리인이 투표자의 이름과 찬반 내용을 큰 소리로 발표했고, 그 결과는 제제 변경에 만장일치로 찬성이었다. 국민대표들은 위안스카이를 황제로 추대하는 결의안을 통과시켰고, 6인 위원회가 결의안에 기초한 추대서에 서명을 마치자 만세 삼창(만세의 첫 번째 대상은 중국, 두 번째는 새로운 황제, 세 번째는 중화민국 약법이다)으로 마무리되었다.[139]

이 투표 과정은 왕징춘에게 더할 수 없는 치욕으로, 반동 정권에 충성하기로 했을 때 초래할 수 있는 결과의 한 면을 보여주는 우화다. 유학생들의 보수적 입장과 권력자에게 충성하는 경향을 분석해보면 매우 굴욕적이고 난감한 사각지대까지 몰려서 (자신들이 유학 시절에 공개 표명하던 민주적 입장과는 완전히 상반된) 반동 정치의 연출에 동원되는 것을 자주 확인할 수 있다.

물론 위안스카이는 황제가 되지 못했다. 12월 11일 두 번째 추대서를 받았지만 차이어蔡鍔, 탕지야오唐繼堯 등이 12월 25일 윈난雲南 독립을 선포하고 호국 운동을 발동하자 각 성에서도 이에 호응하여 제제 취소를 요구함에 따라 즉위식이 연기되었고 결국 1916년 3월에 제제가 취소되었다.[140] 그 충격 때문인지 위안스카이는 3개월 뒤인 6월에 세상을 떠났다.

쑹쯔원은 『중국유미학생월보』 사설에서 개탄의 심정을 토로했다.

5년 전 위안스카이가 대총통에 취임했을 때 전 세계로부터 호응을 얻었다. 그가 자유 진보적인 정부를 만들었다면 더 큰 성공과 호응을 거두었을 것이다. 적어도 나라가 오늘 이 지경까지 이르지는 않았을 것이다. 우리가 오랜 전통을 가진 제국을 현대 공화국으로 변화시키는 과정에서 겪게 될 역경을 인식하지 못했음을 말하는 것이 아니다. 그보다 더 훌륭한 사람도 실패할 수 있다. 그가 실험에 실패했다고 해서 그를 나무랄 사람은 없다. 다만 그는 취임할 때 최선을 다하겠다고 선서한 내용을 이행하지 못한 책임에서 벗

어날 수 없다.[141]

쑹쯔원의 질책은 품위 있고 무거웠다. 『중국유미학생월보』 1919년 6월 호에는 위안스카이의 사위 쉐쉐하이薛學海의 글이 실렸다. 그는 1911년 선 발되어 미국에 간 14명 중 한 명으로(매사추세츠 사립학교인 필립아카데미 를 거쳐 위스콘신대학에서 공부) 다음과 같이 위안스카이를 칭송했다.

양심 있는 중국인이라면 위안스카이의 인격과 판단에 문제가 있 었더라도 5년간의 통치를 공격하지는 않을 것이다. 적어도 나라는 평화스러웠고 질서가 있었다. 그가 죽자 중국은 유일한 지도자를 잃고 말았다.[142]

반면 쑨원은 완전히 상반된 대우를 받았다. 『중국유미학생월보』 편 집자 중 쑨원을 가장 심하게 조롱한 사람은 구이중쑤桂中樞(1919년 칭화 대학 졸업, 1925년 컬럼비아대학 졸업)로, 1922~1925년까지 『중국유미학생 월보』의 편집장을 지내다가 갑자기 1925년 4월 상하이에 있는 미국 회 사 AIG보험美亞保險公司에 취직했다. 그는 틈날 때마다 쑨원을 조롱했다. 1923년 4월호 사설에서는 "쑨원이 가장 협력해야 할 대상은 당연히 베 이징 정부다. 어떤 것을 세우려면 먼저 철저히 파괴해야 한다는 말이 있 는데, 모두 이 말을 너무 가볍게 여겼다. 지나치게 파괴한 결과 새롭게 세 우는 데 곤란하거나 불가능해졌다"고 했다.[143] 1924년 12월, 쑨원과 동북 군벌 장쭤린張作霖이 연합하여 베이징 정부를 무너뜨리려 하자, 이에 분개 한 그는 "다시 장쭤린 장군과 연합한 이른바 국부 쑨원은 오늘날 중국에 서 가장 천박한 인물이다. 북방 공격에서 계속 실패하자 다시 전국을 허무맹랑한 상태로 몰아가고 있다. 눈이 먼 사람이 아니고서는 그의 시대가 이미 저물었다는 사실을 모를 리 없다"라고 비난했다.[144]

쑨원은 세상을 떠난 뒤에야 미국 유학생들에게 다른 평가를 받았다. 『중국유미학생월보』는 1925년 4월호에 쑨원의 서거 소식을 전하면서 부고 기사와 비슷하게 평가했다. "중국의 워싱턴이라 추앙받기도 하고 반역자라 공격당하기도 했으며 세계 어디를 가든 자객의 눈이 그의 뒤를 쫓았다. (…) 쑨 박사의 정치 방법과 실험에 대해서는 다른 평가가 있겠지만 중국에서 헌정주의를 가장 강력하게 주장한 인물로 영원히 기억될 것이다."[145]

시대가 변하고 있었다. 1920년대 중기부터 중국 연해 지역에서는 혁명의 파도가 몰아쳤고, 미국 유학생 사회에도 그 여진이 밀려들었다. 1925년 5·30 참사가 분기점이 되었다. 5월 30일 상하이 공공조계에서 파업이 확대되자 영국 순포巡捕, 조계 내의 경찰─옮긴이가 시위대를 향해 총을 발사한 사건으로, 4명의 사망자와 다수의 부상자가 발생하고 부상 정도가 심한 8명이 추가 사망한 참극이었다. 파업, 파시罷市, 수업 거부의 물결이 전국 28개 도시로 번지자,[146] 5개 열강은 상하이 의용대萬國商團, Shanghai Volunteer Corps를 조직하고 1300명의 해병대를 공공 조계에 파견하는 등 일촉즉발의 상황이 전개되었다.

5·30 참사의 물결은 유학생 사회를 자극했다. 전미중국유학생연합회 동부·중서부 지회는 시러큐스대학과 퍼듀대학에서 개최될 여름캠프의 주제를 '민족주의와 중국'으로 정하고,[147] 캠프가 끝날 무렵 연합회 명의로 선언문을 발표했다. 그 내용은 중국의 영토와 주권을 침해하는 불평등 조약을 열강이 포기해야 한다는 것으로, 미국 유학생들이 처음으로 '제국주의'라는 용어를 사용해 중국의 분노를 표출하는 계기가 되었다.[148]

국민당이 1926년 북벌에 성공하자 전통적으로 베이징 정부를 지지해온 미국 유학생들에게 변화가 나타났다. 또한 국민당이 군벌을 타도하고 나서 제국주의를 물리치자고 주장하자 유학생 사회는 동요하기 시작했다. 1927년 2월 미시건대학 앤아버 중국학생회는 처음으로 미국 정부에 국민당 정부를 중국의 유일한 합법정부로 승인하라고 호소했다.[149] 『중국유미학생월보』도 국민당을 지지하는 글을 싣기 시작했다. 그중 한 편은 링컨의 명언을 인용하여 오직 국민당만이 중국 백성을 대표할 자격이 있을 뿐 베이징 정부는 군벌의, 군벌에 의한, 군벌의 정부라고 했다.[150]

『중국유미학생월보』의 급진화는 그야말로 희극적인 사건으로, 사설과 기고에서 '제국주의'라는 어휘가 상용화되었다. 1927년 장제스의 청당과 국공 분열 이후에도 『중국유미학생월보』는 급진적 입장을 바꾸지 않았으며 3년 동안 백색공포가 전 중국을 뒤덮자 더욱 급진화되었다. 레닌의 「민족과 식민혁명National and Colonial Revolution」 「레닌과 마르크스주의 Lenin on Marxism」 「레닌, 산독수리Lenin, the Mountain Eagle」 등의 글이 실렸고,[151] 공산당의 입장을 대변하는 글이 연재되었다.[152]

이런 글들은 대부분 후둔위안胡敦元(1924년 칭화대학 졸업, 1927년 위스콘신대학 석사, 1929년 컬럼비아대학 박사)이 1929년 3월 편집장을 맡고부터 실린 것이다. 그는 1927년 미국 공산당에 가입했으며 마치 자신의 행동을 국민당 정권이 막을 수 없음을 보여주기라도 하려는 듯 기사마다 편집자의 의견이 담긴 주석을 덧붙였다. 예를 들어 난징 정부에 대한 코민테른의 분석 글을 싣는 이유에 대해 "언론 탄압으로 중국 대중이 알 수 없었던 정치적 관점을 독자들에게 알려주기 위해서"라고 했다.[153] 「레닌과 마르크스주의」 말미에는 "모두에게 혁명 이론에 대한 활발한 관심을 불러일으키고 이 이론에 대해 (난징 정권의 공포정치 아래서는 불가능한) 객관

적인 토론이 우리 학생들 사이에 널리 퍼지기를 희망한다"고 했다.[154]

　좌파 사상이 중국 내에서 전혀 소리를 내지 못하고 있을 때 미국 유학생 사회에서는 『중국유미학생월보』뿐만 아니라 전미중국유학생연합회도 왼쪽으로 기울고 있었다. 지자오딩冀朝鼎은 1927~1928년 부회장에 당선되었다.[155] 동부연합회는 1928년 예일대학에서 개최된 여름캠프의 주제를 '제국주의와 중국'으로 정하고, 전미반제국주의 연맹the All-American Anti-Imperialist League의 비서 해리스 개리스를 강연자로 초청했다. 이어서 중국의 현재 혁명 단계에서 계급투쟁이 필요한가 하는 문제를 놓고 열띤 토론을 이어나갔다. 반대하는 쪽은 열강에 대해 연합전선을 구축해야 하므로 계급투쟁은 배제되어야 한다고 주장했고, 찬성하는 쪽은 계급투쟁은 개인이나 집단이 만들어내는 것이 아니라 계급 간 이익 충돌에서 빚어지는 필연적인 결과라고 했다.

　후둔위안은 『중국유미학생월보』에 여름캠프 보고서를 게재하면서 네 가지 쟁점을 언급했다. 첫째는 제국주의는 자본주의의 마지막 단계라는 것, 둘째는 제국주의에 압박받은 계급과 식민지 혹은 반식민지 백성이 연합해 저항함으로써 중국은 정치·경제적 해방을 얻을 수 있다는 것, 셋째는 중국의 최근 혁명의 역사는 중국의 부르주아 계급이 무능할 뿐만 아니라 (제국주의와 군벌들에 투항한 경우로 볼 때) 제국주의와 투쟁하는 우리를 배반하리라는 것, 넷째는 중국의 부르주아 계급은 혁명 단계에서 이미 자기의 역할을 다했으므로 혁명은 반혁명으로 변하고 있다는 것이다.[156]

　이 와중에 돌발적인 상황이 발생했다. 장제스가 3년 전 실시한 청당처럼 전미중국유학생연합회가 갑자기 급진적인 인물들을 제명하는 정변을 일으킨 것이다. 1930년 2월호에 편집장 후둔위안이 '적색 편집 정책을 진행한' 잘못으로 파면되었다는 소식이 실렸다.[157] 한 페이지 전면에 걸은색 테두리를 두르고 '1월 적색 공포the January Red Menace'가 일으킨 변화들에 반대한다는 성명이 실리기도 했다. 또 「유학생 사회」(전미중국유학생연합회 소식란)에는 연합회가 회장 위츠페이Tse-pei Yu를 "불법으로 연합회의 명의를 이용하여 적색 선전을 했다"는 이유로 파면했다고 전했다. 1929~1930년도 부편집장인 K. S. 제임스 모James Mo 역시 위츠페이의 '일당'으로 간주되어 파면되었다.[158] 위츠페이의 신상에 대해서는 위스콘신대학 학생으로 1929~1930년도 부회장에 당선되었다는 사실 외에 알려진 것이 없다. 그녀는 당연히 이듬해 회장 예정자였다.

1930년 정변 당시 파면된 세 명에 대해 알려진 내용은 많지 않다. 후둔위안은 후스와 같은 안후이성 지시績溪 출신으로 후스의 일기에 보면 후둔위안과 계속 소식을 주고받았다는 기록이 있다. 1946년 후스가 귀국할 때 배웅을 나오기도 했는데, 정변 이후에도 뉴욕에 머물다가 1951년 중국으로 돌아왔다. 위츠페이와 K. S. 제임스 모에 대해서는 알려진 바가 전혀 없다.

과연 누가 정변을 주도했으며 그 배경은 무엇인지에 대해서도 알려진 사실이 없다. 다만 주동자가 『중국유미학생월보』 운영 관리자인 H. C. 우Wu라는 것은 분명하다. 정변 이후에는 편집장을 겸하기도 했는데, 정변 소식을 발표한 호에서 "1월 적색 공포 기간에 자신에게 재정적 지원과 격려를 아끼지 않은 부친과 사랑하는 아내에게 감사한다"는 글을 덧붙였다.[159] 컬럼비아대학에 다니던 그는 1930년 중국 학생회 회장이었다. 정변 이후 전미중국유학생연합회는 3명 위원으로 집행위원회를 구성했는데 이들은 연합회에서 선출되지 않았음에도 "정당한 과정을 거쳐 선출되어 이번 연도 남은 임기의 행정 업무를 대신한다"고 발표했다.[160] 우는 계속 『중국유미학생월보』의 편집장으로서 편집 업무와 단체 운영을 맡았다. 이는 전미중국유학생연합회 규정에 위배되는 것이었다.

1930년 정변으로 전미중국유학생연합회는 다시금 급진주의에서 보수주의로 입장을 선회했다. 우는 「중국의 민주와 독재」라는 글에서 평화와 질서가 필요하다고 강조했다. 이 모든 일이 마치 데자뷔 같은 느낌을 주지만 새로운 전환도 없지 않았다. 예컨대 과거의 보수는 강력한 권한을 가진 행정 지도자(황제든 슈퍼맨이든)를 필요로 했지만 현재의 보수는 레닌주의가 가미된 새로운 보수주의자를 필요로 했다.

현재 중국에 가장 필요한 것은 산업화다. 그러나 장기적인 평화와 질서를 확보하지 못한다면 좋은 결과를 얻을 수 없다. 우리에게 어떤 정치제도가 필요한지, 어떤 형태의 수단이 필요한지, 그로 인해 부딪칠 조건과 환경에 대해 고려한다면 당을 이용한 독재(당원들은 조금 수정이 필요하다)는 해볼 수 있고 오랫동안 유지할 수 있을 것이다.[161]

전미중국유학생연합회는 원점으로 돌아왔고 보수파 유학생들이 다시 단체를 장악했다. 그리고 새로 정권을 잡은 국민당에 충성을 약속했다. 정권을 장악하기만 한다면 그들이 만청이든, 위안스카이든, 베이양 군벌이든 별 문제가 되지 않았다. 보수파가 다시 돌아옴으로써 일부 급진주의자가 연합회 최고 지휘부에 침투했던 흔치 않은 역사는 종지부를 찍었다. 그러나 보수파가 다시 단체를 장악하자마자 연합회는 종말을 고하고 말았다. 이번 정변이 회원들에게 안겨준 충격이 너무 큰 탓이었는지 1931년 봄, 전미중국유학생연합회는 홀연히 해체되고 말았다.

5장

가정과 취업 사이에서

**Chinese students studying
in the U.S.A. 1872-1931**

극소수를 제외하고 이곳의 중국 여학생들은 젊지도 아름답지도 않다. 그저 원래 별 볼일 없던 청춘의 잔재만 남아 있다. 그러나 남녀평등이라는 지극히 어리석은 주장Teutonico-Christian에 취해, 중국에서 온 여학생은 부끄러운 줄도 모르고 그리스 여신의 제단 위에서 교태를 부리며 아양을 떨고 있다.[1]

어떤 중국 여학생들은 '젊지도 아름답지도' 않고, 어떤 이들은 조금 사치스럽고, 어떤 이들은 조금 냉담하다. 전 세계 어디서나 볼 수 있는 모습일 뿐 중국만의 특징도, 여성에 국한된 것도 아니다. 남성도 그럴 수 있다. 그저 한숨만 나온다. 인간아! 왜 그 모양인가![2]

자오민헝趙敏恒은 각박하게 말했고, 황쳰이黃倩儀는 정곡을 찌르는 표현으로 반박의 여지를 남기지 않았다. 두 사람은 모두 칭화대학 출신이다. 황첸이는 1921년에 졸업후, 1924년 시카고대학에서 학사 학위를, 이듬해 컬럼비아대학에서 석사 학위를 받았다. 자오민헝은 1923년에 졸업한 뒤 이듬해 콜로라도대학 학사, 1925년 미주리대학 신문학 학사, 1926년 컬럼비아대학에서 석사 학위를 받았으며, 1926~1927년 『중국유미학생월보』 편집장을 지냈다. 둘 다 유학생이지만 성별이 다른 탓인지 화법에 차이가 있었다. 남성인 자오민헝의 거칠면서도 반격을 두려워하지 않는 발언은 사람들로 하여금 공감의 탄성을 자아내게 하지만, 여성인 황첸이는 사회적 제약 때문에 성별의 한계를 뛰어넘지 못했다. 자오민헝이 특별한 존재라기보다는 남학생은 하고 싶은 말을 거침없이 내뱉어도 뒤탈을 걱정할 필요가 없었다. 황첸이처럼 반박에 나서는 여학생은 소수였지만 그들의 발언은 적지 않은 호응을 얻었다.

여학생의 미국 유학은 남학생과 10년의 시차가 있다. 즉 20세기 초반부터 여학생도 미국 유학을 가기 시작했다. 여학생은 전체 미국 유학생의 10~15퍼센트 정도로,[3] 태반은 부유한 집안 출신의 자비 유학생이었으므로 어디서나 사람들의 시선을 끌었다. 물론 남학생과 마찬가지로 그들 역시 입국 당시 「배화법」의 차별을 받았으며 문화, 언어, 학교생활에서도 난처한 경험을 겪었다. 더욱이 여성이라는 이유로 남학생과는 다른 경험을 겪어야 했다. 즉 여자 유학생에게는 중국의 전통적 관습을 받아들이는 동시에 미국의 사회·교육 문화를 습득해야 하는 이중 제약이 따랐다. 많지는 않지만 학교에서 작가, 동아리 리더, 교지 편집자, 전미중국유학생연합회, 북미중국기독교유학생협회 간부 등 활발히 과외 활동에 참여하는 여학생도 있었다. 그러나 특별히 자기주장을 드러내야 하는 몇몇 경우 외에 여학생은 항상 규칙을 잘 지켰으며, 남학생의 뒤에서 연합회의 업무를 돕는 방식으로 선한 이미지를 쌓았다. 결코 남학생에게 뒤지지 않는 명석함과 실력을 지녔으나 귀국 이후 사회에 진출할 기회는 하늘의 별 따기였다. 과반 이상은 결혼을 했고, 결혼한 이들의 과반 이상은 가정을 벗어나지 못했다. 적어도 20세기 초기에 여성은 결혼과 취업을 병행하기가 어려웠다.

여자 유학생에 관한 연구는 아직 초보 단계에 머물러 있다. 선구적 연구자인 예웨이리는 1880~1920년까지 시기별로 여자 유학생을 구분했다. 1세대는 1880~1890년의 '의사', 2세대는 1910년대의 현대적 '현모양처', 3세대는 1910~1920년의 '5·4 세대'로, 이들의 공통적 특징은 꾸준히 성 평등을 위해 애썼다는 점이다. 가장 먼저 시대를 앞서간 4명의 여학생은 의사로 활동했으나 이후의 현모양처 세대는 대부분 인문학과 가정학을 전공하는 퇴보를 보였다. 그러다 5·4 세대에 다시 '남학생의 전유물'로 여겨지던 학과를 선택하면서 성 평등을 향한 움직임이 되살아났다.[4]

예웨이리의 이러한 분류는 매우 깔끔해 보이지만 상당히 과장된 것으로, 특히 5·4 세대에 대한 묘사가 그러하다. 많지 않은 자료나마 충분히 분석하지도 않은 채 증명할 수 없는 결론을 내리기도 했다.

20세기에 미국 유학을 간 여학생들은 어떤 학과를 선택했을까? 성별은 학과 선택에 어떤 영향을 끼쳤을까? 전공을 택할 때 가장 중시한 점은 무엇일까? 자료가 많지는 않지만 1920년대 초기 여학생들이 '남학생'의 전공 분야를 선택했다는 예웨이리의 분석에는 동의하기 어렵다.[5] 여학생들은 대부분 교육·음악·화학·사회학·인문학·가정학 등 당시 여성에게 적합하다고 생각되는 전공을 선택했는데, 이는 미국 여학생의 추세와도 비슷했다. 물론 장기적으로 보면 변화가 있기는 했지만 예웨이리의 결론처럼 급작스럽게 발전한 것은 아니었다.

20세기 초반 여자 유학생들이 남학생의 전공 분야에 지속적으로 도전하지 않았다면 귀국 후 취업에서도 별 진전이 없었을 것이다. 19세기 말 미국의 헬렌 스타렛은 대학을 졸업한 후 자신이 받은 고등 교육을 써먹지 못하는 현실에 좌절을 겪는 많은 여학생에 관한 책 『여성, 대학을 졸업한 다음 무엇을 할 것인가?After College, What? For Girls』를 출간했는데[6] 여기서 이 책의 제목과 같은 물음을 던질 수 있다. "미국에서 유학을 마친 후에 무엇을 할 것인가?" 어떤 여학생은 경제적 독립을 주장했고 어떤 여학생은 귀국한 후 결혼에 대한 고민을 피력하기도 했지만 그들이 마주친 비정한 현실은 1920년대까지 미국 여성이 마주한 상황과 다르지 않았다. 즉 결혼과 취업을 겸할 수 없는 현실이다. 19~20세기의 미국 여성 역시 결혼과 직장생활을 병행할 수 없는 장벽에 가로막혀 일을 하려면 독신이어야 했고 결혼하면 일을 할 수 없었다. 더러 귀국 여학생 가운데 결혼도 하고 자기 일도 가짐으로써 성공적으로 극복한 사례가 있긴 하지만, 구체적인 직업을 알 수 없으므로 어떠한 성공이었는지 확인하기는 어렵다. 예웨이리는 유학을 마치고 돌아온 여성들이 1920년대 이후 "사회에 새롭게 등장한 여성 직업인으로서 두각을 나타냈다"고 했지만 이는 과장된 표현이었다.[7]

귀국 여학생에게 '가정domestic sphere'이란 로맨틱한 사랑, 반려자에 대한 열정의 결과이기도 하지만 내면화된 사회적 압력의 결과이기도 했다. 그들에게 가정이라는 개념은 개인, 사회, 문화, 정치, 경제적 요인의 복합적인 결합인 것이다. 예웨이리는 5·4 세대 귀국 여학생들이 페미니즘을 극복했다고 했지만,[8] 사실은 그렇지 않았다. 대부분의 여성은 여전히 현모양처 또는 19세기 미국 중산층 백인 여성이 추구하던 '티 없이 순수한 여성true womanhood'을 이상적으로 생각하고 있었다. 몇몇 진보적인 여성은 경제적 독립과 사회 진출을 주장했으나 결국은 여성의 특성에 맞는 직업을 선택했다. 또한 언제나 당당하게 자신이 원하는 여성상에 대해 이야기할 수 있었던 남학생에 비해 여학생들은 본인이 이상적으로 생각하는 현대 중국 남성상에 대해 직접적으로 밝히지 못했다.

여자 유학생의 전공

예웨이리는 중국의 여학생이 3세대에 걸쳐 미국 유학을 간 것은 꾸준한 현대화의 역사를 반영한다고 했다. 그녀는 자신의 저서 『중국의 현대화를 위한 길찾기』에서 비교적 '진보적'인 여학생들이 의식적으로 '남학생'의 전공 학과를 선택함으로써 '남성'의 영역으로 들어갔다고 했다. 이로써 '중국의 현대화를 위한 길찾기'에 여자 유학생에 의한 성 평등(또는 그녀의 용어에 따르자면 '페미니즘') 영역이 추가된다. 과연 20세기 초반의 여자 유학생이 고등 교육을 통해 남성의 벽을 넘으려 했는지 분석해보자.

그에 앞서 예웨이리가 검증하지 않은 명제에 대해 살펴보겠다. 그녀는 여자 유학생의 경제적 독립과 취업에 대한 열망이 페미니즘을 불러일으켰다고 보았는데, 이는 경제적 독립과 페미니즘을 동일시한 것이다. 낸시 코트가 지적했듯이 페미니즘과 전문 직종 사이에는 긴장 관계가 형성되는데,[9] 개인의 재력이나 진리를 추구하는 정신 등은 성 중립적 믿음을 만든다는 것이다. 이러한 직업 이데올로기는 전문직 여성이 전문직 남성과 관심사를 공유한다는 믿음을 부추김으로써 직업을 갖지 않은 여성과의 차별성을 부각했다. "자칭 페미니스트라고 하는 여성은 전문직에 종사

학과	1916년	1921년
교육학과	4	4
의학과	3	1
예술학과	3	0
과학학과	0	2
농업학과	0	1
신문학과	0	1
기재하지 않음	0	1
계	10	10

자료: Weili Ye, *Seeking Modernity in China's Name*, p.268, 116n.

할 수 있지만 (…) 전문직에 종사하는 모든 여성이 반드시 페미니스트를 의미하지는 않는다."[10]

제1세대인 4명의 여자 의사에 대해서는 2장에서 소개했으므로 여기서는 예웨이리가 묘사한 3세대, 즉 5·4 세대 여자 유학생에 대해 살펴보겠다. 5·4 세대의 여자 유학생은 어떤 전공을 선택했을까? 예웨이리는 이들이 그동안 남성의 전유물이었던 분야에 진출했음을 입증하기 위해 1916년과 1921년에 칭화대학을 졸업한 여학생들이 미국에 도착했을 때 계획한 학과 선택을 표로 정리했다.[11]

〈표 5.1〉에서 세 가지 문제를 발견할 수 있다. 첫째, 예웨이리는 칭화대학 출신 여학생들이 5·4 세대 여자 유학생을 대표한다고 했지만 그것이 어떠한 근거에서 비롯된 것인지는 분석하지 않았다. 둘째, 이 표는 『중국유미학생월보』에 보도된 자료에 기초한 것으로 신뢰도가 높지 않으며,

학과	1914	1916	1918	1921	1923	1925	1927	총계
의학과	0	4	2	2	2	1	0	11
음악학과	3	0	1	0	2	1	0	7
교육학과	1	0	2	2	0	0	0	5
화학과	0	1	0	0	0	1	2	4
역사학과	1	1	0	1	0	1	0	4
사회학과	1	1	0	1	0	0	0	3
인문학과	2	1	0	0	0	0	0	3
수학과	0	0	1	1	0	0	0	2
동물학과	0	0	2	0	0	0	0	2
치과	0	1	0	0	0	0	0	1
물리학과	0	0	0	1	0	0	0	1
경제학과	0	0	0	1	0	0	0	1
미술학과	0	1	0	0	0	0	0	1
문학과	0	0	0	0	0	1	0	1
신문학과	0	0	0	1	0	0	0	1
가정학과	1	0	0	0	0	0	0	1
미상	1	0	0	1	0	0	0	5
총수	10	10	8	10	5	5	5	53

* 열거한 학과는 최고 학력을 기준으로 했다.
자료: 『칭화동학록』(베이징, 1937)

처음 학과 선택을 계획했을 때와 나중에 실제로 전공한 학과가 일치하지 않을 수도 있다. 개인의 성향, 학습 상황, 취업 등을 고려하여 얼마든지 선택이 바뀔 수 있기 때문이다. 이러한 상황은 지금도 그렇고 100년 전에도 마찬가지였다. 셋째, 빈약한 자료에 근거해 지나치게 큰 결론을 도출했다. 칭화대학 출신 여자 유학생은 모두 7차례에 걸쳐 총 53명으로 파악되는데 그중 단 7명만을 분석 대상으로 삼았다. 전체 여자 유학생을 대상으로 분석한다면 그녀가 주장하는 '남성화' 추세를 설명할 수 없다. 〈표 5.2〉는 1914~1927년 동안 7차례에 걸쳐 미국에 간 53명의 칭화대학 출신 여학생의 전공학과를 조사한 자료다.

이 표로는 개괄적 결론을 도출할 수는 없지만 치과를 포함해 의학을 선택한 여학생은 12명(22.64퍼센트)이며 후반으로 가면서 의학 선택은 매년 줄었다. 의학 선택이 개인적 흥미에 따른 것인지, 초기 4명 여의사의 영향 때문인지는 알 수 없다. 어쨌든 〈표 5.2〉에 나타난 칭화대학 출신 여학생들의 전공학과 선택은 매우 다양해서 어떤 추세도 읽을 수 없다. 설사 예웨이리가 만든 〈표 5.1〉(『칭화동학록淸華同學錄』에 근거해 만든 〈표 5.2〉의 결과와는 다르지만)은 다양성을 보여주기는 해도 '남성화'를 보여준다고 하기에는 무리가 있다. 그녀는 과학 전공이 (정확하지는 않지만) 1916년 '0'에서 1921년 '2'로, 신문학과 역시 '0'에서 '1'로 바뀐 데 주목했으나 이역시 수치의 정확성을 고려할 때 그녀의 결론은 과도한 것이다.

당시 미국 유학생의 선택에 비춰볼 때 칭화대학 출신 여학생의 선택이 특별하다고는 볼 수 없다. 뉴욕의 유명한 사립여자대학인 바사칼리지의 90년간(1865~1957)의 통계와 비교해보면 상당히 의미 있는 결론을 얻을 수 있다.

〈표 5.3〉과 〈표 5.4〉를 보면 칭화대학 출신 유학생이 사회과학과 예술학 분야를 선택한 비율은 바사칼리지와 비슷한 반면 과학 분야의 경우는 차이가 크다. 예웨이리는 학과와 성별을 연계하는 데는 융통성 있는 시각을 보이지 않았다. 하지만 예술·수학·언어·종교학과에서는 여학생이 남학생보다 훨씬 많은 반면 물리학·경제학·철학에서는 남학생이 더

<표 5.3> 칭화대학 출신 미국 유학 여학생 전공학과 비율(1914~1927)

학과	비율(%)
사회과학	28.30
의학	22.64
예술학	22.64
과학	16.98
미상	9.44
총수	100.00

자료: 「칭화동학록」(베이징, 1937)

<표 5.4> 바사칼리지 여학생 전공학과 비율(1865~1869, 1953~1957)

학과	1865~1869	1901~1905	1927~1931	1953~1957
과학	39.3	25·4	19.7	16.5
그리스 고전	21.2	16.3	4.1	1.7
현대언어	20.6	15.3	18.3	14.9
예술	11.6	23.3	29.0	29.4
사회과학	7.2	19.7	29.9	37.4
총수	100.0	100.0	100.0	100.0

자료: Mabel Newcomer, *A Century of Higher Education for American Women* (New York: Harper & Brother Publishers, 1959), p.92

많았다. 나머지 학과에서는 성별의 특징이 뚜렷하지 않다. 메이벨 뉴커머와 바버라 솔로몬은 미국 여대생에 관한 연구에서 성별 차이가 전공 선택에 미치는 영향이 생각보다 크지 않다고 했다.

일반적으로 학생들은 미래의 직업을 위해 특별한 준비를 하지 않는다. 공학, 경제학, 가정학, 간호학 등 주로 흥미에 의한 선택이었

다. 또한 직업을 고려하지 않는다면 남녀 성별의 차이는 그렇게 크지 않다.[12]

뉴커머는 "물리학 등 과학에서는 남학생이 절대 다수를 점하지만 금년(1957년) 마운트 홀리요크칼리지(여학교)에서 화학과를 택한 학생은 암허스트(남학교)보다 많았다. 암허스트에서 영문학을 선택한 학생은 홀리요크보다 많았다"고 했다.[13] 솔로몬은 인문학과에 대한 관심도는 남녀의 차이를 가릴 수 없었다고 했다.

중요한 것은 관심이 아니었다. 주로 여학생이 선택하는 것으로 여기는 과목을 남학생이 선택하거나 주로 남학생이 선택하는 것으로 여기는 과목을 여학생이 선택하는 것은 관심의 정도 차이는 있어도 성별과는 아무 관계가 없다. 따라서 여학생이 남학생의 전문 영역에 진입했다고 보는 것은 과장된 해석이다. 핵심은 관심이 취업과 연결되느냐 하는 것이다. 뉴커머는 이렇게 결론지었다. "모든 남학생은 인문학 교육이 전인 교육의 기초를 다져 장차 얻게 될 직업이나 공직에 도움이 된다는 것을 알고 있다. (…) 여학생에게 인문학 교육은 학습을 위한 학습이지 취업과는 전혀 관계가 없었다."[14]

예웨이리가 칭화대학 출신 여자 유학생 자료에 토대하여 그들이 '남학생'의 영역에 들어갔다고 판단한 것은 억지에 가깝다. 또한 칭화대학 출신 여학생이 전체 여자 유학생을 대표하는가에 대해서도 짚어볼 필요가 있다. 1922년 미국에는 중국에서 온 여학생 수가 200명이 넘었다.[15] 더욱이 칭화대학에서는 시험으로 유학생을 뽑았기 때문에 우수한 인재가 선발되었는데, 과연 이들이 전체 여자 유학생을 대표한다고 할 수 있는가? 이들이 미국에 체류하는 기간의 활동을 자세히 알 수 있는 자료가 충분

〈표 5.5〉 유학생들이 가장 선호하는 전공학과 순위(1854~1953)

순위	여학생	남학생
1	교육학과	경영학과
2	화학과	경제학과
3	사회학과	토목과
4	가정학과	공학과
5	영문학과	기계공학과
6	인문예술학과	화학과
7	음악학과	교육학과
8	경제학과	정치학과
9	경영학과	전기공학과
10	역사학과	예술학과

자료: *A Survey of Chinese Students in American Universities and Colleges in the Past One Hundered Years*(New York, 1954), pp.34~35

하지 않아 학과 선택에 관한 다른 자료와 비교하는 작업은 불가능하다. 다만 화미협진사가 1854~1953년까지 100년 기간의 조사 자료를 기반으로 〈표 5.5〉와 같이 학생들이 가장 선호하는 10대 학과를 살펴볼 수는 있다.

화미협진사의 자료를 활용하는 데는 신중을 기할 필요가 있다. 책만 믿으면 책이 없느니만 못하다는 말이 있듯이 수치만 믿으면 수치가 없는 것만 못하기 때문이다. 먼저 이 100년 조사는 화미협진사가 1953년 미국 대학을 상대로 진행한 설문조사다. 모든 설문조사가 그렇듯 조사 대상인 학교가 얼마나 협조적이냐에 따라 결과는 크게 달라진다. 학교가 보내준 설문 응답 자료가 정확하지 못하면 개별 수치와 합계가 부합하지 않는 문제가 발생한다. 〈표 5.5〉에서 가장 높은 수치를 보이고 있는 남학생 29 퍼센트, 여학생 28퍼센트는 학과 '미상'이다. 다만 이 조사가 제공한 수치는 당시 유학생 연구자료 중 최선의 것이며 더 좋은 자료는 없다고 할 수 있다.

〈표 5.5〉는 세 가지 사실을 말해준다. 첫째, 칭화대학 출신 여자 유학생들이 선택한 전공학과는 확실히 전체 여자 유학생의 대표성을 지닌다는 점이다. 〈표 5.2〉와 〈표 5.5〉를 비교해보면 순위는 다르지만 선택 학과가 거의 일치한다. 〈표 5.2〉는 10대 학과 중 7개 학과가 모두 1명씩으로, 치의학·물리학·경제학·예술·문학·신문·가정학과 순이었다. 여기서 문학이란 영문학이 확실하다. 〈표 5.5〉의 여자 유학생이 선호하는 10대 학과 중 9개(교육·화학·사회학·가정·영문·인문예술·음악·역사·경제학)는 〈표 5.2〉의 칭화대학 출신 여자 유학생 10명이 선택한 것과 같다. 〈표 5.2〉의 학과 중 유일하게 〈표 5.5〉에 보이지 않는 학과는 의학이다. 1890년대 미국 대학이 의학과에 여학생 입학에 제한을 둔 점이 부정적 영향을 끼친 것인지는 알 수 없다.[16] 초기에는 여자 유학생이 의학을 공부한 비율이 상당히 높지만 이후로 미미하다. 〈표 5.2〉에서 의학은 칭화대학 출신 여자 유학생이 가장 많이 선택한 반면 〈표 5.5〉에서는 19위에 머무르고 있다.[17] 가정학, 경제학은 각각 4위, 8위를 차지했고 경영학을 택한 경우는 〈표 5.2〉에 없었다가 〈표 5.5〉에서는 9위로 나타나는데, 아마도 시대의 차이 때문일 것이다. 경영학은 비교적 늦게 설치된 과목인데다 칭화대학 출신 여학생들이 들어간 학교는 대체로 인문학 분야가 강세였으므로 경영학과가 없었을 수 있다.

〈표 5.5〉에서 남녀 유학생이 선호한 전공학과를 보면 성별에 따른 차이가 크다는 것을 알 수 있다. 칭화대학 출신 여자 유학생들이 선택한 전

〈표 5.6〉 여자 유학생이 선택한 학과(1890s~1917)*

학과/학교	학생 수
인문예술학과	6
교육학과	3
음악학과	3
의학과	2
수학과	1
철학과	1
문학/음악학과	1
고등학교	1
미상	1
총수	19

* 미국에서 태어나 성장한 2명의 화교를 포함
자료: *Who's Who of American Returned Students*(Peking, 1917)

공과 100년 간 여자 유학생들이 선택한 전공의 흐름이 유사하고 이른바 '남성의 전공'에 속하지 않는다면 다른 여자 유학생들과는 어떤 차이가 있을까? 2장 말미에서 칭화대학 출신 남자 유학생과 다른 남자 유학생의 차이에 대해 언급했듯이 중국의 일류 대학을 나온 학생들의 성취도는 최고와 최하 수준 모두 다른 남자 유학생들보다 우수했지만 중등 수준에서는 다른 유학생들과 우열을 가릴 수 없었다. 여학생에게도 이와 동일한 비교를 해보면 최고의 성취로는 총 53명 중 의학을 선택한 11명(21퍼센트)이 가장 탁월하다고 평가할 수 있다. 5명(9퍼센트)은 선택한 전공이 알려지지 않았다. 100주년 설문조사에서는 28퍼센트에 달하는 여자 유학생의 전공이 알려지지 않았다.

〈표 5.5〉의 통계에서 확인할 수 있는 두 번째 사실은 20세기 중반까지 여자 유학생이 가장 선호한 학과는 교육·음악·화학·사회학·인문예술·가정·역사 등이라는 것이다. 〈표 5.6〉은 칭화대학 출신 여학생보다 먼저 미국에 온 여자 유학생의 통계로, 이들이 가장 많이 선호한 전공은 의학을 제외한 모든 학과가 〈표 5.5〉에 포함되어 있다. 이 시기는 예웨일리의 표현에 따르자면 '현모양처'의 시기다. 그러나 〈표 5.6〉에서는 의학과가 4위에 있고 가정학과는 순위 안에 없다.

세 번째는 반세기 동안 여자 유학생이 선택한 전공에 거의 변화가 없다는 점이다. 1854~1953년까지 100년 동안 여자 유학생들도 경제학이나 경영학을 선택했지만 '남학생' 학과에 들어갔다는 사실의 증거로 볼 수는 없다. 학생 수가 증가한 만큼 가정학(4등)이나 간호학(11등)을 선택한 수도 함께 증가했기 때문이다.[18] 사실 남녀 유학생이 선호하는 학과 중 절반은 변함이 없다. 공학은 여전히 남학생이 선호하는 학과였고, 여학생이 가장 선호하는 학과도 반세기 동안 대체적으로 달라지지 않았다.

전체 수치를 신중히 다루지 않으면 해석 오류에 빠진다. 예컨대 전체 수치만 보면 시대에 따라 가장 선호하는 학과가 변화한 사실을 놓칠 수 있다. 〈표 5.2〉와 〈표 5.6〉에서 의학은 초기 여자 유학생들이 선호하는 분야였지만 점차 다른 전공에 밀렸으며 가정학과 간호학이 선호되고 있다. 〈표 5.5〉에서 경제학과 경영학은 각각 8위와 9위에 있는데, 이는 20세기 중반 이후의 현상을 반영하는 것이다. 화미협진사에서 조사한 자료에는 1949~1954년 타이완의 여자 유학생이 포함되어 있어 편차를 키울 수 있다는 점에 주의해야 한다.

결론적으로, 20세기 미국 여자 유학생의 전공학과 선택에 관해서는 극히 제한된 사실만 알 수 있다. 일반적으로 20세기 중기까지 교육·음악·화학·사회학·인문예술·가정·역사학이 여학생에게 가장 적합하고 또 선호되는 전공이었으며 미국 여학생의 경향과도 맞아떨어졌다. 그리고 경제학과 경영학은 물론 여성 중심의 가정학과 간호학 전공이 늘었고 의학은 갈수록 줄어들었다.

위에서 언급한 뉴커머와 솔로몬의 연구는 전공 선택과 취업의 관계에 관해 중요한 의미를 남겼다. 즉 성 평등을 추구했던 여성의 경우 어떤 전공을 선택했느냐보다는 전공과 취업의 상관관계를 살펴봐야 한다. 헬렌 스타렛의 책 제목을 인용해 '여학생은 유학 이후에 무엇을 할 것인가?'라는 물음을 던져본다.

결혼 혹은 취업

아쉽게도 '여학생은 유학 이후에 무엇을 할 것인가?'라는 물음에 답변할 수 있는 자료는 여학생이 미국에서 선택한 전공학과를 알아보는 데 필요한 자료보다 적었다. 당시 중국 사회에는 유학을 마치고 돌아오면 여학생은 으레 결혼해야 한다는 고정관념이 있었으며 당사자들도 이를 당연한 수순으로 여겼다. 1922년 12월 칭화대학에서 여학생을 미국에 유학 보내는 사업을 중지하겠다고 결정했을 때 1923년 한 여학생이 『중국유미학생월보』에 항의의 글을 보냈고 여론도 거세게 비판했다. 이듬해 칭화대학은 결정을 철회하겠다고 발표했지만, 애초에 여학생 유학을 중단하기로 결정한 가장 중요한 이유는 그들이 귀국하면 곧바로 결혼해버리므로 고등 자원이 낭비된다는 것이었다. 항의하는 여학생은 "빨리 결혼하는 경우도 있지만 그렇게 많지는 않다"고 했지만, 다음과 같이 귀국한 여학생의 결혼을 옹호하는 그녀의 긴 변론은 오히려 비판의 근거를 제공한 셈이다.

귀국한 여학생이 결혼하는 것이 죄인가? 그녀들이 좋은 교육 기회를 얻었으니 평생 독신으로 살아야 하는가? 그렇다면 왜 많은 남학생은 여학생에게 간단하고 쉬운 가정과를 선택하라고 하는가? 이 좋은 교육을 받은 여성들이 모두 결혼하지 않는다면 남성들은 무어라 할 것인가? 물론 가정과 자녀를 돌보는 데 많은 시간을 써야 하기 때문에 결혼은 여성의 취업에 장애가 된다. 하지만 가사와 자녀 교육은 한 국가의 복지에 관한 문제로 다른 어느 직업보다 중요하다. 그 선택은 여성 스스로 내려야 하는 것이며, 가정과 취업 중 자유롭게 선택할 수 있어야 한다. 귀국한 여학생이 결혼한다는 이유로 여성 고등 교육의 기회를 중단하겠다는 것은 좋은 핑계가 아니다.[19]

1920년대 이후 여론과 학계에서는 귀국한 여학생이 바로 결혼하는 것에 대해 자원 낭비라는 비판이 주류를 이루었다.[20]

예웨이리는 3세대 여자 유학생들은 귀국 이후 취업과 경제 독립을 위해 매진했다고 평가했다. 그 예로 4명의 여의사 중 1명만 결혼했을 뿐 나머지 3명은 평생 독신으로 살면서 의료 봉사에 헌신했음을 제시했다. 두 번째 세대인 '현모양처' 세대는 가정을 중시하면서도 교직에 진출함으로써 교직이 '유학생들이 가장 좋아하는 직업'이 되었다고 했다.[21] 5·4 세대는 귀국 후 "사회에 새로 출현한 여성들이 여러 직업에서 두각을 나타냈다"면서 더욱 빠른 행보를 보였다고 했다.[22] 이에 대해 왕이쥐가 조사

직업	학생 수	%
가정주부	18	33.96
대학교수	11	20.76
의사	5	9.43
중등교사	3	5.66
공직	3	5.66
자영업자	2	3.77
미국에서 취업	1	1.89
사망	1	1.89
미상	9	16.98
총수	53	100.00

자료: 「칭화동학록」 (베이징, 1937)

한 칭화대학 출신 53명 유학생의 3/5은 가정주부, 1/5은 대학교수, 1/5은 의사, 1/5은 YWCA 등에서 근무한 자료를 제시했다. 그러나 왕이쥐에게 이 자료는 여성에게 장학금을 주는 것은 별 효과가 없다는 사실을 입증하는 근거였다.[23] 예웨이리는 왕이쥐의 주장에 반대되는 결론을 위해 인용했으나[24] 도출 과정에 관한 구체적인 설명을 붙이지 않았다. 〈표 5.7〉은 예웨이리가 인용한 53명의 1937년 직업 분포를 교정한 것이다.

이 표에 따르면 53명 중 18명(33.96퍼센트)이 가정주부로, 당시 교육 자원을 낭비한다는 비판을 뒷받침한다. 그러나 비판자들뿐만 아니라 왕이쥐와 예웨이리 모두 이 수치를 편향적으로 해석했다는 점을 간과했다. 예컨대 〈표 5.7〉의 수치만 고려하면 20세기 초반 유학 여학생들이 귀국 후 결혼과 취업 사이에서 맞닥뜨렸던 모순과 갈등을 간과하게 된다. 어느 시대에서나 여자 유학생들은 귀국 이후 결혼이냐 취업이냐를 놓고 선택해야 했으며, 이는 미국인 여학생의 경우도 크게 다르지 않았다. 미국의 풍부한 자료를 통해 자료가 부족한 중국 귀국 여자 유학생의 상황을 유추해보자.

미국의 경우 19세기 말부터 20세기 초반까지 대학을 졸업한 여성들은 결혼과 취업 사이에서 고민했다. 1929년 조사에 따르면 대학을 졸업한 1200명의 독신여성 중 4.4퍼센트만이 취업의 경험이 없다. 반면 대학을 졸업한 1000명의 기혼여성(3/4 이상이 대학을 졸업) 중 40퍼센트가 취업의 경험이 없었다.[25] 다시 말해 여성 스스로 전문 직업인의 삶을 원했든 재정적 압박으로 직업을 가져야 했든, 20세기 초반까지 대다수 미국 여성은 결혼과 취업을 병행하려는 바람을 실현하기 어려웠다. 낸시 코트의 연구에 따르면 1930년 "결혼 후에도 취업을 시도해본 여성은 전국에서 4퍼센트도 안 된다."[26]

19세기 말부터 1920년대 초반까지 미국 여성의 취업에는 주목할 만한 진전이 있었다. 20세기 초 미국 인구조사국이 '전문직과 관련 직업군professional and kindred'이라는 직종 조사를 실시한 결과 여성은 40퍼센트 이상을 차지했는데 전체 취업 인구로는 20퍼센트를 웃도는 수치다. 이는 여성이 남성의 전문 직업군에 들어갈 기회가 없었음을 말해주는 정도는 아니다. 1920년대 이전, 여성은 전문직 영역에서 증가세를 보였으나 그중 3/4은 여성에 적합한 직업인 교사와 간호사였으며 남성이 지배적인 직업 분야와 같은 자주성이나 대우를 보장받지는 못했다.[27] 법조계나 과학계 등 남성들이 장악한 전문 직종에 진출한 여성의 수치는 상징적 의미를 지닐 뿐이었다. 반면 의학계에서는 여성의 활동이 두드러져 19세기 말에

〈표 5.8〉 1911년에 귀국한 여자 유학생 20명의 결혼 및 취업 조사 *

결혼/가정주부	5
결혼/취업	1
독신/취업(교사)	7
독신/취업(의사)	6
독신/취업 여부 미상	1
총수	20

* 20명 중 의사 한 명은 캐나다 토론토에서 교육을 받음
자료: F. Y. Tsso, "A Brief History of Chinese Women Students in America", *CSM*, VI.7(May 10, 1911), p.622

서 1910년까지 전체 의사 중 약 6퍼센트를 차지하며 최전성기를 이루었
으나 점차 위축되었고 1970년대에 이르러 새로운 전기를 맞게 되었다.[28]

당시 미국 여성의 사회 진출에 대한 관찰은 중요한 의미가 있다. 그
하나는 진보한 미국에서도 대학을 졸업한 여성은 결혼과 취업 중 한쪽을
선택해야 했으며 소수의 여성만이 두 영역을 병행할 수 있다는 사실이다.
예웨이리는 1911년 귀국한 여자 유학생 20명의 자료를 검토한 결과 "5명
이 결혼했는데 직업은 없었던 것 같다. 6명은 의사(1세대 4명을 포함), 8명
은 교사"라고 했다.[29] 예웨이리는 여기서 더 나아가 인생에서 결혼과 취업
이 절대적인 선택인가에 관한 연구는 진행하지 않았다. 하지만 동일한 자
료에서 〈표 5.8〉과 같이 결혼하면 직업을 갖지 않고 취업하면 독신이라는
양식을 발견할 수 있었다. 또한 이 표는 예웨이리가 범한 두 가지 실수를
바로잡아주고 있다. 하나는 직업이 불분명한 독신 여학생을 교사에 포함
한 것이고, 다른 하나는 기혼자는 5명이 아니라 6명이라는 사실이다. 6번
째 기혼자는 교사로 종사하고 있었다.

또 다른 자료 역시 20세기 초 10년 동안 귀국한 여학생은 결혼과 취

전공학과	학생 수	결혼/가정주부	결혼/취업	독신/취업
인문예술	6	3	1	2
교육학	3	1	0	2
음악	3	2	0	1
의학	2	0	0	2
수학	1	1	0	0
철학	1	0	0	1
문학/음악	1	1	0	0
고등학교	1	0	0	1
미상	1	1	0	0
총수	19	9	1	9

* 2명은 미국에서 태어나 성장한 화교
자료: *Who's Who of American Returned Students*(Peking, 1917)

업에서 다른 인생을 산다는 사실을 보여주었다. 〈표 5.9〉는 6년이 지난 1917년의 귀국 여자 유학생들을 조사한 것으로, 조사 대상자는 총 19명이다. 〈표 5.8〉처럼 결혼과 취업을 겸하지 못하는 상황이 〈표 5.9〉에도 나타나 있다. 두 표를 비교해보면 결혼이 취업에 미치는 영향을 헤아릴 수 있다. 이중 6명 여학생은 1911년과 1917년의 조사 양쪽에 모두 포함된다. 이 6명 중 5명은 1911년에 독신으로 취업한 상황이었으며 1917년에도 여전히 같은 상황이었다. 그러나 1명은 1911년 당시에는 독신으로 취업한 상황이었는데 1917년 조사 당시에는 결혼한 가정주부가 되어 있었다. 두 조사는 매우 거칠고 조사 대상자 수가 너무 적어서 어떤 결론을 내리기에는 적합하지 않지만 생각해볼 점은 있다. 바버라 솔로몬은 앞서 소개한 헬렌 스타렛의 책 제목 "여성, 대학을 졸업한 다음에 무엇을 할 것인가?"를 응용해 "결혼한 다음에 무엇을 할 것인가?"라는 질문을 던졌다.[30]

한마디로 여성이 결혼이냐 취업이냐 하는 인생의 중요한 선택을 하는 시점은 대학 졸업 후가 아니라 결혼을 앞둔 시점이다. 미혼인 여성은 취업을, 결혼한 여성은 가정으로 들어갔다.

우리가 〈표 5.8〉과 〈표 5.9〉를 너무 고식적으로 사용할 필요는 없다. 귀국 여학생들의 결혼과 취업 문제를 지나치게 과소평가할 수 있기 때문이다. 한 여교사의 경우 〈표 5.8〉의 조사 당시 귀국한 지 얼마 되지 않은 때였고, 몇 년간 교사로 활동했는지는 알 수 없지만 6년 뒤인 〈표 5.9〉에서는 가정주부가 되어 있었다. 두 표의 수치를 고식적으로 사용하면 결혼과 취업은 결코 서로 조화될 수 없는 삶으로 비춰질 수 있다. 말하자면 두 조사의 시간차는 겨우 6년이어서 그녀가 자녀 양육을 마친 후 다시 취업을 했는지의 여부를 반영할 수 없다.

결론적으로 〈표 5.8〉과 〈표 5.9〉의 수치는 여전히 참고용일 뿐이다. 이 수치가 나타내는 결혼과 취업이 서로 조화를 이루지 못하는 상황은 같은 시대 미국 여성의 현실과도 일치한다.

〈표 5.10〉은 칭화대학 출신 귀국 여학생들을 상대로 1937년 무렵 결혼 여부와 취업 상황을 조사한 것이다. 이 수치가 나타내는 추세는 위의 두 표와 상당히 다르다. 즉 더 이상 결혼과 취업 중 한쪽만 선택하는 흐름에서 벗어나 있다. 물론 독신으로 취업한 수가 기혼이면서 취업한 경우보다 높긴 하지만 더 이상 결혼과 취업이 병행 불가능한 상황은 아니다. 24명의 독신 여성 중 14명(58퍼센트)이 취업했고 29명의 기혼 여성 중 11명(38퍼센트)이 취업했는데, 1930년 미국에서는 겨우 24.7퍼센트밖에 되지 않았다.[31]

	총수	결혼	취업	가정주부	독신	취업	미상
1914	10	9	3	6	1	1	0
1916	10	7	4	3	3	2	1
1918	8	6	1	5	2	2	0
1921	10	4	2	2	6	3	3
1923	5	0	0	0	5	2	3*
1925	5	3	1	2	2	0	2
1927	5	0	0	0	5	4	1
총수	53	29	11	18	24	14	10

* 당시 이미 사망한 1명 포함
자료: 『칭화동학록』 (베이징, 1937)

　　〈표 5.10〉의 결과는 최초 칭화대학 출신 여학생들이 귀국한 지 20년이 지나서 실시한 조사라는 점에서 특별한 의미를 지닌다. 기혼자의 취업 비율이 높은 것은 조사 기간의 폭이 넓기 때문일 것이다. 특히 1914, 1916년의 수치는 성장기 자녀의 양육을 어느 정도 끝내고 다시 직장에 다니게 된 경우일 수 있다. 반대로 조사 당시 귀국한 지 얼마 되지 않아 결혼한 여성의 경우라면 직장을 그만두고 가정주부로 살고 있었을 수도 있다. 결국 〈표 10〉의 수치는 그들이 결혼과 취업에서 선택과 조정을 했다는 사실을 말해준다. 그러나 이 여성들은 모든 여자 유학생 가운데 가장 우수한 존재였다는 점을 간과해서는 안 되며, 다른 여자 유학생에 관한 자료가 없는 상황에서 이 자료를 전체로 해석해서도 안 될 것이다.

　　예웨이리는 여자 유학생이 성 평등을 위해 매진했다고 했지만 실제 상황은 그리 단순하지 않다. 그 흐름이 퇴보하는 경우도 있었고, 기쁨과 성공 이면에 분노와 환멸이 드리워진 경우도 있었다. 그녀가 사례로 제시한 장지잉張繼英, 구다이위顧岱毓, 천헝저陳衡哲의 경우를 살펴보자.

장지잉은 1921년 칭화대학을 졸업하고 미국 유학을 떠났으며 "여성의 경제적 독립을 확보할 수 있는" 직업이라는 생각으로 신문학을 선택했다고 했다.[32] 그녀가 귀국 후 언론계에서 활동하면서 어느 정도 경제적 독립을 이루었는지는 몰라도 그녀의 실제 행보는 그다지 순탄하지 않았다. 1924년 미주리대학에서 신문학 학사, 다음해 컬럼비아대학에서 석사 학위를 취득하고 귀국하여 상하이 YWCA 편집부에서 일했다. 1930년대 초기 난징 UP(United Press, 1958년 International News Service와 합병하여 명칭이 UPI로 변경)에서 기자로 일하다가[33] 어느 날 대중의 시야에서 사라졌다. 1933, 1937년 『칭화동학록』에 이름, 학력, 연락처만 올라 있을 뿐 직업과 관련된 소식은 없었다.[34]

구다이위는 1918년 칭화대학을 졸업하고 1922년 오벌린음악대학을 졸업했다. 같은 해 『중국유미학생월보』 11월호에 여학생을 대상으로 돈벌이에 나서서 경제적 독립을 쟁취하자는 감동적인 글을 발표하기도 했다.[35] 귀국 후 그녀가 "상하이에 여자은행을 창립했다"는 기록이 있으나[36] 이 은행에 관한 자료는 찾을 수 없었다. 민국 시기 유일하게 '여자' 이름이 들어간 은행은 '상하이여자상업저축은행'으로, 그녀가 귀국 후 이 은행에서 부책임자로 근무한 적은 있었지만 성과를 논할 만한 증거는 없다. 훗날 그녀는 진링金陵여자대학에서 음악을 가르쳤다. 1933년의 『칭화동학록』에 이 기록이 남아 있으나[37] 1935년의 『상하이칭화동학록』에서는 이름이 실리지 않은 것으로 보아 결혼하여 가정주부가 된 것으로 추정된다.[38] 그녀가 결혼 전 진링여자대학에서 음악을 가르칠 때 어떤 신분이었는지는 알 수 없지만 적어도 1935년부터는 주부였다. 그녀 남편은 1917년 칭화대학을 졸업하고 1919년 시카고대학 경제학 석사, 1922년 시카고대학 은행학 박사를 취득한 왕쭈롄王祖廉이다. 1937년 동창회 명부에는 '촨진川黔 철도 공사 총회계사'로 기록되어 있으며, 구다이위는 남편 성을 따라 왕구다이위王顧岱毓, 여성들은 결혼하면 남편 성을 앞에 썼다─옮긴이로 기재되어 있다.39

천헝저는 칭화대학 출신 미국 유학생 중 가장 많이 회자되는 인물로 자료도 풍부했다. 그녀는 1914년 유학을 떠나 1919년 바사칼리지에서 학사를, 1920년 시카고대학에서 석사 학위를 취득했다. 귀국 후 칭화대학 동창인 런훙쥔任鴻雋과 결혼했고 이해 베이징대학 최초의 여자 교수로 임용되어 두루 찬사를 받았다. 그러나 얼마 후 임신과 함께 학교를 사직했고, 1924년 난징 둥난東南대학에서 1년간 가르쳤을 뿐 이후로는 가정주부로 살았다. 다시 강단에 서겠다는 희망을 품었다면 아마도 7·7 사변으로 물거품이 되었을 것이다. 대신 평범한 가정주부로 만족하지 못하고 1920년 대 여러 잡지에 시사평론 문장을 발표하고 서양사 교과서와 단편소설집도 출간했다. 그녀의 단편소설집은 유학 당시의 경험을 소재로 한 것으로, 특히 「루이스의 문제洛綺思的問題」는 결혼과 취업의 갈등을 다룬 작품이다. 모교인 바사칼리지의 마거리트 와시번 교수와 코넬대학의 에드워드 티치너 교수의 러브 스토리를 모티프로 삼은 것이다. 소설 속 주인공 루이스는 지도 교수와 결혼을 약속했지만 학문에 대한 열정을 포기할 수 없어 파혼을 선언했다. 학문적 성공을 이룬 어느 날 그녀는 꿈속에서 두 아이를 키우는 기혼자가 되어 있었고 남편은 웬 노동자였다. 악몽에서 깨어난 그녀는 결혼과 일에 대해 진지하게 고민한다.

그녀는 비로소 자신의 삶에서 무엇이 부족한지 깨달았다. 명예인가? 성공인가? 학문과 일인가? 이것들도 소중하고 위대하지만 내 삶의 일부를 차지할 뿐이다. 이것들이 영혼을 푸른 하늘 높이 띄워

줄 수는 있어도 메말라 시들어가는 영혼에 윤기를 더해주지는 못한다.[40]

예웨이리는 루이스가 깨달은 결론은 결혼과 일이 마치 산과 호수처럼 "서로 조화를 이루어야 한 폭의 아름다운 경치를 만들어낸다"는 것이라고 했다.[41]

예웨이리는 천헝저를 통해 5·4 세대가 결혼과 일의 조화를 꾀하는 데 성공했다고 해석했지만 이는 지나치게 단순한 시각이다. 천헝저는 여성의 인생에서 결혼과 일은 산과 호수가 어우러진 아름다운 경치를 만들어낼 수 없다고 분명하게 말했다. 인생에서 산과 호수는 두 개의 빛나는 다이아몬드지만 여성은 하나를 선택할 수 있을 뿐 둘 다 가질 수는 없다는 것이다. 루이스가 창 너머로 본 산은 아름다웠지만 부족함이 있었다.

어느 날 그녀는 처마 밑에 앉아 생각에 잠겼다. 머리를 들어보니 푸른 산에 석양이 드리워 금빛과 보랏빛 등 다채로운 색을 연출하니 이루 말할 수 없이 아름다웠다. 한동안 산을 바라보던 그녀는 문득 저 산과 마찬가지로 자신의 삶에 무언가 부족하다는 것을 깨달았다. 그리고 예전에 산에서 수십 리 떨어진 곳에 있는 작고 맑은 호수를 보았던 기억을 떠올렸다. 산과 호수가 함께 있지 못하니 산에 있는 사람은 물의 평화로운 즐거움을 누릴 수 없고, 호수에 있는 사람은 산의 웅장한 수려함을 볼 수 없다는 생각에 미치자 그녀는 이것이 진정 하늘이 내린 계시임을 깨달았다.[42]

예웨이리는 이 소설이 그녀가 결혼을 결정하는 데 도움을 주었을 것

이라고 했다.[43]

　그러나 천헝저는 산과 호수 중 하나만 선택할 수 있을 뿐 둘 다 소유할 수 없음에 절망한 나머지 "이것이 진정 하늘이 내린 계시"라고 한탄한 것이다.

　천헝저가 독립적으로 살았던 기간은 교직에 몸담았던 4년이 전부였다. 결국 루이스처럼 결혼과 일(산과 물) 가운데 하나를 선택했다. 루이스는 물을 선택했기에 산의 웅장한 수려함을 잃었고, 자신은 산을 선택했기에 물의 평화로운 즐거움을 얻지 못했다. 그러나 1920~1930년대 중국 사회에서 성공한 작가, 예리한 평론가라는 평가를 받으며 여성 문인으로서 문단의 엘리트들과 어깨를 나란히 했다. 그녀가 안정적이고 풍족한 시대에 활동했다면 더 크게 성공했거나 베이징대학 교수로서 큰 업적을 남길 수도 있었을 것이다. 그러나 그녀는 가정을 선택했고 남편 직장을 따라 전국을 옮겨 다녔다. 〈표 5.10〉에서 보듯이 칭화대학 출신 여자 유학생 중 산과 물이 어우러진 아름다운 풍경을 누린 경우는 상당히 많다.(1914년 유학생의 1/3, 모든 칭화대학 여자 유학생의 38퍼센트) 천헝저도 이들처럼 둘 다 누릴 수 있었으나 자신의 결정에 충실했다. 근대 중국 문화계에서 그녀가 가정주부로서 자기 세계를 구축했다는 것은 매우 커다란 성과였다. 결혼을 택한 대부분의 여자 유학생들은 그녀와 같은 행운을 누리지 못했다. 일단 결혼해서 가정에 들어가고 나면 다시는 외부 세계와 교류할 길이 열리지 않았기 때문이다.

미국 스타일을 가진 중국 여성

여성성은 남성성과 마찬가지로 문화 전반에 걸친 젠더의 맥락에 의해 형성된다. 미국에서 유학생활을 한 여학생들의 여성성은 유학생 단체의 활동과 연관 지어 관찰해볼 수 있다. 남녀를 막론하고 미국의 중국인 유학생은 출생과 성장 그리고 미국에서 접촉하며 얻은 경험으로 인해 행동의 제약이 따랐다. 그러나 여성은 단지 여성이라는 이유로 추가적 제약을 받아야 했을 뿐만 아니라 남학생에 의한 제약까지 감수해야 했다. 여자 유학생은 아무도 자신의 이상적인 남성상에 대해 공개적으로 말할 수 없었던 반면, 남자 유학생은 언제 어디서든 미국 여성과 중국 여성의 차이에 대해 말할 수 있었으며 약간은 미국화된 중국 여성이 좋다는 등의 표현도 주저 없이 했다. 대다수의 여자 유학생은 침묵을 선택했다. 그러나 현모양처가 되어 나라를 구해야 한다는 토론을 할 때는 사회가 자신에게 주입한 생각을 그대로 내뱉지 않았다. 다만 가정이 사회와 국가의 기본이라는 논제를 선전하면서 자신의 생각을 발전시키는 식이었다. 가끔 한두 명의 여학생이 참지 않고 마음에 품은 말을 내뱉곤 했다. 직설적 발언과 반어법으로 자신들에게 씌워진 이중적 제약의 틈새와 균열을 통쾌하게 드러낼 뿐만 아니라 남학생들이 여학생의 특징이라고 끊임없이 지적하는 부분들을 조목조목 반박했다.

그 시대 대다수의 중국 여성과 그 부모들에게 여성의 독신은 상상할 수 없는, 받아들일 수도 없는 악몽이었다. 그 주된 요인은 경제적인 것으로, 귀국한 여자 유학생에게 가장 좋은 선택지는 취업 아니면 결혼이었으며 문화적으로도 가정으로 돌아가라는 말은 호소력을 발휘했다. '가정적'이라는 말은 놀랄 만한 탄력을 가진 이데올로기로, 서로 다른 시대의 서로 다른 수요와 흐름에 대응할 수 있을 뿐 아니라 문화 장벽을 뛰어넘을 수도 있었다. 중국에는 "여자는 재주가 없는 것이 미덕"이라는 말이 있다. 물론 유가 전통에서는 현명한 어머니가 국가 사회를 이끌어갈 인재를 길러낸다는 식으로 자식 양육에 대한 어머니 역할을 강조했는데,[44] 18세기 미국에서 유행하던 '공화국의 어머니Republican Motherhood'나 19세기의 '티없이 순수한 여성true womanhood'이라는 이상과 다르지 않았다.

중국의 전통적인 여성성 또는 이상적인 양육관으로 인해 어머니인 여성은 외부 세계와 간접적으로 연결되었다. 즉 자신이 양육한 아들이 출세하여 치국평천하를 달성하는 것이 곧 자신의 목표였다. 19~20세기에 민족주의가 등장하자 전통적인 어머니의 역할에 새로운 해석이 더해지면서 '여성의 경계woman's sphere'가 외부 세계와 직접적으로 접촉하게 되자 중국 여성에게 새로운 소명이 부여되었다.[45] 이 새로운 민족주의는 일본 메이지 시대에 만들어진 '현모양처'라는 용어와 개념을 중국에 들여와 중국 여성에게 양육의 책임과 역할을 강조했는데, 이는 19세기 미국의 여성 운동과 매우 유사한 것이었다.[46] 이 두 운동이 진보적 시대의 부녀 운동과 다른 점은 '여성의 경계'가 확대된 것이 아니라 새로운 사명과 목적이 주어졌다는 점이다. 이 현모양처 이론에서 중요한 것은 여성이 집을 벗어나 지역사회를 위한 일과 봉사에 참여하는 것은 상상할 수 없는 일이라는 사실이다.

19세기 후반 교회의 지원을 받아 4명의 여학생이 의학 공부를 시작한 이래 1930년대에는 미국 전역에서 다양한 전공을 선택하는 여학생이 200여 명으로 늘어났다. 반세기 가까운 이 기간 중국은 청나라의 멸망, 민국의 탄생과 붕괴, 5·4 신문화 운동, 군벌 싸움, 국민당의 북벌 성공과 중국 통일에 이르기까지 엄청난 변화를 겪었다. 그 시기 미국에서 새롭게 일어난 여성 운동은 19세기 부녀 운동의 교조주의적인 요소, 특히 여성의 본질적 특성을 강조하는 경향을 타파했다.[47]

그러나 중국의 여자 유학생은 현모양처라는 이상을 고수하거나, 이를 바탕으로 미국 19세기 여성 운동을 받아들인 형태의 이상에 젖어 있었다. 소수의 유학생만이 '티 없이 순수한 여성'에서 신여성의 개념을 획득했다.[48] 이들이 사용하는 언어와 내세우는 이상에는 독립성과 자신감 넘치는 기운을 풍겼다. 그러나 경제적 독립과 전문 경력을 가져야 한다고 주장하는 소수의 여학생들 사이에서도 이 논쟁은 여성적 특성으로 귀결되는 경우가 많았다.

예전에 많은 학자가 그랬던 것처럼 미국 중산층 백인 여성들이 페미니즘이라는 목표를 향해 매진했던 궤적으로 중국 여자 유학생을 분석하는 함정에 빠져서는 안 된다.[49] 여자 유학생들이 여전히 가정을 자신의 영역으로 생각했다고 해서 이들이 미국 여성보다 낙후되었다거나 전통적, 보수적이라고 할 수는 없다. 페미니즘을 추구한 중국 여성의 궤적은 미국 중산층 백인 여성의 경우와 다르다. 5·4 신문화 운동은 중국의 전통 가족제도를 강하게 비판하면서 우상 숭배를 타도해야 한다고 주장했다. 이러한 비판을 주도한 사람은 대부분 남성이었으며, 과거의 가족제도를 전제적인 전통의 축소판으로 여겼다. 특히 부권, 여러 세대가 같이 사는 구조, 부모의 혼인 결정 권한, 혼인 당사자에 대한 억압 등에 비판이 집중되었다. 그들이 이상적으로 생각하는 가족 구성은 핵가족이었다.

5·4 세대 남성이 가정과 여성에 대해 급진적인 입장을 취했다면 여성은 어떠했을까?[50] 전반적으로 여자 유학생들은 보수적이었다. 이들의 이야기를 통해 여자 유학생들, 특히 부유한 집안의 여성들이 사회(중국·미국)와 남학생들의 시선에 어떻게 대응했는지를 엿볼 수 있다.

약 반세기 동안 여자 유학생들이 가정을 벗어나 전문 영역으로 진출한 흔적은 잘 드러나지 않는다. 또한 세대나 출신 학교가 다르다고 해서 여성과 사회에 대한 시각이 특별히 달랐던 것도 아니다. 오히려 초창기 여자 유학생들이 여성의 사회적 위치에 대해 가장 진보적인 입장을 보였으며, 이후에 유학을 떠난 여학생들은 가정주부가 되기를 열망했다. 개성 강한 여학생은 성별에 따라 전문 영역을 구분 짓는 고정관념에 얽매이지 않았지만 의존적 성향의 여학생은 결혼을 가장 좋은 귀착지로 여겼다.

쑹씨 세 자매 중 첫째인 쑹아이링은 초기에 유학을 떠난 여학생 중 가장 특별한 경우다. 그녀는 1904년 미국에 도착했고 훗날 쿵샹시와 결혼했으며, 미국에 10억 달러에 달하는 자산을 보유하고 있었다. 그녀는 1907년 『중국유미학생월보』 4월호에 여성의 지위에 관한 「중국 여자 교육을 위한 청원A Plea for the Education of Woman in China」이라는 글을 발표했는데, 핵심은 여성의 지위로써 그 사회의 문명화 수준을 판단할 수 있다는 것이다.

> 앵글로색슨족이 다른 민족보다는 세계의 문명, 진보, 계몽에 크게 공헌했다는 점은 부인할 수 없는 사실이다. 특히 여성에 대한 존중이 눈에 띈다. 한 사회의 기초는 가정이고, 가정에서 가장 중요한 영향력을 가진 사람은 바로 안주인이다. 앵글로색슨족은 여성이 국가를 다스리는 정신이라는 숭고한 지위와 존중을 표함으로써 자신들의 문명에 가장 견실한 기초를 쌓을 수 있었다.[51]

쑹아이링의 주장은 의심의 여지없이 '티 없이 순수한 여성'이 가정을 지킨다는 데 기초하고 있다. 그녀가 중국에 여자 교육이 필요하다는 반증으로 삼은 대상은 다름 아닌 서태후였다. 즉 중국을 낙후하게 만든 장본인은 서태후라고 비판한 것이다. 이는 당시 어떤 남자 유학생도 감히 꺼낼 수 없는 발언이었다. 그녀는 서태후가 "미신을 믿었지만 권력과 지혜를 가지고 있다. 서태후가 진보적인 생각으로 중국을 다스린다면 중국은 누구도 상상할 수 없는 높은 수준의 나라가 될 것이다"라고 했다.

여기서 중요한 것은 쑹아이링이 남녀의 경계를 허물었다는 사실이다. 그녀는 서태후의 권위를 의심하지 않았는데, 전통적인 남성의 입장에서 볼 때 이는 기존의 남녀 관계를 완전히 뒤집는 시각이었다. 그녀는 이처럼 서태후가 근대 교육을 받았다면 중국에 얼마나 큰 도움이 되었을지 말하면서 "자국의 전통에 둘러싸인 여성이 막강한 권력을 가지고 있는데, 총명하고 혜안도 있으며 세계적 안목까지 지닌 채 미국 부녀와 같은 학문과 자유를 접했다면 얼마나 큰 성과를 거둘 수 있었을까?"라고 상상했다. 쑹아이링은 이처럼 과감히 남녀 경계를 허무는 한편 남학생들을 향해 본인의 이익을 위해 여성 교육에 관심을 가질 것을 호소했다. 예컨대 미국에서 공부한 남학생이 '교양 있고 총명한 미국 여성들과 사귄 뒤' 중국에 돌아와서 어떻게 '교육을 받은 적이 없는' 여성과 결혼할 수 있겠느냐고 반문했다. 쑹아이링은 남녀의 경계를 넘어서긴 했지만 '티 없이 순수한 여성'이라는 이상에서 벗어나지는 못했다.

20세기 초반 『중국유미학생월보』에 발표된 여성의 사회적 역할에 관한 글 가운데 '페미니즘'이라는 명사를 사용한 사람은 리메이부가 유일하다. 광저우에서 태어난 그녀는 어렸을 때 어머니를 따라 뉴욕에 왔고, 뉴욕 침례교회 목사인 아버지와 재회했다. 1921년 컬럼비아대학을 졸업했고, 1914년 『중국유미학생월보』에 부녀자 참정권과 페미니즘을 옹호하는 내용의 「부녀자 참정권의 의미The Meaning of Woman Suffrage」라는 글을 발표

했다.[52]

부녀자가 참정권을 처음 행사하게 되었을 때 사람들은 비정상적이
고 괴이하며 황당하다고까지 말했다. 여성이 어머니 외의 다른 역
할을 한다는 것은 꽤나 상상하기 힘든 일이었던 것이다. 그러나 선
입견을 내려놓고 생각해본다면, 이는 단지 공공의 의무와 평등의
개념을 실현하기 위해 조금 더 나아간 것일 뿐이다.

리메이부는 부녀자 참정권이 페미니즘 운동의 4단계 중 하나로, 1단
계는 종교나 정신, 2단계는 법률, 3단계는 정치, 4단계는 경제 분야에서
진행된다고 했다. 그녀가 말하는 페미니즘은 "여성이 자신이 원하는 일을
하고 실력을 증명할 수 있도록 동등한 기회를 부여하는 것"일 뿐이라고
했다. 이 4단계 페미니즘 운동 중 법률 분야는 이미 실현되었으며 부녀
자 참정권 운동은 정치 분야에서 벌이는 최전선이라고 했다. 1단계인 정
신 분야에서는 자아 표현의 자유, 즉 관습에 따르지 않고 "입고 싶은 옷
을 입고, 배우고 싶은 것을 배울 수 있는" 권리로, 처음에는 덜 중요한 것
처럼 보이지만 결국에는 중요한 것이다. 그녀는 페미니즘 운동의 가장 핵
심적인 분야는 경제라고 했다.

경제 분야의 역사는 세 단계로 구별된다. 첫 단계에서는 여성이 독
신이든 유부녀든 관계없이 모두 집에 있어야 한다고 생각했다. 산
업혁명 이후, 공업이 발전함에 따라 산업이 가정 밖으로 확산되었
고, 여성도 가정 밖으로 나오게 되었다. 이 새로운 상황에서 두 번
째 단계가 시작되었다. 여성은 결혼과 일 중 하나를 선택하게 되면

서, 결혼한 뒤에는 일을 그만두고 가정을 돌봐야 했다. 지금 우리가 직면한 상황이다. 그러나 세 번째 단계가 이미 시작되었고, 결혼 여부와 관계없이 여성도 경제적 자유를 누릴 수 있어야 한다.

페미니스트인 그녀는 대다수의 중국 여성이 결혼을 선택한다는 것을 잘 알고 있었고, 이에 경제적 자유를 가진 전문직 여성이 남편과 아이 모두에게 유리하다고 말했다. "이상적인 결혼은 동지적comradeship 관계"지만 이것은 "서로가 지성적 합의를 이루지 못하면" 불가능하다. 부부 모두 직업을 가진 경우 여성은 꾸준히 정신이 성숙해지기 때문에 세상이 어떻게 돌아가는지 알 수 있다. 직업이 있는 여성은 '돈' 때문에 결혼하지 않으며 "부부가 모두 경제적 독립의 능력을 가진 경우 서로를 더욱 존경하게 된다." 마찬가지로 직업을 가진 엄마도 아이에게 유리하다. 시간에 쫓기기는 하겠지만 아이는 "어머니와 지적 교류를 나눌 수 있으므로" 좋은 점이 더 많으며, 어머니 입장에서도 "낮에 머리를 쓰는 일을 하는 어머니는 하루 종일 집에서 아이와 씨름하느라 지친 어머니보다 지혜로운 방식으로 아이를 대할 수 있는" 장점을 제시했다.

1909년 동부연합회의 여름캠프에서 열린 영어 스피치 대회의 우승자인 마거릿 웡Margaret Wong은 여성의 천직은 가정이라고 했다. 중국 여성은 한 번도 현재처럼 "자신의 능력과 기회, 국가의 의미, 가정에 대한 책임으로 자신을 단련시켜 자기에게 주어진 영역의 일을 더욱 잘할 수 있는" 기회를 얻지 못했으나, 이제는 교육을 통해 "진정한 남편의 조력자, 아이의 좋은 어머니"가 되어야 한다고 했다.53 허언밍何恩明의 부인(본명은 알 수 없음)은 뉴잉글랜드 음악학원에 다녔으며 1909~1910년 『중국유미학생월보』의 부편집장을 지냈다. 그녀 역시 "지성의 면에서든 다른 어떤 면에서든 남녀는 평등하다"면서도 대자연은 서로에게 알맞은 영역과 책임을 주었으므로 "건강한 육체를 가진 경우에는 바깥에서 위험하고 힘든 일을 하고 그렇지 않은 경우에는 가사, 음식, 옷 만들기, 아이 양육을 하면 된다"고 했다.[54]

타고나기를 여성이 가정에 적합하다는 믿음은 깨지지 않았다. 예웨이리는 1914년 이후의 여자 유학생(즉 5·4 세대)은 "현대 교육이 여성에게 미치는 장점에 대해 별로 관심을 보이지 않았다"고 했지만[55] 사실은 정반대였다. 여자 유학생들 중 고전적인 '티 없이 순수한 여성' 논조로 남녀의 영역 차이를 강조한 사람으로는 칭화대학을 졸업한(예웨이리가 말한 5·4 세대의 대표격인) 차이슈주蔡秀珠(1916년 칭화대학 졸업, 1920년 바사칼리지 졸업, 1921년 컬럼비아대학 석사)가 대표적이다. 그녀는 1919년 『중국유미학생월보』가 개최한 문학작품 공모대회에서 「이상적인 여성Ideal Womanhood」으로 2등을 했는데, 이 글에서 "여성의 직업은 남성의 생활을 향상시켜 더욱 고귀하게 하는 것"이라고 했다.

> 남성은 바깥에서 힘든 일을 하면서 각종 위험과 시련에 직면한다. (…) 낮에 이렇게 힘들게 일한 뒤에는 '집'에 돌아와 휴식과 안정을 누릴 수 있어야 한다. 집은 '비바람을 피하고 따뜻한 벽난로가 있는 외부 세계의 일부'로서 평화, 행복, 사랑이 있는 곳이다. 집은 위험, 유혹, 걱정이 없으며 오직 사랑과 정신적 안정이 있는 곳이다. 여성이 잘 돌보면 모든 것이 순조롭게 돌아갈 것이다. 집은 사회의 중심이고 인류의 핵심이다. 이 모든 것이 잘 돌아가면 사회도 그렇게 될 것이다. 여성에게는 사회를 정화하고 인간화하는 의무가 있는데 이는 그 어떤 천재나 정치가의 일보다 더 고귀한 인류의 임무

중 하나다.[56]

칭화대학 출신 여학생 가운데 차이슈주만 '티 없이 순수한 여성'을 이야기한 것은 아니다. 1921년에 졸업하고 스미스칼리지에서 공부한 옌야칭顏雅淸은 아버지가 유명한 의대교수인 옌푸칭顏福慶이고 작은아버지는 정치외교계의 명사인 옌후이칭顏惠慶으로, 그녀 자신도 훗날 중·미 외교계의 유명인사가 되었다. 그녀는 스미스칼리지에서 공부하던 1924년 『중국유미학생월보』 2월호에서 대학 교육을 받은 여성이 가정에 안겨준 장점에 대해 이야기하면서, 마운트홀리요크칼리지의 총장 매리 울리가 말한 "위대한 여성은 많지 않다. 그러나 실제 생활에서 엄청난 힘을 발휘한다"는 발언을 인용하면서 "그녀들은 남자를 고무시킨다"고 했다. 그녀는 대학 교육을 받은 여성은 좋은 반려자가 될 수 있음을 증명하기 위해 중국 남자가 결혼생활에서 행복을 느끼지 못하는 이유는 아내가 부족하기 때문이라고 했다. "한 세대 전의 남자들은 가정에 관심이 없었다. 아내가 무지해서 가정에 흥미를 느끼지 못했기 때문이다. 아내들이 교육을 받았다면 고전을 낭송하고 노래를 불렀을 것"이라면서 "고등 교육은 여성의 눈과 마음을 열어 더욱 높은 이상을 추구하게 하며, 이로써 남자들에게 더욱 고귀한 모습을 갖출 것을 요구할 것이다."[57]

차이슈주 외에 역시 '티 없이 순수한 여성' 논조를 이어간 사람은 예웨이리가 5·4 세대 페미니스트 대표로 꼽았던 천헝저다. 훗날 그녀의 생각이 어떻게 변했든 1919년 『유미중국기독교월간留美中國基督教月刊』 3월호에 발표한 글에서 가정은 여성의 주요 영역이라면서 "가정은 대다수 젊은 여성들에게 미래의 일터이고 미래 세대의 요람이다"라고 했다.

개인이 행복해야 국가가 행복해진다. 불행한 집에서 행복한 가족이 나올 수 없다. 따라서 여성이 집안의 불행한 요소를 제거하는 것은 현모양처가 되는 것이자 국가를 위해 큰 공헌을 하는 것이다. 여성들은 결혼이 절대 사회적 책임으로부터 도피하거나 지나친 이기심에 의한 기생적 도피처가 아니라는 것을 명심해야 한다. 결혼은 새로운 직업을 갖는 것을 의미하며, 국가에 미치는 중요성은 아무리 강조해도 지나치지 않다.[58]

물론 차이슈주, 옌야칭, 천헝저만이 '티 없이 순수한 여성'이라는 이상을 강조한 것은 아니었다. 워싱턴대학의 로제 로 유Rose Law Yow는 1920년 3월 작문 공모대회에서 입상한 글에서 "부녀자는 세계의 가정주부다. 가정은 그녀가 다스리는 천하다"라고 했다. 또한 가정에서 부녀자의 역할을 잘 수행하기 위해서는 반드시 기술적 교양이 필요하다면서, 남성은 "전문적인 분야에 들어가 일하기 위해 몇 년 동안 배우고 준비하는" 기간을 투자하는 반면 가정은 과소평가되어 "여성은 가정 일을 배울 기회가 거의 없었다"고 했다. 그러면서 여성이 본능적으로 가정을 운영하는 방법을 안다고 생각하는 것은 명백한 오류라고 했다. 그녀는 "남성은 가정을 부양하고 건설하는 것이고, 여성은 저축하고 효율적으로 소비하는 것"이라면서 올바른 분업을 강조했다.[59]

20세기 초반, 리메이부의 페미니즘적 입장부터 남녀는 영역의 차이가 있다고 여기는 입장까지 여자 유학생들이 인식하는 여성의 특징은 매우 달랐다. 모두 가정이라는 영역에 대해서는 중시했지만 시대 흐름에 따라 다른 관점을 드러냈다. 5·4 시대 남학생이 부부의 이성적 결합을 강조했다면 여학생은 지식과 감정의 결합을 추구했다. 여자 유학생들도 미국 초기의 '공화국의 어머니' 또는 '티 없이 순수한 여성' 논조와 크게 다르지 않았지만 그들이 요구하는 양육의 역할은 전통적인 여성의 역할과 많이 달랐다. 전통적으로 여성이 보호자 및 관리자의 권리를 가질 수 있었다 해도 그것은 일반적으로 자녀가 성년이 된 다음의 일이다. 다시 말해 여자 유학생이 원하는 여성의 특징은 집안의 여주인이 되는 것이었다. 당시 중국 사회의 흐름에서 볼 때 그들은 전통적인 대가족이 아닌 핵가족 구조를 요구한 것이다.

'티 없이 순수한 여성' 논조는 가정은 물론 거주 지역과 그 사회, 국가까지 그 영역을 확대할 수 있다. 당시 중국의 사회적 분위기에서 이 논조는 이미 주목을 받기에 충분했다. 비록 소수일지라도 여전히 가정주부를 천직으로 여기면서도 가정을 사회 발전을 위하거나 전문적 영역의 기초로 보기 시작했기 때문이다.

여자 유학생은 대부분 부유층 딸들로 미국의 중산층 백인 여성들과 자신을 동일시했다. 이는 남학생들에게서도 엿보이는 면으로, 백인으로부터 인종 차별을 당하면서도 계급적으로는 그들의 가치관과 취향을 따른 것이다. 20세기 초반 중국의 여자 교육은 극히 낙후했다. 1907년 쑹아이링이 『중국유미학생월보』에 기고한 글에 따르면 그해 중국의 여학생 수는 불과 1853명으로, 전체 학령인구의 0.21퍼센트라고 했다.[60] 1912~1913년에는 14만1130명(전체 학령인구의 4.81퍼센트)으로 증가했고, 10년이 지난 1922~1923년에는 41만7820명(전체 학령인구의 6.32퍼센트)으로 증가했으나, 여전히 매우 낮은 수준이었다. 그나마도 이 수치는 초등학생이 큰 비중을 차지하며 중학생은 적었다. 1912년 당시 중국의 여자 중학생은 겨우 1만66명(전체 학령인구의 9.77퍼센트)이고 1922년에는 1만1824명(6.46퍼센트)으로, 이때까지 여성은 고등 교육을 받지 못했다고 볼 수 있다. 이해

〈사진 18〉1913년 웨슬리칼리지 동창 모임 사진
앞줄 오른쪽이 후빈샤.
자료: *The Chinese Students' Monthly*, 8.8(June 10, 1913), 516쪽

2월 베이징대학은 처음으로 19~28세 여학생 9명을 청강생으로 받았다. 전국적으로 보자면 여자 대학생은 665명(전체 대학생의 2.1퍼센트)에 불과했다. 이렇게 낙후한 상황에서 여학생이 미국 유학을 갔다는 것은 그들이 상류층 중에서도 더욱 특별한 상류층이었음을 말해준다.

이들은 성장 과정에서 모두 하인들의 보살핌을 받았으며, 결혼한 후에도 하인들을 필요로 했다. 1913년 웨슬리칼리지를 졸업한 후빈샤胡彬夏는 이해 코넬대학에서 열린 강연 자리에서 중국의 전통적인 규수 교육을 소개하면서 "규수는 바느질, 자수, 음식, 살림, 하인 관리는 물론 장차 집안의 여주인으로서 다양한 기술을 배워야 한다"고 했다.[61] 그녀는 중국에 돌아온 후 유학생 출신인 주팅치와 결혼했으며, 짧은 기간 『부녀잡지婦女雜誌』 편집과 기독청년회에서 일한 것을 끝으로 가정주부가 되어 살림과 하인 관리에 전념했다.[62]

1918년 '구웨이쥔 부인 여성 작문대회'에서 그레이스 조이 루이스Grace Joy Lewis는 「미국의 가정생활American Home Life」이라는 글을 발표해 2등을 차지했다. 이 글에서 그녀는 미래에 여자 유학생이 이끄는 가정 모델을 언급하면서 사소한 일은 하인들에게 맡겨야 한다고 했다. 그 모델은 미국식 가정이 되겠지만 중국이 모든 것을 모방할 필요는 없으며 미국 부녀자들처럼 바깥일을 하는 것은 더욱 불필요하다고 강조했다. "중국에서 여성은 당장 일하러 나갈 필요가 없다. 이상적인 가정을 만들기 위해 개선할 일도 많기 때문이다. 그리고 수년간 외부 활동을 하지 않은 경우에는 사회생활에 취약해졌을 테니 위험할 수 있다. 자유를 어떻게 사용해야 할지 배우고 경험을 쌓을 시간이 필요하다." 또한 "사소한 일은 하인에게 맡기면 된다. 자신은 몸과 마음을 성장시키는 데 신경을 써야 하며 특히 아이들을 보살펴야 한다. 중요한 것은 모범을 보이는 것이다. 교육을 받은 여주인이 집안을 어떻게 관리하는지 모범을 보임으로써 하인을 가르쳐야 한다. 특히 식생활과 위생에 관심을 기울여야 한다."[63]

여자 유학생들은 자신의 사회적 배경을 의식하여 발언과 행동에 매우 조심했다. 보수적인 그들은 미국에서 전개되는 부녀 운동이나 급진적 언론을 경계했으며, 현대 교육이 전통적인 중국 부녀자의 특징을 '오염'시킬 수 있다고 여겼다. 의사인 에스더Ester M. Bok는 "여성이 고등 교육을 받으면 가정과 양육으로부터 멀어지게 마련이다. 자신이 더 높고 좋은 자리를 추구할수록 가정생활은 희생될 수밖에 없다"고 경고했다.[64] 마찬가지로 마거릿 웡은 여성 교육에 대한 남성의 우려를 달래려는 듯 "그녀들은 논쟁을 일으키지 않으며 권력과 정치 참여를 탐하지도 않으며, 단시 지식에 대한 갈증을 충족시키려 할 뿐"이라고 했다.[65]

여자 유학생은 교육이 중국 여성에게 미치는 장점에 대해 미국의 신

여성들과 비교하곤 했다. 1912년 웨슬리칼리지에서 공부한 Y. J. 창Chang 은 "중국 여성은 오랜 기간 규방에서 생활하면서 온유하고 우아한 덕행 을 익혀왔다. 이는 중국 고대문명이 남겨준 성과"라면서 미국식 교육에 동의하지 않았다. 오히려 "전통적인 그림 그리기, 글씨 쓰기, 악기 연주 등 의 문화가 서양 물질문명에 밀려 사라지고 말았다"면서 서양에서 밀려든 새로운 사조의 가장 나쁜 영향은 "살림을 하는 데 필요한 교양을 황폐화 한 것"이라고 했다.[66]

앞서 언급한 그레이스 조이 루이스는 중국 여성이 규방에서만 지내는 데 찬성하지 않지만 가정을 포기하는 듯한 미국 부녀자들의 극단적인 방 식에 대해서는 의문을 제기했다. "미국에서 부녀자들은 가정에서도 자유 로울 뿐만 아니라 직업도 자유롭게 선택한다. 아침마다 버스 안에 출근하 는 여성들이 가득한 모습을 보면 규방 안에서 살아가는 여성보다 더 이상 적인 역할을 수행할 수 있을까 반문하게 된다. 이들이 가정을 위한 시간 을 낼 수 없기 때문에 가정은 그저 어린아이를 양육하고 보호하는 공간일 뿐, 아이가 성장하면 가정은 의미가 없다."[67] 차이슈주도 다른 측면에서 양 국 간 여성을 비교했다. "중국 여성은 순수한 미덕을 지녔지만 지혜를 쌓 는 훈련이 부족해 우매하게 보이는 반면, 현대 여성은 지식만을 추구할 뿐 덕행을 무시한다. 이런 사람들은 주제 넘는 행동을 할 수 있다."[68]

모든 여자 유학생이 신여성에 반감을 드러낸 것은 아니다. 리메이부 는 자신이 바로 신여성이라고 주장했으며, 장지잉과 구다이위도 여성의 경제적 독립을 주장했다. 구다이위는 특히 미국의 여성 운동에 찬사를 보내면서 중국 여성은 더 이상 "규방에 갇혀 지내거나 전족이나 중매결 혼의 희생자"가 아니지만 진정으로 해방되었다고 볼 수 없다. 그러나 그 녀는 "행사할 능력이 없는 권리를 요구해서는 안 된다"고 생각했다. 중국 여성은 "투표하는 방법을 아는 것이 투표권을 얻는 것만큼 중요하다"면서 중국에서 여성의 참정권은 시기상조라고 판단했다. 그 대신 중국 여성들이 경제적 자립을 쟁취할 수 있도록 돕는 것이 낫다고 보았다.[69]

여자 유학생들이 신여성을 배척한 배경에는 문화적 이유가 자리하고 있다. 즉 신여성의 자유분방함을 부러워하면서도 그로 인해 품위가 저하되거나 여성성을 잃을 것을 우려한 것이다. 차이슈주는 「이상적인 여성」이라는 글에 이렇게 표현했다. "'정절과 금주'를 좌우명으로 삼았으며 유행을 쫓으려 하지 않았다. 그녀는 인형이나 공작처럼 꾸미지 않아도 될 만큼 자기 자신을 사랑했다."[70] 로절린드 메이청 리Rosalind Mei-Tsung Li(필명으로, 그녀의 본명은 알 수 없다)는 아마도 뉴욕의 한 대학에서 문학을 배우는 학생이었을 것이다. 그녀는 짧은 치마, 짧은 머리, 담배, 재즈를 즐기는 말괄량이flappers 등이 1920년대 신여성의 화신으로 조명되고 있지만 이 말괄량이들은 "내면(마음과 정신적 활력)의 부족을 과장된 외모로 덮으려 할 뿐"이라고 조롱했다.[71]

여자 유학생은 미국 신여성의 패션과 외모 등에 대한 거부감을 자세히 표현하지 않았다. 신여성의 개방적인 성문화에 대해서도 별로 언급하지 않았는데, 이는 그들이 내면화한 중국의 전통적 교양과 규범 때문일 것으로 짐작된다. 중국 전통사회에서는 첩이나 기생이 남성을 유혹하기 위해 과장된 패션이 유행했기 때문에 신여성의 옷차림과 외모에 대해 문화의 역행으로 느꼈을 수 있다. 천헝저는 1934년에 쓴 『신생활과 부녀 해방』[72]이라는 책에서 당시 '최신 유행을 쫓는 여성'에 대해 비판했다. "최근 상하이의 어떤 화보에서 세련된 여성을 본 적이 있는데, 머리부터 발끝까지 아름다운 모습으로 변신하는 데 14단계 과정을 거쳤다고 한다." 그녀는 남성을 유혹하는 데 많은 사회적 자원과 시간을 소비하는 이러한 행위에 대해 프로이트식 용어를 동원해 비판했다.

이것은 노예의 삶을 극단적으로 표현한 것으로, 후궁後宮 콤플렉스 Harem Comlpex의 가장 명확한 증거다. 후궁 콤플렉스란 남성의 사랑을 차지하기 위한 여성 간의 경쟁과 질투심을 묘사하기 위해 만든 용어다.[73]

품위 있는 행동은 자신들이 고등교육을 받은 존재이며 완벽한 도덕을 갖추었음을 드러내기 위한 것이자 여성 해방이라는 공격으로부터 자신을 보호하기 위한 장치이기도 했다.[74] 여자 유학생들은 성 문화에 대해서도 매우 보수적인 입장을 취했다. 예웨이리는 5·4 신문화 운동으로 인해 여자 유학생들은 1914년 이후 이미 중국에서 '페미니즘의 맛'을 보았고, 미국에 와서 '급진화'되었다고 했다.[75] 그러나 사실은 정반대였다. 그들은 5·4 신문화 운동이 전복시킨 전통적 젠더 관계의 논조에 반대했다. 천헝저는 "옛날처럼 여성이 집안에만 있던 시대는 이미 지났으니" 전통적 젠더 관계는 수정이 필요하지만 "새로운 자유 교제 방식에 대해서는 지극히 신중해야 한다"고 했다.[76] 그리고 자유 교제는 안전한 감독 아래 이루어져야 한다고 충고했다.

사회가 건강한 방향으로 발전하려면 젊은 남녀의 교제가 활발해야 하지만 천박하게 흘러서는 안 된다. 가정주부가 나서는 게 가장 좋다. 아름다운 가정이 있고 고상한 이상으로 무장한 이들이 나서면 젊은 청춘들에게 좋은 영향력을 끼쳐 건전한 이성 교제로 이끌 수 있을 것이다.[77]

1919년 5·4 신문화 운동 초기에 천형저는 평정심을 유지한 채 중국의 새로운 성 담론을 이야기한 반면, 4년 후 장지잉은 당시 중국에서 전개되는 젠더 문제와 성 혁명을 우려하는 상반된 발언을 하고 있다.

우리 젊은 여성들은 전통의 족쇄로부터 벗어나기 위해 새롭고 급진적인 사물을 너무 쉽게 받아들인다. 그 결과 사회적 혼란이 야기되었다. 자유연애를 숭배하다보니 조금의 제한도 받아들이려 하지 않는다. (…) 많은 경우 그녀들은 전통적 가족제도를 철저히 무너뜨리려 한다. 그녀들은 부부 중심의 가정을 추구하여 3명 가족도 많다고 하니, 젊은 남성들은 연로한 부모를 모시지 않으려 한다. 나는 그런 현대적 사고를 가진 여성과 결혼하지 않으려는 남성을 나무랄 생각이 전혀 없다. 그녀들은 매우 가치 있는 전통마저 깨부수려 할 것이기 때문이다.[78]

후궁 콤플렉스가 있는 현대 여성을 남성의 성노리개sex objects로 보는 입장에서는 적어도 기존의 젠더 관계를 공격하지는 않는다. 그러나 장지잉이 말하는 '현대 여성'은 이런 관계를 파괴함은 물론 "과거의 가족제도를 무너뜨리려 시도하는" 존재다. 장지잉은 특히 5·4 신문화 운동에서 급진파의 성 담론에 특히 분개했다. 중국의 신문과 잡지가 자신들에게 주어진 사회적 책임을 망각한 채 젊은 남녀에게 '건전한 이상과 충고'를 제공하지 않고 '황당한 행위'를 조장한다고 했다.

전통 제도가 무너진 후 젊은이들은 어둠 속에서 헤매고 있다. (…) 언론은 이런 때 마땅히 방향을 잡아주어야 한다. 그런데 오히려 젊은이들의 선동에 따르거나 기름을 붓고 있으며, 급진적 행동을 조장하기도 한다. 나는 주요 잡지에서 젊은이들의 요사스런 사랑 행각과 황당한 행동을 묘사한 기사를 읽었다.

그녀는 이런 잘못된 행동이 젠더 갈등이나 일종의 '남성의 비합리성 male irrationality'을 부추긴다고 했다.

내가 아는 한 이러한 급진적인 기사는 대부분 남성이 작성하며, 이런 기사를 싣는 잡지의 편집자 또한 남성이다. 우리 젊은 남녀가 바른 길로 들어서게 하려면 여성이 필요하다. 에드워드 로스 교수는 남성의 약점은 바로 '남성의 비합리성'이라고 지적했듯이, 남성은 좀처럼 멈춰서 사고하지 않는다. 학자들은 여성이 더 세심하고 신중하다는 데 동의한다.

장지잉은 '남성의 비합리성'과 '여성의 세심하고 신중함'을 비교하여 당시 중국에서 진행된 성 혁명 및 성 평등 운동은 모두 남성들이 부추기는 것이라고 주장했다. 이런 상황에서 '현대 여성'은 혼란스럽거나 바보가 될 수밖에 없으며, 여성이 자신들에게 주어진 책임을 느껴야만 사회가 다시 이성을 되찾을 수 있다고 했다.

여성은 서로를 잘 이해하기 때문에 여성이 인도해주면 좋은 효과를 거둘 수 있다. 여자 기자들은 책임감을 느끼고 자신들의 자매들을 정확한 길로 인도해야 한다. 그래야만 잡지에 범람하는 급진적이고 비이성적인 요인들을 제거할 수 있다.

5·4 신문화 운동의 성 혁명과 성 평등 운동에 관한 장지잉의 비판은 그녀의 보수적 입장을 잘 보여준다. 우리가 여기서 살펴볼 점은 많은 여성이 그녀의 본질적인 관점을 공유하고 있다는 사실이다. 그녀는 여성이 세밀하고 신중한 것 외에 여성의 특징이 사회에 도움이 된다고 했다. "남성은 정치나 사업 등 외부 일에 몰입하고 있으므로" 여성이 아이들을 잘 키울 수 있다고 했다. 또한 여성이 참여하지 않는 미디어는 과도하게 남성적이어서 '딱딱하고 차가운' 신문과 잡지는 "오직 남성적인 시각만 반영할 뿐이므로 여성이 여성적인 손길feminine touch로써 독자에게 인간미를 느끼도록 해야 한다"고 했다.

마찬가지 이유로 천헝저는 교육계와 의료계에 더 많은 여성 인력이 필요하다고 강조했다. 중국에 "여성 환자와 아이들 환자가 남성 환자보다 많고" 여성이 "남성보다 더 친화적"이기 때문이라는 것이다.[79] 옌야칭은 여성의 특성은 사회봉사, 의료, 교육계에 더 적합하다고 주장했다.[80]

20세기 초반, 여자 유학생 중 류젠추劉劍秋, Liu Gien Tsiu(1919년 진링여대 졸업, 1924년 미시건대학 의대 박사)는 수사학적 질문을 통해 여성이 천성적으로 가정주부에 적합하다는 주장을 손쉽게 뒤집었다. "유학생 중 어떤 사람은 여성이 천부적으로 가정주부가 적합하다고 한다. 하지만 모든 남성이 농부, 재봉사, 상점 주인에 다 적합한 것이 아니듯 여성도 가정주부 외에 다른 능력이 있다는 많은 사례를 들 수 있다."[81]

여학생의 신중하고 보수적인 성향은 대체로 유학생 사회의 보수성을 반영하는 것으로, 여기에는 남학생들의 압력도 크게 작용하고 있다. 폴 베일리는 20세기 초 중국 여자 교육의 목적과 과정에 대한 토론을 통해 새로운 젠더 논쟁을 분석했다. 그는 이 논쟁에 참여한 사람들이 인용한 전제와 말하는 방식에서 남성의 초조함, 즉 현대화된 중국 사회에서 여성의 행위와 역할에 대한 남성의 불안을 감지했다. 교육 행정과 교직에 종사하는 남성들은 현대적 교육을 통해 부녀자의 약점과 결함이 교정되기를 기대하는 한편 기존의 질서와 도덕에 혼란을 일으키지 않을까 우려한다고 했다. 그러한 우려는 교육 제도에 사회와 도덕 질서 그리고 국가의 존망이 달린 보수적 사고방식을 낳았으며, 교육 방향은 "여성은 근검하고 위생적이어야 하며 남편에게 충실하고 가정의 화목을 위해 애쓰는 주부로 훈련시켜야 한다"는 쪽으로 모아졌다.[82]

여자 유학생들은 중국에서 유학생 사회로 전달되는 젠더 의식에 제약을 받는 동시에 미국의 젠더 규범을 기준으로 수용했다. 이러한 규범과 기준은 자신들의 성장 환경과 크게 다르기 때문에 늘 모순과 갈등이 따랐다. 결국 여자 유학생들이 여성성을 어떻게 드러내는지를 알기 위해서는 유학생 사회의 젠더 관계부터 살펴볼 필요가 있다.

남학생들은 미국적이되 너무 미국화되지 않은 여성을 좋아한다고 밝혔다. 중국과 미국 여성에 대해서도 어느 정도 미국화된 중국 여성을 더 선호했다. 『중국유미학생월보』의 한 편집자는 "동양 미인의 미소는 적당히 웃지만 진짜 우스워서 웃는 정도가 아니지만(이 부분은 프랑스어로 표현) 서양 미인은 크게 웃을 뿐 아니라 치아가 다 드러날 정도"라고 디테일한 차이를 설명했다. 이는 1909년 뉴욕의 해밀턴에서 개최된 여름캠프에서의 일이었다. 그는 "여학생들은 동양 여인의 단정한 모습을 잃지 않고 미국 여성의 많은 점을 배웠다"고 했다. 게다가 "그녀들은 분별 있게 미국 현지 발음으로 머리를 가볍게 흔들면서 '바보야silly' '어리석은stupid' '말도 안 돼terrible!' 같은 어휘를 구사했다"고 했다.[83] 또 어떤 남학생은 미술적 취향으로 양국 여성을 비교하기도 했다.

미국 여성은 인상파 그림처럼 빛나고 활발하고 매력적이다. 그녀들은 매력적이지만 쉽게 질리는 반면 중국 여성은 렘브란트 그림 속 윤곽만 남겨놓은 인물처럼 소박하고 단정하다. 미국 여성은 (19세기 말) '퇴폐주의 운동'의 산물이지만 중국 여성은 '고전주의 운동'의 산물이다. 전자는 효율을 중시하나 과장되기 쉽고, 후자는 효율을 경시하나 자연스럽지 못하다. 미국 여성은 신체와 정신 건강에서 우월한 반면 중국 여성은 활력이 부족해서 '장갑'을 끼지 않으면 삶의 지저분한 일은 하지 않으려 한다. 가장 이상적인 것은 양자가 적절히 결합된 것이다.[84]

남학생들은 아름다움과 건강을 여성성의 조건으로 들었는데 아내와 모친 역할을 해야 하기 때문이었다. 언론학을 전공한 장지잉은 언론계에서 활동하면서 "여자가 경력에 필요한 전공을 배우는 것이 무슨 소용이 있는가?"라는 남성들의 가시 돋친 조롱을 견뎌야 했다. 또한 "인문학 교육에 가정학 지식까지 더하면 더할 나위 없다"는 식의 충고를 받기도 했다.[85] 이러한 조류에 발맞추어『중국유미학생월보』는 1914년부터 매월 작문 대회를 여는 것과 별도로 여성 작문 대회Girls' Essay Competition를 개최했다. 주미 공사 구웨이쥔의 부인이 상금을 후원한 1917년의 첫 대회에서 '미국의 중국 여학생'을 대상으로 '티 없이 순수한 여성'을 주제로 한 8개 분야의 글을 공모했다.[86] 두 번째 대회에서는 성별 제한 없이 남학생에게도 기회가 주어졌다.[87]

1919년 마지막 대회에서는 "어떠한 주제도 가능"이라는 조건을 추가했는데, 아마도 여성과 관련된 모든 주제를 다루도록 범위를 확장시킨 듯하다. 이외에도 많은 단체에서 작문 대회를 열었지만 1921년 이후 점차

종적을 감추었다.

이러한 작문 대회는 남성과 여성의 담론 분야가 서로 다르다는 뿌리 깊은 인식을 드러냈다. 1925년 동부연합회가 시러큐스대학에서 개최한 여름캠프에서 이해에 발생한 '5·30 참사'와 연관하여 「민족주의와 중국」이라는 주제를 정하자, 중서부 지회가 퍼듀대학에서 개최한 여름캠프에서도 같은 주제를 선택하고 여러 포럼을 통해 중국이 당면한 위기의식을 전파하려 했다. 포럼 주제는 「민족주의의 의미」「중국에서 열강들의 정치, 경제 제국주의」「중국에서 민족주의를 제창할 방법과 자원」「조차租借」「교육」「교통」「국방」 등이었다. 시러큐스대학 캠프에서는 별도로 '여성 포럼'을 열어 「중국의 남녀 교제관계」를 토론한다고 했다.[88] 아쉽게도 당시 캠프의 기록 담당자는 참여자들의 성별에 관한 자세한 자료를 남기지 않았다. 어쩌면 이 진지한 주제의 포럼도 작문 대회처럼 남성들만의 포럼이었는지도 모른다.

여성이 종사할 분야가 가정이라면 남성의 영역에 침범하여 문제를 일으켜선 안 된다. 남성들은 "여성 참정권을 쟁취하려는 여성운동가suffragist"를 꺼려하면서도 동경하기도 했다. 그들의 참정권 운동을 두려워하는 한편 '올바른 길'을 향한 그들의 열정에 감탄하기도 한 것이다. 1909년 1차 경관 유학생으로 하버드대학에서 공부한 쉬청쭝徐承宗은 남학생 기숙사에서 한 학생이 러피Roughy라는 사감과 나눈 대화를 전했다.

"왜 결혼 안 했어? 좀 이상한데?"
"나? 결혼 안 해." 러피는 아이스크림을 먹으면서 "저 여성운동가들이 단식罷食을 계속하는 한 나는 결혼을 거부할 거야罷婚."
"웃기는 소리!" 옆방에서 카드놀이를 마치고 온 러브조이lovejoy가

웃으며 말했다.

"힘내 러피! 행운을 빌어. 운 좋으면 늙기 전에 예쁜 여성 운동가를 만날 수도 있어"[89]

1916~1917년에 『중국유미학생월보』 편집인을 지낸 모제푸莫介福, Kai F. Mok(예일대학, 1920년 컬럼비아대학 석사)는 여성 참정권 운동에 적극적인 여성 리디아에 관한 소설을 썼다. 리디아는 헝가리 부다페스트에서 열린 세계여성대회에 참가한 후 영국 런던에서 열리는 참정권 요구 시위에 참가하기 위해 건너갔다가 "젊고 잘생긴 남작을 만났다. 남작은 격정적인 연설을 하는 그녀에게 푹 빠졌다." 모제푸는 "여성은 열정적일 때 특히 더 아름답게 보인다"면서 그토록 열정적이던 리디아가 결혼해서 두 아이를 낳자 예전에 자신이 참여한 활동이 얼마나 유치했는가를 깨달았다고 했다. 소설 속 그녀는 이제 여성 참정권에 반대하는 열정적인 투사가 되어 있었다.

모제푸는 이 이야기를 통해 두 가지 의미를 전했다. 첫째, 리디아는 결국 "새로운 여성 관념을 전통적 인식에 조화시키기란 불가능하며 반드시 실패할 수밖에 없다. 전통적 인식은 천 년이 넘는 세월을 거치는 동안 여러 번 새롭게 담금질되었기 때문이다."

어제 그녀는 내게 모든 생물은 암컷이 수컷보다 작다고 했다. 즉 여성은 남성의 조수이자 반려자라는 증거다. 남성은 여성을 보호해야 하고, 자연의 이치를 거스르는 것은 자연스럽지 못하다.

모제푸가 전하는 두 번째 의미는 "나 역시 그녀로부터 깨달은 바가 있다. 우리는 독신 남자보다 노처녀를 더 조심해야 한다"는 것이다.[90] 이 때 노처녀라는 이미지는 남성들의 두려움, 즉 중국 여성이 부적절한 미국 문화에 노출되었을 때의 후유증을 의미한다. 여성 참정권을 외치는 여성들은 '노처녀 후보'로, 리디아처럼 운명이 개입하면 자연스럽게 여성의 몸에 잠재된 애정을 발효시킬 수 있었다. 모제푸는 "애정에 면역력을 가진 사람은 없다. 리디아도 예외는 아니어서, 그녀 혈액 속의 급진적인 혈청도 면역만큼 강하지 않았다"고 했다.

　남자 유학생들을 위협하는 또 다른 황당한 미국의 질병은 이른바 성 평등론이었다. 앞서 언급한 자오민헝은 "미국에서 가장 많고, 가장 눈길을 끌고, 가장 오만하며, 가장 무정하고, 가장 실망스런 존재는 중국 여자 유학생들이다. 이렇게 많은 사람이 동시에 한 국가에 모여 있는 것은 전대미문의 일이다"라고 했다.[91] 그녀들은 아름다움과 청춘이 한때의 것임을 알지 못한다. "대자연은 그녀들에게 단지 몇 년의 아름다움으로 남자를 유혹할 수 있는 밑천을 부여한 대신 남은 생애에 다시는 이런 시간을 가질 수 없다. 그 기간에 남자의 주의를 끌어 그들로 하여금 자신들을 평생 돌보게 하는 것이 대자연의 이치다."

　　극소수를 제외하고 이곳의 중국 여학생들은 젊지도 아름답지도 않다. 그저 원래 별 볼일 없던 청춘의 잔재만 남아 있다. 그러나 남녀평등이라는 지극히 어리석은 주장에 취해, 중국에서 온 여학생은 부끄러운 줄도 모르고 그리스 여신 제단 위에서 교태를 부리며 아양을 떨고 있다.

　자오민헝에 따르면 여성은 "지성적 근시近視여서 자기 주변에 있는 사물에 대해서는 본능적으로 이해하지만 시야가 좁아 멀리 보지 못한다." 더구나 여성은 "지나치게 이기적이어서 파트너로 삼기에 적절하지 않으며, 너무 가까이 하여 친구로 삼기에도 적절하지 않다. 여성은 많은 남성을 두견새(두견새는 다른 새 둥지에 알을 낳아 대신 부화하게 한다)로 만든다. 남성들은 많은 돈을 써서 말도 안 되는 어리석은 짓을 하면서 변덕스러운 여성의 마음을 만족시키려 한다." 자오민헝은 묻는다. "왜 이런 여성들에게 돈을 써야 하는가? 그녀들은 사랑도 없고 비너스도 아니지 않는가?" 그리고 남학생들에게 충고한다. "젊은 친구! 중국에 돌아가서 젊고 아름다운 여성을 찾아보게나. 여성의 공부가 뭐 그리 중요한가? 부부는 한 사람만 머리를 쓰면 충분하다네!"

자오민헝이 이처럼 대담하게 여학생을 폄하할 수 있었던 것은 그가 『중국유미학생월보』 편집장이었기 때문이다. 그런가 하면 황첸이는 사고, 기지, 품위 면에서 그와 비교할 수 없을 만큼 뛰어났다. 1924년 시카고대학을 졸업한 그녀는 그해 열린 중서부 여름캠프에서 '가장 아름다운 여성'으로 선발되었다. 활발하고 다재다능한 그녀는 1925년 컬럼비아대학을 졸업하기 전에 이미 훌륭한 업적을 남겼다. 예컨대 「중국 오페라Chinese opera」의 극본을 썼으며(그녀는 푸젠성 퉁안同安 출신이었으므로 경극을 쓰기는 어려웠을 것이다), 뉴잉글랜드 음악학원에 다니는 자매 그레이스 웡Grace Wong(언니 혹은 누이동생)이 작곡을 하기도 했다. 이후 컬럼비아대학 중국 교육 동아리 부회장, 1924~1925년도 『중국유미학생월보』 부편집장을 지냈다.[92] 그녀는 유명한 희곡가이자 교육자인 위상위안余上沅과 결혼했는데, 아마도 컬럼비아대학 시절 만났을 것이다. 그녀가 귀국 이후 어떤 일을 하며 살았는지는 알려진 바가 없다. 1937년 『칭화동학록』에 상하이 주소만 기재되어 있을 뿐 직업에 관한 내용이 없는 것을 보면 가정주부의 삶을 살았을 것이다.

황첸이는 여학생을 폄하하는 자오민헝의 언사에 강하게 반박했다. "사려 깊지 못할 뿐 아니라 품위와 내용도 없었다."[93] "여성에 대한 분노만 남은 영원한 독신남의 시어터진 포도와 같은 심보"라면서 "그 글에서 사용한 언어로 하자면 쉽게 대답할 수 있다. 헛소리!"라고 했다. 그러면서 수준을 높여 이와 같이 답했다.

> 이 글을 쓰는 이유는 헨리 멩켄H. L. Mencken의 책에서처럼(그의 책명을 인용한 데 유감을 표한다) "여성을 방어하기In Defense of Women" 위해서가 아니다. 오히려 나는 중국에서 태어나 아직 그곳에 살고 있는 남자들에게 말해주고 싶다. 당신들은 중국 여성이 가지고 있는 (자부심의 베일에 가려져 있는) 장점을 아직 보지 못하고 있다.

황첸이는 자오민헝에게 "여자가 아무리 대단해도 한 남자를 두견새로 변하게 할 수는 없다. 태어나자마자 두견새였거나 아니면 그의 스승이 두견새로 교육시켰을 것이다. 나는 인류 사회에 이런 동물이 없다는 것을 믿고 싶다. 그러나 있다면 그들을 두견새로 상대하는 것 외에 무슨 방법이 있겠는가." 중국 여성은 교양이 있기에 "미국 여성처럼 동정심을 유발하지" 않는다. 그러면서도 그녀들은 "배려심, 명랑, 세심, 진정성을 지니고 있다."

> 중국 여자 유학생은 사랑할 수 있는가? 누구는 가능하고 누구는 그렇지 않을 것이다. 어떤 이들은 사랑할 만한 사람을 아직 찾지 못했거나 (…) 단지 마음을 표현하지 못하는 것일 수도 있다. 너무 생

각이 많아서, 연애하면 결혼해야 한다고 생각하기 때문에(이것이 민족 전통의 정서일 것이다) 서양 여자처럼 실패를 두려워하지 않고 도전하는 법을 모른다. 뇌와 심장이 항상 같이 움직이는 것은 아니다.

황첸이는 유학생 사회에서 남녀의 연애가 순조롭지 못하다고 해서 "누구도 탓할 수 없다. 영원히 성장하지 못할 수도 있고 혹은 성장통을 앓고 있을 수도 있다"거나 "탓하려면 우리 관습을 탓해야 한다. 어느 정도 학교의 잘못도 있다"라고 했다.

앞서 언급한 로절린드 메이청 리는 전통 관습이 여성에 미친 압력에 대해 더욱 강하게 질책했다.[94]

여자 유학생들은 놀랍게도 같은 면을 가지고 있는데, 모두 같은 이상의 구속을 받고 있다는 것이다. 그것은 '정확함correctness'과 '실용성usefulness'이다. 이상하지 않은가? 그토록 많은 젊고 로맨틱한 나이의 중국 남녀 학생들이 미국 대학에서 공부하는데 스캔들이 없다니? 얼마나 교양 있고 모범적인 젊은이들이란 말인가? 남학생과의 대화는 마치 기하학처럼 규칙적이다. "어때요?" "잘 지내요?" 식의 질문과 판에 박힌 대답은 연애의 대화가 아니다. 우리의 옷차림은 또 얼마나 단정한 격식을 갖추고 있는가! 걸음걸이, 눈동자의 위치마저도 형식적이다. 이런 틀에 박힌 신神이 우리와 함께하고 있으니 스캔들이 날 수가 없다. 우리 의식 속에서 스캔들이 날 것이라고 인식하기 전에 스캔들이라는 불꽃을 꺼버리기 때문이다.

그녀가 말한 실용성에 대한 위력도 살펴보자.

우리는 '실용'이라는 신을 더욱 숭배한다. 여러 장소에서 이 신은 우리 인생의 중요한 결정(대학에서 무슨 전공을 선택할지, 어떤 신발을 신을지)을 대신 해준다. 200여 명의 여자 유학생 중 의대생이 10명이고, 미술·희극·소설·무용 등에는 한 명도 없다. 심지어 아마추어로서 이런 예술을 즐기는 사람도 없다. 1년 전 한 여학생이 예술을 배운다고 했는데 결국 식기나 조명 등을 설계하는 분야였다. 우리가 참가하는 활동도 YWCA, 기도회, 동창회 업무회의 혹은 마거릿 버튼의 『중국의 여성 교육The Education of Women in China』 류의 '실용서' 읽기 등이다.

중국의 전통이 이런 '정확함'이나 '실용'의 유일한 배경은 아니었다. 로절린드 메이청 리는 중국에서 가르치고 있는 미국 선교사들에게서 그 원인을 찾았다. 여자 유학생들은 주로 이런 기독교 학교 출신이 많았기 때문이다.

우리가 태어나서 성장한 감옥(집)은 활력 있는 곳이 아니었다. 유행 지난 사회 예절과 도덕들은 마치 4월에 내린 서리와 같았다. 우리가 다녔던 기독교 학교의 엄격한 교육도 마찬가지였다. 청교도식의 엄격함에 『구약성서』와 서부의 선교사 전통은 두 배, 아니 세 배쯤 우리를 청교도화했다! 우리는 먼저 가정과 사회 그리고 교회에 의해 살해되고 절여지고 굳어졌다. 기적적인 것은 우리가 아직 살아 있다는 사실이다.

미국에 와서는 남학생들로부터 압력을 받았다. 유학생 중 처음으로 남학생들에게 반론을 제기한 여학생 로절린드 메이청 리는 "우리는 연못 가에 나무나 작은 관목을 심을 수도 있고, 주변에 작은 바위를 놓을 수도 있다. 이것은 달과 별처럼 연못의 매력을 더욱 빛내주는 것이다"라면서 시 골의 작은 연못이 지닌 매력을 확신했다. 그러면서도 모든 여성은 이런 매 력을 갖기 위해 자기 결정권을 잃은 채 잘 그려진 풍경화처럼 (비록 가운데 에 자리 잡고 있지만) 사람들에게 감상되기를 원하지 않는다고 했다.

남학생들은 우리를 작은 연못에 비유하는 것을 좋아했다. 조용하 고 우아하며 유리처럼 순결해서 여름 더위에 지칠 때면 이 연못 옆 을 거닐고 싶다고 했다. 많은 여학생이 이런 비유를 좋아했다. 물 론 어떤 이들은 이보다 변화무쌍하고 장관을 이루며 생동감이 있 는 큰 바다에 비유되어 때로는 휴식을 주기도 하고 때로는 생명과 죽음의 의미를 생각하게 하는 대상이기를 원하기도 했다.

후빈샤는 일본에 유학 갔을 때 처음으로 '현모양처'라는 개념을 접 했으며, 이 개념을 영어로 어떻게 번역해야 할지 몰라서 미국 친구들에게 설명하지 못했다고 했다. 13년 후인 1916년, 그녀는 일본과 미국에서 공 부를 마치고 귀국하여 주팅치와 결혼한 뒤 『부녀잡지』의 편집장이 되었 다. 지난 13년간을 돌아볼 때 중국도 자신도 엄청난 변화를 겪었지만 중 국은 여전히 남성 중심의 세계라고 지적했다.

오늘날의 교육은 누가 이끌고 있는가? 모두 남자가 하고 있다. 여학 교의 교과 과정은 물론이고 사용하는 교과서와 경비도 역시 모두 남자들이 계획하고 있다.

누군가는 남성들이 젠더라는 문제를 초월하기를 희망하지만 후빈샤는 전혀 기대하지 않았다.

> 오늘날 떠드는 현모양처는 오로지 남자들 마음속의 현모양처이지 여성이 원하는 모습은 아니다. (…) 여성들이 교육을 주장하고 목표를 정하고 경비를 운용해서 교과서를 편집해야 비로소 여자의 마음과 맞는 현모양처가 육성될 수 있다.[95]

20세기 초반의 여자 유학생들은 새로운 젠더 논쟁에 참여했다. 이 과정에의 참여를 통해 그녀들은 자기가 생각하는 이상적인 여성관을 제시하고 가정 개혁을 주장했으며 (소수가 지향하는 더 먼 곳에 있는) 사회 개혁 방안을 제창하게 되었다.

6장

내가 사랑하는 미국

**Chinese students studying
in the U.S.A. 1872–1931**

여러분에게 진정으로 말합니다. 내 사고방식, 판단방법, 옳고 그름의 기준 등은 모두 미국식입니다. 아홉 살에 미국에 와서 초등학교부터 대학까지 나왔으니 당연한 것입니다. 미국과 미국인이 나를 만들었고 마음과 영혼을 지배하고 있습니다. 나는 여러분과 똑같이 미국의 명예를 존중해서 기꺼이 성조기가 펄럭이는 전장에 나가겠습니다. 중국은 내가 태어난 나라지만, 미국은 내가 선택한 나라입니다.[1]

위 글은 동부연합회가 1922년 이타카에서 개최한 스피치 대회에서 입상한 K. A. 위wee의 연설문 중 한 대목이다. 당시 미국은 「배화법」이 집행되고 있을 무렵으로 아마도 그는 일찌감치 부모와 같이 미국에 왔을 것이다. 자신은 기꺼이 미국을 위해 참전할 것이며 미국은 자기가 선택한 나라라고 말한 것으로 보아 그는 미국 시민권자였을 것이다. 그러나 그가 미국 시민권자라는 사실이 미국 유학생을 대표하는 요인으로 작용하지는 않는다. 당시 유학생들의 '사고방식, 판단방법, 옳고 그름의 기준' 등은 이미 미국화되었으며 모두 이를 자랑스럽게 생각했다.

K. A. 위가 드러낸 미국화의 정도는 훗날 유학생들은 상상하기 힘들 만큼 깊은 것으로, 이는 다른 시대를 살았기 때문이다. 그는 아주 어린 나이에 중국을 떠나와 오랫동안 미국 교육을 받은 세대로, 20세기 후반에 대학원생으로 미국에 온 세대와는 구분될 수밖에 없다. 20세기 초반의 유학생들은 그처럼 초등학교부터 미국 학교를 다닌 경우도 있지만 대부분 1~2년 미국 고등학교 과정을 거쳐 대학에 진학하거나 곧장 대학에 진학하여 미국화된 세대다. 역사는 반복된다. 21세기 들어 미국에서 공부하는 중국 유학생의 연령층이 점점 낮아지면서 2020년에는 대학생이 대학원생 수치를 넘어섰고 중학 유학생도 늘어나면서 20세기 초반의 현상이 재연되고 있다.

20세기 초반 「배화법」으로 인해 유학생은 미국 시민권자가 아닌 경우 미국화에 대한 자긍심만 느낄 뿐 미국인이 될 수는 없었다. 이는 1950년대 이후 미국 유학을 떠난 타이완 유학생들과는 전혀 다른 것이다. 1960년대 타이완에서는 "미국에 유학하는 것留美"은 "남는 방법을 배우는 것學留"이라는 말이 유행했다. 하지만 당시는 「배화법」이 폐기된 시대로, 20세기 초반의 유학생은 이러한 세상을 상상할 수 없었다. 20세기 초반, 중국 유학생에게 미국은 낙원이었을 뿐 아니라 중국이 가장 의지할 수 있는 보호자였지만 애석하게도 대다수는 미국인이 될 수 없었다.

20세기 초반의 중국 유학생들이 미국을 낙원으로 여겼다는 것은 꽤 아이러니한 일이었다. 1943년 「배화법」이 폐기될 때까지 미국은 중국인이 미국인이 되는 것(미국인과 결혼한 경우를 포함해)을 허용하지 않았다. 20세기 중반까지 미국의 14개 주에서는 여전히 「백인-비백인 혼인 및 출산금지법anti-miscegenation laws」에 따라 백인과 중국인의 결혼을 금지했는데, 실제 상황은 훨씬 더 심각했다. 1907년 통과된 「국적 포기법Expatriation Act」에 따르면 미국에서 태어나 성장한 화교 여성이 중국의 남자 유학생과 결혼하면 시민권을 잃었다. 비록 1922년 통과된 「케이블 법Cable Act」으로 미국 여성에게 독립적인 시민권이 주어지면서 외국인과 결혼해도 시민권을 잃지는 않게 되었지만 귀화가 허용되지 않는 미국계 아시아인은 예외였다. 따라서 1931년 「케이블 법」이 수정되기 전까지 귀화할 수 없는 중국인과 결혼한 화교 여성은 미국 시민권을 박탈당했다.[2] 결국 20세기 초 중국 유학생과 결혼한 화교 여성은 대부분 남편과 함께 중국으로 향해야 했다.

20세기 초반 미국에서 유학생활을 한 대부분의 유학생은 자신이 당했든 전해 들었든 가슴 아픈 차별의 경험을 간직하고 있다. 그러나 이런 경험도 미국이 자유롭고 공정한 국가라는 인식을 바꾸지는 못했다. 눈앞에서 생생하게 「배화법」이 펼쳐지고 있었지만 자신들은 미국 '상류층'의 배척 대상이 아니라고 믿었다. 오히려 미국인이 편견을 가지고 중국인을 차별하는 것은 잘못되거나 왜곡된 정보 때문이며, 그렇게 된 데는 중국인에게도 책임이 있다고 여겼다. 유학생들은 정부가 중국을 해외에 알리는 활동에 직접 나서지 않고 서양에서 온 여행가나 선교사들에게 떠넘긴 잘못을 지적했다. 그런 탓에 의도했든 의도하지 않았든 또는 선교 사업을 지원받기 위한 것이든 부정적인 면이 부각되었다는 것이다. 또 초창기에 미국에 건너온 중국인은 대부분 가난하고 청결하지 못한 노동자였기 때문에 중국인에 대해 좋지 않은 인상을 심어주었다고 생각했다. 그러므로 유학생 신분의 자기들은 미국인에게 진정한 중국, 중국인의 모습을 보여줄 수 있다고 믿었다. 앞으로 더 많은 유학생이 미국에 온다면 자연스레 깨끗하고 단정하며 미국화된 중국 유학생들이 진정한 중국인이라는 것을 알게 될 거라는 것이다.

「배화법」과 차별의 경험이 미국에 대한 믿음을 변화시키지 못했듯이 미국의 대중국 정책 또한 그들의 믿음을 흔들지 못했다. 유학생들에게 미국은 모델이었고, 국제 정의의 수호자이자 중국의 보호자였다. 중국에 대한 미국의 '문호 개방' 정책은 유학생들에게 벗어날 수 없는 신화이자 이데올로기가 되었다. 세계 열강이 중국 내 항구를 나누어 차지한 채 강압적인 수단을 동원하던 1899년, 미국은 중국 시장에서 밀려나지 않기 위해 국무장관 존 헤이를 내세워 문호 개방 정책을 선언했다. 이에 유학생들의 눈에 비친 존 헤이는 분열의 위기에서 중국을 구한 구세주와 같았다. 중국에 대한 미국의 이러한 의로운 행동은 중국을 구해주는 것일 뿐만 아니라 국제 정의를 수호하고 중국의 영토와 주권을 보호하는 것이었다. 더구나 미국은 (과다 청구된 돈을 돌려주는 것이긴 했으나) 의화단 사건으로 받은 배상금의 일부를 다시 중국에 돌려주는 '이덕보원以德報怨, 원수에게 은덕을 베푼다 — 옮긴이'을 보여주었다.

중국이 미국의 은덕을 받았다는 믿음은 유학생들에게 종교적 신념에 비유될 만큼 굳건해서 미국이 펼친 여러 실망스러운 대중국 정책에도 사그라지지 않았다. 1920년대 중반, 혁명과 반제국주의 파도가 밀려들어 비판적 견해가 일기 시작했을 때 비로소 미국의 여러 정책이 입에 발린 소리였을 뿐 실질적인 혜택은 없었다는 진실을 알아차리기 시작했다.

미국 대도시에서 쉽게 볼 수 있는 하류층(동유럽이나 남미에서 온 사람들)이나 흑인은 엘리트 의식으로 무장된 유학생의 계층의식을 더욱 굳건하게 만들었다. 아이러니하게도 그들은 미국 전역에 자리 잡은 차이나타운을 매우 부끄러워했다. 그들은 차이나타운의 중국 노동자들을 중국의 수치로 여겨 무시했을 뿐만 아니라 중국인에 대한 미국의 차별 행위와 차별 법안이 제정된 원인 제공자로 여겼다. 급기야 차이나타운의 중국인 노동자들은 같은 민족이라는 점 외에 자신들과 어떠한 공통점도 없음을 강조하곤 했다. 그 결과 중국 유학생과 노동자를 구별 지어 말하는 미국인에 대해 감동하기도 했다. 1910년대 동부 차이나타운에서는 중국인에 대한 이미지를 개선하기 위해 중국 노동자들을 교육시키는 프로그램을 운영하기도 했지만 이러한 노력은 오래가지 못했다. 유학생은 중국 노동자와 교류하지 않았고, 귀국 이후에는 전보다 강한 엘리트주의에 빠져들었다.

20세기 초 유학생의 미국 문화 및 사회에 대한 이해는 옥시덴탈리즘Occidentalism, 동양의 관점에서 동양과 구별되고 대립되는 서양Occident에 관한 왜곡되고 고정된 이미지나 편견을 형성하는 인식이나 태도—옮긴이뿐 아니라 민족, 계층이라는 프리즘을 거친 것이다. 이 프리즘으로 바라보는 미국은 그야말로 '아름다운 나라美國'다. 그러나 이 아름다운 나라는 다른 민족이나 계층에 대해 배타적인 백인 중산층의 나라였을 뿐으로, 중국인이 백인 중산층에게 인정받는다는 것은 거의 불가능한 갈망이었다. 그러나 중국 유학생들은 그들을 흉내 내는 방식으로 인정받으려 했다. 옷차림, 행동, 여가활동, 학생 조직 등 피상적인 흉내mimicry를 마다하지 않았다. 물론 모방 학습의 산물로 자결성agency 및 자율성autonomy을 배우기도 했다. 그 대표적인 사례가 1902~1931년까지 29년 남짓 활동한 전미중국유학생연합회와 여름캠프 활동이었다.

문호 개방 정책이라는 신화

대다수 유학생은 미국으로 떠나기 전부터 미국에 대한 커다란 환상을 품고 있었다. 크루즈선 일등석을 타고 태평양을 건너는 경험은 미국 사회의 풍족함, 질서정연함, 쾌적함을 접하기 전의 애피타이저 같은 것이었다. 1924년 9월 잭슨 프레지던트호를 타고 시애틀에 내린 유학생들은 배가 부두에 정박하는 순간부터 눈에 들어오는 질서정연한 풍경에 기가 꺾이고 말았다. 자신들의 여행 가방이 영어 이름순으로 가지런히 로비에 놓여 있었으므로 "시끄럽고 혼란한 상황에서 한눈으로는 여행 가방을 챙기고 다른 눈으로는 쿨리를 찾아야 하는" 요란법석을 떨 필요가 전혀 없었다.[3] 짐을 찾으면 세관 직원이 와서 짐 검사를 했고, 세관을 통과한 뒤에는 YMCA의 숙소로 향했다. 여기서 먹는 첫 번째 점심 뷔페는 신박한 경험이었다.

식당에 들어서서 식판에 나이프, 포크, 에이프런을 차례대로 챙겼다. 한쪽으로 줄서서 걸어가면 아가씨들이 음식을 하나씩 놓아주었다. 자리를 찾느라 다툴 필요도 없이 순서대로 앉았다.

미국에서는 어디서나 줄을 섰다. 극장에서 표를 살 때도 학교에서 등록할 때도 줄을 섰다. 공공장소에서는 언제나 줄을 섰다.

질서정연함 외에도 미국은 '자동화 국가'였다. 과자를 살 때나 체중을 잴 때, 역에서 화장실을 갈 때도 동전 하나만 넣으면 자동으로 처리되었다. 유학생들은 특히 극장에서 누리는 시각적 즐거움과 다양한 고급스러움과 편안함을 좋아했다.

극장 안에 들어가면 입구에 한 아가씨가 서 있었다. 누드모델처럼 미동도 하지 않고 좌석을 손가락으로 알려주었다. (…) 아! 의자는 얼마나 부드러운가! 좌석 사이의 통로에 깔린 카펫은 또 얼마나 푹신한가!

유학생들이 미국을 사랑한 것은 미국에서 보거나 사용한 물건의 신기함, 물질적 안락, 질서정연함 때문만은 아니었다. 그들은 미국이 중국의 가장 가까운 우방이자 보호자라는 믿음을 가지고 있었다. 마이클 헌트는 문호 개방 이데올로기를 활용한 미국의 기업가, 선교사, 외교관 등을 '문호 개방 정책의 지지자open door constituency'라 지칭했다. 유학생들은 미국인도 헌트의 지지자도 아니었지만 헌트가 지칭한 '문호 개방 정책의 지지자'들보다도 더 큰 지지를 보냈다. 헌트는 문호 개방 이데올로기와 관련하여 중국을 두 종류의 투쟁의 장으로 보았다. 첫째, 활기 넘치는 미국 및 서구 세력과 정체된 중국 사이의 투쟁, 둘째, 이기적이고 배타적인 유럽 제국주의와 장기적으로 볼 때 중국에 호의적인benevolent involvement 미국 정책 사이에서의 투쟁이라고 말이다.4

유학생들은 중국이 찬란한 문명을 일구었음에도 불구하고 현재는 낙후되고 정체되었다는 사실을 인정하는 한편 중국은 잠에서 깨어나고 있는 사자 혹은 거인이며, 원래 있어야 할 자리를 찾기 위해 노력하는 중이라고 여겼다. 왕징춘은 1908년 『중국유미학생월보』 4월호에서 "1900년의 중국은 반동적이고 배타적이고 오만했으며, 실제적이지 못했다"고 비평하면서 "오늘날의 중국은 이 세계가 한 번도 경험하지 못한 놀라운 변화를 시도하고 있다. 이러한 변화는 일본이 이룬 현대화와 비교할 수 없을 만큼 거대한 것이다. 내일의 중국은 명석한 두뇌와 식견을 가진 지도자의 영도 아래 새로운 산업을 발전시켜 세계 시장에 다양한 자원을 제공할 것"이라고 했다.5

유학생들은 미국이 중국을 현대화의 길로 들어설 수 있도록 도와주기를 기대했다. 훗날 난징의 둥난東南대학(즉 중앙中央대학. 1949년 이후 '난징대학'으로 개칭) 총장에 이어 뉴욕 화미협진사 사장을 지낸 궈빙원郭秉文은 1910년 동부연합회가 코네티컷주 하트포드의 트리니티칼리지에서 개최한 여름캠프 영어 스피치 대회에서 문호 개방 정책에 대한 발표를 하여 우승했다.

미국은 중국과 교류를 시작한 이래 정의를 실행해왔다. 중국 영토를 넘보지 않았고 중국이 어려울 때 영향력을 행사해 지켜주었다. 1895년 미국은 중국을 도와 중·일 회담을 주선했고, 1900년 경자사변이 발생했을 때는 중국 영토와 주권을 보호하며 침략 야욕으로 가득 찬 유럽 열강이 중국을 분할하여 이익을 독점하려는 것을 포기시키기도 했다. 1901년 경자 배상금을 정할 때 미국은 열강이 중국을 협박하고 불합리한 배상을 요구하지 못하도록 했으며, 유일하게 배상금의 일부를 중국에 돌려주기도 했다. 중국인의 마음속에 미국은 정의롭고 숭고한 행동을 실천하는 좋은 나라로 각인되었다.6

궈빙원은 '정의롭고 숭고한 행동'의 증거로 1908년 미국이 돌려준 경자 배상금을 언급했다. 약 1100만 달러는 중국이 지불해야 할 금액의

2/5에 해당한다면서 한순간에 미국을 신화 속 '이덕보원'의 주인공으로 탈바꿈시켰다. 그가 신화라고 한 근거는, 첫째 권비拳匪, 의화단원들 — 옮긴이들이 미국인을 해쳤으나 미국 정부는 합리적인 배상금을 요구했다는 것, 둘째 다른 열강에게 배상금 액수를 낮출 것을 촉구한 것, 셋째 배상금을 청산한 뒤 초과된 금액을 조건 없이 돌려주었다는 것, 넷째 중국 정부가 돌려받은 배상금을 학생들의 미국 유학에 사용하도록 했다는 것 등이다.

그러나 이러한 인식은 실제 사실과는 매우 다른 것이다. 원래는 미국이 배상금을 2500만 달러로 증액한 것으로, 헌트의 말에 따르면 미국 국무장관 존 헤이가 다른 열강의 배상금을 낮출 목적으로 담판의 여지를 남겨놓은 것이라고 했다. 결국 존 헤이는 다른 열강을 설득하지 못했고, 이에 중국은 미국에게 두 배의 배상금을 내준 셈이다.7 또한 학생들을 미국에 유학 보내는 사업은 중국 정부가 주동한 게 아니었다. 「서곡」에서 언급한 것처럼 1910년 탕사오이는 미국에 특사로 갔을 때 일본의 침략에 대비하여 만주 재건에 이 자금을 쓸 수 있게 해줄 것을 미국 정부에게 요청할 생각이었으나 아예 묵살당하고 말았다. 오히려 미국은 "미·일 양국 정부가 공동으로 태평양 지구의 현상을 유지하고 이 지역에 대한 서로의 영토를 존중한다"는 선언을 발표했다. 미국 정부는 이 협정이 '중국의 독립과 영토 및 주권의 완정성'을 인정하는 것이라 했지만 일본은 "남만주는 일본 국방의 방어선이므로 일본이 보장할 중국 주권과 영토의 완정선 안에 있지 않다"고 못박아버렸다. 미국은 중국에게 상의 없이 일본과 만주에 대한 협상을 끝냄으로써 탕사오이의 방미 목적을 선제적으로 무력화했다.

유학생들은 탕사오이의 진짜 방미 목적을 알지 못했으며 설령 알았다 하더라도 달라질 것은 없었다. 결국 그들은 미국 정부가 경관을 돌려준 미국 정부의 정의로운 행동에 탕사오이가 중국 정부를 대표해 감사를 표하러 왔다고 믿었고, 이는 마치 두 대학이 친선경기를 할 때 서로의 교가와 응원가를 부르며 응원해주는 분위기였다. 왕징춘은 1908년 『중국 유미학생월보』 11월호에서 이러한 미국의 "숭고한 행위"는 확실히 "공정한 교역square deal"을 보여주는 것으로 "새로운 국제도덕의 표준"을 세웠다고 칭송했다. 또 유학생을 파견해 미국에서 교육을 받게 하는 것은 "미국을 제2의 집으로 삼는 것"이며, 탕사오이가 특사로 방문한 것은 "미국의 우의와 공정한 방식에 대한 중국의 적절한 행동"이라 했다. 결론적으로 유학 계획은 "지구 한쪽에 위치한 위대한 제국과 반대쪽에 위치한 위대한 공화국 간의 튼튼한 우의를 다지는 것"이라며 굳건한 신뢰를 표했다.[8]

〈사진 19〉와 〈사진 20〉은 당시 미국에 대한 유학생들의 완전한 신뢰와 의지를 보여준다. 두 그림은 동일한 화가가 그린 것으로, 〈사진 19〉는 왕징춘이 글을 발표한 때로부터 1년 뒤에 발표된 것이지만 은연중에 유학생 파견 계획의 결과를 드러내고 있다. 그림에서 중국의 '현재'는 어린 아이로, '미래'는 노인으로 묘사되어 있는데 서양 옷을 입고 서양 책을 든 '어린 중국'은 얼굴마저 꽤 서양적이다.

〈사진 20〉은 전혀 다른 상황을 묘사하고 있다. 〈사진 19〉 속의 전통 '중국'이 샘 아저씨와 마주 서서 돈을 받고 있다면 〈사진 20〉 속의 전통 '중국'은 방금 잠에서 깨어난 노인의 모습이다. 샘 아저씨가 미국의 각 대학에서 교육시킨 중국 유학생들이 충견으로 묘사되어 있으며 땅바닥에 누워 있던 노인은 개들이 짖는 소리에 깊은 잠에서 깨어난 듯 두 손을 짚고 상반신을 일으키고 있다.

1899년 존 헤이가 처음 문호 개방을 제안했을 때 중국 주권과 영토의 완정성을 유지한다는 내용은 담기지 않았다. 유학생들은 이 점을 주

Uncle Sam — "*Make good use of it, my friend*"

〈사진 19〉샘 아저씨가 경관 자금을
돌려주는 모습
샘 아저씨: "친구, 이 돈을 잘 쓰시게!"
자료: *The Chinese Students' Monthly*,
V.3(January, 1910)

〈사진 20〉샘 아저씨가 미국 대학에서 교육시킨 유학생 충견들이 중국을 깨우는 모습
중국: "헬로, 샘! 개들을 짖게 해서 잠을 깨워줘서 고맙네! 이 땅은 정말 눅눅하군!"
자료: *The Chinese Students' Monthly*, V.4(February, 1910)

목하지 않았다. 중국에 대한 미국의 은총을 입증하는 증거가 없음에도 신뢰할 만큼 그들은 미국을 사랑했다. 바오밍첸鮑明鈴(1913년 칭화대학 졸업, 1918년 예일대학 학사, 1921년 하버드대학 박사)은 1923년 출간한 자신의 저서 『문호 개방 정책과 중국The Open Door Doctrine in Relation to China』에서 존 헤이가 문호 개방 정책을 제안한 동기에 대해 다음과 같이 설명했다.

> 열강의 세력 범위와 조차지 안에 조성된 위험에 대응하기 위해 미국은 관세·철도·선박 운송 등의 평등한 대우를 주장함으로써 자국의 상업적 이익과 새로운 기회를 확보할 필요가 있었다.[9]

1900년 7월, 의화단 무리가 베이징의 외교가를 포위하는 일이 벌어지자 열강의 무력 개입을 우려한 존 헤이가 2차 문호 개방을 제안하면서 미국 정부는 '중국 영토와 주권의 완정성' 유지를 지지한다는 입장을 표했다. 바오밍첸은 1차 문호 개방 제안을 검토하면서 "이 문장을 주의 깊게 살펴보면 중국의 완정성을 유지한다는 것은 이미 정책의 암묵적 조건이었거나 정책을 성공적으로 실행하기 위한 필수 전제 조건이었다"라며 미국이 중국에 관심을 가져줄 것을 기대했다.[10]

유학생들은 미국을 지나치게 사랑한 나머지 역사적 사실을 망각하기도 했다. 앞서 언급한 1922년 뉴욕 이타카에서 개최된 영어 스피치 대회 우승자 K. A. 우는 미국이 아편전쟁에서 중국을 도왔다는 황당한 발언을 했다.

> 중국은 아직 희망이 있다. 중국 백성은 이 세계에서 한 나라에 대해 믿음을 가지고 있다. 미국, 바로 미국이다. 미국은 정의로운 행동

으로 우리 백성의 사랑을 받았다. 미국에 대한 우리 감정은 진심이었고 미국은 우리의 사랑을 받을 자격이 있음을 증명했다. 여러 나라와 달리 미국은 한 번도 우리에게 영토를 요구하지 않았고 오히려 문호 개방 정책을 제시했다. 미국은 아편전쟁 때 우리를 도왔으며, 의화단 사건 등 위급할 때마다 큰 도움을 주었다. 다른 나라들이 우리에게 거액의 배상금을 요구하자 미국은 남은 금액 1100만 달러를 돌려주기까지 했다. 우리는 이 돈을 젊은이를 위한 교육에 사용했다.[11]

역사적 사실을 무시하거나 시대착오적 생각에 빠진 사람은 K. A. 우뿐만이 아니었다. 훗날 칭화대학 총장을 역임한 차오윈샹 역시 자신의 언변에 도취되어 시공간을 초월해 엉뚱한 발언을 한 적이 있다. 1910년 예일대학의 유명한 텐 아이크Ten Eyck 시상식에서 그는 미국이 국제무대에서 전개한 활동에 대해 희극적이고 과장되게 묘사했다.

의화단의 전운이 걷히자 존 헤이가 문호 개방 정책을 외쳤다. 루스벨트 대통령뿐 아니라 워싱턴, 먼로, 링컨 등 원로들의 영혼도 칭찬했다. 독일은 고등교육과 이민 등 사안에 대해 동의했고, 피가 물보다 진하듯이 영국도 암묵적 동의를 했으며, 자유와 자주로 뭉친 프랑스도 찬동했고, 페리 제독 때문에 서양 문명의 혜택을 본 일본도 굴복했고, 결국 러시아도 어쩔 수 없이 받아들였다. (…) 목표는 달성되었다. 이제 결정권은 미국의 손에 달려 있다. 전 세계가 미국의 결정을 기다리고 있다.[12]

차오윈샹의 말은 허점투성이었다. 존 헤이가 문호 개방 정책을 제안한 것은 윌리엄 매킨리 대통령의 임기 때였으며, 이 구상은 영국이 중국에서 세력을 지키기 위한 수단 중 하나로 제기된 것이었다. 영국은 중국에서 세력이 가장 컸으며 노른자위 땅을 차지하고 있었으므로 직접 이정책을 제안하면 위선적인 이중 기준이라는 따가운 질시를 불러올 수 있었다. 즉 중국에 별다른 영향력이 없던 미국이 제안하도록 하는 묘안을 떠올린 것으로, 조 헤이 또한 국무장관으로 부임하기 전 영국 주재 대사를 지낸 친영파 인사였다. 이 정책 또한 청나라 세관 총세무사로 근무한 영국인 알프레드 히피슬레이가 작성한 비망록에서 비롯된 것이었다. 더욱이 열강이 존 헤이의 제안에 협조한 것도 아니었다. 열강은 대부분 입장을 보류하거나 모호한 표현으로 일관했을 뿐으로, 열강의 '확실한' 보장을 받았다는 것은 존 헤이의 허세에 불과했다.[13]

헌트의 말에 따르면 19세기 중반 이후 중국의 적지 않은 지식인이 미국에 대해 유토피아적 환상을 가지고 있으며 특히 워싱턴 대통령이 지식과 도덕을 겸비한 사람을 관리로 등용하는 솔선수범을 펼쳐 미국의 좋은 전통을 수립했다고 믿었다. 그러나 19세기에서 20세기로 넘어가는 시기에 이르자 중국 관리와 사대부들은 미국이 이미 '워싱턴의 황금시대를 지나' 새로운 제국주의 국가가 되었음을 깨달았다.[14] 그럼에도 유학생들은 여전히 미국은 서구 열강과 다르다는 믿음을 유지하고 있었다. 차오윈샹의 "이제 결정권은 미국의 손에 달려 있다. 전 세계가 미국의 결정을 기다리고 있다"는 말은 미국에 대한 유학생들의 기대를 표현한 것으로, 미국이 국제사회의 등대가 되어 호시탐탐 침략할 기회를 노리는 열강이 국제 질서를 파괴하지 못하도록 영향력을 발휘해주기를 바랐다.

19세기 중반에 위원魏源, 서계여徐繼畲 등 중국 사대부들은 미국이 다른 열강과 어떻게 다른지를 분석했다. 이들은 영어도 모르고 미국에 가본 적도 없었지만 서툴게나마 미국 상황을 분석해보려고 노력했다. 반면 20세기 초반 미국에 거주하는 유학생들은 미국을 가장 잘 이해한다고 말하면서 미국을 분석하려는 어떤 시도조차 하지 않은 채 미국이 여러 강대국과는 다르다는 소리만 늘어놓았다. 한 학자는 앵글로색슨족의 유산, 공화주의 체제, 넓은 영토, 상공업적 역량이 미국을 다른 나라와 구별 짓는 중요한 요소라고 분석했다.[15] 그러나 대다수 유학생은 현실 정치를 농락하는 교활한 유럽 국가들과 달리 미국은 중국이 열강의 압박에서 벗어날 수 있게 개입했을 뿐만 아니라 새로운 국제도덕의 모범을 수립했다고 믿을 만큼 순진했다. 자오취안趙泉(1916년 칭화대학 졸업, 1918년 웨슬리안대학 졸업)은 제1차 세계대전 종전 무렵 발표한 글에서 미국은 국제사회에서 군국주의, 제국주의를 초월하여 새로운 도덕적 지도력을 발휘한 나라라고 칭송했다.[16] 이는 미국에서 학교를 졸업하고 취업한 중국인에게 공통적으로 보이는 신앙이었다. 1918년 샌프란시스코 총영사를 거쳐 2년 뒤 런던 주재 총영사를 지낸 주자오신朱兆莘(1911년 뉴욕대학 졸업, 1912년 컬럼비아대학 석사)은 자오취안보다 연륜이 있었지만 미국에 대한 숭배는 뒤지지 않았다. 그는 1918년 캘리포니아대학 버클리캠퍼스에서 열린 쌍십절 강연에서 개국한 지 얼마 안 되는 중화민국을 어린 아이에 비유하면서 풍부한 경험을 지닌 어른이 손을 내밀어 보살펴야 한다고 했다. 그 어른은 바로 "우리 눈앞에 있으며 지금 우리가 생활하고 있는 미국"으로, 중국은 '걷고 뛰면서' 미국을 배워야 한다고 했다. 그는 매우 열정적인 어조로 "중국은 미국이 무엇을 하든 틀림없이 옳을 것이라는 믿음을 갖고 있다. 미국은 전쟁에서도 절대 패하지 않고 이길 것이라고 믿고 있다"라고 했다.[17]

주자오신의 이러한 맹목적 사랑은 특별한 것이 아니다. 근대 유명인사인 후스도 별반 다르지 않았다. 미국에 대한 그의 애정은 나이 들수록 더해갔으며 보수적인 성향으로 변했다. 후스는 자신의 인생에서 가장 급진적이었던 유학 시절의 한때 냉철한 시선으로 미국의 문호 개방을 비판한 적이 있다. 1916년 6월, 그는 오하이오주 클리블랜드에서 열린 국제회의에서 「문호 개방의 축제The Fetish of the Open Door」라는 제목의 연설을 했다.

지금까지 출현한 모든 정책은 일단 역사적 맥락에서 벗어나면 무의미한 표어가 되면서 진정한 가치를 잃어버린다. 문호 개방 정책을 이해하는 사람은 많지 않은데 미국인들은 이를 지나치게 높게 평가함으로써 아시아의 진짜 문제가 무엇인지 혼동하고 있다. 미국과 중국의 백성은 건설적이고 유익한 방향의 해결책을 찾지 못하고 있다.

이러한 비판의 핵심은 세 가지다. 문호 개방 정책은 오직 경제적 고려만 있을 뿐이며, 중국의 독립과 주권 유지의 의미는 상징적이고 소극적이며, 중국의 권익은 전혀 고려되지 않았다는 것이다. 실제로 문호 개방 정책은 열강이 중국에서 차지할 이익에 관한 기회 균등에 집중되어 있었다. 후스는 이 정책의 목적이 오직 그들의 이익 균등이라면 중국이 영국 또는 일본의 지배를 받는 것은 부차적일 사안일 뿐이라고 했다. 두 번째 비판, 즉 중국 독립과 주권 유지 보장에 관한 의미가 상징적이고 소극적이라는 것은 문호 개방이 결국 현상 유지를 위한 것이라는 뜻이다. 현상을 유지하는 것조차 나라간 힘의 균형에 의지해야 하며, 이 균형이 깨지면 '중국 영토와 주권' 보장은 휴지조각이 되어버린다. 후스는 이에 관한 예로 1902년 영·일 동맹 조약을 언급했다. 이 조약에는 "중화제국과 조선 제국의 영토 완정"이라는 문구가 담겨 있었지만 일본이 러일전쟁에서 이기고 조선의 지배권을 따내자 1905년 '조선의 독립'이라는 문구는 삭제되고 말았다. 후스는 세 번째로 중국의 권익을 무시한 정책이라 비판했다. 이는 열강이 문호 개방 정책을 통해 중국의 독립과 주권 및 기타 국가의 상공업 이익 균등 원칙을 존중하겠다는 것은 그들에게 유리하기 때문이지 중국의 권익을 고려한 것이 아니라는 것이다.

> 현재까지의 문호 개방 정책을 포함한 모든 '중국 정책'의 근본적인 결함은 중국의 이익과 기대가 철저히 무시되었다는 것이다. 중국 문제는 중국 스스로 해결해야 한다. 세계가 민족주의 정서에서 벗어나지 못하고 있다면 강국이 되고자 하는 중국도 당연히 민족주의를 행사할 권리가 있다. 민족의식이 높아짐에 따라 제시된 합리적 요구를 거절하는 정책은 실패할 것이고 무거운 대가를 치를 것이다.[18]

1916년 이 글을 쓰던 때의 후스와 1939년 주미 대사로 나갈 때의 후스는 완전히 다른 사람이다. 1939년 3월 9일 일기에 다음과 같은 내용이 보인다.

> 타일러 대니트의 『존 헤이 전기 from Poetry to Politics』와 위트니 그리즈월드의 『미국원동정책사 Far Eastern Policy of the United States』가 출간된 후 사람들은 1890~1900년 사이 존 헤이가 제안한 문호 개방 정책의 배후에 록 힐과 영국인 히피슬레이 두 사람이 있다는 것을 알

왔다. 히피슬레이의 공이 더 크다 할 것이다. 그가 아직 살아 있다면 당연히 정부로부터 상을 받아야 한다.[19]

12월 21일에는 "주영 대사 궈타이치郭泰祺에게 전보를 쳐서 정부에 히피슬레이에게 상을 주자는 건의를 했다"고 했다.[20] 즉 노년으로 갈수록 미국에 대한 맹목적 애정을 드러낸 후스는 유학 시절에 자신이 주장하던 논조에서 너무나 동떨어진 발언을 하고 있다.

자오취안과 주자오신이 미국에 대해 무한한 사랑을 표명한 때는 1918년으로, 이미 1년 전 미국과 일본은 중국의 희생을 담보로 한 조약을 맺었다. 미 국무장관 로버트 랜싱과 일본 특사 이시이 기쿠지로石井菊次郎가 체결한 '랜싱-이시이 협정the Lansing-Ishii Agreement'으로, 미국은 중국에서 일본의 특수 이익(특히 만주)을 인정하고 일본은 문호 개방 정책을 준수하되 (만주를 제외한) 중국 영토 주권의 완정성을 보장한다는 내용이었다.[21]

위르쉬안余日宣(1913년 칭화대학 졸업, 1917년 프린스턴대학 석사)은 1917~1918년 『중국유미학생월보』 편집인으로, 랜싱-이시이 협정이 체결된 지 한 달이 지난 12월호 사설에서 미국에게 배신당한 참담함을 토로했다.

이 협정으로 미국은 중국에서 일본의 특수한 이익을 정부가 공식 승인한 최초의 나라가 되었다. (…) 일본의 특수 이익을 정식으로 승인한 나라가 다른 나라도 아닌 미국이라니, 우리가 꿈에도 생각하지 못한 일이 발생했다.[22]

천한성陳翰笙(1920년 포마나칼리지 졸업, 다음해 시카고대학 석사)은 코민테른에 가입했으며, 중국으로 돌아온 뒤 농촌 연구에 뛰어들어 가장 조직력 있는 단체를 이끌었다. 그는 1921년 11월호에 이 협정을 분석한 글을 실으면서 미국에 대한 대다수 유학생의 믿음에 의문을 제기했다. "미국 정부는 (1차 세계대전 때) 유럽 작은 나라들의 권리를 위해 싸운다며 세계가 민주주의를 누릴 수 있도록 하겠다고 장담했다. 그러나 태평양 지역에서는 눈앞의 이익을 위해 정의와 공정한 거래를 포기하고 세계에서 가장 많은 인구를 보유한 공화국의 붕괴를 막을 수 있는 방호 조치를 철폐해버렸다." 그는 또한 "미국이 담판을 끝낸 뒤에 중국에게 통지함으로써 중국은 상처뿐만 아니라 굴욕을 당했다. 미국 정부는 중국에게 말로만 우호를 표명할 뿐 협정 내용은 물론 협정 자체도 중국의 주권을 전혀 고려하지 않았다"고 분개했다.[23]

그럼에도 '친미' 증상은 쉽게 치료되지 않았다. 리덩후이李登輝(1915년 예일대학 졸업, 훗날 상하이 푸단대학 총장 역임)는 유학생들에게 맹목적으로 '열강(즉 미국)에게 의지하는' 심리를 끊어내야 한다고 경고했지만 정작 본인은 열성적인 친미파였다. 이미 앞서 소개했듯이 샤먼에서 출생하고 자바에서 성장한 그는 1903년 미국에 재입국해서 컬럼비아대학원에서 정치학을 공부하기 위해 태평양을 건너고 있을 때 미국이 「배화법」을 강화하는 바람에 샌프란시스코에 도착했다가 입국이 거절되어 추방되었다. 그 자신 「배화법」의 피해자였으면서 자신이 출간한 『환구중국학생보』에서는 여전히 친미 입장을 고수했다. 그러다가 1915년 일본이 중국에 「21조」를 요구했을 때 어떤 나라도 중국을 도우려 나서지 않는 상황을 목도하고 충격을 받은 그는 미국 유학생들에게 "지금 상황을 보면 국제 우의와 협정 등은 전혀 의미가 없으니 우리 스스로를 속여서는 안 된다. 우리를 구해줄 수 있는 존재는 외부에 있지 않으며 스스로 자기 실력과 기개를 키

위야만 한다"고 호소했다.[24] 제1차 세계대전 후 체결한 베르사유 조약은 산둥 지역에 대한 독일의 이권을 중국에 돌려주는 대신 일본에게 넘겨 주었다. 다시금 엄청난 굴욕을 맛본 유학생들은 1921~1922년 열린 워싱 턴회의에서 미국이 기사도 정신을 발휘해 중국을 구해줄 것을 기대했다. 1922년 하버드대학에서 박사 학위를 취득한 구타이라이顧泰來는 당시 『중국유미학생월보』 편집장을 맡고 있었는데, 1921년 11월호 사설을 통해 문호 개방 정책에 관한 신화적 관점을 반복함으로써 미국에 대한 믿음을 표했다.

> 중국은 한 번도 미국의 대중국 정책에 대해 의문을 가진 적이 없었으나, 베르사유에서 미국은 중국 백성에게 어두운 그림자를 안겨주었다. 그러나 개인의 결정과 미국의 여론은 구분해야 할 것이다. 미국이 경관 자금을 돌려주었다는 것은 미국 정부가 중국에 여전히 선의를 가지고 있다는 큰 증거다.[25]

비로소 미국 유학생 사이에서 암울하지만 현실적인 인식이 서서히 생겨났다. 중국은 더 이상 미국이나 기타 열강에게 연민을 구걸하면서 자신을 속여선 안 된다는 자각이 싹튼 것이다. 당시 중국은 베르사유 조약에서 당한 부당하고 불공정한 대우를 뒤집을 수 있을 것이라는 한 가닥희망을 품고 워싱턴회의에 참가했다. 중국이 간절히 바란 것은 독일이 일본에 양도한 산둥의 조차지 회수, 일본이 요구한 「21조」 취소, 관세 자주권과 영사 재판권 등의 주권 회복이었다. 그러나 워싱턴회의에서 모든 목표를 달성한 유일한 승자는 미국이었다. 유명한 역사학자 월터 레이피버는 중국을 제외한 모든 나라가 만족스러운 결과를 얻어 돌아갔다고 했다.26 일본은 주력 전함의 비례에서 자신들이 원한 10대 10대 7(미·영·일) 대신 미국이 주장한 5대 5대 3의 비율을 받아들였지만 빈손으로 돌아간 것은 아니다. 미국 국무장관 찰스 휴즈는 9개국 조약九國公約에서 일본으로 하여금 중국의 영토 주권의 완정성을 존중한다는 서명을 받아낸 반면 전임 국무장관 엘리후 루트는 일본이 조약문의 불리한 내용에서 벗어날 수 있게 도왔다. 즉 중국은 아직 '국제사회에서 자격이 충분한 회원'이 아니라는 이유로 만주에 대한 일본의 입장을 지지했다. 그는 미국은 일본의 만주에 대한 입장을 지지한다고 밝히면서 자신이 기초한 9개국 조약에서 일본의 부담을 덜어주었다. 1920년 미국은 일본에게 "미국과 영국, 프랑스는 신뢰할 수 있다. 일본의 중대 이익에 훼손이 있을 만한 어떠한 행동에도 동의하지 않을 것이다"라고 했다. 여기서 말하는 일본의 '중대 이익'이란 만주와 몽골을 의미하는 것으로, 루트는 9개국 조약의 1조에 이러한 내용으로 "중국을 제외한 모든 조약 체결국은 '체결한 나라의 안전을 해치는 어떠한 행동도 지지하지 않을 것'을 약속한다"는 문구를 포함했다. 일본은 나머지 8개국이 만주나 몽골에서 일본의 특수 이익을 묵인하는 것으로 받아들여 9개국 조약 체결에 동의했다. 이는 사실상 두 지역을 문호 개방 정책의 적용 지역에서 제외한 것이었다.27

중국도 9개국 조약에서 전혀 얻은 게 없지는 않았다. 워싱턴회의에서 유명무실하지만 산둥성을 되찾을 수 있었다. 미국은 워싱턴회의에서 중국이 요구한 산둥 문제를 거절하면서 중국에게 일본과 협상을 하라고 압박했다. 중국은 미국 유학을 마치고 돌아온 구웨이쥔(컬럼비아대 박사), 스자오치(코넬대 박사), 왕충후이(예일대 박사)를 중국 협상 대표로 파견했다.

미국 국무부의 스탠리 혼벡은 "지금 상황에서 중국과 일본이 외교 협상을 한다면 경량급 선수와 노련한 중량급 선수가 링 위에서 맞붙는 것과 같다"면서 중국이 일본의 상대가 되지 않는다고 생각했다.[28] 이에 따라 국무장관 휴즈, 영국의 아서 밸푸어 백작이 참여했다. 36회의 쟁론을 거쳐 일본은 "중국이 15년 만기 국채로 산둥 철도를 매입하되 그 기간에는 일본 운송 책임자와 회계사를 고용한다"는 최후 조건을 제시했다. 중국이 현금 매입을 고집하자 휴즈는 중국이 고집을 꺾지 않는다면 미국의 지지를 잃을 것이며 산둥 전체를 잃을 수 있다고 압박했다. 휴즈의 최후통첩에 중국은 결국 손을 들고 말았다. 일본이 철도를 장악하면 산둥 전체를 지배하는 셈이라는 사실을 휴즈는 잘 알고 있었다. 그러나 자신은 항상 중국의 이익을 위한다고 말하면서 '일본이 무기한 산둥에 머물게 되는' 상황을 만들어주고 말았다. 한 역사학자는 휴즈의 전기에서 워싱턴회의를 통해 일본은 산둥의 지속적인 장악권이 포함된 실질적인 이익을 쟁취했으나 중국은 산둥을 회수했다는 환상만 얻었다고 비유했다.[29]

워싱턴회의가 진행되는 동안 전미중국유학생연합회는 열심히 중국을 선전했다. 주간지 『중국변호사中國辯護士, China Advocate』를 7000~8000부를 인쇄해서 미국 국회의원, 정부 관리, 회의 참석자들에게 무료로 배포했다.[30] 많은 유학생도 개인 자격 또는 단체 대표 자격으로 워싱턴에 가서 회의 상황을 지켜보다가, 중국 대표단이 단독 담판에서 일본의 요구에 굴복하자 분개했다. 중·일 대표단의 첫 협상이 치러지는 1921년 12월 1일, 팬아메리카유니온 건물 회의실에서는 일본 대표, 휴즈, 밸푸어가 중국 대표단이 오기를 기다렸으나 나타나지 않았다. 분노한 중국 유학생들이 대표단을 중국 대사관 화장실에 가둬버린 것이다. 휴즈는 국방부에 전화를 걸어 중국 대표단이 회의장에 도착할 수 있도록 협조를 구했고, 어처구니없게도 중국 대표단은 대사관 후문 담장을 넘어 회의장으로 향했다.[31]

대표단 부비서장 차오원상, 비서 댜오민첸丁敏謙은 이 회의에서 중국이 결정적인 승리를 거두었다고 했다. 영국 유학생 출신인 댜오민첸은 협상 내용에 실망한 사람들에게 워싱턴회의는 중국을 위해 개최된 것이 아닌데다 "중국 백성의 기대와 달리 단번에 모든 것을 다 가져오는 건 현명한 방식이 아니다"라고 변명했다.[32] 차오원상은 더욱 황당한 발언을 했다. 워싱턴회의는 "열강이 무력을 사용하지 않고 희생정신을 발휘해 약소국을 배려한" 역사적으로 유일무이한 사건이라 했다. 그리고 중국은 새로운 국제질서 속에서 의외의 수확이 있었다면서 다음과 같이 항변했다.

> 중국 외교사에서 이것은 수확이지 잃은 것이 아니다. 이 수확은 우리의 노력에 의한 것이 아니고 회의에 참가한 국가들의 공통된 희망, 즉 국제관계에서 공정, 정의, 평등 경쟁이 더욱 많이 이루어져 전쟁이나 격렬한 경쟁을 줄이고자 노력한 결과다.[33]

사실 워싱턴회의에서 중국이 중대한 승리를 거두었다는 말을 믿은 사람은 젊은 유학생, 회의에 참가한 관리, 귀국 유학생들뿐이었다. 후스 같은 유명인사도 예외는 아니었다. 그는 워싱턴회의에서 미국이 성의를 다했으며 어떤 대가도 바라지 않고 중국을 도왔다는 견해를 끝까지 유지했다.[34]

이와 다르게 판단한 유학생도 있었다. 1917~1918년 전미중국유학생연합회 회장을 지낸 장푸윈(1911년 칭화 경관 장학생, 1914, 1917년 하버드대학에서 2개의 학사 학위 취득)은 일찍이 (4장에서 언급했듯이) 위안스카이의 제제 통치를 찬성한 인물로, 워싱턴회의가 개최되는 당시에는 대사관 직원으로 근무하고 있었다. 그는 "워싱턴회의에서 체결된 조약에 명백히 드러난 것은, 태평양 지역의 평화 유지는 평화를 파괴할 수 있는 수단을 쥐고 있는 나라에 달려 있다는 것이다. 이 지역의 이익에 가장 중요한 중국은 무력한 참가자였을 뿐이다"라며 분개했다. 그는 열강은 "불법적으로 얻은 것을 힘 있는 다른 상대에게 빼앗길 때까지 놓지 않으려 한다"면서 "빼앗긴 공정과 정의를 회담으로 되찾기란 불가능하며 다른 나라에게 자신을 보호해달라고 요청하는 것도 수치스러운 일이니, 중국은 반드시 구체적 행동과 성과로써 스스로 위상을 제고해야 한다"고 했다.[35]

구이중수桂中樞(칭화대학 졸업, 1925년 컬럼비아대학 학사, 1922~1925년 『중국유미학생월보』 편집장 역임)는 '사기극'이라는 자극적인 단어를 쓰지는 않았지만 전체적인 어조는 '사기극'을 연상케 했다. "열강은 조금의 희생도 없이 승인과 보증을 남발하지만 대중을 현혹시키는 효과는 매우 크다"면서, 중국은 불공정하고 불의한 결과를 강요받았으나 마치 스스로 원한 것처럼 보이고 말았다고 했다.[36]

분명 중국은 일본보다 한 수 아래였다. 워싱턴회의를 취재한 중국 기자는 일본의 선전 효과로 인해 많은 사람으로 하여금 중국이 큰 진전을 이룬 것처럼 여기게 했다면서, "회의에 대해 중국이 충분하지 않다고 하면 미국 국민은 '도대체 중국인은 얼마나 더 많은 것을 원하는가?'라고 반문한다"고 했다.[37] 구타이라이 역시 『중국유미학생월보』 사설에서 중국의 실패와 굴욕에 대해 크게 낙담했다.

우리의 실망은 기대에 정비례한다. 우리는 그저 남들이 공정·공평하기만 바랄 뿐 스스로 얼마나 약한 존재인지 모른다. 우리는 그저 자신을 질책할 뿐이다. 우리가 왜 영토, 철도, 광산을 잃어야 하는가? 잃고 난 뒤에 어째서 되찾아오지 못하는가? 값을 치르고 찾아오는 일은 당연히 스스로에게 요구해야 할 일이다. 그러지 않고 법정이나 회의에 기대는 것은 부끄러운 일이다. 어떤 사람은 이성적으로 '워싱턴회의'가 처음이자 마지막이기를 바라지만 우리가 전투에서 패배해 잃었던 물건을 협상으로 찾아오기란 불가능하다. 누군가 "회의에서 우리는 거지나 다름 없었다"고 말했다. '거지'라는 말보다 중국의 상황을 더 정확하게 묘사한 표현은 없다. 우리는 확실히 거지였다. 거지는 보통 굶주린 상황에 처해 있다.[38]

그러나 구타이라이는 회의에서 열강이 중국의 밥그릇에 동전 몇 푼 던져준 것이 얼마나 비참한 것인지 진정으로 인지하지 못했다. 그는 루트의 9개국 조약을 분석하는 글에서 『성경』 속의 젊은 다윗과 거인 골리앗의 싸움에 빗대면서 미국의 문호 개방 정책을 담당하는 루트를 다윗으로, 일본을 대문 닫아걸려 하는 골리앗에 비유했다.[39] 물론 당시 그는 루트가 9개국 조약에서 일본의 특수 이익을 보장해주었다는 사실을 몰랐을 것이다. 구타이라이는 또 다른 문장에서 미 국무장관 휴즈가 "마지막 전체회의에서 중국과 일본 대표가 산둥과 관련한 조약에 서명했다고 선포하자 관중은 미친 듯이 기뻐했다. 산둥 조약은 워싱턴회의가 거둔 가장 위대한 성취라고 칭찬했다"라며 미국 주류 언론의 보도를 인용했다. 1922년 2월 6일, 중·일 양국 대표단은 산둥 조약에 서명했다. 구타이라이가 묘사한 조인식의 모습은 다음과 같다.

이처럼 사람들의 주목을 모으는 성대한 조인식은 없었다. 휴즈와 밸푸어가 회의실 긴 탁자 끝에 미소를 머금은 채 앉았고 양국 대표가 서명을 했다. 한 기자는 "마치 중국 결혼식장에서 보는 할아

버지 모습"이라 묘사했는데 바로 그 모습이었다.[40]

결혼식의 비유는 일본에게 철도를 넘겨줌으로써 산둥이 15년간 일본의 지배를 받게 된 것에 대한 일종의 자조自嘲였다. 그러나 그것은 자조가 아니었다. 구타이라이도 '아무 조건 없이 전체 조차지를 돌려받는 것'에 대해 여전히 중국의 승리로 여겼다. 진짜 전쟁이 벌어졌다면 중국은 더 큰 손해를 감수해야 했기 때문이다. 휴즈와 밸푸어를 인자한 백인 할아버지 모습으로 묘사하면서 그들이 높은 곳에 앉아 두 작은 아시아인이 공부하는 모습을 미소 지으며 지켜보는 정경은 백인들이 가장 좋아하는 게임 관전 형태다.

J. A. L. 와델은 성공한 토목 및 건축 전문가로, 미국과 캐나다 등에서 1000여 개의 교량을 설계하고 감독했다.[41] 또한 1921년부터 수차례 중국 정부의 기술 고문을 맡았다. 1923년 동부연합회는 브라운대학에서 개최된 여름캠프에 그를 초청했고, 그는 「중국 개혁의 방안A Scheme for the Regeneration of China」이라는 제목으로 연설했다. 그는 여러 면에서 엔지니어가 중국의 현대화를 도울 수 있지만[42] 먼저 안정적인 정부와 '부패 척결'이 전제되어야 한다고 했다. 이에 관해서는 두 가지 방안을 제시했다. 엄격한 도덕규범을 가진 '청렴결백하고 검소한 연방 정부'와 독재자가 바로 그것이다. "오늘날 세계 여러 나라는 이탈리아의 무솔리니나 멕시코의 포르피리오 디아스 같은 독재자를 필요로 한다"면서 중국 역시 마찬가지라는 것이다. "지금 중국에 가장 필요한 것은 시야가 넓고 이타적인, 그러면서 강력한 힘을 발휘할 수 있는 독재자다. 오직 이런 지도자만이 파벌 간 다툼을 단번에 잠재우고 군벌들의 야욕을 평정할 수 있다." 그는 중국의 "지식인이나 고급 관료들과 대화할 기회가 있을 때마다 이런 지도자가 있

느지 물었지만" 돌아오는 답변은 항상 회의적이었다면서 차라리 외국인 가운데 찾아보기를 제안했다.

나는 미국 국적을 가진 사람이어야 한다고 생각한다. 미국만이 신뢰할 수 있기 때문이다. 중국 영토에 야심이 없고 상업적인 '문호개방'을 통해 다른 나라들처럼 평등한 무역 기회만을 요구하는 나라는 미국뿐이다. 내 생각에 레너드 우드 장군이 적합한 인선이라고 생각한다. 물론 루스벨트 대통령이 살아 있다면 그가 가장 적합하다고 할 수 있지만 이상적인 기준에는 우드 장군이 부합한다.

레너드 우드 장군(1860~1927)은 1898~1902년까지 쿠바의 군사 총독을 지내고 1921~1927년까지 필리핀 총독을 지낸 인물로, 친구인 루스벨트 대통령과 마찬가지로 미국의 대외 확장을 주장해왔다.[43] 와델은 자신이 우드 장군과 아는 사이인지 밝히지는 않았지만 그에게 "중국이라는 존경스럽고 가련한 국가에 여생을 바치라는 건의"를 할 수 있을 것이며, 많은 사람이 자신의 생각에 동의했다고 주장했다.

『중국유미학생월보』는 와델의 의견에 대해 예의 있지만 강력히 반박하는 글을 실었다. 푸쉐펑浦薛鳳(1921년 칭화대학 졸업, 1923년 미네소타 햄라인대학 학사, 1925년 하버드대학 석사)은 와델이 공개적인 장소에서 그러한 건의를 했다는 데 매우 놀랐다고 했다.

식사 후 여담이었다면 놀랄 일이 아니다. 그러나 중국의 좋은 친구인 와델이 정식으로, 그것도 중국의 엘리트 학생 모임에서 이런 건의를 했다는 데 놀라지 않을 수 없다. 서구의 시선으로 볼 때 우리

는 자치에 대한 열망이 없어 어떤 것도 해결할 수 없다는 게 그의 결론인 듯하다.[44]

그는 "와델은 중국이 주동적으로 (우드 장군을 중국의 독재자로) 요청하라는 것인가? 아니면 외부, 즉 미국이 이를 실행하겠다는 것인가?"라며 황당한 제안에 반박할 필요도 없다고 했다. 더 심각하고 위협적인 사실은 중국에게 자치 능력이 없다고 느낀 사람이 와델만은 아니라는 것이다.

사실 이러한 착각을 하는 사람이 와델만은 아니다. 세상의 많은 사람이 중국을 사랑하여 도와주려 하지만 중국에 대해 잘 알지 못한다. 와델의 구상은 웃고 넘길 수 있다. 다만 그 구상 배후에 있는 잠재의식, 즉 '중국은 스스로 통치할 능력이 없다'는 인식이 우려될 뿐이다. 이러한 인식은 잘 드러나지 않지만 분명히 존재하므로 중국에 극히 사악하고 위험한 영향을 끼칠 수 있다.

놀라운 사실은 이듬해 개최된 두 곳의 여름캠프에 와델이 다시 초청되었다는 것이다. 먼저 동부연합회가 펜실베이니아주 해버포드에서 개최했고, 중서부 지회가 미시건주 앤아버에서 개최했다. 1924년 해버포드 캠프에서 그는 다소 수정된 방안을 이야기했다.

중국의 모든 문제와 불행은 근본적으로 애국심 결여에서 시작되었다. 특히 교육 받은 계층이 더욱 심한데, 일본과 비교해보면 더욱 명확하다. 일본인은 국가를 위해 언제라도 목숨을 바칠 준비가 되어 있다. 이런 민족적 차이로 인해 일본은 반세기 만에 놀랄 만한 발전을 이룰 수 있었다.

따라서 중국은 자신들을 이끌어줄 외부적 존재가 필요하며, 그 주인 공이 바로 일본이라고 했다.

여러분은 듣기 싫겠지만 나는 지난해에 했던 말을 다시 한 번 하 겠다. 즉 일본이 침략이 아닌 우호적이고 이타적인 입장에서 중국 의 미래 발전을 위한 교육을 도울 수 있다는 점이다. 나는 일본을 잘 알고 있으며, 여러분이 방법만 잘 선택한다면 그들은 기꺼이 협 조할 것이라 확신한다. 그들은 중국의 발전을 막지 않을 것이며 약 속을 지킬 것이다.[45]

먼저 개최된 동부연합회 캠프의 기간은 1924년 9월 2~10일이었고, 중서부 지회 캠프의 기간은 9월 4~12일이었다. 동부연합회 캠프에서 와 델이 강연한 내용을 전해들은 중서부 지회 회원은 캠프 참가자 150명 중 12명만 강연에 참석하는 보이콧 방식으로 불쾌감을 표출했다. 주최 측은 난감했다.『중국유미학생월보』편집장 구이중쑤는 11월호 사설에서 이러 한 행동은 수치스러운 일일 뿐만 아니라 명사에 대한 예의가 아니라면서 "유학생들은 진정한 애국심이 무엇인지 이해하지 못했음을 증명한 것"이 라고 질책했다.[46]

연합회 지도부가 와델을 초청한 동기는 알 수 없지만 외국 인사에게 유학생 회원의 교육을 맡기는 방식은 이해하기 어렵다. 당시는 1924년으 로, 그로부터 얼마 후 중국에서 정치적 지각변동이 발생하면서 미국에 대한 유학생의 시각도 큰 변화를 겪기 시작했다. 먼저 1925년의 5·30 참사가 대전환점이었다. 4장에서 분석했듯이 5·30 참사의 파장이 미국 유학생 사회까지 밀려왔다. 동부연합회와 중서부 지회는 여름캠프에서 처음으로 '제국주의'라는 단어를 넣어 열강은 중국의 영토와 주권을 위협하는 모든 불평등 조약을 포기할 것을 촉구했다.

불꽃이 붙자 민족주의의 불길이 사방으로 번졌다. 유학생들은 더 이상 침묵을 거부하고 중국의 모든 문제에 선제 대응하기로 했다. 1926년 가을, 중국치외법권위원회the Commission on Extraterritoriality in China 회장 겸 미국 측 위원인 실라스 스트론이 베이징에서 회의를 마치고 미국에 돌아왔다. 이 위원회는 워싱턴회의 결의에 따라 설치된 기구로, 중국의 사법제도 및 중국에 주재하는 열강 영사관의 재판권에 대한 폐지 가능성을 연구하는 목적을 가지고 있었다. 1926년 9월 실라스 스트론은 영사 재판권의 폐지 가능성을 배제하는 보고서를 발표했다.[47]

그는 미국의 한 강연에서 중국을 곧 붕괴될 위험이 있는 나라로 묘사했다. "지금 중국 혼란의 이유를 제국주의, 불평등 조약, 영사 재판권, 관세 자주권에 돌릴 수는 없다. 중국은 안정적인 정부를 조직할 능력이 없다"고 강조했다.[48] 『중국유미학생월보』 편집장 자오민헝은 실라스가 중국에게 상처를 주고 그 위에 소금을 뿌렸다고 분개했다. 그는 사설에서 "실라스는 중국을 유람하고 온 많은 미국인과 마찬가지로 특급열차Blue Special를 타고 다니면서 조계租界에 머물다가 돌아와 중국 정치와 경제에 관한 300쪽 짜리 책을 썼다. 그는 중국의 실제 상황을 전혀 모른다"면서 미국 독자들에게 중국의 실제 상황을 설명했다.

중국은 새로운 정부가 탄생한 지 15년밖에 안 된, 세계 국가들 사이에서는 어린 아이와 같다. 더구나 외국의 간섭과 불평등 조약의 방해를 받아왔다. 서구 열강은 온갖 방법으로 혼란을 조장하면서 중국에서 마음대로 활보하려는 구실을 만들었다. 그들은 중국이 안정적인 중앙 정부를 구성할 능력이 없다는 명분을 내세워 불평등 조약과 제국주의적 정책에 대한 폐지를 거부해왔다.[49]

미국에 대한 유학생들의 실망이 커지면서 그동안 중국에 은총을 베푸는 우방으로 생각해온 미국에 대한 배신감은 증폭되었다. 1927년 『중국유미학생월보』 3월호에 자오민형은 「위선적인 미국인」이라는 제목의 사설을 게재하면서 처음으로 미국을 제국주의 국가로 규정했다.[50] 8개월 뒤 발간된 11월호에서는 더욱 큰 분노를 터뜨렸다. 당시 편집장인 천쿠이 陳逵(1925년 네브래스카주립대학 졸업)는 「어리석은 미국의 폭로A Revelation of American Stupidity」라는 글을 실어 미국에서 태어나고 성장한 화교 아이들이 백인 학교에 다니는 것을 금지한 미시시피대법원의 판결을 공격했다.[51] 그 밑에 「문명인의 가면이 폭로되었다」 「가장 큰 승리」라는 제목의 정치 풍자 삽화가 실렸다. 전자는 미시시피대법원과 제국주의를 풍자한 것이고 후자는 5·30 참사를 묘사한 것이다.

천쿠이는 만화 뒤에 「장례의 노래Funeral Chant」라는 시를 썼다.

머리가 잘렸다, 나는 바란다. (…)
폭정에 투항하는 것은 영혼을 참수하는 것이다!
청년의 뜨거운 피가 흐른다. (…)
전국에 가시나무가 가득 자란다. (…)
늑대와 호랑이의 날카로운 이빨에 피가 흥건하다!
자유를 사랑하는 자는 대가를 치르라.

The civilized man's mask is removed!
We see the ferocious beast
That devours men. . . .

〈사진 21〉「문명인의 가면이 폭로되었다」

자료: *The Chinese Student' Monthly*
(November, 1927)

British bullets—
They are fierce. . . .
Let all Chinese die.
A land of slaves shall never be theirs!

〈사진 22〉「가장 큰 승리」

자료: *The Chinese Student' Monthly*(November, 1927)

대장부 기개를 가진 자는 죽어도 여한이 없다.

저 흐르는 피는 민족을 다시 태어나게 할 것이다.[52]

당시는 1927년 가을로, 이미 국민당 북벌군이 난징과 상하이를 함락하고 중국 통일을 앞둔 시점이었다. 『중국유미학생월보』는 국민당에 관한 보도를 대폭 늘렸다. 그에 못지않게 미국의 대응도 빠르고 격렬했다. 『중국유미학생월보』에 광고를 실어왔던 광고주는 "11월호의 논조와 삽화를 보고 우리는 더 이상 광고를 싣지 않기로 결정했다"면서 광고를 중단했다.[53] 미중국학회China Society of America의 비서 J. L. 심프슨은 다음과 같은 경고가 담긴 편지를 보냈다. "귀 잡지의 최근 논조는 중국의 진정한 친구를 잃게 만드는 것이다. (…) 우리 회원은 미국의 기업들이다. 귀 잡지가 우리와 협력하기를 바란다"고 했다. 편지 끝에는 유학생들에게 인종 증오의 불씨가 붙으면 자기 자신까지 태울 수 있다면서 증오를 부추기지 말라며 다음과 같이 경고했다. "많은 미국인과 국회의원은 중국에 우호적이지 않으며 우리는 이를 돌리기 위해 노력 중이다. 인종 증오로 얻을 수 있는 것은 아무것도 없다."[54]

당시 편집자인 자오민헝은 유학생들은 더 이상 미국인의 달콤한 말에 속지 않는다고 답했고[55] 천쿠이는 심프슨이 말한 '인종 증오'에 대해 다음과 같이 반박했다.

우리가 11월호에 실은 내용은 미시시피대법원의 판결에 의해 중국학생이 흑인학교로 등교해야 한다는 판결이다. 우리는 어리석은 판결에 분노를 표했을 뿐이다. 지금 우리가 '인종 증오를 도발'하고 있는가? 우리를 차별하는 그 사람이 '인종 증오를 도발'하고 있지 않는가?

천쿠이는 유학생들이 국가와 개인의 존엄을 자신들의 일자리와 바꾸지 않을 것이라고 심프슨에게 경고했다.

당신들은 중국에 우호적이지 않은 사람들의 생각을 돌리기 위해 노력한다고 했다. 우리는 묻고 싶다. 도대체 얼마나 노력했는가? 미시시피대법원 판결이 중국 학생들에게 모욕을 안겨줬는데 당신들은 우리의 항의조차도 용납할 수 없단 말인가? 우리는 당신들이 '중국 학생들이 미국 회사에서 실습할 기회를 주선해주는' 부분에는 감사하지만, 그렇다고 해서 모든 중국 학생이 미국인에게 노예처럼 허리를 숙여야 하는 것은 아니다. 많은 중국인은 국가와 개인의 존엄을 판 대가로 그러한 도움을 받기를 거부한다.[56]

심프슨의 경고에도 천쿠이는 전혀 물러서지 않았다. 그는 1928년 2월호에 다시 서양 제국주의를 비판하는 삽화를 실었다.

강경한 글과 삽화의 반격에도 불구하고 20세기 초반의 유학생들은 미국에 실망했을지언정 적대시하지 않았다. 물론 더 이상 미국이 중국에게 은총을 베풀었다는 주장을 믿지 않는 이들도 있었다. 앞서 소개했듯이 헌트는 미국에 한 번도 와본 적 없는 중국 사대부들은 이미 미국이 1776년 이래 자유의 전통을 지켜온 국가에서 제국주의 국가로 변했다고 결론지었음을 밝혔다. 그로부터 25년이 지난 시점에 일부 유학생이 이러한 결론에 도달한 것이다. 자오민형도 "오늘날의 미국"은 독립선언문 속의 "옛 미국old America"의 이상을 저버렸다고 말했다. 그러면서도 치료가 불가

374

〈사진 23〉 「중국의 서구 '문명'」
자료: *The Chinese Student' Monthly*(February, 1928)

능한 수준의 친미주의자인 자오민형은 여전히 '옛 미국'에 집착하는 모습을 보였다. 중국은 '옛 미국'으로부터 많은 영향을 받았으며 그것은 현실적인 은혜보다 훨씬 깊은 것이라고 했다.[57]

유학생들은 미시시피주에서 태어나고 성장한 화교 어린 아이들은 인종 격리법으로 흑인학교에 다녀야 한다는 판결에 커다란 굴욕을 느꼈다. 결국 인종과 계층 문제는 유학생들의 자아인식 그리고 미국에 대한 인식의 핵심적인 부분이었음을 말해준다.

인종, 계층, 백인 동경

유학생들은 미국에 있을 때도 귀국 이후에도 미국의 인종 차별 문제를 언급하지 않았다. 물론 차별을 경험하지 못한 사람도 있겠지만 차별을 당하고도 침묵하는 사람들에게 침묵은 부정 또는 억압에 대한 방어 기제일 수 있다. 또한 차별을 목격하고도 못 본 척하기도 했는데 이는 자신을 백인 중산층과 동일시한 산물이다. 중국인에 대한 미국인의 차별 행위는 잘 알려진 사실이다. 1장에서 언급했듯이, 20세기 초반 유학생들은 학생들이 미국에 입국할 때 당한 굴욕적 경험을 전해 들었다. 중남미 안틸레스 제도 거주민을 분석한 프란츠 파농은 그곳 주민들이 "자신이 백인임을 증명하기 위해 프랑스에 갔으나 오히려 그곳에서 자기 정체성을 발견했다"고 분석했듯이, 중국 유학생들 역시 "미국에 오기 전에는 미처 생각하지 못한 문제들에 직면"해야 했다.[58] 이러한 비유는 유학생이 자신을 백인이라거나 백인에 가깝다고 믿었다는 의미가 아니라 백인 미국인들이 타락하고 열등하다고 간주하는 인종에 자신이 포함되었음을 깨닫게 되었음을 의미하는 것이다.

파농이 분석한 안틸레스 사람들은 식민 지배를 받고 있는 사람을 대변하는 것으로, 그들의 "열등감은 자기의 고유한 문화를 잃은 결과"라 할 수 있다.[59] 그러나 중국 유학생들은 찬란한 문명국에서 왔으며 '천조天朝'의 신민이라는 뿌리 깊은 우월의식을 지니고 있었다. 그들과 안틸레스 사람들의 공통점은 새 땅에 도착한 뒤에 비로소 자신이 배척받는 사람이라는 사실을 깨달았다는 점이다. 즉 미국에서 자신을 정의하는 기준은 개인이나 계층이 아닌 인종이라는 사실을 알게 된 것이다. 안틸레스 사람들은 프랑스어를 사용했기 때문에 집단의식 속에 프랑스 문화를 받아들였지만 프랑스인은 이를 인정하지 않았다. 마찬가지로 유학생들은 찬란한 문명, 우월한 계층, 심지어 미국화된 데 자부심마저 느끼고 있었지만 미국인들에게 인정받지 못했다.

믿기지 않는 현실에 풀이 죽은 유학생들은 처음에는 인종 문제가 아닌 계층 문제로 받아들였다. 미국인의 거부감은 중국인은 하층 계급이라는 왜곡된 이미지가 심어졌기 때문이며, 왜곡의 주범은 선교사와 중국 노동자들이라고 판단했다. 1919년 『중국유미학생월보』 편집장을 지낸 양융칭楊永淸(1913년 칭화대학 졸업, 1918년 조지워싱턴대학 법학사, 1919년 석사)은 이와 같이 말했다.

선교사들은 (…) 자기의 선교 목적을 위해 (…) 중국인의 암울하고 병적인 부분을 과도하게 강조한다. (…) 때로는 일부러 자신들에게 익숙한 지방의 상황을 중국 전체의 상황으로 확대 해석한다. 산시山西 지역에서 오랫동안 선교 활동을 한 아더 스미스 박사가 책에 밝힌 내용은 자신이 머물렀던 내륙 낙후 지역의 영향을 크게 받았을 것으로 생각된다. 교육에 종사하는 사람을 제외한 대다수의 선교사는 중국의 상류층 인사와 교류하거나 그들을 이해할 기회가 없었다. 따라서 그들이 묘사하는 중국의 이미지는 실제 상황보다 훨씬 더 암울하다.[60]

양융칭의 말에서 선교사에 대해 유학생들이 느끼는 애증의 감정을 읽을 수 있다. 그들이 보기에 선교사들은 언제나 자기가 처한 상황을 강조하기 위해 농촌, 내륙, 하층민의 황폐하고 비참한 상황을 과장한다는 것이다. 이는 1990년대에 미국에 유학 간 중국 학생들이 서구에서 제작된 중국 다큐멘터리를 감상했을 때 느낀 불쾌함과 비슷하다. 당시 유학생은 대부분 바다 근처에 위치한 대도시에서 왔기 때문에 내륙 농촌은 자기가 알고 있는 중국과 다르며 결코 중국을 대표하는 모습이 아니라고 생각했다. 이처럼 20세기 말의 유학생들도 연해 도시가 중국을 대표한다고 믿었다. 20세기 초반 유학생들이 자신이 속한 '상류층'이 중국을 대표한다고 믿었던 것과 같은 인식이다.

유학생들은 미국인의 차별의식을 유발한 또 다른 원인이 중국인 노동자에게 있다고 생각했다. 『중국유미학생월보』는 초기 몇 년간 중국인 노동자로 인해 생긴 부정적인 이미지에 대한 사설과 글을 계속 실었다. 1910~1911년까지 『중국유미학생월보』 편집장을 지낸 장이아오張履鰲 (1909년 버지니아대학, 1911년 예일대학 법학과 졸업)가 대표적인 필자다. 그는 미국에서 중국을 대표하는 계층은 "대체로 행동이 거칠고 직업도 하찮은 사람들"이며, 그들은 "교육을 받지 못해 천박했다. 물론 성실하고 존경받는 노동자도 있지만 이들이 중국 민족을 대표하는 것은 아니다"라고 했다. 유학생들은 왜곡된 중국인에 대한 이미지를 바꾸기 위해 교육에 나서기도 했지만 미국 전역에 흩어져 있는 수많은 노동자를 교육시키기에는 역부족이었다. 그는 "노동자들의 낙후하고 타락한 모습 때문에 다른 중국인은 영원히 발을 구르며 부끄러움을 느낄 것이다"라고 했다.[61]

유학생들은 국가와 민족의 명예를 만회하기 위해 자기의 인종적 이익을 희생하여 계급적 이익을 얻고자 했다. 그 적합한 사례가 「배화법」에 대한 입장이다. 미국이 중국 민족을 특정하여 배척한 것에 대해 그들은 큰 수치를 느꼈지만 적어도 외교관이나 상인 등은 면책특권 계층이라는 사실에 안도했다. 1장에서 분석했듯, 그들이 이민국에 대해 불만을 느낀 이유는 배화가 아니라 입국 과정에서 자신들을 거칠게 대했기 때문이다.

샌프란시스코에서 태어나고 자란 양화옌楊華燕은 거리낌 없이 중국 노동자에 대한 배척을 지지하기도 했다. 그는 일본인은 미국에서 자유롭게 여행하고 백인 학교를 다니는 데 분개를 표현하면서 미국인에게 "중국인을 상류층과 하류층으로 구분할 것"을 요구했다. 또한 미국 연방대법관 데이비드 브루어의 판결, 즉 "가정이나 국가에 초대하기에 부적절한 손님을 몰아내는 것은 국가의 권리이고 책임이다. 반대로 입국을 원하고 입국 자격을 갖춘 사람을 예의와 존경으로 대하는 것은 의무다"라는 논조를 적극 지지했다.[62]

이 얼마나 적나라한 표현인가! 면책특권 계층에 대해서는 환대해줄 것을 호소하면서 하층 계층인 동포를 배척하는 데 적극 찬성하다니! 그러면서 기회 있을 때마다 자신들이 중국의 지도층이며 애국자라고 자처하는 것은 정말 웃음거리가 아닐 수 없다.『중국유미학생월보』편집자는 어쩔 수 없이 양화옌의 글 뒤에 다음과 같은 편집자주를 붙여야 했다. "잡지는 투고를 환영하지만 투고 내용에 대해서는 책임지지 않는다. 유학생들은 우리 동포나 학생들이 경험한 치욕을 기억해야 하며 차별대우 해결책을 요구해야 한다."[63]

계층의 이익은 확실히 인종의 이익을 초월했다.『중국유미학생월보』가 양화옌의 글 뒤에 편집자주를 붙인 지 몇 달 후 미국 이민국은 새로운 규정을 공포했다. "외교 영사 근무자 또는 그 관계자를 제외한 모든 중국인은 지정한 12개 항구를 통해서만 입국을 허용한다."[64]『중국유미학생월보』는 곧바로 사설을 발표해 이 규정이 불공정, 불필요한 것이며 "중국 학생, 관광객, 상인이 나이아가라 폭포를 관람할 때 캐나다 방향에서 보고 싶다면 폭포 너머 캐나다 국내로 들어갔다 와야 하는데 이민국은 관광 후 돌아오는 이들을 억류할 것인가"라고 물었다. 또 "면책 계층이 모든 항구로 입국 가능하다면 노동자들이 면책 계층으로 위장하는 일이 많아질 것"이라면서 "신분증이나 다른 서류들로 얼마든지 입국이 허용되는 계층인지 증명할 수 있는데 어째서 새로운 조항이 필요한가"라고 물었다.[65]

또 다른 각도에서 「배화법」 폐지를 요구한 글은 유학생이 계층의 이익에 얼마나 집착했는지를 보여준다. 이 글의 필자는 「배화법」이 1880년 양국이 체결한 조약을 위배한 것이라고 주장했다. 즉 미국이 중국인 노동자의 관리와 제한 또는 중단하는 데 이미 중국이 동의했으나 미국이 중국인 이민을 완전히 금지하지 않았다는 것이다. 그는 이민국 관리들이 중국인이라면 면책특권자든 노동자든 가리지 않고 비인도적인 대우를 한다고 비판했다. 그리고 1821~1903년 무렵 전 세계 이민 경향에 비춰볼 때 미국에 온 중국인의 수는 매우 적은 편이며, 미국은 「배화법」 폐지로 중국인의 호감을 얻어야 장차 중국 시장에서 큰 이익을 얻을 것이라고 했다. 더불어 「배화법」을 폐지하더라도 중국 노동자가 물밀듯이 오지는 않을 것이라고 장담했다. 중국은 급속히 현대화가 추진 중이라서 "업종마다 노동자가 필요하기 때문에 자유도 없고 차별하는 먼 나라에 살기 위해 군이 조국을 떠나지 않을 것이다"라는 논리였다.[66]

일반 유학생은 "타락하고 아무 관계도 없는friendless 노동자들"[67]과는 평생 왕래할 일이 없었기에 자신들과 같은 민족으로 여기지 않았다. 더욱이 북방에서 온 유학생들은 대부분 광둥어, 타이산어를 사용하는 노동자와 의사소통조차 어려웠으므로 그들을 원시인화 또는 타자화하기도 어렵지 않았다. 이들은 마치 백인인 것처럼 노동자에 대해 당혹스러운 이야기를 했다. 진하게 표시된 부분에 주의해서 다음 글들을 보자.

업종을 불문하고 중국인 노동자들과 소통하기란 정말 어려운 일이다. 세탁소에 가서 옷을 주고 수요일에 찾을 수 있느냐고 물으면 (…) 그는 "아니요Noor"라고 짤막하게 대답한다. 다시 토요일 저녁은 되냐고 물으면 역시 "예Yeah"라고 단 한마디로 대답할 뿐이다.

목초지를 운전하면서 지나갈 때 일하는 노동자에게 인사를 건네는 것은 기독교인에게 자연스러운 문화일 것이다. 그들은 퉁명한 소리로 대답할 것이다. **"도대체 뭐라는 거야no sabe!"**

분위기 좋은 식당에 가면 주방에 들어가서 혹 (쥐 같은) 동물 **vermin이 없는지 위생 상태를 확인하기 위해** 몇 마디 인사말을 건네면 그는 당신을 똑바로 쳐다보면서 **전혀 알아들을 수 없는 언어로 관리자를 향해** "이 서양 귀신이 뭐라는 거야?"라고 지껄일 것이다. 그런 다음 공손하게 "저 사람이 사장님Him, boss, 그에게 말해요Talk him. 못 알아듣겠어요Me no sabe"라고 할 것이다. 아마도 당신은 화를 참지 못하고 큰 소리로 "이 지나 놈들을 당장 쫓아버려야 해"라고 말할 것이다.[68]

유학생들은 차이나타운은 도저히 갈 곳이 못된다면서 백인의 시선으로 중국 노동자를 멸시했다. 그러나 백인이 이런 식으로 말했다면 그들은 오히려 격렬히 항의했을 것이다.

앞서 자오민헝은 『중국유미학생월보』를 통해 미국인은 위선적인 제국주의자라고 질타한 사람이다. 그러나 그는 잡지에 「그림자 모습Shadow Shapes」이라는 소설을 통해 차이나타운을 묘사했다. 주인공 토미 리는 비 내리는 저녁에 뉴욕의 차이나타운을 찾았는데, 마치 '호기심 많은 관광객'이나 백인 관광객인 양 더럽고 이국적인 분위기에 질려버리고 말았다. 그는 그곳을 "어둡고 더러운 거리, 지저분한 가게의 희미한 불빛"으로 묘사하거나 "중국인들은 비틀거리는 걸음으로 어둠 속에서 흐물흐물 움직이고 있었다"고 설명했다. 또한 공기는 "답답하고 탁했으며 생선 비린내, 쓰레기로 가득 차 도저히 숨을 쉴 수가 없었다"거나 "무표정한 사람들이 벽 옆의 등불 아래 앉아서 천천히 물담배를 피우고 있었다"는 묘사도 가득하다. 그는 서둘러 차이나타운을 빠져나왔지만 밀려드는 수치심과 역겨움을 떨치지 못한다. "자신의 존엄을 위해, 미국인이 자기 민족에 대해 잘못된 인상을 가지지 않도록 하기 위해, 중국인 스스로 이 지역을 지도에서 지워버릴 수는 없을까?" 주인공은 마치 백인 관광객처럼 자신이 오염되었다는 느낌을 받았으며 "외투에 진한 아편 냄새가 배었다"면서 불쾌함을 표했다.[69]

1927년까지도 일부 유학생은 여전히 차가운 시선으로 중국 노동자들을 묘사했다. 훗날 사회학자가 된 장사오웨이張少微는 9월 29일 로스앤젤레스에 도착했다. 그가 상하이의 『여행잡지旅行雜誌』에 게재한 글에는 입국 당시의 굴욕적 경험 외에 함께 승선했던 광둥 출신 노동자 60여 명에 대한 불편한 마음이 담겨 있다. 아마도 일본 배를 탄 모양인지 승객 중 2/3가 일본 사람이고 4명의 중국 유학생은 2등 선실을 이용했는데, 신체검사를 기다리는 동안 '2, 3등 선실에 숙박한 중국인은 반드시 항문검사와 전신 소독을 받는다'는 생각에 사로잡혀 감옥만도 못한 '에인절 아일랜드'의 작은 방으로 보내질까 두려움에 떨었다고 했다. 의무관은 그를 한번 살펴본 뒤 통과시켰다.

사실 이성적으로 생각하면 충분히 예상할 수 있었다. 미국 의사는 단정한 중국 청년들의 옷을 벗긴 뒤 항문 검사를 하지 않을 것이기 때문이었다. 안타깝게도 귀국한 유학생들은 앞 다투어 이런 내용을 대서특필하며 떠들어댄다. 따라서 유학을 준비하는 국내 청년들은 남들 앞에 발가벗겨진 채 검사받을까 하는 두려움에 발을 구를 수밖에 없다.

장사오웨이는 이날 3등석에 탑승한 60여 명의 광둥 노동자들도 무사히 통과되었다면서, 이날은 예외적으로 운이 좋았던 것 같다고 술회했다. 그는 여권을 검사하는 2명의 이민국 관리(한 명은 백인이고 다른 한 명은 광둥인) 가운데 백인 관리와 나눈 대화를 소개했다.

관리는 몇 마디 물었다. 유학 경비는 어떻게 조달할지 물었을 때 매년 집에서 1500달러를 보내줄 것이라고 대답하자, 그 관리는 익살스럽게 "오, 너희는 모두 부자구나! 우리 엄마는 1년에 겨우 15페니밖에 못 주거든!Oh, you are rich indeed! See, my mother only can give me fifteen pennies a year!"이라고 답했다. 매우 우호적이었고 황인종이라고 멸시하지도 않았다.

그러나 같은 배를 탔던 노동자에 관한 화제로 옮겨지자 논조가 달라졌다.

60여 명의 노동자는 대부분 등이 굽고 비실비실했다. 내가 보기에도 불편한데 백인들이 그들을 무시하는 게 당연한 것 같다. 광둥인은 중국인 중에서도 가장 모험심이 강하고 거칠며 참을성이 많다. 어느 나라든 그들이 없는 곳은 없다. 그러나 거칠고 무식해서 진짜 중국을 대표하는 사람들에게 많은 피해를 준다.[70]

유학생들은 중국 노동자들과 거리를 두고 타자화하지만 그가 "진짜 중국을 대표하는 사람들에게 많은 피해를 준다"고 말한 이유는 간단하다. 유학생이라는 계급 지위는 미국인에게 인종의 정체성을 대표할 수 없기 때문이다. 식견 있는 유학생들은 중국인에 대한 차별을 없애려면 차이나타운을 개선해야 한다고 주장하기도 했지만 이 문제에 관심을 보이는 유학생은 많지 않았다. 무관심과는 별개로 광둥어나 타이산 말을 구사할 줄 아는 이도 거의 없었다. 1910년 하버드대학과 MIT에 다니는 중국 유학생들은 보스턴사회복지협회the General Welfare Association of Bosten를 결성하고 보스턴 내 차이나타운에 주일 학교를 열었다. 처음에는 학생 60명으로 시작해 빠르게 93명까지 늘었다. 이 경우에는 6명의 중국어 교사 중 단 1명만 광둥어를 할 줄 몰랐다.[71] 이 실험은 곧 전미중국유학생연합회로 이어져 사회복지위원회the General Welfare Committee를 중심으로 차이나타운에서 다양한 활동을 전개했으며, 1918년 12월 연합회 회장은 회원에게 적극적인 참여를 호소했다.[72] 보스턴, 뉴욕, 필라델피아, 뉴헤븐, 피츠버그 등 지역을 넓히면서 나름의 성과를 거두긴 했지만 오래 지속되지는 못했다. 뉴욕 차이나타운의 주말반은 2년도 안 되어 중단되었다.[73] 엘리트주의가 강한 유학생들은 이런 봉사에 관심이 없었기 때문이다. 아이러니하게도 유학생활을 하는 동안 그들이 보고 들었던 중국인 노동자 이야기는 귀국 후에 그들을 더욱 편견이 강한 엘리트주의로 이끌었다.

중국 노동자에 대한 유학생들의 이러한 태도는 계층과 인종 문제가 혼합된 결과였다. 안틸레스 사람들이 자신을 흑인으로 인정할 수 없었던 것처럼 많은 유학생은 자신을 중산층 백인과 같은 신분으로 생각했고, 그로 인해 남아메리카나 동유럽에서 온 이민자들까지 경시했다. 1909~1909년 『중국유미학생월보』의 편집장 왕징춘은 「배화법」 폐지를 호소하면서 이렇게 말했다.

> 중국인은 세탁소를 열어 미국인에게 깨끗한 옷을 제공한 대가로 살아가거나 식당에서 노동력을 제공한다. 유럽인은 술집을 열어 큰돈을 벌지만 미국인을 지저분하게 만든다. 다고Dago(이탈리아 이민자를 비하하는 용어)는 아코디언을 메고 거리를 돌며 음악으로 돈을 번다. 이탈리아, 헝가리 사람들은 길거리에 주저앉아 더러운 모자를 쓰고 딱딱한 빵을 먹고 있다. 이 나라에서 가장 가난한 세탁소 노동자들이 무엇을 먹고 사는지 아는 사람은 많지 않을 것이다. 그저 흰밥 위에 장아찌뿐이다.[74]

백인이 주도하는 인종 사회에서 유학생은 가장 아래층에 있는 흑인을 원시적이며 무서운 존재로 여겼다. 궈빙원(1909년 『중국유미학생월보』 편집장, 1911년 전미중국유학생연합회 회장, 훗날 둥난대학 총장, 뉴욕 화미협진사 사장 역임)은 1910년 3월 사설에서 이렇게 말했다.

> 중국인과 흑인은 완전히 다른 종족이다. 반드시 완전히 다른 시각으로 보아야 한다. 흑인은 노예로 수갑을 차고 왔지만 중국인은 조약국 국민으로 왔다. 흑인은 500달러에 팔려왔지만 중국인은 돈에 팔려오지 않았다. 흑인은 교화를 거치지 않았고 학교에 다닐 자격도 없지만 중국은 4000년 역사의 문명을 가지고 있다. 그러나 흑인

은 투표할 수 있는데 중국인은 입국하기도 어렵다. 미국은 여러 이유로 흑인을 두려워하지만 중국인에 대해서는 우려할 게 없다.[75]

유학생 사이에서 흑인에 대한 편견은 모든 인종과 계층에 대한 차별 중 가장 심하고 보편적이었다. 주미 공사관에서 근무하던 왕이즈王一之는 『미국 관찰기旅美觀察談』를 썼는데, 한자어로 '美國'이라 표기하는 것에 백인의 아름다움을 연관 지어 찬미하는 반면 흑인黑人에 대해서는 "검은 얼굴의 노예'로 표현했다.

북아메리카 공화국 (…) 우리는 '美'로 번역한다. 미국에 와보지 않은 사람은 그 묘함을 이해하지 못한다. 아메리카는 추악한 검은 얼굴의 노예라는 다른 문명국가에서는 볼 수 없는 면을 가지고 있다. 검은 노예의 특징은 추악함이다. 피부색이 검다는 것만이 아니다. 열대 민족은 피부색은 검지만 외모는 단정하고 아름답다. 미국 사람들은 이 추악한 무리들이 모두 천박하고 노예 같다는 불가사의한 편견을 가지고 있다. 용모가 단정하고 흰 피부를 가진 사람은 하늘이 내린 귀한 존재라고 생각한다. 미추는 본래 상대적인 것인데, 신대륙은 검은 노예로 인해 추악했지만 북미 48개 주는 백인들로 인해 '아름다운 백성美民'이라고 부른다. '미'자로 나라 이름을 붙인 것은 하늘이 창조했다는 의미를 담고 있어 언어학자가 아니더라도 그 묘함을 알 수 있을 것이다.[76]

1926년에 쉬정컹徐正鏗(1920년 코넬대학 석사)이 쓴 『유미채풍록留美採風錄』은 당시 많은 유학 준비생의 필독서였다. 그 역시 흑인을 "검은 얼굴의 노예"라고 호칭하면서 흑인 외모와 습성을 극단적인 묘사로 폄하했으며 영화나 드라마에서 흑인의 발음과 행동거지는 백인들의 조롱거리라고 했다.

흑인은 백인의 동화를 받았지만 흉포한 습성을 버리지 못했다. 그들은 백인에 비해 게으르고 더럽다. 음란하며 흉포한 것은 교육을 잘 받지 못한 까닭이다. 그들은 하얀 백인 여성의 피부를 기이할 정도로 좋아하는 나머지 늦은 밤 숲속에서 백인 부녀자를 위협하여 폭행하고 죽이기도 한다. 잡히면 엄한 형벌에 처해지는 뉴스를 자주 볼 수 있다.

흑인들은 수백 년 동화 과정을 거쳤지만 발음은 여전히 괴성에 가까워 백인들의 웃음을 자아낸다. (…) 영화나 극장에서 코미디언들은 흑인의 아둔함을 우스꽝스럽게 묘사해서 웃음을 이끌어낸다. 흑인은 식사나 술자리의 여담에서 빠질 수 없는 농담거리다.[77]

유학생들은 백인 중산층이 진정한 '아름다운美' 나라의 대표자라고 생각했고, 자신들은 이러한 인종 사회의 하층에 속해 있으면서 백인 중산층과 동등해지고자 하는 실현 불가능한 희망을 품었다. 자신은 미국인에게 차별받지 않는다는 듯이 행동했지만 냉철한 시선을 지닌 일부 유학생은 차별받는 현실을 깨닫고 있었다. 백인 중산층을 상징하는 것은 바로 교회였다. 1927년 『중국유미학생월보』 편집장 출신 천쿠이는 다음과 같이 교회의 위선을 풍자했다.

교회, 교회, 미국 어디에나 교회가 있다. 아! 미국!
그러나 내게 기독교는 보이지 않는다!
심지어 해방자(링컨)[78]의 이름을 딴 마을에서도
흑인 학생들은 식당에서 밥을 먹을 수 없다. (…)

아침에 목사님이 설교하시길
"인류의 모든 종족을 하나의 혈통으로 만드사"(사도행전 17장 26절)
오후에 수영장에 갔더니
그분이: "지나인은 들어갈 수 없다!"고 말한다.[79]

천쿠이는 이 시에서 중국인과 흑인 모두 인종 차별의 피해자라고 했다. '바이白'이라는 필명을 사용한 그의 또 다른 수필에서도 중산층 백인의 위선을 고발했다. 이야기에 등장하는 톈페이린田沛林과 헨리 양은 친구 사이이며, 헨리 양의 아버지는 톈페이린이 처음 미국에 왔을 때 다니던 교회의 목사였다. 헨리 양은 아버지의 교회에서 열리는 크리스마스 예배에 톈페이린을 초대했다. 그가 교회에 도착했을 때 백인처럼 보이는 한 남자가 교회에 들어가려 하자 헨리 목사가 막아서며 "흑인들이 다니는 교회는 따로 있습니다. 북쪽으로 가면 볼 수 있습니다"라고 했다. 톈페이린은 이상하게 여기고 그 남자를 쫓아가서 물었다. "백인처럼 보이는데 왜 흑인이라고 하는가요?" 그 남자는 "피부는 하얗지만 피의 1/8은 흑인입니다"라고 대답한 뒤 톈페이린에게 일본인이냐고 물었다. 두 사람은 악수를 나누면서 피부와 외모로 잘못 판단한 것에 대해 서로 사과했다. 새 학기가 되어 톈페이린이 헨리 양에게 크리스마스에 교회에 가지 못해 미안하다고 하자 그녀는 아버지로부터 그가 교회 문 앞까지 왔다는 얘기를

미국의 길버트 롤런드들
중국의 헬리트들

들었다고 했다. 이에 텐페이린이 그날 있었던 일을 설명하자 미스 헨리는 수치심에 얼굴이 붉어졌다.

또 다른 이야기에서 텐페이린은 길거리에서 100달러짜리 시계를 도둑맞았다. 다음 날 경찰서에 신고를 하려던 그는 중국 산둥성 린청臨城에서 백인 승객이 강도를 당했다는 신문기사를 읽었다. 그는 신고를 하러 경찰서에 가면 오히려 고소하다는 말을 들을까봐 그냥 재수가 없었다고 여기고 넘어가려 했다. 수업이 끝난 뒤 헨리 양을 만났는데 그녀가 산둥 사건을 어떻게 생각하는지 짐작할 수 있었다. "헨리 양, 미국이 군함을 보내 중국을 혼내줘야 한다고 생각하죠?"라고 물었다. 그녀는 얼굴을 붉히며 그렇다고 했다. 텐페이린이 전날 자기가 당한 일을 들려주자 헨리 양은 사과하면서 군함을 보내 중국을 혼내줘야 한다는 생각은 잘못된 것이라고 시인했다. 미국 언론은 연일 린청 사건을 대서특필하고 있었다. 텐페이린이 길을 걸어갈 때 많은 사람이 그를 향해 "지나인!" "지나 물건!" "지나인 존!"이라고 욕을 했으며 어떤 아이는 돌을 던지기도 했다. 이야기 끝에는 이렇게 적혀 있다.

텐페이린은 중국에 있을 때 기독교인이었다. 그는 성실하고 모범적인 신도였지만 애국심과는 거리가 멀었다. 그러나 기독교 정신으로 건설된 미국에 오고 난 뒤로 그는 점차 중국인이 되어갔다. 그가 점차 중국인으로 변했다는 것은 이미 모범적인 신도가 아니라는 의미였다.

중국에서 텐페이린은 외국인洋人이었다!
그는 외국에 와서 비로소 중국인이 되었다![80]

미국에 대한 막연한 동경과 환상에서 깨어난 일부 남자 유학생은 미국에 대한 애정을 백인 여성을 향해 돌렸다. 백인 여성은 그들에게 편견과 인종 차별을 넘어서는 상징으로, 아름다움과 순결함 그리고 관능미까지 갖춘 이상이었다. 자오민헝은 이러한 생각을 시로 표현했다.

그녀가 나타났다,
나는 사랑하고 싶지 않다.
나는 생각하고 싶지 않지만.
그러나 나는 생각한다. 생각한다.

자유분방한 여자, 그녀.
수수께끼, 그녀.
나는 내가 그녀를 원망하는 줄 알았다.[81]

이러한 백인 여성에 대한 미련은 실현 불가능한 환상이었다. 미국은 1860~1960년대까지 47개 주에서 「백인-비백인 혼인 및 출산금지법」을 시행했고, 그중 14개 주에서는 아시아인(중국, 일본, 한국)이 대상이었다.[82] '백인종의 순결'을 지키기 위해 동질혼homogamous, 즉 종교·계층·교육·인종적으로 자기가 속한 사회 내에서만 배우자를 선택하라는 것으로, 미국에서만 시행된 법은 아니었다. 결혼과 경제가 연결되었고 성별이 다르면 결과도 달랐다. 최근까지만 해도 "남자의 사회적 지위는 그의 가족 혹은 개인 생활보다는 공공 영역에서의 신분, 경제력으로 결정되었다. 자신보다 사회적 지위가 낮은 여성과 결혼하는 것은 퇴보일 수 있지만 극히심한 정도에 이르지는 않았다. 그러나 여자의 경우 전적으로 남편에 의해 사회적 지위가 결정된다는 점에서 매우 중요하다."[83]

　20세기 초반, 미국에서는 중국 남성과 결혼하는 미국 여성에게 재난 과도 같은 법률이 제정되었다. 1907년 미국 여성이 외국인과 결혼하면 반 드시 남편의 국적을 따르도록 하는 「국적 이탈법Expatriation Act」이 통과 된 것이다. 그러나 1922년 통과된 「케이블 법」(「결혼 여성의 독립국적법the Married Women's Independent Citizenship Act」)은 대다수 미국에서 결혼한 여성에 게 결혼 이전의 국적을 갖도록 보류해주거나 그녀가 외국인이면 미국으 로 귀화를 신청할 수 있도록 했다.[84] 그러나 인종은 결혼한 여성이 귀화 를 신청할 수 있는 중요한 조건으로, 기혼 여성이 귀화를 신청하거나 미 국 국적을 유지하기 위해서는 남편의 귀화 자격 여부가 중요한 결정 요건 이었다. 만약 남편이 귀화 자격을 갖추지 못했다면 아내도 귀화할 수 없 었다. 아내는 원래 미국 시민이지만 귀화 자격이 없는 남자와 결혼했다 면 그녀는 혼인 관계가 종료될 때까지 미국 국적이 상실된다. 인종을 귀 화의 조건으로 정한 이 법률은 심각한 후유증을 일으켰다. 즉 미국에서 태어나 성장한 유색인종(흑인은 제외) 여성은 영원히 미국인이 아닌 채 살 아야 했다. 미국에서 태어나 성장했지만 법률에 의해 배척된 미국 여성은 백인·흑인이 아닌 귀화 자격이 없는 외국인과 결혼하면 영원히 역시 미 국 국적을 잃었다. 귀화할 자격이 없는 외국인과 결혼한 백인 및 흑인 여 성은 이혼 또는 남편이 사망한 후 다시 귀화를 신청할 수 있으나, 다른 유색인종 여성은 이 자격조건에 해당되지 않았다. 따라서 유색인종 여성 이 귀화 자격이 없는 외국인과 결혼하면 영원히 귀화를 신청할 수 없게 되는 것이다. 1924년 새로운 이민법이 통과된 후 상황은 더욱 심각해졌 다. 귀화 자격이 없는 외국인과 결혼한 여성이 미국을 떠난 경우 다시 미 국(그녀가 태어나고 성장한 나라)에 들어올 수 없었다 1931년 3월 1일 「케이블 법」 수정안이 통과함으로써 인종을 기준으로 하는 법률은 폐기되었다. 이후 그 밖의 유색인종 여성에 대한 차별 법률을 대체하는 후속 법안이 제정되면서 1934년 비로소 유색인종 여성의 국적 문제는 외국인과의 결혼 여부와 완전히 분리되었고, 아시아계 미국 여성은 자신의 독립적 시민권을 회복할 수 있었다.[85] 미국 이민국에는 자신이 태어나고 성장한 나라에 돌아오지 못한 아시아계 여성에 관한 자료가 많이 보관되어 있는데, 1907~1931년 기간에 미국 유학생과 결혼한 화교 여성들은 남편을 따라서 한 번도 가본 적이 없는 나라로 '돌아가야歸國' 했다.

미국인과 사귀는 유학생들에게 「백인-비백인 혼인 및 출산금지법」은 커다란 장애물이었다. 그러나 진짜 장애물은 사람들의 뇌리에 박힌 인종 차별의식으로, 중국 유학생이 백인 여성과 연애해서 결혼까지 이르는 경우는 극히 드물었다. 백인 남자와 결혼한 여자 유학생은 더욱 적었다. 백인 여성과 결혼한 유학생 가운데 자료를 찾아볼 수 있는 것은 황톈푸黃添富, Tiam Hock Franking와 메이 먼로 왓킨스Mae Munro Watkins 두 명뿐이었다.[86] 둘 외에도 다른 케이스가 있겠지만 자료가 충분하지 않다.[87] 많은 사람의 호기심을 자극했던 후스와 클리포드 윌리엄스의 로맨스는 후스가 1927년 귀국하기 전까지는 플라토닉한 관계였다. 1927년 후스가 신문화 운동의 선구자가 되어 금의환향한 뒤부터 둘 사이는 은밀한 연인 관계로 발전했고, 윌리엄스의 모친이 사망하고 1년이 지난 1933년 후스가 다시 미국을 방문하면서 비로소 둘은 진정한 연인이 될 수 있었다.[88]

정룽진鄭容金, Flora Belle Jan은 1906년 캘리포니아주의 프레즈노에서 태어나 성장한 화교로, 전형적인 여자 유학생은 아니었다. 아시아계 미국인 연구자 주디 융Judy Yung이 '자유분방한 여성flappers'으로 묘사한 그녀는 한 중국 남자 유학생과 결혼하여 베이징으로 갔으나 적응하지 못하고

1949년 다시 미국으로 돌아왔다.[89] 백인 문화권에서 성장한 그녀는 뛰어난 문장력과 예리한 관찰력을 지니고 있었으며 『중국유미학생월보』에 「이식된 꽃, 피어나다Transplanted Flower Blossoms」라는 단편소설을 발표했다. 주인공 아메이阿梅(아마도 본인)의 부모는 상하이에서 온 이민자로 샌프란시스코의 차이나타운에 정착했다. 아메이는 요리사인 아버지, 봉제공장에서 일하는 어머니와 살면서 문화적 차이로 인해 자주 충돌했다. 보수적인 부모는 그녀가 초등학교를 졸업한 뒤 집안일을 배우기를 원했지만 그녀는 고등학교까지 다니겠다고 주장했고, 고등학교를 졸업할 무렵 부모는 그녀를 결혼시키려 했으며 청혼을 받기도 했으나 대학 진학을 원하는 그녀의 고집을 꺾을 수 없었다.

대학에 들어가자 소설 제목대로 '옮겨 심은 꽃'이 피어나는 시점이 되었다. 그녀는 새 학기 첫날 만난 갈색 눈동자에 밤색 머리의 매력적인 남학생 지미 힐튼에게 반해 사귀기 시작했지만 백인과 중국인의 연애는 금기시되었기 때문에 남의 눈을 피해야 했다. 어느 날 동아리 회원들의 눈에 띄자 지미는 "같은 반 친구인데 화학을 잘 못해서 교수님 부탁으로 공부를 도와주고 있어"라고 둘러댔다. 그러나 둘의 관계가 소문이 나면서 양쪽 부모의 귀에까지 들어갔다. 아메이의 마음은 흔들리지 않았지만 지미의 입장은 달랐다. 소식을 들은 지미의 부모가 오리건에서 달려와 아들을 집으로 데려가려 했다. 비밀 데이트 장소에서 아메이를 만난 지미는 아버지가 많이 아프셔서 돌아가야 한다는 거짓 핑계를 대고 작별인사를 나누면서 다시 보지는 못하겠지만 자신의 영원한 '동양의 연인'으로 기억하겠다고 했다. 지미가 떠난 뒤 한참 눈물을 흘리던 아메이가 밖으로 나왔을 때 잘 차려입는 중년 부인과 함께 걸어오는 지미와 마주쳤는데 지미는 눈을 피한 채 모른 척 지나쳤다. 아메이는 찢어지는 심정으로 허탈

하게 기숙사로 돌아갔다.[90]

여름 방학이 되자 아메이는 아르바이트 일자리를 구했고, 그곳에서 지미처럼 밤색 머리의 미남 청년인 마든을 만났다. 얼마 후 그는 아메이를 중국 식당에 초대했다. 식당에서 우연히 회사의 교환원을 만났는데 아메이는 눈인사를 했으나 마든은 모른 체했다. 다음날 교환원은 마든이 돈 많은 여자와 결혼했다는 사실을 아메이에게 알려주었고, 크게 놀란 아메이는 더 이상 마든을 만나지 않으려 하지만 그는 끊임없이 치근덕거렸다. 어느 날 아메이는 회사에 찾아온 마든의 부인과 마주쳤다. 아메이는 부인을 마든의 사무실로 안내했고, 두 사람의 관계는 자연히 정리되었다.

가을 학기에 아메이는 중국 학생회 모임에서 열정적으로 발표하는 청년 랑투오朗拓, Lang-Toa의 모습에 마음이 끌렸다. 그와 가까워지고 싶었던 차에 천문학 수업을 함께 듣게 되자 그녀는 기뻐했다. 하지만 강의실 뒷자리에서 그가 금발의 도로시와 귓속말을 나누는 것을 본 아메이는 분노로 얼굴을 붉히며 "정말 짜증나네! 넌 네가 누군지 잊은 거야?"라고 외쳤다. 자신도 푸른 눈의 플레이보이와 교제한 경험이 있었기에 랑투오가 자기도 모르게 파멸의 길로 들어섰다고 생각한 것이다. 얼마 후 랑투오와 도로시는 협곡으로 데이트를 갔다가 교통사고를 당했고 랑투오는 부상으로 병원에 입원하게 되었다. 이 사건은 "미국 상속녀, 중국 애인과 교통사고를 당하다"라는 제목의 스캔들 기사로 신문에 실렸고, 도로시는 "전혀 모르는 사람에게 유괴를 당해 끌려갔다"며 끝까지 사실을 부인했다.

아메이와 랑투오는 백인 연인에게 배신당하고 나서 비로소 자기가 속한 인종을 깨달았으며, 배신당한 뒤에야 서로에게서 인종의 존엄성과 단결의 의미를 알 수 있었다. 아메이는 병원에 있는 랑투오에게 강의 내용을 전해달라는 천문학 교수의 부탁으로 병실을 찾았다. 그는 침대에서 키플링의 시를 읽고 있었다. "동양은 동양, 서양은 서양…"이라는 구절에 이르자 그는 아메이를 향해 "과학자들은 흰 피부에 금발인 동물이 멸종되고 있는 중이래. 검은 머리의 인종은 무적이야"라면서 자신을 동정하지 말아달라고 했다. 랑투오가 퇴원 후 학교로 돌아왔을 때 아메이는 보이지 않았다. 아메이가 병원까지 남자를 찾아갔다는 소문을 들은 그녀의 어머니가 외출을 금지시킨 것이다. 그는 아메이의 집으로 찾아갔고 아메이의 어머니에게 인사를 드렸다.

이 이야기는 백인 연인들에게 배신당한 두 남녀가 결국은 자기가 속한 사회에서 반려자를 찾기까지의 여정을 그리고 있다.[91]

두 번째 연애 소설의 저자는 자오민헝이다. 그는 '무명씨Anonymous'라는 필명으로 8차례에 걸쳐 「그림자 모습: 한 미국 유학생의 회고록Shadow Shapes: Memoirs of a Chinese Student in America」을 연재했다.[92] 복잡한 전개와 드라마틱한 러브 스토리의 이 소설은 「이식된 꽃, 피어나다」처럼 인종 차별로 인해 순수한 사랑이 파괴되는 내용으로, 상하이에서 온 토머스 리와 백인 여성의 이야기를 그리고 있다.

이야기는 토미Thomas(Tommy)가 상하이에 있을 때로부터 시작된다. 원래 그는 "이 세상에서 동서양의 결합은 불가능하다. 만날 수는 있지만 절대 함께할 수는 없다. (…) 그들은 낯선 사람들처럼 서로 이해할 수 없을 뿐더러 서로에게 흥미를 느낄 수도 없을 것이다"라고 생각하는 남자였다.[93] 그런 토미는 미국에 도착하자마자 위선적인 인종 차별의 현실에 직면했다. 시애틀의 이발소에 들어갔을 때 주인으로부터 "거리 모서리에 유색인종 이발소가 있습니다"라는 정중한 출입 거부를 당한 것이다.[94]

토미의 첫 대학은 콜로라도칼리지였고, 그가 묵고 있는 콜로라도스프링스의 하숙집에 요양차 뉴욕에서 온 에드나 그리피스를 처음 만났다. 날

씩씩하고 세련된 이 뉴욕 아가씨는 아일랜드 혈통의 가톨릭 신자였으며 현모양처를 자신의 소명으로 여기고 있었다. 토미는 그녀에게 한눈에 반했지만 자기 안의 전통적인 고정관념은 그녀가 남자친구와 사귄 적 있는 여성이라는 사실을 받아들이지 못하게 했다. 그러나 날이 갈수록 그녀가 여신처럼 우아하고 순결하다는 것을 느낄 수 있었다.[95]

콜로라도칼리지를 졸업한 토미는 미주리대학으로 옮겨 신문학을 전공하게 되었다. 그는 에드나에게 사랑을 맹세하면서 미주리대학에서 1년 간 공부한 다음 뉴욕 컬럼비아대학으로 진학하게 되면 결혼하기로 약속했다. 그러나 똑똑하고 문학적 재능도 뛰어난 토미에게 호감을 보이는 백인 여학생이 많았고, 로잘리도 그중의 한 명이었다. 토미는 갈색 머리칼을 가진 아름다운 헬렌에게 마음을 빼앗겼다. 자신에겐 여자 친구가 있다고 밝혔지만 봄이 되었을 때 이미 둘은 떨어질 수 없는 사이가 되어, 봄방학 동안 헬렌은 부모의 반대에도 불구하고 학교에 남아 토미와 함께 지냈다. 헬렌은 그에게 사랑을 고백했지만 토미는 자기는 여전히 에드나를 사랑하고 있다고 했다. 상심에 빠진 헬렌은 고향으로 돌아갔고 한 달 후 다른 남자와 결혼했다. 미주리대학에서 1년을 채우기도 전에 토미는 다시 미모의 발레리나 에이다와 사귀었다.

토미가 미주리대학에서 여러 백인 여성을 사귄 까닭은 물론 그들의 매력에 이끌렸기 때문이기도 하지만 자신에 대한 에드나의 사랑을 확신할 수 없었기 때문이다. 과연 그녀는 숱한 인종 차별을 이겨낼 수 있을 만큼 자신을 사랑할까? 가장 큰 문제는 양가집 처녀가 공공장소에서 일하는 것을 바람직하지 않게 여기는 전통적인 사대부 집안의 편견이 자신에게 있다는 사실이다. 그는 호텔 교환원으로 근무하는 에드나가 직장에서 다른 남자들과 시시덕거리는 건 아닌지 의심했다.

떨어져 있는 1년 동안 두 사람은 계속 연락을 유지했다. 토미가 미주리대학에서 1년을 보냈을 무렵 에드나가 학교 근처 덴버로 왔고, 토미와 에드나는 덴버에서 즐거운 여름을 보냈다. 여름이 지난 후 토미는 신문학 공부를 계속하기 위해 뉴욕의 컬럼비아대학으로 진학했다. 둘은 1년 뒤에 결혼하기로 약속했으나 에드나 부모의 반대에 부딪쳤다. 에드나 아버지는 뉴욕역에서 토미를 만났을 때 이렇게 말했다. "이 결혼은 절대 안 되네. 자네에 대한 편견은 없네. (…) 정말 모르겠는가? 자네는 지나인이고 에드나는 미국인이야"라며 단호히 결혼을 반대했다.[96]

토미는 에드나가 모든 것을 버리고 자신에게 온다면 그녀를 데리고 중국으로 돌아갈 생각으로 자신이 실습 중인 통신사에 중국 특파원으로 보내달라고 부탁했다. 상사는 긍정적인 의사를 표했지만 결혼 문제가 얽혀 있다는 사정을 털어놓자 태도를 바꿔 없었던 얘기로 하겠다고 했다. 최후의 일격은 에드나였다. 부모의 강력한 반대에 굴복한 그녀는 토미에게 뉴욕의 부모에게 돌아가겠다는 이별 편지를 보냈다. 토미는 상심한 나머지 미국인들이 떠들어대는 '정의'가 얼마나 위선적인 것인지, 그리고 '금전, 권력, 차별'이 미국 사회를 지탱하는 강력한 '삼위일체'라는 사실을 비로소 깨달았다.[97]

「그림자 모습」은 허구일 수도 자전적 소설일 수도 있다. 주인공 토미는 자오민형의 영어 이름인데다 학교와 전공도 완전히 일치했다. 실제로 자오민형은 1924년 콜로라도칼리지에서 영문학 학사, 1925년 미주리대학에서 신문학 학사, 1926년 컬럼비아대학에서 석사 학위를 취득했다. 어쨌든 이 소설은 당시 극소수의 중국 유학생이 인종의 한계를 넘어선 사랑을 소재로 하여 상상을 더한 작품이라는 사실을 말해준다.

자오민형은 재주가 많았고 중국어와 영어 모두 글재주가 뛰어난 인물로, 『중국유미학생월보』 편집장을 지낼 때 소설 「그림자 모습」 외에 미국의 정치, 외교, 대중국 정책, 중국인에 대한 차별 등을 조명한 여러 글을 발표했다. 귀국한 후에도 언론계에 종사하면서 난징 지부 로이터 통신 사장을 지냈다.

다른 유학생과 마찬가지로 자오민형은 소설 속 토미를 통해 미국인이 중국인을 차별하는 것은 중국 상류층을 접해보지 못했기 때문이라 주장했다. 그는 에드나의 입을 빌려 "그들이 본 것은 세탁소 일꾼과 식당의 요리사뿐이며, 신문에서 읽은 것은 집단 싸움이나 아편에 관한 소식뿐이다. 교육 받은 상류층 중국인들은 만나본 적이 없다"고 말했다.[98]

자오민형은 소설 속 에드나가 토미를 사랑하는 대목을 보여줌으로써 중국인이 계층을 내세워 인종적 열세를 만회할 수 있음을 드러내려 했다. 더 중요한 것은 백인 여성이 그가 인정하는 중산층의 대표라는 것이다. 그러나 그 역시 백인 여성을 사랑하기를 두려워했다. 「그림자 모습」에서 "미국 여성의 솔직함과 물질주의는 너무 세속적이다"라고 했고,[99] 컬럼비아대학에 간 후에 만난 뉴욕 여성들에 대해서는 "반려자로서는 부족하다. 평등을 이야기하기에도 부족하다"고 했다. 뉴욕 여성들은 아름답지만 "물질만능주의, 사치, 급한 성격 (…) 아름다운 긴 다리, 매혹적인 무릎을 보여주며 남자를 유혹하기 위해 이루 말할 수 없는 어리석은 짓을 한다"며 불평했다.[100]

그러나 백인 여성의 솔직함과 노출은 토미에게 거부할 수 없는 매력으로 다가왔으며, "중국 여성은 대부분 표정이 없거나 속으로 생각할 뿐"이라면서 불평을 내뱉기도 했다. 자신이 상하이에서 입에 달고 살았던 키플링의 "동양은 동양, 서양은 서양…" 운운한 것은 결국 허세였을 뿐이다. 그는 백인 여성들에게서 동서양의 결합이 가능하다는 사실을 발견하고 기뻐했다. 여신과 같은 에드나는 "인생과 애정에 대해 온순하고 아름다운 생각을 갖고 있는" 여성이며, 미주리대학에서 만난 헬렌은 "함축적인 행동과 언사"를 지닌 여성으로 "중국 사회의 고지식하고 절제된 분위기"의 관습과 비교할 때 잘 맞는 면이 있다고 판단했다.[101]

동서양의 결합이라는 이상을 남자 유학생들은 백인 여성에게서 찾으려 했고 여자 유학생은 백인 남성에게서 찾았다. 그러나 아메이의 "금발에 푸른 눈을 가진 플레이보이"는 속절없는 환상이었을 뿐이다. 그녀의 부모가 반대하지 않았더라도 백인 남자들은 그녀를 즐기는 대상으로밖에 여기지 않았기 때문이다. 반면 랑투오는 백인 남성과 흡사한 외모를 지녔지만 백인처럼 변덕스럽지 않았다. 아메이는 "중국 남자는 온화하지만 차갑고 바보스러우며 단조롭다"고 했지만, 홍콩 출신의 랑투오는 "예상 외로 키가 크고 하얀 피부를 가지고 있어 서양인 같은 외모를 지녔다. 입은 조각처럼 완벽하여 중국 소녀의 눈에 알프레드 테니슨의 시에 나오는 랜슬롯 경의 화신과 같았다."[102]

남녀 유학생의 환상에는 커다란 차이가 있었다. 자오민형은 백인 여성에게서 동서양의 이상적 결합을 찾으려 한 반면, 정룽진은 백인의 외모와 감정sensibilities을 지닌 중국 남자를 추구했다. 둘 다 백인이 지닌 '흰색'의 특권과 매력whiteness을 갈망하는 환상을 이야기했지만 토미는 백인 여성에 매료되었고 아메이는 진품을 대체한 가품이 더 믿을 만하다는 결론에 이르렀다는 점에서 흥미롭다.

양자의 결론은 예상할 수 있다. 토미는 에드나와 결혼할 수 없으며, 랑투오(중국의 랜슬롯 경)도 자기 현실을 깨닫고 검은 머리의 천사를 쫓아갈 것이다. 랑투오는 자신이 앓고 있던 병, 즉 '금발의 푸른 눈'에 대한 집착이 치유되고 나서야 아메이를 발견했고 "도로시는 숨이 멎을 만큼 아름답지만 아메이가 내 마음을 사로잡았다"고 고백했다. 랑투오가 아메이에게 청혼하고 함께 중국으로 가자고 했을 때 아메이는 마음이 흔들리면서도 미국을 떠나는 것을 두려워하면서 "당신과 미국에서 살면 천국이겠지만 중국으로 가는 것은 상상이 안 된다"고 대답했다. 그러자 랑투오는 "중국은 아름다운 나라예요. 생각하는 것만큼 암울하지 않아요. 작가들이 돈을 벌기 위해 독자의 어두운 심리를 자극하는 것이에요. 내가 진정한 중국, 영혼이 있는 중국을 보여줄게요. 만약 중국에서 행복하지 않으면 다시 미국으로 데려다줄게요"라고 했다.[103]

실제 인생은 소설과 달랐다. 정룽진은 1926년 시카고대학을 졸업하고 그곳에서 만난 중국 유학생과 결혼해[104] 이듬해에 첫 아이를 낳았다. 1932년 그녀는 가족과 함께 귀국했다. 소설 속 아메이처럼 고급 관리의 아내가 되어 베이징 상류 사교계에서 생활하는 꿈을 꾸면서도 현명하게 자신을 위해 퇴로를 마련해두었다. 그녀는 1922년 통과된 「케이블 법」이 외국인과 결혼한 미국 시민권자에게 미국 국적을 유지할 수 있는 선택권을 부여했지만 그녀는 미국 시민이 될 자격이 없는 중국인과 결혼했기 때문에 이 법의 혜택을 받을 수 없다는 사실을 알고 있었다. 이에 그녀는 귀국하기 전에 자신이 미국 태생이라는 사실을 근거로 시민권을 신청했다. 그녀의 신청이 받아들여진 것은 대단한 행운이었다. 무엇보다 그녀는 중국인과 결혼했기 때문에 미국 국적을 상실했고 병원이 아닌 집에서 태어났기 때문에 출생증명서가 없었음에도 시카고 법원 판사는 그녀의 주장을 믿고 미국 국적을 '회복'할 수 있도록 허가했다. 현명하게도 그녀는 미국을 떠나기 전 이러한 수속을 해두었다. 그러나 그녀는 걱정한 대로 중국 생활에 적응할 수 없었고, 미국으로 돌아가고 싶었다. 그녀는 친구에게 보낸 편지에 그런 심정을 밝혔다. "언제 돌아갈 수 있을지 모르겠지만 돌아갈 거야. 설사 돌아가서 죽는다 할지라도." 1949년 드디어 그녀는 두 딸과 함께 미국으로 돌아가서 애리조나주 유마에 정착했고, 작가가 되겠다는 꿈에 도전했다. 낮에는 비서로 일하고 밤에는 타자기 앞에 앉아 글을 썼으나 건강이 악화되어, 1년 후 고혈압과 신부전으로 43세라는 젊은 나이에 세상을 떠나고 말았다.

문화 대국,
찬란한 문명

**Chinese students studying
in the U.S.A. 1872-1931**

楚材｜晉育

.

중국은 지금 전대미문의 변화 속에 개혁을 진행하고 있다. (…) 예로부터 우리 선조들이 지녀온 (나라를 강하게 만드는 덕목인) 애국심이 오랜 겨울잠에서 깨어나 지금 다시 중국인들의 가슴을 뛰게 하고 있다. (…) 세계는 항상 중국의 역사를 존경해왔고 앞으로도 더욱 그러할 것이다. (…) 우리 문명의 외모는 세월에 따라 변할지언정 그 기본 정신은 영원할 것이다. 우리 문명의 기조인 평화, 정의, 지혜는 갈수록 더 강해질 것이다.[1]

만청 정부가 재앙이었기 때문에 '소년중국'공화정 체제에 대한 이해가 부족하다고 여기는 중국인을 지칭함—옮긴이은 환영을 받았다. 그러나 '소년 중국'이 어색한 양복을 차려입은 채 힘을 발휘하지 못하면서 권세만 내세운다면 바로 국가 운영에 대한 능력은 인정받을 수 없을 것

7장
문화 내국, 찬란한 문명

이다. 과거 20년 동안 중국인의 국가의식은 성장했지만, 그저 일상적으로 날이 밝으면 일하고 해가 지면 쉴 줄만 알았지 정치에 무관심했고 정부의 권력이 어디에서 생기는지 신경 쓰지 않았다.[2]

20세기 초반의 미국 유학생들은 근대 미국 유학생 중에서 가장 미국화된 집단인 동시에 중국 문화로부터 가장 멀리 떨어져 있는 집단이기도 했다.[3] 물론 그들은 중국 근대에서 가장 활력 넘치면서도 가장 보수적인 성향을 드러냈다.[4] 전반적으로 볼 때 20세기 초반 미국 유학생이 정체성을 잃었다는 비판적 시각에 완전히 동의할 수는 없다. 그들이 서양 문명(특히 미국)의 활력에 매료된 것은 분명하지만 중국 전통문화에 대한 자부심도 상당히 강했기 때문이다. 사실 중국 문화에 대한 그들의 관심은 미국화에 비례하는 것이라기보다는 당대 중국에 대한 신뢰에서 비롯되는 것이다. 신해혁명 이후 그들은 찬란한 중국 고대문명에 대한 찬사를 자주 언급하면서 현재 중국은 '깊은 잠에서 깨어나는' 중이라는 표현을 즐겨 사용했다. 그러나 5·4 운동이 발생했을 때는 애국 운동의 차원에서 격정적으로 호응한 반면 전통에 반하는 신문화 운동에 대해서는 매우 냉담했다.

중국과 중국 문화에 대한 미국 유학생들의 이러한 태도는 중국을 서양에 비교한 결과라 할 수 있다. 즉 서양을 모델로 한 중국의 미래가 낙관적인 기대를 불러일으킬 때는 중국의 전통에 대해서도 자부심을 가졌으나, 중국의 장래가 암담하게 보일 때는 전통에 대해서도 의구심을 보였다. 역사나 전통에 대한 태도는 항상 현재적 관점에서 형성되는 것이기 때문에 충분히 이해할 수 있다. 우리가 현재 사회에 낙관적이라면 역사와 전통에도 낙관적 시각을 투사하지만 그렇지 않은 경우에는 전통에 대한 시각도 달라지게 마련이다. 5·4 신문화 운동의 시대적 분위기가 전형적인 반증이다.

미국 유학생들은 중국과 중국 문화의 대변인을 자처했다. 자신이 중국인이기 때문에 또는 교육 받은 중국인이기 때문에 누구보다 중국을 잘 이해한다고 믿었다. 사명감이든 오해나 편견을 깨기 위한 것이든 중국인의 성격, 여성의 사회적 지위, 가족, 정치 문화 등에 대해서는 두루뭉술하게 예찬하는 논조를 유지했다. 그러나 역사를 통해a-historicized 중국 전통을 구상화reified하거나 본질화essentialized한다는 점에서는 오리엔탈리즘을 벗어날 수 없다. 에드워드 사이드의 표현에 따르면, 이러한 오리엔탈리즘의 관점은 중국을 "지역의 종교, 문화 혹은 민족의 특성으로 경계를 정하는 것"과 같은 것이다.5

사이드가 비판한 것처럼 오리엔탈리즘이 서구 제국주의의 산물임은 의심의 여지가 없다. 즉 오리엔탈리즘은 비서구권 국가와 지역에 대한 서양의 권위적 해석으로, 일종의 권력이다. 그러나 중국 사회 혹은 전통의 구상화, 본질화의 논조는 식민주의와 제국주의가 중국에 당도하기 전부터 이미 전통에 내재되어 있었다.6 '화하지도華夏之道, 중원 문명에 대한 자부심—옮긴이' 또는 '화이지변華夷之辨, 중국인과 오랑캐를 구분함—옮긴이' 같은 표현이 그러한 예로, 그것을 지시하는 정확한 명칭과 개념이 없었을 뿐 중국은 역사의 흐름 속에서 이미 적극적으로 오리엔탈리즘적 시각을 형성하고 있었다. 이렇게 보자면 중국의 오리엔탈리즘 논조는 식민주의나 제국주의의 산물이라고 단정할 수만은 없다. 즉 중국식 오리엔탈리즘은 외부에서 수입되었거나 서구 교류의 산물이 아니라 예전부터 있었던 가치와 개념이며 현대적 이론으로 포장해서 재해석한 것일 뿐이다.

이런 논조는 예전에도 있었고 앞으로도 더욱 치열해질 것이다. 식민지 시대는 지났지만 식민지의 자손들은 계속 오리엔탈리즘 논조를 이어갈 것이기 때문이다. 국가 간, 지역 간 권력 불평등이 지속되는 한 이러한 오리엔탈리즘은 내부적으로 계속될 것이다.

지정학적으로나 문화적으로 식민 지배를 경험한 이들과 그 후손들, 즉 메리 프랫이 '접촉 지대contact zone'라 지칭하는 지역에 거주하는 자들이 주로 오리엔탈리즘 담론에 참여해왔다. 접촉 지대란 "지역과 역사 배경이 다른 민족이 위협적·극단적·불평등한 방식으로 충돌하며 접촉하고 왕래하는 공간"이다.[7] 유학생에게는 자기가 교육받은 미국일 수도 있고 귀국 후 거주하는 중국 연해의 도시일 수도 있다.

시대가 바뀌어 오늘날에는 발달한 과학기술 덕분에 인터넷이 연결되지 않은 곳이 없으므로 접촉 지대라는 개념은 무의미해졌다. 말하자면 접촉 지대는 지리상 특정 지역이 아닌 메타 방식으로 어디에나 존재한다. 그렇다고 예전의 '위협적, 극단적 불평등, 충돌'이 사라진 것은 아니다. 표현 방식만 다를 뿐 권력의 불평등은 여전히 존재하고 있다.

미국 유학생들은 서구권이 동양에 대한 지배를 영속화하려 한다는 사이드의 오리엔탈리즘 담론을 수용하지는 않았다. 그러나 그들의 셀프-오리엔탈리즘에는 서구 오리엔탈리즘 이론이 다분히 반영되어 있다. 다만 중국인의 이미지를 향상시키기 위해 적극적으로 남용 및 재구성하는 방식으로 중국에 대한 오리엔탈리즘 논조를 반박하곤 했다. 때로 서구권 오리엔탈리스트들과 논쟁을 하는 과정에서 스스로 오리엔탈리스트의 모습을 내비치기도 했다. 그러한 이미지가 깊이 뿌리를 내려 학계에서도 인정될 정도였다. 제국주의가 과거의 조류로 넘어가면서 서구 오리엔탈리스트들도 무대에서 내려오긴 했지만 근대 중국 역사에서 오리엔탈리즘은 여전히 힘을 발휘했다. 보수파, 자유주의자, 국민당, 공산당 누구나 오리엔탈리즘의 가설을 인용하고 재구성했으며 심지어 역으로 활용되기도 했다.

20세기 초반의 미국 유학생들은 가장 미국화된 세대였던 만큼 여론과 학계의 큰 주목을 받았다. 1920년대 이들에 대한 비판이 대두되자 중국인뿐 아니라 서양인들도 비판에 가세했다. 왕이쥐는 저서 『중국 지식인과 서방, 1872~1949』에서 강도 높게 유학생을 비판했다. 대체로 부유한 권력층의 자제인 그들은 학업 성취도가 우수하지 않으며 중국 문화와 거리를 두었으며 중국 사회와도 접촉하지 않았다는 것이다. 더불어 마땅히 가져야 할 도덕적 책임을 회피했으며 정치적 리더십을 망각했다고도 했다.[8] 서양의 비판은 주로 과도한 미국화로 인한 정체성 상실에 초점을 맞추고 있는데, 이에 대한 분석은 이 장의 후반부에 자세히 다루기로 한다.

유학생이 정체성을 상실했다는 것은 결국 자기 나라에서 외국인이 되는 것을 의미한다. 자국 생활에 적응하기 어려웠든 적응하고 싶지 않았든, 그들은 중국 내 외국인처럼 조계에 거주하면서 중국 사회와 여론을 무시한 채 서양 이론을 날것 그대로 중국 사회에 적용하려 했다. 이에 대해 서양인들은 각자의 이데올로기적 관점에 따라 다른 강도의 비판을 드러냈으며, 유학생들이 깊은 고려 없이 서양 방식을 무비판적으로 받아들였다는 사실은 틀림이 없다. 그와 더불어 도덕과 문화의 위기를 자초했다는 점에서 중국 유학생의 과도한 미국화를 지적하면서 이를 '병病'으로 진단했다. 즉 자기가 속한 문화와 민족의 특성을 거부할 수 있다는 환상에 빠지게 하는 병으로, 오리엔탈리즘 이론으로 중국의 현대화를 비판했다. 식민사관을 가진 서양 비평가는 중국 유학생들이 백인의 결점을 장점인 줄 알고 모방하다가 더 나빠졌다고 냉소적인 비판을 했다. 중국인들이 "타자로서의 모습authorized version of otherness"을 넘어서고 싶었지만 호미 바바의 말처럼 "어떤 사람은 영국화되었지만 어떻게 봐도 영국인 같지 않은"[9] 상태라는 것이다. 물론 대부분의 유학생은 이런 비판에 동의하지 않왔다. 더러는 오리엔탈리즘에 입각한 논조일지라도 중국, 중국 전통, 중국인을 경외하는 발언에 대해 환영하기도 했지만, 비교적 사고력을 갖춘 유학생들은 서양 인사의 교만과 경망을 질책하면서 새로운 도전장을 내밀었다.

찬란한 전통 문화

아리프 딜릭은 오리엔탈리즘은 서구 고유의 것이 아니라 유럽이 외부 민족들과 접촉하면서 형성된 것이라고 했다. 그는 메리 프랫이 말한 '접촉 지대'를 오리엔탈리즘의 시작점으로 보았으며, 중국은 근대에 민족주의의 자극을 받아 고유한 자기 이미지와 특징을 세우기 시작했다고 주장했다. 이른바 유가儒家, 전제專制, 관료주의官僚主義, 가부장제 등의 특징은 모두 "오리엔탈리즘의 출현, 혹은 영원히 변치 않는 '봉건'이나 '아시아적'인 것으로부터 마르크스적 오리엔탈리즘까지 거슬러 올라간다"고 했다.[10] 이에 대한 예로 1980년대 중국에서 유학儒學 열풍이 불었을 때 유가 문화는 동아시아 자본주의가 현대화에 성공한 주요 원동력이라고 주장한 일부 중국학자의 발언을 제시했다. 그러나 "동아시아 사회는 글로벌 자본주의 현대화에서 새롭게 돌출한 또 다른 현대성일 뿐"이라면서 "이러한 셀프-오리엔탈리즘은 '서구'의 이데올로기적 헤게모니를 더욱 공고히 하는 것이며, 내부의 이견을 억압함으로써 내부적 헤게모니를 조장하는 것이다"라고 지적했다.[11]

딜릭의 주장에 따르면 아시아인의 셀프-오리엔탈리즘은 식민지 접촉 이후의 산물이다. 그리고 아시아의 전통, 더 정확히 말해서 '새롭게 태어난' 아시아의 '전통'은 "아시아인과 유럽인이 접촉한 이후의 산물"이다. 게다가 "접촉 당시 아시아인의 자각이라기보다는 아시아에 대한 (서구) 오리엔탈리스트의 시각에서 비롯된 것"이다.[12] 이 말을 지나치게 강조하면 셀프-오리엔탈리즘이 범한 오류, 즉 서구와 접촉하기 전의 아시아 전통은 불변하는 것으로 오판할 수 있다. 리처드 이튼은 인도 식민주의 연구에서 '상상 속의 커뮤니티imagined communities'나 '전통의 새로운 창조invention of tradition' 개념이 극에 달하면 '상상'을 하거나 '새로운 창조'를 한 사람들 또는 정치적 의미의 '상상'을 하거나 '새로운 창조'를 사람들(영국인과 인도인 협력자들)이 등장하기 전의 모든 (인도) 역사와 역사 과정을 말살하는 결과를 가져온다고 했다. 이튼은 "시간, 관점, 문화, 역사 등의 개념은 영국 식민지 통치 시대의 산물이 아니다. 오히려 우리가 알고 있는 훨씬 이전부터 인도 사회는 꾸준히 자신과 '타자'에 대해 설명해왔다"고 했다.[13]

오리엔탈리즘이 창출한 문화적 고정관념은 원래 본토 문화 속에 내재된 개념으로부터 시작된 것이다. 그렇다면 아시아인들의 셀프-오리엔탈리즘은 식민지 접촉 이후의 산물이며 접촉 이전에는 없었다는 딜릭의 주장은 수정될 필요가 있다. 앞서 말했듯이 중국에는 '화하지도' 또는 '화이지변'의 전통이 있기 때문이다. 셀프-오리엔탈리즘화는 딜릭 이론의 핵심이지만 어떤 진행 과정을 거친 결론인지에 대해서는 설명이 명확하지 않다. 그는 1980년대의 유학 열풍을 자기 확신의assertive 셀프-오리엔탈리즘으로 보면서 "동아시아 사회가 경제 발전을 이루면서 유럽이나 미국의 패권에 맞설 수 있는 힘을 발견한 것" 같다고 했다.[14]

셀프-오리엔탈리즘화의 과정에 관한 명확한 설명이 빠져 있기 때문에 '자기 확신의 셀프-오리엔탈리즘'의 의미도 제대로 확인하기는 어렵다. 다만 딜릭은 장팅푸가 1938년에 출간한 『중국근대사 대강』의 「총론」

에서 근대 중국이 서구보다 뒤처진 이유는 과학과 기술이 열등하기 때문이라는 내용을 인용하여 "19세기 서구에는 이미 근대 문화라는 것이 자리 잡았지만 동양은 아직도 중세 시대에 머물고 있었다"고 분석했다. 이러한 분석에 근거해 1980년대 유학 열풍이 자기 확신에 찬 셀프-오리엔탈리즘이라면 장팅푸는 전형적인 자기 비하, 부정적 의미의 자책형 셀프-오리엔탈리스트에 지나지 않는다. 그러나 딜릭의 분석은 자기모순의 경향을 보여주었다. 그는 "권력 문제와 오리엔탈리즘의 형성은 구별해야 한다"고 했지만,15 한편으로는 서구 권력의 성쇠에 따라 중국과 동아시아의 오리엔탈리즘이 비하적이기도 했고 자기확신적이기도 했다며 구별했다.

나는 권력과 오리엔탈리즘이 상생 관계에 있다고 한 에드워드 사이드의 생각에 동의한다. 반면 딜릭의 비하형과 자기확신형 오리엔탈리즘은 중국과 서구권의 대응 관계를 지나치게 기계화한 것이다. 특히 자기확신형 오리엔탈리즘이 1980년대 이후 중국인의 국력에 대한 자신감과 문화적 자부심을 반영한다는 견해에서는 맹점이 발견된다. 반대로 그는 20세기 전반의 비하형 셀프-오리엔탈리즘은 낙후하고 쇠약한 중국과 중국인들이 자기 문화에 대한 자신감을 결여한 것의 산물이라 했는데, 이는 동일한 근거로 반증이 가능하다. 딜릭은 장팅푸의 "19세기 서구에는 이미 근대 문화라는 것이 자리 잡았지만 동양은 아직도 중세 시대에 머물러 있었다"는 문장으로 주장을 마무리했다. 그러나 근대 중국의 과학과 기술은 서구에 미치지 못한다는 문장 앞에 장팅푸가 언급한 다른 내용이 있다. "중화민족은 세계에서 가장 우수한 민족이다. 중국인은 어떤 민족보다도 총명하다. 비록 러시아나 미국만큼은 아니지만 중국은 풍부한 자원도 가지고 있다. 진시황은 봉건제를 폐지하고 군현제를 이루었고, 한·당漢唐 시대에 위대한 제국을 건설해 중화민족의 정치적 재능이 뛰어나다는 것을 증명했으므로 자부심을 가질 수 있다."**16** 딜릭은 이 부분을 인용하지 않았다.

딜릭이 배제한 이 내용은 20세기 초반 서구에 대해 무력해진 중국인의 문화적 자부심(민족 우월감ethnocentrism)을 충분히 보상하는 것이다. 지금은 비록 서양에 비할 수 없이 뒤처져 있으나 이는 일시적인 현상이며 역사적으로 강대국인 중국은 언젠가 서구와 어깨를 나란히 하게 될 것이라는 믿음을 지니고 있기 때문이다.

리처드 이튼의 인도 연구에서도 알 수 있듯이, 20세기 초반 미국 유학생들에게서 찾아볼 수 있는 문화와 전통에 대한 자부심은 고대로부터 전해온 '화하지도' 개념을 바탕으로 셀프-오리엔탈리즘을 적극 전개한 결과다. 물론 자기 전통을 옹호하면서 서양인의 오해와 왜곡을 방어하여 현대 세계에서 중국이 한 자리를 차지하도록 노력한 데는 민족주의도 중요한 기여를 했다.

이런 관점에서 본다면 자기확신적 셀프-오리엔탈리즘은 외국인에게 설명하기 위한 방편으로 시작된 것이었다. 주로 영어로 표현되었으며 강한 어조의 과장 또는 논쟁적 웅변 투로 진행되었는데, 사세히 말하자면 중국이나 중국 문화를 서구와 비교 대조하면서 유사성을 통해 칭송하거나 대립성을 강조하는 식이다. 대표적인 예가 중국의 정신문명과 서양의 물질문명이라는 이분법적 비교다. 오랜 시간이 흐르면서 이러한 셀프-오리엔탈리즘 논리는 대중문화와 학계에 스며들어 상식적이고 자명한 개념으로 간주되었다.

중국 최초의 오리엔탈리스트인 20세기 초반의 유학생들은 문화적 정체성 위기를 겪지는 않았다. 물론 가장 미국화된 세대지만 스스로 중국인이 아니라고 생각하지도 않았다. 어떤 면에서 보자면 중국인의 이민과 귀화를 금지한 「배화법」이 그들로 하여금 다른 국적과 문화적 정체성을 선택할 수 있는 기회를 제거한 셈이다. 더욱이 중국 사회의 뿌리 깊은 엘리트주의가 중국에 돌아가면 부귀영화가 기다리고 있을 것이라는 기대를 심어주기도 했다. 이러한 엘리트 의식과 정계 진출에 대한 기대로 인해 그들은 보수화되긴 했어도 문화적 정체성이 흔들리지는 않았다. 몇 년 전 미국의 한학자 조지프 레븐슨은 근대 중국의 지식층이 역사와 가치의 분열이라는 위기를 느끼고 있다고 했다. 즉 지적 측면에서는 중국 전통과 멀어졌으나 감정적으로는 전통의 탯줄을 자를 수 없는 상태라는 것이다.[17] 그러나 1980년대 연구 가운데 특히 량치차오梁啓超의 연구는 이러한 견해의 다른 면을 보여주었다.[18] 이제 20세기 초반의 미국화된 유학생들에 관한 연구를 통해 이 관점의 허구성을 밝혀보겠다.

유학생들의 자기확신적 셀프-오리엔탈리즘에서 가장 선명한 인식은 중국 문화가 윤리적·도덕적으로 서구보다 우월하다는 것이다. 이 믿음은 중국 전통, 즉 춘추시대의 화이지변 관념에 근거한 것으로, 중국 역사에서 오늘날까지 굳건하게 자리를 지키고 있다. 근대사에서 유럽인은 중국에게 가장 새롭고 무서운 오랑캐였다. 그러나 1870년대까지 전함과 대포 등 근대식 무기로 무장한 유럽 열강에게 여러 번 패했음에도 중국의 수구파 신사 계층은 여전히 서양인을 짐승만도 못한 존재로 취급하면서 효사상을 비롯한 기본적 윤리도덕이 없는 민족이라고 무시했다. 1875년 궈충타오郭崇燾가 영국 대사로 임명되었을 때 수구파 인사들은 오랑캐를 섬기러 간다고 조롱했고, 심지어 고향의 사대부들은 그의 집을 태워버리자고 선동했다.[19]

19세기 말, 중국 신사 계층이 서양과 직접적으로 접촉하면서부터 '짐승만도 못한 오랑캐'라는 극단적 시각은 사라졌다. 반면 유학생들은 미국인에 대해 그러한 시선을 가져본 적이 없다. 물론 중국인의 윤리도덕이 미국인보다 우월하다고 생각하는 유학생도 적지 않았다. 다만 게임의 규칙이 완전히 바뀌었을 뿐이다. 군사적 패배가 계속되면서 중국은 더 이상 '타자'의 이미지를 구축할 힘을 상실했고, 전세는 역전되어 중국은 유럽과 미국 학계로부터 야만적이고 포악하며 우둔한 '타자'가 되어버렸다. 천 년 세월에 걸쳐 화이지변의 시선으로 높은 곳에서 내려다보던 중국인은 이제 억압받는 입장에 처하게 된 것이다. 이에 중국 유학생들은 민족주의에 기인한 것이든 중국 문화에 대한 자부심에 기인한 것이든 중국인과 중국 문화에 대한 오해와 왜곡된 시각에 반론을 제기하고 나섰다. 그들은 사실을 입증하기 위한 행위일 뿐임을 재차 강조했지만, 반론이 객관적이든 논쟁적이든 관계없이 중국의 전통을 역사로부터 분리해 사실적으로 구상화하고 본질화함으로써 오리엔탈리즘에서 벗어나지 못했다.

중국 문화가 서구보다 우월하다는 증거로 그들이 제시한 주제는 여성과 가정이었다. 중국 사회에서 여성과 가정의 지위가 서구보다 우월하다는 주장을 처음으로 발표한 유학생은 진윈메이金韻梅였다. 의사로 활동하면서 의내 및 병원에서 행정 경험을 쌓은 그녀는 뛰어난 연설가였으며, 중국 철학과 영국 문학에도 조예가 깊었다. 그녀는 1907년에 발표한 「우리 자신을 보다As We See Ourselves」에서 셰익스피어, 밀턴, 뮐러와 유교 경전을 종횡하면서 중국과 중국 문화의 특징을 설명했다. 그녀가 쓴 이 글은 지금까지도 중국 셀프-오리엔탈리즘에 관한 핵심 논저로 널리 읽히고 있다.[20] 중국에는 개혁이 필요하지만 "먼저 개혁의 기초에 대한 정확한 이해"가 요구된다는 논지를 담고 있는 이 글은 서양인이 중국인을 타자화하여 기술한 것에 대한 반박이었다.

우리가 외국인의 시각에서 우리를 바라본 지 오랜 시간이 흘렀다. 한두 개의 사례를 근거로 일반화한 결론이 세대를 거듭해 전파되었다. 짧은 글을 쓰는 신문기자부터 20년 이상 중국에 살면서 묵직한 글을 쓰는 작가에 이르기까지 다양한 필자에 의해 중국은 해부되고 분석되었다.

그녀는 중국 여성의 전족 등은 반드시 없애야 할 악습이며 서구로부터 많은 것을 배워야 함을 인정했다. 또 여성이 가정 안팎에서 제 역할을 수행하기 위해서는 반드시 현대 교육의 뒷받침이 필요하다고 했다. 그러나 '동양 여성은 타락했다'는 서양인의 주장에 대해서는 서양의 심각한 빈민가 상황을 예로 들면서 위선적인 이중 잣대라고 반박했다. 중국에서는 "아무리 더러운 도시 빈민가일지라도 부녀자가 대낮에 술이나 (누군가는 중국의 고질병이라 표현한) 아편에 취해 길거리에 누워 있는 것은 허용되지 않는다"면서 다음과 같이 반박했다.

런던 등 대도시에서는 수시로 볼 수 있는 일이다. 이 일들은 유명인사, 부자, 유명학자, 자선가들이 사는 호화주택과 그리 멀지 않은 곳에서 발생한다. 그들은 자신의 나라 사정에 대해서는 무지하여 마치 다른 별에 사는 듯 이야기하면서 다른 나라에 여행가서 그러한 상황을 만나면 충격과 분노를 드러내곤 한다.

그러면서 중국 여성은 현상을 피상적으로 받아들이고 성급하게 결론짓는 서양인에 비해 훨씬 큰 힘을 지니고 있다고 주장했다. 그 예로 중국 남성, 특히 상류층 남성들이 부인을 두려워하는 현실을 소개했다.

가정 전체의 관리와 재정의 지출·수입은 모두 여성이 관리한다.(부잣집에서는 유럽의 집사라 할 수 있는 총관head-boy을 고용하기는 하지만 일반 가정에서는 거의 볼 수 없다.) 모친에 대한 존중 그리고 모친이 행사하는 막강한 권력은 법률상 부친, 남편, 아들에게 주어진 힘보다 크다. 여성은 이런 권력을 어떻게 운용해야 하는지 자연스럽게 알고 있다. 따라서 모친과 아내 사이에 있는 남자들은 누구보다도 아내를 두려워한다. 다만 남자의 자존심 때문에 이를 드러내지 않을 뿐이다.

남자는 공공장소에서 큰소리로 여성을 무시하는 행동을 보이는데, 이는 집안에서 입은 상처를 달래기 위한 진통제 같은 것이다. 특히 사대부는 아내의 분노를 피하기 위해 (정당하든 정당하지 못하든) 첩을 통해 위안을 얻곤 한다. 그러나 이는 가정의 화목을 깨고 자기 행동에 대한 족쇄(아내와 모친)를 하나 더하는 짓일 뿐이다. 외국인은 자기들의 상대가 남자가 아니라 그 배후에 있는 여성이라는 사실을 전혀 모른다.

진원메이는 "농민과 중산층은 일부일처제를 유지했는데 스스로 원했다기보다는 경제 형편에 따른 것"이며, 그렇기에 대부분 남편은 '윤리적인 생활'을 했다고 평가했다. 한편 빈곤한 농촌 부녀자라 해도 유럽의 농촌 부녀자처럼 노예로 살지 않는다고 주장했다. 즉 "중국의 농부 부부는 밭에서 같이 일하지만 여성은 가축을 기르거나 수레를 끄는 등의 중노동을 하지 않으며," 서양 농촌의 부녀자처럼 학대당하지도 않는다고 했다. 덧붙여 중국의 가부장제에서는 남편이 첩을 얻더라도 아내가 쫓겨나는 일은 없다고 했다.

중국의 가부장제는 모르몬교처럼 일부다처제가 아니다. 남자는 한 명의 여자와 혼인한다. 자식이 없는 경우에는 아브라함, 이삭, 야곱이 그랬던 것처럼 시녀를 둘 수 있었다. 이 제도는 남성에게 자녀 보호와 양육의 책임을 다하게 하며 여성에게는 전통적 도덕을 지키도록 요구하는 대신 그녀를 집에서 쫓아내거나 열악한 환경에 내몰리지 않게 한다.

중국의 가족 제도와 부녀의 지위를 변호한 그녀의 논리는 유학 당시의 후스와 비슷하다. 물론 5·4 신문화 운동의 기수인 후스가 전통적인 가족 제도를 옹호하지는 않았다. 다만 저우즈핑周質平에 따르면 영어로 중국 풍습을 변호하는 글을 쓸 때 '중국식 정情'이라는 잠재의식이 반영된 것으로 보인다. 량치차오가 사상적으로는 중국 전통과 거리를 두었지만 감정적으로 단절되지는 못했다는 조지프 레븐슨의 분석과 같은 맥락이다.[21]

사실 유학 시기의 후스는 중국의 결혼과 가정에 대해 이야기할 때 불합리한 제도를 변명하지 않았다는 점에서 조지프 레븐슨의 견해는 적절하지 않다. 후스는 진원메이처럼 미국인이 중국과 중국인을 이해하지 못하는 것을 우려했다. 그는 어머니에게 보낸 서신에 이렇게 적었다. "이곳 사람들은 우리나라 풍습을 잘 이해하지 못합니다. 이들 머릿속의 중국인은 쿨리와 세탁소 일꾼뿐이어서 진정한 중국 문화는 알지 못합니다. 기회가 있을 때마다 이런 악감정을 해소시키려 합니다."[22] 그는 미국인의 오해와 편견을 없애겠다는 사명감으로 공개 강연, 집필, 신문 잡지 투고에 힘을 쏟았다. 1915년 봄에 이미 70여 회의 강연을 했으며 1912년 10

월 14일의 일기에는 "『중국 사회 풍속의 참모습In Defense of the Chinese Social Institutions』이라는 책을 쓸 생각이다. 외국인들이 오해하는 중국 풍습에 관한 내용을 담아 그동안의 오해를 해소시킬 생각이다"라고 썼다. 그는 조상 숭배, 가족 제도, 결혼, 수구주의, 부녀의 지위, 사회 윤리, 공자의 윤리철학, 중국어와 문자, 신중국 등 주제를 미리 정해놓았다.[23]

후스의 글은 진원메이가 쓴 「우리 자신을 보다」와 별반 다르지 않았다. 즉 중국인의 관점으로 중국에 대한 서양인의 담론을 비판함으로써 중국을 이해시키는 방식인데, 아쉽게도 책으로 완성되지 못했다. 1914년 1월, 그가 혼인 풍습의 합리성을 강조한 강연은 「중국의 혼인 풍습Marriage Customs in China」이라는 제목으로 『코넬지대The Cornell Era』 6월호에 게재되었다. 중국에서는 13~15세가 된 남녀는 본인의 의사와 관계없이 부모의 뜻에 따라 정혼을 하는데 이는 "젊은 남녀가 영원한 반려자를 안정적으로 확보함으로써 서양처럼 반려자를 찾기 위해 고민할 필요가 없고 (…) 젊은이들에게 평생 한 명의 배우자에게 지조와 책임을 다하겠다는 약속을 준수하도록 하는" 장점을 지닌다고 했다.[24]

후스는 네 가지 측면에서 이 제도의 합리성을 설명했다. 첫째, 일생에 한 번 치르는 중대사를 13~15세 소년소녀의 선택에 맡기는 것은 큰 혼란을 낳을 수 있으며, '실제 인생의 경험'을 지닌 부모가 자녀의 행복을 위해 "가장 현명한 결정을 할 수 있다." 둘째, "때때로 젊은이들을 구혼의 고통으로부터 벗어나게 해준다." 셋째, "부모가 나섬으로써 자녀의 존엄과 순결을 지키고 젊은 여성이 중매시장에 노출되지 않게 하여 남성의 무례함을 차단한다. 서양에서는 여러 명을 사귀어본 뒤 한 명을 선택하지만 중국 여성은 불필요한 아양을 떨거나 상대를 유혹할 필요가 없다." 넷째, 부부가 새로운 가정을 만드는 것이 아니라 남자가 아내를 맞이하여 부모와 함께 생활하는 방식이기 때문에 아내는 "남편의 평생 반려자일 뿐 아니라 시어머니의 좋은 협조자인 동시에 위안을 주는 존재다. 따라서 중국 가정에서는 남편과의 관계뿐만 아니라 새 가족과 화목하게 지낼 수 있는지를 중시한다." 게다가 중매인을 통한 혼인은 서방의 우생학적 취지에 부합하며 사회적 강제 수단을 동원할 필요가 없다는 점을 강조했다.

후스는 미국을 잘 아는 만큼 미국인의 결혼에 대한 낭만적 환상도 잘 알고 있었기 때문에 중매결혼에도 사랑의 감정이 있느냐는 미국인들의 질문에 '물론'이라고 대답하면서 이렇게 덧붙였다. "나는 서로 헌신하며 사는 부부를 많이 보았기 때문에 낭만적인 결혼만 사랑의 감정이 있다는 데 반박할 수 있다. 서양에서 사랑은 결혼생활 속에서 생겨나지만 중국에서는 명분이 사랑을 만들어준다." 그러면서 중국 사회에서 사랑은 결혼 후에 시작된다고 했다.

한 쌍의 남녀가 부부가 되었다. 부부로서 책임과 행복해야 할 권리가 있으니 서로 사랑해야 한다. 성품, 성향, 인생관에 차이가 있지만 일생 타협하면서 적응해 나간다. 미국에서 교육을 받은 한 중국 여성은 "서로 50보씩 양보해야 한다"고 했다. 이렇듯 자연스러운 진정한 사랑은 서서히 생겨나는 것이다.

후스의 전통적인 중매 제도에 대한 변호는 애국심의 발로에서 '중국식 정'을 옹호했다기보다는 자신의 결혼을 합리화한 것이기도 하다. 사실 유학 시절 후스의 인식은 이미 상하이의 신식 학교에 다닐 무렵에 형성된 것이다.[25] 그 증거가 바로 그가 발표한 「중국의 혼인 풍습」으로, 1908년 8월 『경업순보競業旬報』에 두 차례 연재한 「혼인편婚姻篇」을 영어로 다시 쓴 것이다.[26] 그는 이 글에서 중매혼을 고집하는 부모와 자유결혼을 주장하는 '청년'을 모두 비판했다. 자유결혼을 주장하는 논자들의 이야기처럼 전통 중매혼은 '극히 전제적이고 자유가 없는 방식'이 아니며 오히려 '그다지 전제적이지 않고 함부로 하는 것'이라고 했다. 이는 부모가 결혼이라는 중대사를 중매쟁이나 점쟁이에게 떠넘기는 것을 의미하는 것으로, 후스는 서양과 중국의 방식을 혼합하는 해결책을 제시했다. 부모가 나서서 결혼을 추진하되 자녀에게도 참여 기회를 주자는 것이다. 그는 몽테스키외의 『법의 정신The Spirit of the Laws』의 내용을 인용해 자신의 관점을 설명했다.

> 혼인은 부모가 진행해야 한다고 주장하는 이유는 부모의 사랑이 가장 크기 때문이며 인생 경험으로 자녀들보다 통찰력이 있기 때문이다. 자녀들은 젊고 세상 경험이 일천한데다 일시적인 충동으로 전후 사정을 고려하지 못하는 경우가 많으므로 선택에 신중하지 못할 수 있다.(옌푸嚴復 번역본, 759쪽)[27]

후스와 진원메이는 비슷하면서도 완전히 다른 결론을 도출하고 있다. 그들은 아내는 남편에게 가장 두려운 존재였다는 데 동의했지만, 후스는 명대 이후 여성들이 이혼당하지 않는 특권을 누리면서 가정 내에서 폭군처럼 권력을 행사했다면서 이는 본받을 수 없는 전통 가족 제도라고 했다. 그는 1933년 시카고대학의 하스켈Haskell 강연에서도 다음과 같은 말을 했는데, 이는 후스 연구자들이 소홀히 취급하는 부분이다.

전통 사회에서 여성의 지위는 피상적으로 살펴본 비평가의 말처럼 그다지 낮지 않았다. 오히려 여성은 가정의 폭군이었다. 시어머니와 어머니의 권위는 대단했고, 남편은 부인의 세도 아래 꼼짝 못했다.

중국은 세계에서 어느 나라와 비교할 수 없을 만큼 (남편이) 부인을 가장 두려워하는 나라다. 적어도 세계 어느 나라도 중국처럼 부인을 두려워하는 이야기들이 많지 않다.

중국 부인들의 이러한 지위는 때로는 사랑으로 때로는 미모와 인격으로 유지된다. 그러나 대개는 감히 누구도 건드릴 수 없는, 즉 이혼이 불가능하기 때문에 유지되는 것이다!

후스는 전통 사회에서 법률로 이혼을 금하는 법이 없었다고 했다. 실제로 명대 이후에는 아들을 낳지 못하는 것을 비롯해 음란, 구설수, 도벽, 질투, 질병, 가족 불화 등 칠거지악 중 오직 음란을 저지른 경우에만 아내를 내쫓을 수 있었다. 즉 간통죄 외에는 사회적 지탄을 받지 않았다. 후스는 여러 소설 속 이야기와 함께 역사적 실제 사례를 들어 이를 실증했다.

19세기 말, 유명인사 왕사탁汪士鐸, 1802~1889, 청말 역사지리학자—옮긴이은 일기책에서 아내에게 당한 다양한 학대의 흔적을 기록했다. "말로는 당신을 이길 수 없고 어디로 도망갈 수도 없다. 다만 당신이 글을 모르니 내가 당신에 대해 쓴 내용에 대해서는 뭐라 할 수 없을 것이다. 나는 도저히 용서할 수 없는 당신의 90개 항목의 죄상을 기록했다. (…) 이것이 당신에게 할 수 있는 나의 유일한 복수다!" 그는 감히 이혼을 생각해보지 못했다.[28]

후스는 중국을 옹호할 때 신중함과 자제력을 발휘하며, 중국 문명이 서양 문명보다 우월하다는 식의 성급한 일반화나 주장을 자제했다. 그러나 많은 유학생은 이런 유혹을 피해가지 못했다. 르오촨화骆傳華, Gershom C. H. Lowe는 1923년에 시카고대학을 졸업한 뒤 상하이 YMCA 비서를 거쳐 국민정부에서 국제교류처장을 지냈다. 열정적이고 지적 호기심이 왕성한 그는 출중한 업무 능력을 발휘했으며, 1960년 주미 대사관에서 퇴직한 후 뒤늦게 도서관학을 공부해 미국 연방정부 공무원 시험에 합격했다. 노동국 도서관, 스탠포드대학 도서관 등의 도서관에서 근무하다가 1970년에 은퇴했으며, 하와이 거주 화교에 관한 책과 중국학 연구에 관한 책 2권을 출간했다. 만년에는 상하이로 돌아와 지내다가 1996년 96세에 세상을 떠났다.

1923년 그는 영어 강의에 제출한 「중국 가족의 정신The Spirit of the Chinese Family」이라는 제목의 리포트를 『중국유미학생월보』에 발표했다.[29] 이 글은 이상적인 혼인에 대해 중국과 미국을 비교한 것으로, 중국 사회는 반드시 부모와 화목한 공존이 강조되는 반면 서양은 로맨틱한 사랑에 기초한 부부간 사랑이 중시된다고 했다. "혼인 제도의 신성함은 내적 결합에서 시작된다. 중국인은 혼인을 명예와 책임이라고 생각한다"면서 후스와 유사한 견해를 밝혔다. 다만 후스는 중매결혼의 합리적인 부분만 강조하고 실제로 행해지는 부분에 대해서는 신중한 자세로 발언을 삼간 반면 르오촨화는 서양이 중국의 혼인 제도를 본받을 필요가 있다고 했다. "중국에서는 혼인을 영속적 관계맺음으로 받아들이는데, 이는 서구에서 찾아볼 수 없다"면서, 중국에서 혼인의 목적은 "생리적 만족이나 물질 추구에만 있지 않고 가문의 대가 끊이지 않고 영속하는 데 있기 때문"이라고 했다. 반면 서양에서는 두 당사자의 개인적 만족을 추구하기 때문에

서로의 가족에 대해서는 책임을 지지 않으며, 이렇듯 이기적이고 무책임한 태도로 인해 사랑의 도피, 유기, 이혼 등이 빈번하다고 분석했다. 중국에서 이런 현상은 거의 불가능하다고 했다.

그는 서양의 교회나 학교에서도 도덕과 인격 수양에 관한 교육을 하고 있지만 중국 가정이 훨씬 건전하고 우월한 방식으로 수행해왔다고 주장했다. 교회나 학교의 교육은 의식이나 형식에 치우쳐 있어 신성함이나 도덕성을 부여하지 못한다는 것이다. 미국 가정에서는 "그저 '자유분방한 여자들'의 모임처럼 운동이나 오락 등 사교생활을 즐길 뿐"이지만 중국 가정에서는 젊은 세대에게 직접적으로 모범을 보여준다고 했다. "하루종일 좋은 환경에서 부모의 경험과 체험을 배운다. 반복되는 일상생활 가운데 자연스레 일깨워진 것을 도덕적 행동의 근거로 삼기" 때문에 가정은 화목하며, 소년원이나 양로원도 필요치 않다고 했다. 또한 "중국은 견실한 문화적 기초를 가지고 있다. 중국은 당신들이 상품을 팔아야 할 시장이나 정치, 경제의 약탈 대상이 아니라 당신들에게 부족한 것을 줄 수 있는 나라다"라는 말로써 중국 가정을 칭송하고 미국 교회의 정신적 빈곤과 학교의 철학 부족을 비판했다.

이처럼 1910년대 후반에 많은 중국인이 동양의 정신과 서양의 물질을 대비해 말하곤 했다. 이런 이분법 논리는 당시 셀프-오리엔탈리즘의 주요 주제로, 량치차오가 1919년 『구유심영록歐遊心影錄』을 통해 처음으로 동양 정신과 서양 물질의 논쟁을 이끌어냈다. 그는 제1차 세계대전으로 파괴된 유럽의 모습 그리고 유럽 철학가들의 반성을 소개하고 이제 서양 문명은 파산했다고 선언했다. 동시에 과학 만능의 환상에서 깨어날 수 있게 하는 유일한 통로는 중국 문명이라 했다. 량수밍梁漱溟은 1921년 출간한 『동서양의 문화와 철학東西文化及其哲學』에서 또 다른 관점의 이분법을 제창했다. 2년 뒤 장쥔리張君勱도 칭화대학에서 개최된 강연에서 서양 문명을 비판했다. 그의 과학주의에 대한 비판은 신문화 운동에서 서양 문명에 대한 저항의 근거가 되었으며, 저항하지 않으면 중국 문화의 주도권을 보수주의자들에게 내주고 말 것이라 했다. 이어지는 '과학과 도가철학의 논쟁'에 대해 후스는 "중국과 서양 문화가 접촉한 30년 만에 첫 번째 대전人戰"이라 표현했다.[30]

르오촨화가 1920년 9월 미국 유학을 떠나기 전부터 이러한 이분법의 영향을 받았는지는 알 수 없다. 다만 정신이나 도덕에서 중국이 서양보다 우월하다는 인식은 이미 오랜 역사를 지니고 있다. 진원메이는 중국 문화의 토대인 유가 사상에 대해 "공자의 학설을 이어받은 맹자는 인간의 본성은 하늘에서 내려준 것이라 했다"[31]면서, 이 가르침이 후대까지 전해져서 효도와 조상을 기리는 관념을 형성했기 때문에 "조상 숭배는 효도의 근본"이라 했다.[32] 그녀는 효 사상 속에서 오히려 자식에 대한 부모의 책임을 강조했다. 중국인은 관리를 백성의 '부모'로 여기기 때문에 효 사상은 오늘날 가정뿐 아니라 사회를 이롭게 한다면서 "부자간의 사랑처럼 관민 간에 신뢰가 쌓인다면 정부의 정책 수행에 도움이 될 것"이라 했다. 또한 조상을 섬기는 전통에서 '진부한' 미신과 '케케묵은' 두려움만 제거한다면 아주 견고한 연대감을 구축하는 연결고리가 되어 모든 인류를 단결시킬 것이라 했다.

이것은 아주 현명한 방법이 아닌가? 유가 사상에 따르면 사람의 본성은 하늘에서 온 것이니 우리의 음덕이다. 옛 성현들은 작은 가정으로부터 국가는 물론 전 인류의 모든 가정에 이르기까지 우리의 정신과 하늘이 영원히 하나가 되는 것이 곧 조상과의 교감 진원메이가 말하는 '교감'의 유가 사상은 중국 정신 대 서양 물질이라는 이분법의 산물이다. 중국은 현대 서양에 대해 많은 것을 배워야 하지만 "우리 문화는 윤리에 기초하고 있으므로 그에 따라 발전하는 것이 가장 자연스럽다"고 보았으며, 중국인은 파우스트와 같은 거래로 인해 "물질주의가 범람하고 말초적 감각의 만족에 빠져 다른 것은 알지 못하는 상황"에 전락하지 않는다고 했다.

도덕과 정신문화에서 중국이 서양의 물질문명보다 우월하다는 인식이 상식인 양 자리 잡자 셀프-오리엔탈리즘은 중국 문화가 과거에 그러했듯 미래에도 흥성하게 되리라는 또 다른 해석을 창출했다. 잉상더應尚德는 1910년 『중국유미학생월보』 4월호에 다음과 같은 내용의 글을 발표했다.[34] "그리스, 로마인이 건축 지식을 알기도 전에 우리 선조들은 이미 넓은 도로와 운하를 건설했고, 훌륭한 종교 시설·기념비·휘황찬란한 궁전과 부속 건물을 건설했다. 이러한 건축물은 지금까지 건재하다."

역사가 시작될 때부터 중국 민족은 학문의 즐거움을 알았으며, 가장 중요한 특질로 자리 잡았다. 호메로스가 출현하기 몇 세기 전부터 중국의 고대문학은 훌륭한 성과를 거두었다. (⋯) 우리의 고대문학은 숭고한 철학, 심오한 지혜, 건강한 도덕윤리로 가득 차 있다. 여기에는 의미가 불확실한 문장이 전혀 없으며, 순수한 사람의 얼굴을 붉히게 할 내용도 전혀 없다.[35]

르오촨화 역시 중국은 세계에서 가장 오래된 국가로, 유럽이 유아기에 머물러 있을 때 이미 훌륭한 문화적 성취를 이루었다고 했다. 셀프-오리엔탈리즘은 중국에 전해 내려오는 개국신화조차 실제 역사인 양 소개했다.

유럽이 아직 야만의 시기에 있을 때 중국의 위대한 정복자 황제黃帝(기원전 2697)는 황허강 북쪽에서 중화 제국을 건설하고 100여 년간 통치했다. 발전적이고 개명한 시대였다. 지남차指南車 외에 선박, 활, 화살, 관현악기를 발명했고, 최초의 동전 주조 공장을 세웠고, 도량형을 통일했으며, 세금과 역법을 설치했다. 나무·도자기·금속으로 그릇을 빚는 방법을 전파했다. 또한 의학서를 남겨 중국 의학에 지대한 공헌을 했다.36

일부 유학생은 중국이 옛날부터 (그 명칭은 다를지라도) 민주주의 국가였다고 굳게 믿었다. 이것이 바로 유학생에게서 엿볼 수 있는 셀프-오리엔탈리즘의 마지막 단계로, 서양의 관념을 끌어와 중국 전통을 긍정적으로 재해석한다는 점에서 주의 깊게 살펴볼 부분이다. 유학 시절의 후스도 중국에 민주주의 전통이 흐르고 있다고 믿었다. 나중에는 이러한 발언을 하지 않았지만 적어도 초기에는 그러한 확신을 갖고 있었다. 신해혁명 이후 혁명의 향방이 불투명해지면서 열강이 군대를 동원해 근왕파를 지지한다는 소문이 돌 무렵, 후스는 『코넬지대』에 「중국은 공화국을 원한다A Republic for China」라는 글을 실어 혁명을 지지했다. 훗날 사상이 원숙해졌을 때는 '과대망상誇大狂' 또는 '미몽迷夢'의 청년기 때 쓴 글이었다면서 과거의 발언을 반성했다.

위의 글에서 후스는 서구 세계가 중국의 혁명에 대해 중국인과 더불어 '환호와 기쁨'을 표하지 않고 '중화 공화국은 부조리하다'고 판단한 것에 대해 반박했다.37 후스는 "사람들은 중국에 민주주의가 어울리지 않는다고 하는데, 이것은 오해다. 비록 중국은 수천 년 동안 제제帝制를 고수해왔지만 황권의 배후에는 무사태평하고 평화로운 동양식 민주주의가 있었다"고 했다. 그리고 유가 경전 『상서尚書』의 "백성은 가까이 할 수 있으나 하대해서는 안 된다. 백성은 국가의 근본이니, 근본이 견고해야 나라가 평안하다民可近, 不可下. 民惟邦本, 本固邦寧」盡心章句"는 문구를 인용해 '동양식 민주주의'를 설명했다. 또한 동양의 몽테스키외로 추앙되는 맹자의 "백성이 가장 귀하고 사직이 그 다음이며 군주가 가장 가볍다. 그래서 백성의 마음을 얻으면 천자가 되고, 천자의 마음을 얻으면 제후가 되고, 제후의 마음을 얻으면 대부가 된다民爲貴, 社稷次之, 君爲輕. 是故得乎丘民而爲天子, 得乎天子爲諸侯, 得乎諸侯爲大夫"라는 말을 인용하여, 백성을 위하는 것이 국가의 존재 이유이며 중국 역사에서 혁명의 정당성을 뒷받침하는 것이라고 했다. "백성이 국가의 근본이라는 개념은 중국 법률의 정수다. 대다수의 왕조는 '민심을 정복하는' 방식이 아니라 '민심을 얻어' 창건되었다. 중국 역사에서 '민심을 잃는다失民心'는 것은 정권 교체의 가장 중요한 명분이었다"고 말했다. 또한 중국 황제는 성현의 말씀에서 절제를 배웠다고도 했다.

중국 황제의 권력은 헌법에 의해서가 아니라 성현의 가르침에 기반을 두고 제한적으로 행사되었다. 황제는 통치자로서 자신이 '목민牧民'의 역할을 해야 한다고 믿었다. 역사적으로 중국에는 영국이나 프랑스의 폭군들처럼 음란하고 잔혹한 황제가 드물었다. 신하들과 어사의 간언을 들어야 했고 백성을 억압하는 관리가 있는

지 경계해야 했다. 이것이 중국의 민주주의로, 누군가는 '백성의 힘'이라고도 한다.[38]

후스가 '성현의 가르침'이나 '백성의 힘' 등을 말한 것은 애국심에 불타는 청년기의 글 중에서도 매우 희귀한 경우로, 사상적으로 완숙해진 다음에는 다시는 이런 표현을 하지 않았다. 1948년 9월, 베이핑北平 라디오의 「자유주의」라는 방송에 출현해 사상의 자유를 보장하는 제도 없이는 자유 민주주의를 이룰 수 없다고 했다. 그는 "동양의 자유주의 운동은 정치적 자유의 특별한 중요성을 알지 못한 탓에 민주주의 정치를 이루지 못했다"면서 "고대 중국에 '하늘이 보는 것은 내 백성이 보는 것을 따르고, 하늘이 듣는 것은 내 백성이 듣는 것을 따른다天視自我民視, 天聽自我民聽' '백성이 나라의 근본이다民爲邦本' '백성이 가장 귀하고, 사직이 그 다음이며, 군주가 가장 가볍다民爲貴, 社稷次之, 君爲輕' 등의 개념이 있었지만" 제도적으로 보장되지 못해 모든 것이 공허한 말이 되었다고 했다. 중국은 "군주의 전제를 해결할 법이 없었기에 군주의 전제 대권을 막을 수 없었다"면서 "오직 앵글로색슨족만이 다양한 민주적 정치 체제와 제도를 발전시켜 왔다. 여기에 앵글로색슨족의 공헌이 있다. 그들은 오직 민주주의적 정치만이 백성의 기본 자유를 보장할 수 있다는 것을 깨우쳤다. 따라서 자유주의의 정치는 민주주의를 옹호하고 한 국가의 통치권은 백성의 손에 있어야 한다"고 주장했다.[39]

유학 초기에 후스는 다른 유학생들과 마찬가지로 중국 전통에서 민주적 전통에 대한 논점을 찾았다. 차이슝蔡雄(1911년 칭화대학 졸업, 1919년 리하이Lehigh대학 졸업) 또한 스피치 대회에서 민주주의는 공자가 중국에 남겨준 귀한 유산이라고 칭송하면서 유가 경전을 이용했다.[40] 양바오링楊

豹靈(1909년 코넬대학, 1911년 퍼듀대학 졸업)은 송나라 정부가 '군주제 민주주의an imperial democracy'를 이루었다고 했다. 송나라는 '보통선거universal suffrage'와 과거 제도로 관리를 임면한 민주 사회를 구축했으며 "마을 지도자는 보선으로 결정되었다. 모든 남성은 자기가 사는 지역에서 선거권과 피선거권을 가지고 있었다"는 것이다. 또한 재상으로부터 하급 관리에 이르기까지 과거시험으로 선출되었다는 점을 덧붙였다.[41] 잉상더 또한 이와 유사한 주제로 중국 전통 속의 민주주의를 소개했다.

(서양에서) 유행하는 중국 정부에 대한 시각은 한 명의 폭군이 바글거리는 1000만의 백성을 다스리는 거대한 제국이다. 사실은 그렇지 않다. 세계 어떤 민족도 중국인처럼 법률의 보호를 받으면서 자유와 생명, 재산상의 특권을 누리지 못한다. 우리 정부는 일종의 가부장적 개념에서 파생된 군주제 안의 민주주의로, 가정식 제도를 모델로 삼고 있다. 백성은 황제를 대가족의 아버지로 보고 모든 권리와 권력을 부여했다. 물론 그가 국가의 법률로 통치하기를 기대한다. 근대까지(과거제는 1905년에 폐지되었다), 모든 정부 관리는 과거제로 선출했는데 그 자체로 민주적이었다. 간관諫官은 최하급 관리로부터 황제까지 모든 관리를 감찰했다.[42]

후스가 언급한 '성현의 가르침' '백성의 힘' '군주제 안의 민주주의' 등의 비논리적인 용어들은 검증 불가능한 것들이다. 이런 비논리적 용어는 서양의 민주주의 개념에 기초해 중국의 전통을 견강부회하는 것, 즉 셀프-오리엔탈리즘 이론의 단면이라 할 수 있다.

이러한 자기확신적인 셀프-오리엔탈리즘은 역사를 회고하는 차원이 아니라 미래 지향적이라는 점에서 주목할 필요가 있다. 서양과의 비교를 통해 중국 전통을 재창조하는 과정에서 오리엔탈리스트가 되어버린 그들은 중국 문화와 서양 문명이 백중세라거나 더 우월하다는 것을 증명하기보다는 중국이 새로운 세계 문명을 창조하는 데 일조할 수 있다는 부분을 강조한다. 즉 세계 문명의 부족한 부분을 중국 문화로 채워 넣음으로써 더욱 찬란하고 위대한 문명을 창조하자는 것이다. 진원메이는 「유가 사상의 확충과 재기」에서 여러 아시아 국가가 작금의 서구에 도전할 수 있도록 중국이 이끌어야 한다고 했다. 지금 "세계 각국은 전쟁이 아닌 평화를 원하고" 있는데 인도는 신비주의에 빠져 있고, 러시아는 허망한 정당들이 독재자와 싸우고 있어 전혀 여유가 없고, "놀라운 속도로 서양의 군사과학을 흡수하던 아시아의 모범국가" 일본도 이 임무에는 적합하지 않다고 했다. 일본인은 "상공업에 종사하는 사람들이 정신적으로든 육체적으로든 품격을 갖춰야 하는 모든 면"에서 중국인만 못하다는 것이다. 따라서 아시아의 지도자라는 책임은 당연히 신비주의자나 사무라이가 아닌 중국인의 어깨에 달려 있으며, 중국의 숙련된 수많은 농민과 상인이야말로 아시아인에게 닥친 실제적인 생활 문제를 해결할 수 있다고 주장했다.[43]

1920년 베이징대학 사범대학 영어과 학과장으로 부임한 린허민林和民(1916년 웨슬리언대학 졸업)도 역사가 중국인에게 부여한 사명에 대해 말했다.

세계사에서 여러 민족이 시험에서 탈락하는 모습을 지켜보고 있다. 비백인非白人 민족 가운데 우리를 제외한 모두가 실패했으니 우리는 반드시 성공해야 한다. 다른 사람들이 우리가 성공하기를 기대하는 것은 우리가 독립된 비유럽 민족이기 때문이다. 백인종은 서양 문명을 놀랄 만한 경지에 올려놓았지만 동양 문화의 우월성을 알지 못했다. 그들은 동양 문화로 서양을 보완하고 싶어 하지만 서양인의 안경을 쓰고 봄으로써 우리 문화의 진수를 이해하지 못했다. 이것은 우리도 마찬가지다. 세계가 하나의 완전한 통일 문명을 이루기 위해서는 동양 민족 가운데 가장 서구화된 우리 민족만이 서양에 기여하는 동시에 서양을 동양에 소개할 수 있을 것이다. 우리마저도 실패한다면 세계 문명은 영원히 완전해질 수 없다.[44]

르오찬화 또한 중국 문화가 '세계 문명을 건설하는 질료'가 될 수 있을 것이라 기대했다.

중국 문화는 커다란 순응력과 탄성을 지니고 있으며, 무엇보다 인류의 활동에 물질과 정신의 조화를 이룰 수 있다. 서구화라는 것은 이 두 대립된 성분이 끝없이 투쟁하는 것을 의미한다. 이들이 계속 대립한다면 갈수록 조화는 불가능해지고 질서를 잃은 채 혼란을 불러일으킬 것이다. 반면 중국인은 항상 삶을 구성하는 두 성분의 조화를 강조해왔으며 결국은 정신이 물질을 이길 것이라고 단언해왔다.[45]

물론 20세기 초반의 모든 유학생이 셀프-오리엔탈리스트인 것은 아니다. 또 셀프-오리엔탈리스트라고 해서 모두 문화적으로 보수주의자인 것도 아니다. 훗날 전통에 반기를 들고 신문화 운동의 기치를 든 후스가 좋은 예다. (유학생을 포함한) 많은 사람은 미국식 교육과 생활 경험으로 인해 유학생들의 생각이 비슷할 것이라 여기지만 사실은 개인의 성격, 가정 배경, 출신 학교에 따라 많은 차이를 드러낸다. 출국할 때부터 그랬고 귀국 후에는 학교, 전공, 관계의 영향으로 처세, 품격, 안목 등의 차이가 더 크게 벌어졌다.

유학생들은 정치·문화적으로 보수적인 태도를 보였다. 특히 5·4 신문화 운동 당시 그들이 드러낸 적대적 태도에서 문화적 보수성을 알 수 있는데, 당시 5·4 신문화 운동에 찬성하는 입장을 밝힌 학생은 극히 적었다. 신문화 운동을 비판한 유학생들은 서양에 반기를 들었다기보다는 당시 중국의 문화 보수주의자들처럼 유럽의 실증주의, 현대적 유심주의唯心主義에 반대한 것이다. 다시 말하면 서양의 사상을 선별적으로 차용하여 자기에게 부합하는 부분은 받아들이고 그렇지 않은 부분은 배척한 것이다. 그러나 보수 여부를 떠나서 셀프-오리엔탈리즘적 관념에 빠진 유학생들은 중국인과 중국 문화를 찬양하는 서양 오리엔탈리스트의 논조를 인용했다.

셀프-오리엔탈리즘은 유학생들이 중국 전통에 대한 자기 견해를 구축하기 위해 사용한 전략 중 하나로, 중국 전통을 역사로부터 따로 떼어내어 본질화하는 경향에도 불구하고 유럽과 미국의 오리엔탈리즘 서사를 자유롭게 차용했다. 민족주의는 이들을 오리엔탈리스트로 변화시켰으며, 중국 문화를 무시하는 언사에 민감하게 반응하게 했다. 유럽 오리엔탈리스트들에게 서양에서 교육을 받은 중국 유학생은 눈엣가시 같은 존재로, 분명 중국인이면서 미국인의 어조와 표정 및 태도를 흉내 내면서 백인과 결혼하려 기를 쓰는 매우 불쾌한 유색인종일 뿐이었다. 유학생들은 미국에서 교육을 받았으므로 중국 전통에 대한 서양의 왜곡된 시선을 비판할 자격이 있다고 생각했지만, 유럽의 오리엔탈리스트 입장에서는 바로 그러한 점 때문에 유학생들이 진정한 중국인인지 의구심을 표했다. 유학생과 유럽 오리엔탈리스트 간의 논쟁은 과연 누가 중국을 대변할 권위와 '순수성'을 가졌느냐 하는 발언권 분쟁으로 귀결된다.

효빈效顰, 오리엔탈리즘의 비판

아리프 딜릭의 말대로 오리엔탈리즘은 원래 서구에서 생겨난 것이 아니라 유럽인과 아시아 지식인의 '접촉 지대'에서 만들어진 이론이다[46] 이러한 접촉 지대는 주로 식민지 혹은 식민지 본국의 수도였는데, 중국 유학생의 경우는 미국에서 셀프-오리엔탈리즘 논조를 구축했다. 문제는 미국에 있는 이들에게 중국은 추상적인 관념이었다는 점이다. 멀리 떨어진 곳에서 바라본 추상적인 중국 전통은 시대를 초월한 지혜로서 유학생들은 현대 교육을 받은 우아한 중국 해설자를 자처했다. 그러나 귀국했을 때 그들은 웅변과 상상만으로는 해결할 수 없는 빈곤과 낙후함 그리고 무정부적인 상태에 맞닥뜨렸다. 그들의 바람과는 달리 중국인과 중국에 사는 외국인의 시선에 비친 유학생은 이미 중국 문제의 일부가 되어 있었으며, 특히 중국 연해의 접촉 지대에서 가장 혹독한 비판자들과 대면해야 했다.

이제 이들은 중국뿐만 아니라 자신을 위한 변호가 필요했다. 미국 유학 시절에는 자부심 강한 셀프-오리엔탈리스트였으나 귀국한 뒤에는 중국에 부정적인 시각을 갖고 있는 유럽 오리엔탈리스트에 대적해야 했다. 그들은 중국 내에서는 너무 서구화되어 정체성을 상실했다는 비판을 받았고 유럽의 오리엔탈리스트로부터는 '진짜 중국인'인지 하는 의심을 샀다. 그들의 의심은 백인을 모방하는 방식은 실패한다는 경고로 이어졌다. 호미 바바의 말에 따르면 유학생들의 모방 정도는 "거의 같았지만 결국은 다르다." 더 정확하게 말하자면 "거의 같지만 결국 백인이 될 순 없다"는 것이다.[47]

앞서 언급했듯이 왕이쥐는 20세기 전반 유학생들이 과도한 서구화로 정체성을 잃었다는 비판을 집대성했다. 그러나 그의 비판에는 문제가 있었다. 비판이 정당한가의 문제가 아니라 건설적이지 않다는 것으로, 사실을 지적하는 것 외에 좀더 생산적인productive 개념을 구축하는 데 도움이 되지 않는다. 호미 바바가 말한 'mimicry', 즉 효빈效顰, 분수를 모르고 남을 따라하는 것을 일컫는 말로, 월나라의 미인 서시西施가 찡그리는 모습을 본 여인들이 아름다움으로 여겨 표정을 흉내 냈다는 고사에서 생긴 표현─옮긴이은 이 시기 유학생에 대한 비판과 관련해 막다른 골목에서 벗어날 수 있게 한다는 점에서 유용하다. 특히 유학생들이 과도하게 서양화되었음을 비판하는 서양인의 식민사관을 들여다보는 창구다. 호미 바바는 '효빈'이 '이중 표현의 상징the sign of a double articulation'이라고 했다. 한편 인도가 식민 지배를 받던 무렵의 '효빈'은 "타자를 강압appropriates하는 복잡한 개혁, 관리, 규칙을 적절히 활용하는 것"이었다. 따라서 효빈자mimic men란 식민지 개척자들이 규정한 '타자'로서, "영국식 시각, 입맛, 행동, 사상"을 가졌지만 "몸속에 흐르는 피와 피부는 속일 수 없는 인도인"을 의미한다. 그들은 "결함을 지닌 식민지 모방의 산물이다. 아무리 영국화하고자 해도 결코 영국인이 될 수 없는" 존재였다. 차이를 극복하지 못하면 조롱 대상이 될 수 있기에 효빈은 위협적이다. 아울러 효빈은 부정확함inappropriate, 차별성difference, 반항성recalctitrance의 상징으로, "정상화normalized된 지식이나 규율의 힘을 위협"하는 전복적인 힘이었다.[48]

호미 바바의 효빈 이론은 서양인이 귀국 유학생을 비판하는 배후 심리를 이해하는 데 적용해볼 수 있다. 20세기 전반 유학생의 지나친 서구화를 비판한 서양인들은 사상을 비롯한 여러 면에서 각자 뚜렷한 차이를 보였다. 특히 유명한 학자인 존 듀이와 굿나우 외에 잘 알려지지 않은 셀스카 건(록펠러 재단 부회장), 로버트 맥엘로이(프린스턴대학 교수, 1917년 칭화대학 최초 객좌교수), 너새니얼 페퍼(중국 특파원, 컬럼비아대학교수), 미하일 브로딘(1920년데 코민테른 대표), 제이 블랜드 등이 유학생의 과도한 서구화를 강하게 비판했는데, 당시에는 그들의 주장이 정론으로 인정되었다.

브로딘은 이데올로기적으로는 왼쪽에 서 있는 입장이었지만 유학생에 대해 "중국의 도적들은 몸만 돌리면 곧바로 군벌이 되어서 귀국한 유학생들을 손쉽게 끌어들여 하나의 정부를 구성할 수 있다"고 비판했다.[49] 이와는 달리 존 듀이는 『뉴리퍼블릭The new Republic』지에 연민의 정이 담긴 글을 발표했는데 "중국 내 교회와 기독교 학교는 미국의 교과 과정과 전공의 개념을 그대로 도입해 중국에 이식했다"면서 학생들을 중국 산업화의 지도자로 양성하기보다는 영어를 배워 외국 기업에서 일하는 존재로 육성했다"고 했다. 더욱 심각한 것은 기독교 학교가 "매우 의존적이고 맹목적인 심리와 성격의 소유자"를 길러냈다고 지적했다.[50] 존 듀이의 이러한 비판은 5·4 신문화 운동 때부터 1920년대의 반기독교 운동 논조를 그대로 반영한 것이다.[51]

존 듀이는 중국 학생들이 정체성을 상실한 책임은 기독교 학교에 있다고 했다. 그는 제이 블랜드를 필두로 귀국 유학생을 강하게 비판하는 서양인들을 '블랜드파the Bland School'라고 칭하면서 공개적으로 비판했다. 그러면서 블랜드가 "중국에 있는 외국인들을 대변하면서 외국에 중국 소식을 퍼뜨리거나 중국에 대한 외국 여론에 막강한 영향력을 행사한다"고

했다.[52] 또한 1920~1921년 중국에 머물렀던 버트런드 러셀이 "유럽인은 별다른 이유도 없이 귀국 유학생을 비판한다"[53]고 한 말에 공감을 표했다. 이 두 사람과 달리 굿나우는 중국에 별 애정이 없었다. 존스홉킨스대학 총장과 위안스카이의 정치 고문을 지낸 이 '현실파' 정치학자는 유학생들의 정체성 상실은 너무 어린 나이에 유학을 보냈기 때문이라며 "장차 국가의 지도자가 될 사람이 정체성을 상실할 위험에 처해 있거나 새로운 문명의 매력에 빠져 중국의 우수한 점을 존중할 줄 모른다면 유학은 매우 어리석은 방식이다"라면서 외국 생활에 익숙한 유학생들이 조국에 돌아가면 전혀 다른 상황에 직면할 것이라고 했다.[54]

다른 비판자들은 더욱 직설적이었다. 초대 칭화대학 객좌교수였던 로버트 맥엘로이는 1923년 뉴욕의 한 강연에서 유학생들이 귀국 후에 이렇다 할 성과를 거두지 못하는 것은 자국 사정에 대한 근본적인 이해가 없기 때문이라고 했다.[55] 1931년 중국을 방문했던 셀스카 건은 록펠러 재단에 제출하는 보고서에 유학생들이 서양의 이론을 중국에 무비판적으로 적용했다고 기재했다. 특히 사회과학 연구를 예로 들어 "귀국 유학생들이 제출한 연구 계획서는 문제가 많았는데, 공통적으로 외국에서 사용한 이론과 방법론에 지나치게 의존하고 있다는 결점을 드러냈다. 그 이론과 방법은 근본적으로 중국에 적용할 수 없다"고 했다.[56]

너새니얼 페퍼의 비판은 더 가혹하다. 중국에서 5년 동안 "외국에서 유학한 사람들과 광범위하게 접촉한 결과 (…) 말만 번지르르하고 애국이라는 말을 입에 달고 살지만 정신력은 약하고 교만과 자만으로 가득 차 있다"라고 했다.[57] 특히 자신들이 공격한 부패한 관료와 똑같은 부패를 저지르고 있다고 했다.

그들은 미국에 있을 때 부패한 관료를 강하게 비판했다. 그러나 그 부패한 관료 중 유학생 출신이 얼마나 많은지, 자신들이 가장 부패했다는 사실을 알고 있을까? 많은 유학생이 미국에 있을 때는 그토록 비판하더니 귀국한 이후 태도를 바뀌어 저자세를 취하다가 어느 순간 자기도 모르게 그들을 닮아갔다. 나중에는 한 번도 나라를 떠나본 적 없는 수구 세력과 다를 바 없는 모습이 되어 있다. 귀국한 유학생과 베이징 관료의 명단을 대조해보라. 유학생들은 적게는 한두 가지, 많게는 대여섯 가지의 직업을 가지고 월급을 받으며, 쥐꼬리만 한 뇌물을 받으면 어떤 일도 거절하지 않는다. 이들 중 비인간적이고 냉혹한 배신자들이 얼마나 많은지 살펴보라! 58

그러나 페퍼의 비판보다는 중국인 사회의 비판이 더욱 혹독했다. 중국인들은 서양 유학생들이 권력욕과 출세욕에 사로잡혀 사회적 책임을 망각하고 정체성마저 상실해 망국의 길로 이끌 것이라고 비판했다.59 유학생 중에도 이런 비판에 동조하는 사람이 있었다. 페퍼의 글이 『중국유미학생월보』에 발표되었을 때 큰 호응이 있었는데, 편집자인 구타이라이顧泰來 또한 사설에서 "페퍼가 지적한 사례들은 모두 부인할 수 없는 사실"이라고 실토했다.60 역시 유학생 출신으로 성공회 목사가 된 주유위朱友漁는 1922년 6월 잡지에서 "어떻게 이런 비열한 자들이 나라를 구할 것이라 기대할 수 있겠는가? 외국 유학을 갈 수 있는 사람은 거의 특권층인데, 그들에게 책임을 맡길 수 없다면 도대체 누구에게 부패와 무지에서 중국을 구해달라고 해야 하는가?"61라며 한탄했다.

물론 스스로를 변호하는 유학생도 있었다. 모두를 싸잡아 비판하는 데는 동의할 수 없으며 유학생들에 대한 허망한 기대나 서양 교육의 효용성에 대한 과대평가를 거둬들여야 한다는 논조였다. 1923년 『중국유미학생월보』 편집장인 구이중쑤는 4월호 사설에 이렇게 밝혔다. "모든 유학생이 대단한 실력을 갖추어 여러 분야에서 골고루 지도자가 되어야 한다는 기대는 황당하기 그지없는 것이다. 그들도 같은 사람이어서 지역이나 전공에 대한 한계를 극복하기 어렵다."62 주유위는 "페퍼와 같은 비판자들은 서양 교육의 효용성에 대해 지나친 기대를 갖고 있다. 중국 학생이 서양의 대학에 진학하면 마치 올림푸스산의 신들을 순례하는 것처럼 여기면서 평범한 사람이 3~5년 안에 지성과 인성을 겸비한 슈퍼맨으로 변할 것이라고 생각한다."63

귀국 유학생들이 중국을 무정부, 부패, 우매한 사상의 진흙탕에서 구해줄 수 없을 것이라는 비판은 단일한 형태가 아니다. 이것은 또 다른 비판, 즉 유학생들의 지나친 서구화와 연결되어 '가짜 양키'라는 조롱을 낳았다.64 4장에서 서구화는 피할 수 없으며 공감해야 한다는 메이화취안의 발언을 소개한 바 있다. 그의 말은 지나치긴 하지만 오랜 외국 생활의 흔적은 어쩔 수 없다는 점을 인정한 것이다. 구이중쑤는 위의 글에서 "우리는 영어를 하고, 미국 옷을 입고, 미국인의 춤을 배운다. 로마에 가면 로마법을 따라야 하듯이, 그렇게 하지 않고 중국인의 생활방식을 고집한다면 영원히 그 환경에 적응할 수 없다. 그래서 중국 노동자들이 많은 비판을 받지 않는가"라고 했다.65

유학생들은 딜레마에 빠졌다는 사실을 깨달았다. 그러나 유학생이 미국 생활에 적응하는 것과 선교사들이 중국에서 보이는 행동과 무엇이 다르단 말인가? 구이중쑤는 "우리는 정체성을 상실하지 않았다. 중국에서 활동하는 외국 선교사들이 중국옷을 입고 중국인처럼 행동하면서도 정체성을 잃지 않는 것과 다르지 않다"고 했다.66 100년 전의 구이중쑤는 알 수 없었겠지만 식민지를 경험한 우리는 분명히 느낄 수밖에 없는 사실이 있다. 식민지 권력 아래 인종의 경계를 '넘어서는 것transgress'은 일방통행이었다는 것이다. 유학생이라는 존재는 호미 바바가 정의한 식민지의 '효빈인'이었다. 그들은 "생활, 의복, 언어에서 외국인과 같았지만" 여전히 (인도인이) "영국 사람이 되고 싶었으나 영원히 영국인이 될 수 없었던" 것처럼 그들은 결점을 가진 식민지 효빈의 산물이다. 그들은 중국인이기 때문에 인종의 경계선을 넘어서려는 시도는 반드시 실패할 수밖에 없으며, 그저 "똑같아 보일 뿐 결코 백인은 아닌" 존재일 뿐이다. 그들이 '똑같아지고자' 노력할수록 백인은 역겨운 혐오감을 느낄 뿐이다.

반대로 중국옷을 입고 중국인처럼 행동하는 선교사들은 게일 로의 표현대로 '복장으로 문화 경계를 넘나드는 즐거움the fantasy of cross-cultural dressing'을 누리는 것이다. 이들의 행위가 선교를 위한 것인지 단순히 '중국인 되어보기going native'의 심리인지는 중요치 않다. 로는 "문화를 뛰어넘는다는 것은 어떠한 불이익도 없이 '넘나드는' 쾌감을 맛볼 수 있다는 데 있다"고 했다.[67] 게일 로는 프란츠 파농의 『검은 피부, 하얀 가면Black Skin White Masks』 분석을 통해 유학생은 무엇을 하든 자신의 '원주민' 신분을 노출할 뿐으로 그들에게 하얀 가면은 맞지 않았으나, 선교사들은 언제든 자기가 입었던 중국옷을 벗어던지고 백인의 모습으로 돌아갈 수 있었다고 했다.

J. O. P. 블랜드는 유학생의 가면을 가장 거칠고 아프게 벗겨버린 사람이다. 그는 아일랜드 출신으로 1883년에 중국에 와서 1895년까지 로버트 하트(1835~1911)가 이끌던 세관 총세무사大淸海關 總稅務司에서 근무했다. 1896~1906년 상하이 공공조계 내의 공부국工部局, 조계내의 행정을 담당하는 기구—옮긴이 비서, 영국 『더타임즈』의 중국 주재 특파원을 지냈다.

1906년 중영은행the Britist and Chinese Corporation의 중국 철도 투자 책임자였으며 귀국 후 언론에 많은 글을 발표하는 등 자타가 공인하는 중국통 인사였다. 휴 트래버 로퍼는 블랜드를 문호 개방 정책을 지지한 "중국인의 친구"라고 표현하면서 열강이 경쟁적으로 중국을 침탈하는 데 크게 분노한 인물이라 했다. 또한 블랜드가 전통을 중시하는 '영국 전통파'(토리당)여서 (중국에서) "서양화는 반드시 실패할 것이라고 했다. 중국이 독립성을 회복하기 위해서는 역사적 인식을 바탕으로 개혁을 실시해야 한다고 했다"는 말을 전했다.[68]

휴 트래버 로퍼는 완전히 잘못 알고 있었다. 블랜드는 문호 개방 정책에 반대했을 뿐만 아니라 자기 자신을 "영국 식민지 인도를 지키는 개watch-dog of Raj"라고 했을 만큼 동아시아에 대한 대영제국의 이익, 특히 창장長江강 유역의 영향력을 고수하기 위해 노력했다.[69] 다시 말해 그는 중국을 포함한 세계 각지에서 대영제국의 이익을 지켜야 한다는 생각을 지닌 전형적인 오리엔탈리스트로, 많은 글을 통해 중국의 다양한 모습을 전했지만 핵심적인 주제와는 거리가 너무 멀었다. 20세기 초반 유학생들이 가장 미워한 중국통인 그의 배경과 기본적 시각을 살펴보기로 하자.

그는 중국의 모든 문제는 역사적 배경과 생물학적 원인에서 찾아야 한다고 했다. 중국은 '생식적 본능에 의해' 탄생한 거대한 '번식, 사육'의 기계라면서 '맬서스의 덫Malthusian Trap'(인구는 기하학적으로 증가하지만 식량은 산술급수적으로 증가한다는 이론)에서 빠져나오지 못해 전염병, 기근, 내란을 피할 수 없다고 했다. 그럼에도 중국인이 묵묵히 재난을 견뎌내고 있는 것은 뼛속 깊이 자리한 유가 시스템, 즉 가족 제도에 대한 신성시, 조상 숭배, 일에 대한 책임의식이 합쳐진 일종의 '숙명론Oriental fatalism' 덕분이라고 했다. 그는 '역사'에 '생물'이라는 요소를 혼합하여 중국의 민족성을 "무슨 수를 써서라도 자손을 많이 남기려는 본능philoprogenitive instinct at all cost"으로 해석했으며, 이러한 민족성이 열강에게 간섭할 명분을 제공했다고 했다. "2000년 동안 중국인은 평화롭게 살아갈 수 있는 한 다른 어떤 요구도 하지 않았다"면서 종족 번식의 자유만 보장된다면 누구의 통치를 받든 관심이 없다고 했다.

그는 미국이 중국에 대해 감정적 인도주의sentimental humanitarianism라는 실수를 저질렀다면서 문호 개방 정책은 유치한 신념에 토대한 것이라고 비판했다. "조약과 회담으로 자연 진화를 막거나 비효율적인 인종이 더 강한 인종에게 병합되는 것을 막으려면," 즉 내부 혼란으로부터 중국을 구하기 위해서는 미국과 영국이 열강에게 더 많은 간섭을 허용해야 한다는 것이다. 그는 "이 세상에서 나보다 더 중국인을 동정하는 사람은 없다. 그러나 역사와 생물학적 이유로 우호적인 열강의 도움과 인도를 받지 못한다면 중국은 진정한 경제 및 군사 개혁을 이룰 수 없고 강력한 이웃 국가의 침략을 제어할 수 없다"고 했다.[70]

그는 이런 역사와 생물학적 요인을 들어 서양 유학, 특히 미국 유학을 다녀온 중국인을 비난했다. 다른 사람들도 그와 같이 비난했지만 블랜드는 평생 자신의 태도를 바꾸지 않았다는 점에서 특별했다. 다른 비판자들과 마찬가지로 그는 유학생들이 중국의 복잡한 현지 사정을 고려하지 않고 서양의 제도를 이식하려 한 점을 지적하면서 식민주의와 오리엔탈리즘의 시선으로 비판했다. 그는 서양 유학 출신의 중국인을 '소년 중국'이라 지칭하며 폄하했다. "자기가 배운 서양 지식에 대한 자만으로 유가 도덕의 굴레를 벗어났다고 하고, 외국의 민주주의 사상을 이야기하면서 오랜 세월 많은 난관을 극복하는 데 도움이 되었던 전통 철학에 도전"했다는 것이다.[71] 따라서 유학생은 중국 민족의 영혼 위에 잠시 머무는 '거품'에 지나지 않으며, 중국 민족의 영혼은 "유가의 전통과 진지함이 스며들어 있다. 그리고 이것이 변화의 위험으로부터 구제받을 수 있는 중요한 배경"이라고 했다.[72]

그의 신랄한 발언 뒤에는 유학생에 대한 뿌리 깊은 증오의 감정이 숨어 있는데, 유학생을 '소년 중국'이라는 명사를 사용하기 이전에는 인도의 '바부Babus(Baboos)'에 빗대었다. '바부'는 페르시아에서 기원한 뱅골어로 영어로는 남자에 대한 존칭인 '미스터Mr.'와 같은 뜻이다. 원래는 부정적인 의미가 아니었으나 19세기 초반 방글라데시에서 졸부를 조롱하는 표현, 즉 처음에는 페르시아인의 행동거지를 따라하다가 나중에는 영국인을 따라하는 사람들을 '바부'라 부르면서 부정적인 의미로 쓰이게 되었다. 19세기 중반에 출간된 영어-인도 사전에 '바부'는 "영어를 사용하는 원주민 직원"으로 정의되어 있으며 "표면적으로는 우아하나 여성적인 방글라데시 사람에 대한 멸시의 표현"이라는 설명이 덧붙어 있다. 19세기 후반에 이르러서는 식민지 시대에 과시적이면서 애국심이 없는, 영국인인 척하는 사람 또는 영국식 교육을 받은 인도인을 지칭했다.[73] 블랜드가 언급한 중국의 '바부'는 바로 이러한 의미다.

'소년 중국'의 현대적 모습은 미국, 홍콩, (중국의) 개항항구의 산물이다. 영어를 조금 배운 뒤 수박 겉핥기식 지식으로 관청의 잡일을 하거나 전보국, 초상국 혹은 외국 상점의 직원으로 일하기도 한다. 이런 유형(즉 인도의 '바부')은 중국이 아직 맹아 단계에 있다는 사실을 의미하며, 그 수가 빠르게 늘어나면서 영향력도 커지고 있다.[74]

영국 식민지인 인도에서 중산층이 빠르게 증가하자 통치 계층이 위협을 느꼈던 것처럼 블랜드는 중국의 '바부'가 빠르게 증가하자 그동안 향유해온 식민지 권력과 특권이 어느덧 역사가 될 것이라는 데 낙담을 표하고 있다. 이런 낙담은 회고록에 분명하게 나타났다. 1906년 그가 공부국을 떠나 중영은행으로 전직한 이유에 대해 이렇게 밝혔다. "내가 자리를 옮긴 것은 '소년 중국'이 민족주의 영향을 받아 정치적으로 변화하기 시작했다는 징조를 느꼈기 때문이다. 앞으로 상하이는 더 이상 살기 좋은 곳이 아닐 것이다."[75]

블랜드는 "나는 '소년 중국'이 이상한 유럽 옷을 입는 것에 대해 도저히 참을 수 없었다. 아무리 이성적으로 생각해도 이해가 되지 않았다"면서 유학생들의 유창한 영어보다 매판들이 말하는 양징방洋涇浜 영어, 상하이 조계 내에서 소통되는 간단한 중국식 영어, 피진pidgin 잉글리시라고도 함—옮긴이를 좋아한다고 했다. "양징방 영어에는 매판의 우정, 충성, 성실이 녹아들어 있다. 그런데 이제 이런 것들은 빠르게 사라져가고 있다."[76]

청나라가 멸망하고 무정부 상태가 이어지자 블랜드는 식민지론을 소리 높여 주창했다. 그는 아시아 여러 민족은 깊고 어두운 역사로 인해 국가 운영에 어려움을 겪게 될 것이라며 인도를 예로 들었다. "영국이 인도에서 철수한다면 200년에 걸쳐 이어진 영국의 영향력도 하루아침에 사라져버릴 것"이라면서 '소년 중국'이 외국인을 적대시하는 것은 방글라데시 사람이 인도의 통치자인 앵글로색슨족을 무시하는 것과 같은 일이라고 분노했다. 이 식민지인은 "영국이 지식이 아닌 도덕적 힘과 우월의식으로 인도를 지배했다는 것을 모른다"면서 중국에게는 '효율적인 중앙정부'가 필요하다고 했다. 그리고 "만약 '소년 중국'이 가져올 혼란과 외국 정부의 법치 중 하나를 선택하라면 백성은 후자를 택할 것이다"라고 했다.[77]

중국인을 사랑한다고 말하면 말할수록 블랜드는 중국인을 이용하고 있다는 자기폭로를 더할 뿐이었다. 그는 중국 백성을 동정하는 척하면서 그들에게는 "결과를 생각하지 않고 번식만 하려는" 본능이 골수까지 사무쳤다고 질책했다. "아시아의 차가운 영혼이 이 허망한 계곡 아래 돌고 있으며" 중국 백성은 "유럽 문명이 너무 멀리 있어 잘 보지도 못한다!'고 했다.[78] 그는 휴 트래버 로퍼와는 달리 중국 전통에 대한 어떤 존경도 없었으며 그저 인종의 낙인을 찍어 중국인을 폄하할 뿐이었다. 그는 뱀의 갈라진 혀를 지니고 있었다. 한쪽 혀로는 중국은 "세계에서 가장 오래되고 가장 지혜로운 문명'을 가지고 있다면서 "중국의 고고한 도덕과 문화를 혐오스러운 외국 수프와 바꾸지 말라"고 '소년 중국'을 일깨우는 척 거짓 호의를 보였다.[79] 갈라진 다른 쪽 혀로는 다른 유럽인들처럼 자신도 일상적인 업무 처리에 필요한 한자를 배웠지만 더 이상 배우지 않는 이유는 "오래 배워봤자 크게 얻을 것이 없기 때문'이며, 계속 배우다보면 어느새 자신도 동양인처럼 "매우 이상하게 변하게 된다"고 했다. 심지어 "중국어에 능숙하면 피부색마저 변해서 결국 유럽인의 인생관, 사상, 행위 기준에서 멀어지게 된다"고 했다.[80]

블랜드가 이렇게 유학생, 중국인, 중국 문화를 무시한 것은 그의 황당한 말에 속는 사람들이 있었기 때문이다. 물론 많은 이는 그가 신해혁명 이후 출범한 중화민국을 유명무실하다고 폄하하고 열강의 간섭을 촉구한 데 분노했다. 1912년 11월, 블랜드는 보스턴에서 열린 로웰Lowell 강좌에서 "신해혁명 이후 탄생한 중화민국은 진정한 공화정이 아니니 미국 정부는 승인하지 말아야 한다"고 촉구했다. 당시 코넬대학에서 유학 중이던 후스는 "블랜드가 미국 전역을 돌아다니며 중화민국을 폄하하는 글을 『뉴욕타임스』에 투고했다"고 비판했다.[81] 그러나 『뉴욕타임스』는 이 글을 싣지 않았다.

블랜드는 11월 21일 코넬대학에서 「중국의 불안The Unrest in China」이라는 제목으로 강연을 했다. 『유학일기』에 보면 후스는 강연이 끝난 뒤에 왜 미국이 중화민국의 승인을 반대해야 하느냐고 물었다. 이에 블랜드는 "자국민도 인정하지 않는 정부를 어떻게 승인하겠는가?"라고 반문했고, 후스는 "자국민이 인정하지 않았다는 증거가 어디 있느냐"고 대응했다. 그러자 블랜드는 갑자기 말투를 바꾸어 "내가 오해한 것이다"고 꼬리를 내렸다.[82] 『유학일기』에서 후스는 코넬대학 유학생회에 "영국과 미국 언론이 반대하고 있다는 견해를 우리가 언론에 알림으로써 당쟁과 개인의 이익만을 찾는 싸움을 멈추고 구국의 방법을 찾아보자"고 제안했다.[83]

유학생들은 중국이 스스로 초래한 혼란에서 벗어나려면 열강이 개입해야 한다는 블랜드의 주장에 분노했지만, 그 배후에 숨어 있는 식민지론과 오리엔탈리즘에 대해서는 관심을 갖지 않았다. 오히려 어떤 유학생은 그의 논조를 모방하기도 했는데, 대표적인 글이 「소년 중국의 쇠락The Eclipse of Young China」이었다. 이 글은 당시 런던대학에 유학 중이었고 훗날 칭화대학 영문과 학과장을 역임한 왕원촨王文顯이 쓴 것으로 추정된다. 그는 1914년 4월 보수적 관점을 드러내기 위해 단 한 번 런던에서 간행된 『중국평론The China Review』의 편집자였으며, 당시 사설로 이 글을 발표했다.

전미중국유학생연합회는 신해혁명 후 3개월이 지난 뒤 위안스카이가 혁명파와 협의에 도달했다는 소식을 접한 뒤에서야 정식으로 혁명을 지지했다. 그들은 위안스카이야말로 중국이 필요로 하는 강력한 지도자라고 여긴 반면 혁명파의 쑨원에 대해서는 호감을 보이지 않았다. 1913년 쑨원이 2차 혁명을 발동하여 위안스카이의 독재에 반대했을 때 유학생들은 쑨원을 비난했으며 위안스카이가 2차 혁명을 진압하자 축하를 표했다. 1914년 봄 위안스카이가 헌법 수정을 통해 강력한 행정권을 행사하려 했을 때도 지지를 표명했다. 이것이 왕원솬이 런던에서 『중국평론』을 창간한 정치적 배경이다.

1914년 6월 『중국유미학생월보』는 「소년 중국의 쇠락」을 전재했다. 보수적인 성향의 편집자 웨이원빈은 사설을 통해 "우리의 관점과 주장에 지극히 부합하기에" 게재하기로 했다고 설명했다. 아울러 '생각이 깊은 독자들'에게 꼭 읽을 것을 당부하면서 '블랜드와 그 일당'은 이렇게 생각하지 않을 것이라는 점을 지적했다.[84] 아이러니하게도 「소년 중국의 쇠락」은 문장이나 관점 그리고 '소년 중국'이라는 모욕적인 용어에 이르기까지 블랜드의 글을 고스란히 답습했다.

이 글은 다음과 같이 선언했다. "말만 번드르르할 뿐 실속 없는 '소년 중국'은 이미 정치계에서 사라졌다. 그래서 '소년 중국' 내부의 의식 있는 절대 다수 구성원들은 안도의 한숨을 내쉬었다."

> 만청은 반드시 물러나야 했다. 그러나 그 대가가 너무 컸다. 특히 '소년 중국'이 혼란과 재난을 틈타 아무 원칙도 없이 오직 이익만 탐하는 무리와 뭉쳤기 때문이다. '소년 중국' 내부의 이성적인 인사는 허구의 열정과 위기에 속아서 '2차 혁명'이라는 자살로 막을 내리고 말았다.

이 글은 완전히 블랜드의 어조와 용어를 답습하여 '소년 중국'이 실패한 것은 백성이 중국 전통을 포기함으로써 보수 정신을 위배한 탓으로 돌렸다.

'소년 중국'은 재난과 같은 두 번의 오판을 했다. 중국 보수 정신의 활력을 저평가하고 백성이 자신들을 계속 지지할 것이라 믿었던 것이다. 게다가 중국에서 열강의 기득권과 그들이 원동遠東의 발전에 결정적 영향을 미치는 힘을 무시했다.

논리적으로 정부의 문제를 자세히 설명하지 않으면 일반 사람은 결코 이해하지 못한다. 내전으로 인한 혼란으로 인해 그들은 오직 평화를 이루어 정상적인 생활로 돌아가기를 원할 뿐이다.

'소년중국'이 범한 가장 큰 착오는 중국 백성의 보수적 성향을 무시했다는 것이다. 일부 정서적인 개혁은 그저 서양 문명을 표면적으로 모방한 것으로, 백성에게 강요하려 했을 뿐 그들의 감정을 전혀 고려하지 않았다.[85]

이 글의 저자인 왕원찬과 잡지에 게재한 웨이원빈은 열강의 간섭을 요구한 블랜드의 견해에는 동의하지 않았다. 그들은 중국이 역사상 가장 심각한 위기에 봉착했다는 인식 아래 "서양으로부터 연민을 얻어내지 못할망정 최소한 간섭은 하지 말라고 요구해야 한다"고 했다. '소년 중국'에 대한 그들의 비판은 두 가지 논점에 기초하고 있다. 첫째 "유럽 국가나 금융기관은 위안스카이를 지지한다." 둘째 '소년 중국'이 '외국 헌법의 세세한 부분'을 고집한 결과 파벌 간 투쟁을 불러일으켜 '국가의 안전과 미래'를 위태롭게 했다. 결국 '2차 혁명'은 실패했고 강력한 행정권 수립이라는 중요성을 다시 세우게 되었다는 것이다.

두 사람 모두 블랜드의 결론에는 반대했지만, 무의식적으로 그의 언어와 방식을 모방하여 그의 논조를 선전하고 있었다. 그 결과 그가 말하

448

는 중국 전통의 본질과 오리엔탈리즘의 논조를 답습하고 말았다.

　블랜드가 뱀 같은 혀를 놀려 자기는 중국 전통을 영원히 사랑한다고 하자 이에 감동한 유학생들은 거의 눈물을 흘릴 정도였다. 블랜드가 '소년 중국'을 격적적으로 공격한 이유는 너무나 중국 전통을 사랑하기 때문이라는 것이다. 그러나 그토록 중국 전통을 사랑한 사람이 열강의 간섭을 요구했다는 것은 혼란스러운 일이었기에 일부 유학생은 그가 돈 때문에 중영은행에 영혼을 판 것으로 받아들였다. 예컨대 컬럼비아대학 출신 변호사 메이화취안은 블랜드가 신해혁명을 폄하한 까닭은 만청 정부가 그에게 베푼 명예와 특권에 연연했기 때문이라고 분석했다. 메이화취안은 그를 "영국의 만주 사람英國滿人"이라 칭했는데, 만청 정부가 블랜드에게 '쌍룡보성雙龍寶星' 훈장을 내린 것을 의미한다.[86]

　장신하이張歆海(1918년 칭화대학, 1923년 하버드대학 박사)는 또 다른 해석을 드러냈다. 귀국 후 모교에서 가르치다가 외교관으로 변신한 그는 블랜드에 대해 낡은 제국에 연연한 나머지 새로운 중국을 받아들이기 어려웠다고 했다. 블랜드는 "진심으로 중국 문화를 좋아했기에" 중국의 아름다운 도덕과 사상을 서양의 물질주의와 바꾸지 말라고 황야에서 고독하게 외치는 사람 같다고 했다. 다만 "오랫동안 백성과 친밀하게 지내다보니 다양한 경험을 하여" 감정에 치우쳤다는 것이다. 어쨌든 이제 그 모든 것이 과거의 역사가 되었으니 역사적 안전지대에서 나와 신중국이 약육강식의 국제 사회에서 살아남기 위해 무엇을 해야 할지 고민해야 한다고 했다. 또한 장신하이는 블랜드가 중국 역사에 대한 시각은 정확했지만 역사와 정치를 분리하지 못했다고 지적하면서도 현재의 정치와는 완전히 다른 문제라고 결론지었다.[87]

　메이광디梅光迪(1911년 칭화 경관 장학생, 1919년 하버드대학 석사)는 블랜드의 모순을 꿰뚫어본 대표적인 유학생이었다. 그는 훗날 난징 둥난대학의 학술 잡지 『학형學衡』의 창간인 중 한 명으로, 신문화 운동에 저항한 보수주의자였으나 블랜드가 쓴 이홍장 전기의 서평에서 그의 본질주의와 오리엔탈리즘 논조를 꿰뚫어보았다.

블랜드는 이홍장이 공적 자금을 사적으로 사용하고 가까운 사람들을 등용했으며 허위 날조 등 악습을 반복한 것은 그가 전형적인 중국인이기 때문이라고 했다. 이홍장이 부패하고 위선적이었던 것은 그가 검은 머리와 황색 피부를 선택할 수 없는 문제와 같다는 것이다. 모든 중국인의 운명은 2000년 전 공자 때 이미 결정되어 그 이후 누구도 다른 선택을 할 수 없었다고 한다.

메이광디는 블랜드가 유가 사상과 관료주의mandarinism를 혼용하여 이홍장을 "유학자이며 성인의 말씀을 성실히 실천하는 신자"로 표현한 데 동의하지 않았다. 메이광디는 유가 사상, 즉 구훙밍辜鴻銘이 말하는 중국의 옥스퍼드 운동The Chinese Oxford Movement만이 진정한 보수 운동이며 이홍장을 대표로 한 관료들은 가장 나쁜 유형이라고 했다.[88] 블랜드 입장에서는 그의 주장에 반박할 만한 부분이 있을지는 모르지만 블랜드의 오리엔탈리즘 논조만큼은 정확히 꿰뚫어보았다.

블랜드 주장의 가장 큰 폐해는 그런 주장이 반복되면서 상식으로 자리매김할 수 있다는 것이다. 예컨대 중국의 분열과 정세 혼란이 개선되지 않은 상황에 대해 그가 열강의 간섭을 요구한 발언이 정당화되는 듯했다. 6장에서 교량 설계 전문가인 와델이 두 차례에 걸친 여름캠프 강연에서 중국은 미국의 독재자를 초빙하거나 일본 정부의 간섭을 통해 혼란 정국을 수습해야 한다는 비현실적인 공론을 주장했는데, 이는 서양인의 마음 속에 내재된 오리엔탈리즘 관점을 드러낸 것이었다.

굿나우에 대한 후스의 비판도 여기서 시작되었다. 굿나우는 학계에서 자신이 지니고 있는 명망과 권위를 이용해 중국의 반동주의(1915년 위안스카이의 제제 운동)를 부추겼다는 지적이다.

> 굿나우는 이미 중국 반동 세력의 대변인이 되었다. 누구의 잘못인가를 묻는다면 나는 자신의 잘못이라고 생각한다. 그는 헌법학계의 세계적 권위자라는 지위를 이용해 중국의 반동 운동에 정치철학이라는 옷을 입혀주었다. 그는 악당의 앞잡이가 되어 중화민국의 최초 헌법을 훼손하고 개인적 견해를 기존 헌법에 집어넣어 이 정부를 탄생케 한 사람이다. 그는 중국을 "권력·복종·효율은 강하고, 자유·민권·민주는 가볍게" 만든 장본인이다.[89]

후스는 굿나우가 가진 두 가지 편견을 지적했다. 하나는 중국 총통의 권력이 러시아 황제나 독일의 카이저보다도 훨씬 강해야 한다는 행정권 지상주의다. 이러한 굿나우의 편견은 18세기 미국 건국 당시 제정한 삼권 분립의 견제 원칙이 지나쳤다는 반론이 반영된 것으로, 그의 보완책은 미국에 적합할지 몰라도 중국에는 맞지 않다고 보았다. 굿나우는 "권력이 응집되면 자유가 생겨나게 마련이다"라고 예언했지만 중국에서는 권력 남용으로 이어졌다. 그는 "중앙 권력을 공고히 해서 국가의 분열을 막아야 한다"고 했지만 중국에서는 정반대 상황이 전개되었다. 그는 중국이 단결하는 길은 오직 공화제라는 지점을 전혀 이해하지 못했고, 이후 반동 세력의 출현으로 중국은 분열되고 말았다.

굿나우의 두 번째 편견은 '역사 관점'의 오용이다. 굿나우는 중국의 정치 상황이 근대 이전의 영국과 유사하다며 근대 이전의 영국 제도를 중국에 적용시키려 했다. 이에 대해 후스는 중국 현상이 실제로 근대 이전의 영국과 유사한지와 무관하게 중국은 "영국과 미국 등 민주 국가의 영향과 실제 경험의 도움을 받았다"는 사실을 간과했다고 지적했으며, 이러한 역사 관점의 오용으로 인해 중국이 유럽의 길을 걸어갈 것이라는 판단은 역사에서 어떤 교훈도 얻지 못한 것과 같다고 했다. 굿나우 이론의 허구성에 대해 후스는 "최근 100여 년 동안 인류는 '전기電氣'라는 문명의 큰 발전을 이루어, 예전에 배워야 했던 윌리엄 길버트, 벤저민 프랭클린, 헨리 캐번디시 등이 고안한 기초적인 실험은 더 이상 배울 필요가 없어졌다. 역사를 통해 이미 상당한 열매를 얻었는데 왜 지난 시기의 진부한 제도를 따라야 하는가"라고 반문했다.

굿나우의 '역사적 관점'의 오류는 또 다른 후유증, 즉 오리엔탈리즘 논조의 끊임없는 왜곡을 낳았다. 굿나우가 "한 국가의 기본 법률은 그 역사와 전통에 기초해야 한다"고 하자, 이를 이어받은 중국의 일부 반동분자가 '요순' 시대의 전통까지 들먹이는 황당한 일이 있었다. 요순 시대는 기원전 24세기이니 지금으로부터 4200년 전 일이다. 이러한 셀프-오리엔탈리즘 논조는 전례 없는 일로, 이 황당한 반동분자들은 자아도취에 빠져 있었다. 후스가 정기적으로 읽고 기고하는 진보 저널 『더아웃룩The Outlook』조차도 예외는 아니었다. 1915년 9월 1호 사설에는 다음과 같은 내용의 글이 게재되었다.

이러한 변화(전통적 정치 이상을 포기하고 현대를 추구하는 변화)는 온순하고 조상을 숭배하며 신중하게 민족의 기원을 따르는 민족이

할 일이 아니다. 이 전통으로부터 출발한다면 이론적으로 가부장적 군주 정치는 당연한 논리적 선택이다.[90]

『더아웃룩』의 이 사설에서 사용한 언어와 관점은 더욱 '블랜드'스럽다. 블랜드를 잘 아는 후스가 이를 눈치 채지 못했을 리 없다. 그가 보기에 굿나우의 견해는 『더아웃룩』 사설과 같은 황당한 중국관을 조장하는 것이다. 당시에 오리엔탈리즘이라는 표현이 있었다면 후스는 굿나우의 '역사 관점'이야말로 오리엔탈리즘 관점이라고 질책했을 것이다. 당시에는 이 용어가 없었지만 후스는 이 점을 확실히 지적했다. "역사 관점을 견지하면서 새로운 사상, 새로운 이상의 영향을 받아 한 국가에서 개혁이나 혁명을 하려는 사람을 인정하지 않는다면 그것은 역사의 진정한 의미가 무엇인지 모르는 사람이다."

전미중국유학생연합회는 중국의 미국 유학생 역사에서 획기적인 산물로, 1902년 설립하여 1931년까지 29년간 활동했다. 이런 단체는 과거에도 없었고 앞으로도 없을 것이다. 1931년 이후로도 여전히 중국 학생들은 미국 유학을 떠났고 학교마다 유학생 학생회가 있었지만 미국 전역의 유학생을 대표하는 단체는 없었으며 『중국유미학생월보』와 같이 유학생을 위한 발간물도 볼 수 없었다. 1930년대 이후의 유학생 문제는 새로운 연구가 필요한 영역이다.

전미중국유학생연합회가 해체되고 몇 년 후 중일전쟁이 발발했다. 국민정부 통계에 따르면 전쟁 첫 해인 1937년 미국에 체류하는 중국 유학생의 수는 1733명, 1939년 5월 당시에는 1163명이었다. 1937~1945년까지 국민정부는 모두 1566명의 유학생을 보냈는데, 그중 가장 많은 1073명이 미국을 택했다.[1] 그러나 앞서 여러 번 밝혔듯이 미국 유학생에 관한 통계수치는 정확하지 않기 때문에 참고만 해야 하며, 당시 미국에 유학했거나 체류한 사람은 훨씬 많았을 것이다.

제2차 세계대전이 끝나갈 무렵, 미국 정부가 중국 이민자 정책을 점차 바꾸기 시작하면서 유학생의 목적이나 성격 그리고 결과에까지 커다란 영향을 끼쳤다. 그 변화의 시작은 1943년 「배화법」의 폐지였다.

미국의 역사적 배경을 잘 모르는 사람들은 20세기 전반에 미국에서 유학한 중국 학생은 이후 세대와 달리 학업을 마치고 고국으로 돌아왔기 때문에 애국심이 남달랐다고 생각한다. 그러나 이는 당시 「배화법」으로 인해 미국에 남거나 귀화할 수 없었던 배경을 모르고 하는 말이다. 1943년 「배화법」이 폐지됨과 동시에 미국은 매년 105명의 이민만을 허용했는데,[2] 이 정책에는 세 가지 특별한 의미가 있다. 첫째 이 법안이 폐지된 배후에는 미국이 일본과 전쟁 중인 상황에서 채택된 정책적 방안이었다는 사실이다. 즉 일본은 미국이 「배화법」으로 중국인을 차별하고 있다는 사실을 거듭 선전함으로써 미·중 군사 동맹을 이간질했는데, 실제로 왕징웨이汪精衛 정권이 난징에 들어선 이후 중국의 투항을 유도하거나 적어도 중국과 일본이 타협할 수 있는 여지를 노린 것이다.

두 번째, 이민자를 105명으로 제한한 것은 중국인에 대한 차별이 여전했음을 입증한다. 이 제한은 1924년 제정된 이민법에 따라 계산된 것으로, 원래 이민 자격이 있는 나라(서반구 국가는 제한이 없었다)의 인구 2퍼센트로 한정했다. 이 수치는 미국이 1890년에 실시한 국내 인구조사에 기준한 것으로, 105명이라는 쿼터를 역계산하면 미국 내 중국인은 5250명으로, 이는 지나치게 적은 수치였다. 실제로 1890년의 인구조사 결과 미국에 체류 중인 중국인은 10만7488명으로, 2퍼센트의 이민자 쿼터는 2150명이어야 했다.[3]

세 번째, 105명이라는 수치는 중국에 대한 미국의 차별이 여전했음을 의미한다. 태평양전쟁을 벌이는 상황에서 미 의회는 「배화법」을 폐지하는 데 이견이 없었다. 다만 105명 제한이 문제가 되었다. 이민자 수를 너무 적게 배정하면 일본이 지적하는 차별과 다를 게 없었다. 그러나 이민자 수를 늘리는 데 반대하는 자들은 제방에 뚫린 작은 구멍이 나중에 제방을 붕괴시키는 현상을 우려했다. 이런 우려에는 나름 이유가 있었다. 서반구 국가에 대해서는 이민자 제한을 두지 않기 때문에 중남미에 살던 중국인은 자유롭게 미국으로 이민 올 수 있고, 홍콩에 사는 중국인도 영국을 경유해 얼마든지 이민이 가능했다. 이러한 우려가 현실화된다면 매년 수많은 중국인이 다양한 루트를 통해 미국에 들어올 수 있는 것이다! 따라서 이 105명은 국적이 아닌 민족을 기준으로 삼은 수치다. 즉 전 세계의 모든 중국 민족은 국적이 무엇이든 중국인으로 여기겠다는 의미다. 올해 105명이 채워지면 내년을 기다려야 했다. 이렇게 볼 때 「배화법」의 폐지는 법률 조항의 폐지였을 뿐 중국 배척의 기조가 폐지된 것은 아니었다. 물론 중국인의 미국 귀화가 허용되었다는 점에서 「배화법」의 폐지에 담긴 시대적 의미는 무시할 수 없다.

　「배화법」 폐지는 상징적인 의미가 실질적 의미보다 크다. 3년이 지난 1946년, 미국은 필리핀과 인도인의 미국 이민을 허용했다. 그리고 1952년에는 아시아인들의 미국 귀화를 금지한 1924년의 이민법이 다시 수정되었다. 다만 중국의 경우처럼 모든 아시아인은 국적이 아닌 민족을 기준으로 제한했다. 진정한 변화는 가족 구성원의 이민을 허용한 1965년의 이민법 개정이다. 즉 시민권이나 영주권을 획득한 중국인이 가족의 이민을 신청하면 미국에서 함께 살 수 있게 한 것이다. 그와 더불어 전문 기술을 가진 외국인에게도 문호를 개방했다. 동반구 국가의 경우 매년 이민자가

2만 명이 초과하지 않도록 했고, 원래 제한이 없던 서반구 국가는 1976년부터 매년 2만 명으로 제한했다.4

105명으로 시작된 이민자 제한이 2만 명까지 확장된 것은 커다란 도약이 아닐 수 없었다. 다만 1965년 이민법이 통과되던 무렵은 중국과 미국이 국교 관계가 이루어지지 않은 냉전 시기로, 타이완 사람들이 이 혜택을 대신 누릴 수 있었다. 즉 타이완에서 건너간 학생들은 이 새로운 이민법 아래 탄생한 새로운 유형의 유학생이었다. 이들은 미국에서 전문 교육을 받았을 뿐만 아니라 미국에 체류하는 방법을 배웠다.

1979년 1월 1일, 미국과 중국이 정식으로 국교를 수립한 지 5일 만에 중국 학생 52명이 미국 유학길에 올랐고, 그해 말에 다시 2000명이 미국행 비행기를 탔다.5 1980년대 들어 유학생 수가 급증했는데, 당시 가장 빠른 증가세를 보이던 타이완과 비교해보면 그 속도를 가늠할 수 있다. 1981~1982년 시기에 타이완 유학생은 1만9460명이었고 중국 유학생은 2770명이었으나, 1985~1986년 시기에 타이완 유학생은 2만3770명이었고 중국 유학생은 1만3980명이었다.6

미국은 중국과 국교 수립 후 단교한 타이완을 달래기 위해 「타이완 관계법Taiwan Relations Act」을 제정하여 유학생 2만 명을 배정했다. 그러나 중국은 매우 빠른 속도로 타이완을 추월하여 1988~1989년도 중국 유학생은 모든 외국 유학생 중 가장 많은 29만40명이었고, 그다음이 타이완 유학생으로 2만8760명이었다.7 이후 중국은 계속 1위를 유지하여 2019~2020년에는 37만2532명으로 전체 외국 유학생의 35퍼센트를 차지했다.8

넓게 보자면 유학(혹은 유학遊學)은 대단히 긍정적인 일이다. 오늘날 '지구촌' 세계에서 유학이나 여행은 외국어를 배우고 다른 문화를 경험하는 가장 좋은 방법이다. 미국의 경우 각 대학에서는 학생들의 해외 유학을 적극 권장하고 있는데, 대학별 해외 유학생 비율이 대학의 우열 순위에 커다란 영향을 미치기도 한다. 동시에 미국은 세계에서 가장 많은 외국인 유학생을 받아들이는 나라로, 2019~2020년 학기에 전 세계에서 온 170만 명의 외국 학생이 미국에서 공부하고 있다. 이는 트럼프 대통령의 정책과 코비드19의 영향으로 1년 전보다 2만 명이 줄어든 수치다.[9] 이처럼 미국은 가장 많은 외국 유학생을 받아들이는 나라인 동시에 (중국을 제외하고) 가장 많은 해외 유학생을 보내는 나라이기도 하다. 2017~2018 학년도에 미국에서는 34만1751명의 학생이 유학을 떠났고[10] 중국에서는 36만 명이 미국 유학을 왔다.[11]

그러나 미국 학생의 '유학遊學'과 중국 학생의 미국 '유학留學'에는 차이가 있다. 우선 미국 학생은 대부분 단기 출국이다. 2018년 해외로 출국한 34만1751명의 학생 중 64퍼센트는 여름방학 또는 8주 이하의 짧은 기간을 활용한 경우다. 그 밖의 33퍼센트는 1~2학기 기간이었고, 2.3퍼센트만이 1년 기간이다. 두 번째 차이는 출국 대상국으로, 미국 학생은 아프리카와 오세아니아를 포함해 전 세계로 떠났다. 가장 인기 있는 지역은 유럽(영국, 이탈리아, 스페인, 프랑스, 독일 순)으로 55퍼센트였고, 다음으로는 라틴아메리카 15퍼센트, 아시아 11.2퍼센트, 오세아니아 4.3퍼센트, 사하라 이남의 아프리카 4.2퍼센트였다.[12]

중국 유학생의 경향은 두 가지 분야로 살펴볼 수 있는데, 하나는 학위 취득이다. 2019년 36만9548명의 중국 유학생 중 14만8880명(40퍼센트)이 대학생, 13만3396명(36퍼센트)이 대학원생이고, 6만5680명(18퍼센트)은 실습 훈련에 자원한 학생Optional Practial Training Student(이미 재학 중이거나 학위를 가진 학생)이다. 1만7235명(5퍼센트)만이 학위와 무관했다.[13] 다른 하나는 유학지로 선호되는 국가로, 인기 있는 순서로 나열하면 미국, 영국, 캐나다, 호주, 독일, 일본, 싱가포르, 홍콩, 프랑스, 뉴질랜드 순이다.[14]

이를 통해 양국 학생의 유학 목적의 차이를 알 수 있다. 미국 학생은 자기 나라에서 학위를 취득하며 유학遊學을 위해 해외로 떠나는 반면, 중국 학생은 학위를 취득하고 미국에 남는 것이 목적이다. 그리고 중국 유학생이 미국에 남는 것은 미국이 가장 선호되는 이유를 설명해준다. 미국 학생들은 외국에 가서 다른 언어를 배우고 다른 문화를 경험함으로써 시야를 넓히고 세계관을 형성하는 것을 매우 중시한다. 반면 중국 학생은 중국에서 배우지 못한 지식, 기술, 경험을 익히고 이 모든 과정이 순조로울 경우 미국에 정착하는 것이 목적이다.

역사는 재연되고, 현상은 갈수록 더 심해진다. 지금까지 분석한 대로 20세기 초반의 유학생은 미국에서 고등학교와 대학교(심지어 초등학교까지)에 다녔다. 이는 20세기 후반 본국에서 대학을 졸업한 뒤 미국에 온 유학생들과는 달랐다. 2019년 미국에 온 36만9548명 중 14만8880명(40퍼센트)이 대학생, 13만3396명(36퍼센트)이 대학원생이었다.[15] 다시 말해 2010년 이후 미국의 중국 유학생 가운데 대학생이 대학원생을 넘어서고 있다.

중국 유학생의 연령층은 갈수록 낮아지고 있다. 미국의 여러 대학뿐 아니라 중·고등학교 심지어 초등학교에서도 중국 학생을 많이 볼 수 있는데, 마치 20세기 초반 상황이 되풀이되는 듯한 현상이다. 특히 중국 초등학생의 미국 유학은 구체적 수치를 제시할 수는 없지만 상당한 증가세를 보이고 있다. 중등학생의 경우 2018년 미국 정부가 발급한 F-1 비자는 39만904명에 달했다.[16] 2017년 12월 29일 『차이나데일리』(미주판) 보도에 따르면, 중국의 2개 투자 그룹이 미국의 2개 학교재단을 사들였다.

베이징과 홍콩에 근거를 둔 프리마베라 캐피탈 그룹은 2017년 5억 달러를 투자해 스트랫퍼드 학교재단을 인수했다. 이 재단은 캘리포니아 샌프란시스코와 로스앤젤레스 지역에서 유치원부터 8학년(초등학교)까지 체계를 갖춘 20개 이상의 학교를 운영하고 있다. 충칭重慶의 신어우펑그룹新鷗鵬集團, 뉴오픈그룹Newopen Group은 2017년 플로리다주 중부 멜버른(올랜도 동남쪽 60마일 지역)의 플로리다 프랩 아카데미Florida Preparatory Academy를 인수했다.[17] 『차이나 데일리』의 보도에 따르면 중국 학생이 사립 예비학교를 다니면 공립학교보다 쉽게 F-1 비자를 얻을 수 있다. 이로써 부모들은 어린 자녀에게 자연스럽게 영어를 사용하는 환경과 좋은 대학에 진학할 수 있는 기회를 제공한다.

다시 대학과 대학원으로 돌아가보자. 중국 유학생이 빠르게 증가하자 대학마다 중국학생회가 만들어졌다. 중국 대사관에서도 이들을 관리하는 교육처를 설치하고 각 대학마다 '중국 학생 및 학자 모임the Friendship Association of Chinese Students and Scholars'을 구성했다. 1980년 말까지만 해도 전체를 대표하는 단체는 없었으나 1989년 톈안먼 사건(6·4 사건)이 중국 유학생 조직의 동기를 부여했다.

1989년 7월 28일, 183개의 대학과 대학원에서 온 1100명의 유학생이 일리노이주립대학 시카고 캠퍼스에서 모임을 가졌다. 3일간의 회의(중국공산당 전국대표대회를 모방하여 '1대一大(제1차 대표대회)' 끝에 '전미중국학생학자자치연합회the Independent Federation of Chinese Students and Scholars in the United States, IFCSS를 결성하기로 했다. 명칭을 '전미중국학생학자자치연합회'(이하 '전미학자련')로 정한 이유는 중국 정부가 유학생 관리를 위해 설립한 '중국학생·학자협회'와 구별하기 위해서다. 6·4 사건 이후 중국을 탈출해 미국에 온 7명의 학생 지도자들이 전미학자련 창립대회에 참석했다. 6·4 사건을 주동한 우얼카이시吾爾開希를 비롯한 대표들은 단결해서 다시 중국에 돌아가 "톈안먼 광장에 '민주여신상'을 세우자"고 호소했다.[18] '1대'의 마지막 날, 대표들은 호방한 기세로 강경한 선언문을 발표했다. '민주여신상'이 미국의 자유의 여신상을 모방한 것처럼 선언문 역시 미국의 「독립선언문」을 모방했다. 그들은 민주에 대해 굳건한 믿음을 표명하면서 민주적 권리는 "생명, 재산, 행복을 추구할 권리를 포함"하며 "인민은 자기가 원하는 정부를 선택해서 참여하고 국가가 나아갈 방향을 선택할 수 있다"고 선언했다. 동시에 덩샤오핑, 리펑, 양상쿤 등 지도층이 톈안먼에서 행한 진압 행위는 타락과 잔혹을 폭로한 것으로, 두려움과 나약함의 증거라고 질책했다. 훗날 이 선언문은 비교적 온건한 문장으로 수정되어 전미학자련의 홈페이지에 게재되었다.[19]

이렇게 해서 1931년 전미중국유학생연합회가 해체된 후 반세기 만에 제2의 전미중국유학생 단체가 탄생했다. 전미중국유학생연합회는 동부, 중서부, 서부의 3개 지회를 두었던 반면 전미학자련은 동북부, 동부, 중대서양, 남부, 중서부, 서북부, 서남부, 태평양 등 8개의 지부를 두었다. 조직은 견제와 균형의 원칙에 기초해 주석, 부주석, 이사회, 감찰위원회로 구성했다. 신해혁명 이전에 전미중국유학생연합회가 공화제를 실습하기 위한 조직이었던 것처럼 전미학자련 역시 중국이 아직 민주주의를 향해 나아가기 전 학생들이 조직한 공화주의 단체라 할 수 있다. 다만 전자는 미래 중국 지도자를 양성하는 장으로 활용되었다면 후자는 도덕적으로 우세한 입장에서 중국공산당과 대립했다는 점에서 두 조직의 차이를 확인할 수 있다.

1989년 8월, 전미학자련은 주석과 부주석의 지도 아래 워싱턴에 사무실을 설치했다. 당시 4만 달러의 자금이 확보되었고 미국의 여러 재단에서 많은 찬조가 약속되어 있어 워싱턴을 시작으로 활동에 나섰다. 활동은 크게 두 방향으로 전개되었는데, 중국 유학생과 방문 학자들이 중국 정부의 박해를 피해 미국에 체류할 수 있도록 미국 국회에 요청하는 것과 중국 정부에 대한 제재를 촉구하는 것이다.

모든 구성원이 원하는 첫 번째 목표는 그동안 대다수 유학생과 학자들의 가장 큰 장벽이었던 비자 문제의 해결이었다. 한 연구에 따르면 미국 정부는 1978~1987년 유학생과 학자들에게 5만7000건의 비자를 발급했는데, 이중 약 60퍼센트는 학업을 마치면 반드시 귀국해야 하는 J-1 교환 비자였고 40퍼센트가 비교적 유연성 있는 F-1 학생 비자였다. 이들은 J-1 비자를 갖고 있든 F-1 비자를 갖고 있든 합법적으로 미국에 계속 남아서 공부하기를 원했다. 그 결과 1988년 초반, J-1 비자 소유자 2만1000명과 F-1 비자 소유자 7000명이 대학에서 공부할 수 있었다. 또한 8000명의 학생과 학자는 신분을 바꾸거나 실종의 형태로 "미국인이라는 커다란 용광로 속으로 들어갔다."[20]

미국에 남아 학위를 취득한다고 해서 취업이 보장되는 것은 아니었으므로 정치적 망명을 신청하는 게 가장 좋은 선택이었다. 6·4 사건 이전에도 이런 시도가 있었다. 1986~1987년 중국 내에서 개혁의 바람이 일었을 때 많은 유학생의 관심과 지지가 모아졌다. 1987년 1월 19일, 51개 대학의 유학생 1000명이 중국공산당 중앙위원회와 중화인민공화국 국무원에 공개 서한을 보내 국내 정세에 대한 관심과 정치 개혁을 요구했다. 1월 23일 『뉴욕타임스』에 이 내용이 보도되었고, 『베이징의 봄北京之春』 3월호에는 482명이 서명한 명단이 첨부되었다. 그들은 돌아올 수 없는 길을 택한 것이지만, 6·4 사건으로 인해 이들에게는 천재일우의 기회가 주어진 것이기도 했다.[21]

6·4 사건으로 정치적 망명을 신청하려면 귀국할 경우 박해 받을 우려가 있다는 증거가 필요했다. 이것은 전략이 필요한 문제였다. 즉 중국에 인권이 없기 때문에 미국이 이들을 보호해야 한다는 사실을 입증하기까지는 많은 시간이 소요될 수밖에 없는데 영주권이 시급한 사람들에게는 그럴 만한 시간 여유가 없다. 더욱이 미국의 입장에서 전미학자련은 중국 학생과 학자의 이익을 위해 봉사하는 집단이지 중국 민주화를 위해 헌신하는 정치 단체로 간주하지 않았다. 결국 정치 단체냐 이익단체냐 하는 논쟁이 뜨거워지면서 전미학자련은 해체되고 말았다. 사실 '1대' 당시에도 학생과 학자의 권리를 어떻게 보장할 것인지에 대한 합의를 이루지 못해 3개월이 지난 10월에야 전미학자련 헌장이 겨우 통과되는 등 와해의 조짐이 있었다.[22]

그러나 인권이 없는 중국으로부터 이들을 보호해야 한다는 로비 전략은 성공적이었다. 첫 번째 승리는 과도기적 승리로, 1990년 4월 11일 조지 부시 대통령이 다음과 같은 내용의 행정명령에 서명했다. 첫째, 1989년 6월 5일~1990년 4월 11일 사이 미국에 머무는 중국인과 그 가족은 비자 기간이 지났어도 잠시 출국을 완화한다. 둘째, J-1 비자 소지자는 귀국 후 2년 뒤에야 비자 신청을 할 수 있다는 규정을 취소한다. 셋째, 이들은 1994년 1월 1일까지 일할 수 있다. 이것이 바로 「중국학생 보호법안 the Chinese Student Protection Act」으로, 전미학자련이 로비 활동을 펼친 끝에 미국 국회에서 입법화되었다. 이 법에 따라 1989년 6월 5일~1990년 4월 11일 사이 미국에 머물렀으며 1990년 4월 11일 이후에도 미국에 체류한 경우(1990년 4월 11일~1992년 10월 9일 사이 중국에 돌아간 90일 미만자는 해당하지 않는다) 중국인과 그 가족은 영구 거주가 허가되었다. 대략 8만 명이 이 혜택을 입었다.[23]

전미학자련 지도자들은 자신뿐 아니라 많은 유학생과 학자에게도 영주권을 안겨주었다. 그러나 이것은 곧 조직 해체의 주원인이 되었다. 첫째, 「중국학생 보호법안」의 수혜자는 대부분 6·4 사건이 발생하기 전에 미국에 온 사람들로 6·4 사건에 직접 참여한 적이 없었다. 정작 6·4 사건에 참여했지만 1990년 4월 11일 이전에 미국에 도착하지 않은 사람들은 이 법의 보호를 받을 수 없었다. 따라서 혜택을 입은 사람들은 '피의 카드血卡', 루쉰의 표현에 따르면 "열사들의 선혈이 묻은 만두"를 얻은 셈이다. 둘째, 혜택을 입은 8만 명은 (이민자 제한에 포함되지 않았기 때문에) 이후 미국에 들어오는 이민자 수에서 매년 1000명씩 차감되었는데, 이 수치가 완전히 소거되려면 80년이 걸린다.[24] 결국 전미학자련이 쟁취한 영주권의 **성과**는 6·4 사건 이전에 미국에 온 학생과 학자들에게 박수를 받았을 뿐 이후에 온 사람들에게는 지지받지 못했다.

전미학자련은 영주권을 쟁취했지만 스스로 조종弔鐘을 울린 셈이 되고 말았다. 이 일을 계기로 단체가 존재 이유를 잃었기 때문이다. 1993년 1월, 4차 전미학자련 공작위원회가 발행한 『전미학자련 백서』에 따르면 이 단체에 참여하는 학교가 매년 감소했다. '1대' 때 가입 학교 수는 183개였고, '2대' 때는 120개, '3대' 때는 160개, '4대' 때는 101개로, 3년 만에 45퍼센트가 감소했다. '2대'는 부시 대통령이 1990년 4월 행령명령에 서명한 이후에 개최되었는데 이미 구제 방안이 통과되었기 때문에 위기의식이 사라져 참가한 학교가 급격이 줄어들었다. '3대'를 개최할 때 학교 참가가 회복 양상을 나타낸 것은 한 달 전인 1991년 7월에 상원이 「중국학생 보호법안」에 대한 토론을 벌이면서 전미학자련의 적극적인 활동이 요구되었기 때문이다. '4대' 개최에서 다시 감소세를 보인 것은 상원에서 법안이 통과하고 대통령의 서명을 앞두고 있었으므로 유학생들의 참여

동기가 약했다.

법안이 통과되자 전미학자련은 단체가 설 자리를 잃어가고 있다는 것을 알았다. 1993년 1월『전미학자련 백서』에는 위기에 당면한 상황을 이렇게 이야기했다.

유학생과 학자들에게 3년 동안 적지 않은 중대한 변화가 있었다. 우선 전미학자련에 적극 참여한 선배 유학생들은 학업을 마치고 사회로 진출해 전미학자련과 연결점이 끊어졌다. 둘째, 법안이 미국 국회에서 통과되고 대통령의 서명도 끝났으니 특수한 사정이 발생하지 않는 한 대부분의 선배 유학생들은 미국 영주권을 얻을 것이고, 이러한 신분의 변화로 인해 자연히 전미학자련에 대한 관심이 저하되었다. 셋째, 6·4 사건 이후 중국 학생의 유학 추세는 그치지 않고 있으며, 현재 미국에 있는 학생과 학자 중 6·4 사건 이후 미국에 온 사람도 많다. 이들과 전미학자련은 향후 발전 방향에 대한 의견 차이로 인해 두 개의 진영으로 나뉠 수 있다. 전미학자련의 미래 발전에 큰 도전이 아닐 수 없다.25

이『백서』는 함축적이고 낙관적이지만 유학생들은 6·4 사건을 계기로, 더 확실하게 말하자면 「중국학생 보호법안」을 기점으로 분열되었다. 6·4 사건 이후에 온 유학생들이 보기에 법안의 수혜자들은 '피의 카드'를 얻었을 뿐 아니라 이후 이민자들의 몫을 선점한 것이다. 그러므로 전미학자련이 직면한 문제는 '큰 도전' 정도가 아니었다. 훗날 온 사람들에게 전미학자련은 그저 '영주권파'일 뿐 자신들을 대표하는 곳이 아니었다. 더 심각한 문제는『백서』에 지적되어 있듯이 법안의 수혜자들마저 점차 전미학자련과 연결을 끊었다는 점이다. 결국 전미학자련이 새로운 구성원으로 흡수해야 할 대상은 6·4 사건 이후에 온 유학생들로, 어떻게 이들의 권익에 부합할 수 있는지가 중요한 당면 과제가 되었다.

전미학자련은 1993년 11월 신입생 모집위원회를 구성하고 신입생에 대한 서비스 제공 외에 법안에 포함되지 않은 사람들의 권익 문제를 조사하도록 했다.[26] 이어서 1994년 3월 7일, 전미학자련은 60개 대학의 중국 학생회가 빌 클린턴 대통령에게 보내는 공개 서한을 발표했다. 그 내용은 중국 정부가 웨이징성魏京生 등 10명의 반대자를 체포한 사실을 근거로 6·4 사건 이후에 온 유학생들에 대한 미국의 보호가 필요하다는 것이다. 즉 6·4 사건 이후 시위에 참가한 학생들은 보호받고 있지만 직접 6·4 사건에 참가해 체포되거나 구금되어 입국이 거부된 사람들은 보호받지 못했다는 내용이다. 6·4 사건 이후 미국에 와서 곧 졸업을 앞둔 학생들은 다음과 같이 요청했다.

(중국이 이미 가지고 있는) '반혁명' 기록에 맞서 미국이 중국의 민주와 자유를 위해 싸우는 상황을 고려할 때 웨이징성 같은 인물에게 발생한 일이 내일 우리에게 닥치지 않으리라 볼 수 없다. 우리의 비자 만기를 2년간 연장해줄 것을 요청하며, 중국의 인권 상황에 따라 거듭 비자 연장이 갱신될 수 있기를 바란다. 그러면 중국 인권 상황은 발전이 있을 것이다.[27]

이는 6·4 사건 이후에 온 유학생들을 위한 구제책이었지만 전미학자련은 이와 관련한 구체적인 자료를 제시하지 않았다. 당연히 이 공개서한은 별 효과를 거두지 못했다.

이외에도 전미학자련이 중국의 민주화를 추진하는 정치 단체인지, 아니면 유학생의 이익을 위한 서비스 단체인지에 관한 논쟁이 계속되었다. 그래서 '2대' 이후 헌장을 수정했다. 기존 "중국의 자유, 민주, 인권, 법치의 진보를 촉진한다" 중 "중국의 자유, 민주, 인권, 법치의 진보" 뒤에 "과학, 문화, 경제 발전을 촉진한다"를 추가했다.

원래 전미학자련에는 '급진파'와 '보수파'가 모두 있었다. 급진파는 그 수가 많지는 않았지만 목소리가 커서 학생 조직이 아닌 정치 조직이라고 주장했지만, 보수파는 유학생을 대표하는 조직이 정치적 정당으로 변화되는 것을 경계했다. 결과적으로 대부분의 안건은 다수를 차지하는 보수파의 의사에 따라 의결되었다.[28]

'3대'에 참여한 어느 인사는 '2대' 당시 급진-보수의 대립을 '매파-비둘기파'의 상황으로 묘사했다. 비둘기파는 전미학자련이 비정치적 입장을 고수하면서 정부와 대화를 통해 학술 교환 프로그램 활성화 등 유학생을 위한 서비스 활동에 제한해야 한다고 주장했다. 그러려면 전미학자련 헌장에 담긴 "중국의 자유, 민주, 인권, 법치의 진보를 촉진한다"는 내용을 삭제해야 했다. 그러한 일은 발생하지 않았지만 "양측이 서로 포기하지 않아 계속 격전이 진행되었다."[29]

이 격전의 핵심은 미·중 교류 또는 중국 정부와의 대화 쪽으로 모아지지 않고 무역 관계에서 미국이 중국에게 최혜국 대우를 부여해야 하는가로 쏠렸다. 최혜국 대우는 실질성보다 상징성이 큰 것으로, 미국은 1990년대 100여 국가에게 최혜국 대우를 부여했으며 10여 개국이 제외 대상이었다. 최혜국 대우는 가장 낮은 관세와 무역 장벽을 뜻하는 것으로 2021년 현재 쿠바와 북한만이 제외 대상이다. 예컨대 1997년 중국 상품이 미국에 수출되었을 때 '평균무역 가중관세average trade-weighted tariff'는

6퍼센트였으며, 만약 최혜국 대우를 받지 않았다면 44퍼센트에 달했을 것이다.[30]

1980년대 중국의 최혜국 대우는 별 탈 없이 매년 그대로 연장되었다. 그러나 6·4 사건을 계기로 1991, 1992년 미국 하원이 중국에 대한 최혜국 대우 연장을 거부하는 결의안을 통과시켰다. 그러자 2년 동안 부시 대통령은 이 결의안을 다시 거부했다. 비록 하원은 대통령의 부결을 다시 뒤집었지만 상원은 표가 부족하여 대통령의 부결을 뒤집지 못했다. 결국 중국은 여전히 최혜국 대우를 누렸다. 당시 의회와 백악관의 쟁점은 중국에 조건부 최혜국 대우를 부여할 것인가 하는 것이었다. 클린턴 대통령은 1993년 취임 이후 인권 개선을 조건으로 최혜국 대우를 부여한다고 했다가, 이듬해 5월에 취소했다. 1998년에는 '최혜국 대우'라는 명칭을 '정상 무역관계Normal Trade Relations'로 바꾸었고, 2000년에 중국에 대해 '영구적인 정상 무역관계'를 부여했다. 이로써 최혜국 대우를 놓고 매년 거듭되던 쟁론이 마무리되었다.

전미학자련은 초기부터 미국이 중국에 최혜국 대우를 부여하는 것에 대해 부정적이었다. 헌장에 "중국의 자유, 민주, 인권, 법치의 진보를 촉진한다"라고 명시했기 때문에 중국 정부에 압력을 가해야 한다는 입장이었던 것이다. 이러한 압력의 좋은 방법은 중국의 열악한 인권 상황을 무기로 삼아 최혜국 대우를 내주지 않는 것이다. 앞서 언급했듯이 중국의 인권 침해는 미국 내 중국 유학생에게 영주권이 필요한 명분으로 강조되었으며, 이는 중국의 자유, 민주, 인권, 법치를 실현케 하는 가장 유용한 무기였다. 그러나 백악관의 입장은 달랐다. 1991년 7월 11일, 전미학자련은 '3대'를 개최한 이후 중국에 대해 조건부 최혜국 대우를 부여해야 한다고 설득하기 위해 20명의 대표단이 의회를 찾았다. 그때 공화당의 밥

돌 상원의원은 경샤오샤(龔小夏) 등 3명의 '가장 존경받는 중국 학생 지도
자'와 함께 중국 유학생들이 부시 대통령의 무조건 최혜국 대우 부여를
지지하는 기자회견을 열고 있었다. 기자 회견장에서 20명의 대표단은 자
신들이야말로 전미학자련 및 중국 유학생과 학자를 대표한다면서 강하게
반발했다. 기자회견장이 소란스러워지자 회견은 15분도 안 되어 끝나고
말았다.[31]

'3대'에서 최혜국 대우를 놓고 토론했을 때 찬성 89표, 반대 10표, 기
권 9표로 '무조건 최혜국 대우를 연장하는 국회에 반대 설득안'을 통과시
켰다.[32] 그러나 부시 대통령이 이미 부결권을 행사했기 때문에 그들의 의
결 행위는 유명무실해지고 말았다. 1992년에도 같은 상황이 발생했지만
부시 대통령은 또다시 부결시켰다.

이후 전미학자련에서 생산된 관련 자료는 찾을 수 없지만, 중국에
대한 미국의 무조건 최혜국 대우를 지지하는 유학생은 계속 늘어났다.
1994년 3월, 전미학자련은 6·4 사건 이후 미국에 온 유학생 중 460명을
대상으로 7개 항목의 간단한 설문조사를 했다. 그중 3항의 '6·4 이후 중
국 인권이 개선되었다고 생각하는가?'라는 물음에 '그렇다'는 67퍼센트,
'아니다'는 18퍼센트, '의견 없음'은 13퍼센트였다. 6항의 '미국 정부가 중
국의 인권 기록과 분리해 최혜국 대우를 하는 것이 중국의 정치·경제 개
혁에 도움이 된다고 생각하는가?'라는 물음에는 '찬성'이 75퍼센트, '반
대'가 14퍼센트, '의견 없음'이 11퍼센트였다. 7항의 '중국 번영과 민주를
촉진하는 데 가장 좋은 책략은 무엇인가?'라는 질문에 대해 '인권 문제'
가 6퍼센트, '사회주의 시장경제 체제로 발전 모색'이 33퍼센트, '조건부
최혜국 대우 아래 중국 정부의 전문화를 도움'이 14퍼센트, '무조건 최혜
국 대우로 철저한 시장경제 체제를 추진'이 47퍼센트, '의견 없음'이 12퍼

센트 등이었다.[33]

이를 보면 유학생 절대 다수가 미국이 인권을 이용하여 중국을 제재하는 데 반대했다는 사실을 알 수 있다. 이것만으로도 전미학자련의 입장이 대다수의 유학생과 멀어졌음을 알 수 있다.

6·4 이후 설립한 전미학자련은 중국의 민주화를 촉진한다는 공공의 이익과 영주권 획득이라는 개인의 이익을 위해 활동했다. 그러나 목표가 달성되어 열기가 식자 단체의 결속력을 유지하기 어려워졌다. 더욱이 학생단체는 유동성이 강하고 재학 중인 회원이 중심이기 때문에 동기부여를 제시하는 새로운 목표가 없으면 단체의 존재 이유를 상실할 수밖에 없다.

「중국학생 보호법안」이 통과된 1992년은 중국 경제가 비약적으로 성장한 해였다. 영주권을 손에 쥔 학생과 학자들은 친지 방문 방식으로 귀국하는 이른바 '영주권 대열'에 뛰어들었다. 1994년 『베이징의 봄』 3월호에 「6·4 영주권, 돌아온 대군大軍」이라는 글을 발표한 장차오張潮는 "지난해부터 영주권을 확보한 유학생들이 돌아오고 있다. 그 규모와 범위가 국내외에서 논의의 초점이 되고 있다"면서 이들의 특징에 대해 다음과 같이 말했다.

첫째, 탐색적이고 단기적인 과도적 접근이라는 것이다. 몇 년 동안 중국에 돌아오려면 의심, 우려, 불안에서 벗어나기 어려웠는데 영주권을 얻음으로써 이 모든 것이 사라졌다. 영주권은 사람의 담을 키운다. (…) 단기적 탐색이 끝나면 이들은 귀국이라는 과도기를 마무리할 것이다.

둘째, 그들은 공적으로든 사적으로든 다양한 탐색과 조사를 할 것이다. 친지 방문을 비롯해 학술 교류, 강의, 투자 등이 함께 이루어 진다. (…) 지난해 여름 베이징에서 개최된 생명과학 세미나에서는 미국 영주권을 지닌 학자 100여 명이 자비로 참가하여 공전의 성황을 이루었으며 국내 학계를 이해하는 데 큰 도움이 되었다. (…) 셋째, 공개와 비공개, 고자세와 저자세, 개인과 단체가 서로 공존했다. 일부 학자는 공개적으로 단체의 이름을 내세우면서 허장성세를 보였는데, 그들의 목표는 국내 학계에서 자신의 지명도를 높여 여러 관계자의 주목을 끌기 위한 것이다. 동시에 자신의 성취를 드러내어 귀국 후 좋은 환경을 확보하려는 준비이기도 하다.

장차오는 예리한 통찰력으로 '영주권 대군'이 유학생 회귀의 시작이라는 시대의 흐름을 예측했다.

'영주권 대군'의 회귀는 1980년대 유학생들이 돌아오는 전조이자 21세기 초 유학생의 귀국을 알리는 서막이다. 이들은 자신의 역할과 능력을 변화시키는 세 가지 역사적 흐름을 보여 왔다. 첫 번째 흐름은 1980년대 대규모 이탈의 흐름으로, 소수만 돌아오거나 아예 돌아오지 않았다. 두 번째는 1990년대 국내외 양방향 흐름으로, 이번 영주권 대군이 그 시작일 것이다. 세 번째는 21세기 초의 정상적 회귀로, 타이완 유학생들이 귀국한 것과 같다. 지금의 영주권 대군이 귀환하는 경향은 해외로 대거 이탈에서 한 단계 발전한 것이며 장차 나타날 정상적 회귀를 위해 거쳐야 할 준비 과정이다. 세 단계 모두에 공통되는 관건은 '흐름'이다. 양방향으로 순조롭게 흐를 수 있도록 한다면 결국에는 정상적 흐름을 타고 유학생들의

귀국과 정착으로 이어질 것이다.[34]

중국 유학생들이 가장 바라는 것은 미국에 머무는 것이었지만 중국 경제의 비약적인 발전이 유학생들을 본국으로 끌어들이는 새로운 동력으로 작용했다. 이런 흐름 속에서 전미학자련은 구심력을 잃고 있었다. 1993년이 되자 「중국학생 보호법안」이나 최혜국 대우는 역사의 한 부분이 되어버렸고, 정치적 의제가 사라지자 전미학자련의 주요 간부는 내부 갈등을 겪었으며 재정적 분쟁도 발생했다. 전미학자련 4기 주석 경야오耿曉는 다음과 같이 보고하고 있다.

먼저 이사회에서 3명의 이사가 사직하고 다른 부서에서도 사퇴자가 나왔다. 자오하이칭趙海靑(3기 주석)은 학교 일이 바쁘다며 7개월째 나타나지 않고 있다. 다른 3명은 서로 협의도 없이 주석 경선에 뛰어들었다. 이런 현상은 조직이 내부적으로 분열하고 있다는 사실을 말해준다.

3기 부주석인 그는 주석인 자오하이칭에 대해 이렇게 말했다.

일하는 방식에서 자오하이칭에 대해 두 가지 불만이 대두되었다. 하나는 전미학자련 대표로서 행동해야 하는 자오하이칭이 여러 번 다른 조직을 선전하는 활동을 했다. 두 번째는 그가 사용한 5·4 기금회는 전미학자련 명의로 모금해온 것으로, 이 기금에 관한 내용, 인사명령, 재무 보고가 본부에 보고된 적이 없다. 이에 따라 이사회는 그에게 전미학자련 명의로만 활동하도록 하고 기금회

473

모금액은 반드시 전미학자련 재무 시스템으로 관리한다는 내용을 의결했다. 결의가 통과되자 자오하이칭은 바로 사직했다.[35]

전미학자련은 이미 붕괴 단계에 들어섰다. 5기 보고서에는 "일을 시작한 이래 이사회 재무위원회와 본부 사이에 재무 문제에 관한 쟁론이 끊이지 않았다"고 했다. 1993년 8월의 1차 이사회 회의에서는 이사회가 본부의 여행 및 『학자련통신』에 관한 경비를 동결하고 재무위원회는 사람을 파견하여 본부의 장부를 감사하기로 결정했다. 11월 조사원이 본부에 도착하자 마찰을 빚었고 "11월 장부 조사 이후 의견 충돌은 더욱 커졌다."[36]

이러한 충돌 끝에 1995년 전미학자련과 '7차 대회'라는 쌍둥이 문제가 발생했다. 6기 주석 르오닝駱寧과, 부주석 류청옌劉承延(르오닝 파면 이후의 대리 주석)이 앞서거니 뒤서거니 파면되었다. 전미학자련은 두 파로 갈리어 서로를 비판하다가 고소하기에 이르렀다. 갈등이 갈수록 심해지자 각자 '7대'를 개최하면서 상대방의 '7대'는 가짜라고 비난했다. 한쪽은 버니지아주의 불랙버그에 있는 버지니아공대에서, 다른 쪽(파면된 르오닝, 류청옌)은 워싱턴대학에서 개최했다.[37] 이를 마지막으로 전미학자련은 설립 6년 만에 해체되고 말았다.

21세기의 30년을 돌아볼 때 20세기 초반의 전미중국유학생연합회는 중국 유학생들이 미국에서 설립한 최초의 전국적 조직이며 오랜 역사를 일군 유일한 유학생 단체다. 당시 학생들은 유학생 역사에서 가장 뛰어난 조직력을 발휘하여 29년간 존속할 수 있었는데, 여기에는 나름의 역사적 배경이 있다. 그 무렵 미국에 가려면 배로 3주일 이상 걸렸기 때문에 이들이 다시 태평양을 건너 돌아오려면 학업을 마친 이후에나 가능했다. 게

다가 미국의 인종 문제를 비롯해 사회 문화적 분위기, 교통과 통신 미디어의 보급 상태, 「배화법」 등은 중국 유학생들에게 한 배를 타고 있다는 의식을 심어주었다. 각 학교의 중국 학생회나 전미중국유학생연합회가 보여준 것은 결국 '단결이 힘'이라는 단순한 논리였다.

오늘날에는 이런 요소들이 존재하지 않는다. 중국에서 미국까지 하루면 갈 수 있고 중국의 경제도 한 세기 전과는 크게 달라져 있다. 지금의 중국 유학생들은 방학 때마다 귀국하며 심지어 짧은 봄가을 방학을 이용해 귀국하기도 한다. 미디어와 주변 기기의 발전 또한 양국 간의 거리를 좁혀주었다. 각 학교 학생회가 유학생의 생활에 필요한 모든 것을 해결해주기 때문에 더 이상 전국적 규모의 유학생 조직은 필요치 않다. 이제 전미중국유학생연합회는 역사 속으로 사라졌으며 다시는 이와 유사한 조직을 볼 수 없을 것이다.

들어가는 글

1) 曾國藩, 李鴻章奏摺, 同治十年, 丁未, 『籌辦夷務始末』, 卷83, 47a.

2) Xin Wang, "Uncertainty for Chinese students in the United States," East Asia Forum, 2 January 2021, ttps://www.eastasiaforum.org/2021/01/uncertainty-for-chinese-studedts-in-the-united-states/, 2021. 2. 18.

3) Shin Watanabe, "US Visas for Chinese Students Tumble 99%As Tensions Rise," *Nikkei Asia*, November 4, 2020, 2021. 2. 25.

4) Tiffany May, "International Students Begin to Return to U.S. Universities After a Covid Hiatus," *The New York Times*, Aug. 24, 2021.

5) 「光緒七年五月十二日總理各國事務衙門奕訢等奏」, 『洋務運動』(二), 166쪽, 謝俊美, 「陳蘭彬與近代中國留學」, 『華東師範大學學報(哲學社會科學版)』, 2010, 1, 93~98쪽에서 인용.

6) 李喜所, 「容閎與中國近代第一批留學生」, 『河北師院學報』, 1980年 第1期 ; Thomas La Fargue, *China's First Hundred*, pp.41~44

7) 다음 내용은 「非留學篇」에서 인용했다. 胡適, 「非留學篇」, 『胡適全集』, 20: 6~30쪽을 참고할 것.

8) 졸저, 『舍我其誰 : 胡適[第三部]爲學論政, 1927~1932』(臺灣 : 聯經出版公司, 2018),

408~412쪽

9) Kwei Chen, "Thoughts of the Editor," 『中國留美學生月報』; 이후 CSM으로 표기함, XXIII.1(November, 1927), p.62

10) T. C. Chu to C. T. Wang, 7/8/1919, CSM, XV.2(December, 1919), pp.35~36

11) "The Denationalization of the Chinese," CSM, XVIII.6(April, 1923), p.4

12) Nathaniel Peffer, "The Returned Students," CSM, XVII.6(April, 1922), p.498

13) 舒新城, 『近代中國留學史』, 211쪽

14) 왕이쮜의 룽홍과 어린 유학생에 관한 토론은 Y. C. Wang, Chinese Intellectuals and the West, 1872~1949 Chapel Hill: University of North Carolina Press, 1966, pp.42~45, 74~75, 94~95를 참고할 것.

15) Y. C. Wang, Chinese Intellectuals and the West, 1872~1949, pp.166~167.

16) Weili Ye, Seeking Modernity in China's Name: Chinese Students in the United States, 1900~1927(Stanford: Stanford University Press, 2001). 2012년 베이징대학에서 출간할 때의 중문명을 인용했다.

17) Stacey Bieler, "Patriots" or "Traitors?": A History of American-Educated Chinese Students(Armonk, New York: M. E. Sharpe, 2004).

18) Yelong Han, "Making China Part of the Globe: the Impact of America's Boxer Indemnity Remissions on China's Academic Institutional Building in the 1920s," Ph. D Dissertation, University of Chicago, 1999.

19) Yi-Chi Mei, et al eds., A Survey of Chinese Students in American University and Colleges in the Past One Hundred Years(New York: China Institute of America, 1954), p 21

20) 蘇雲峰, 『從淸華學堂到淸華大學 1911~1929』(台北:中央研究院近代史研究所, 1996), 29~32쪽

21) 위의 책, 379쪽

22) 위의 책, 378쪽

23) Y. C. Wang, Chinese Intellectuals and the West, 1872~1949, pp.364~377에 근거했다.

24) 蘇雲峰, 앞의 책, 217~239쪽

25) Y. C. Wang, 앞의 책, pp.111~114, 168~174, 174~187

26) Y. C. Wang, Chinese Intellectuals and the West, 1872~1949, pp.169~170. 그는 여기서 일반 유학생 통계를 칭화대학 출신 학생 통계로 착각했다.

27) 이 부분에 대한 토론은 Y. C. Wang, Chinese Intellectuals and the West, 1872~1949, pp.96~98, 187~190에 근거했다.

서곡

1) Hua-Chuen Mei(梅華銓), "The Returned Students in China," *The Chinese Recorder* (March 1917), p.160. 메이화취안梅華銓은 시간을 1909년으로 잘못 표기했다.

2) 顧維鈞, 『顧維鈞回憶錄』(北京：中華書局, 1983) 第一册, 64쪽 이 명단은 당시 공사관 2등 참찬參贊인 옌후이칭顧惠慶이 작성한 것으로 추정된다. 그는 1909년 1월 40명이 참석한 것으로 회고록에 기록했다. 탕사오이는 모든 중국 유학생을 초청하려고 했지만 동부의 유학생만 출석한 이유에 대해서는 설명하지 않았다. W. W. Yen, *East-West Kaleidoscope, 1877~1944: An Autobiography*(New York: St. John's University, 1974), p.46를 참고할 것.

3) "Illinois Notes," *The Chinese Students' Monthly, CSM*, IV.4(February, 1909), p.234.

4) 『顧維鈞回憶錄』, 第一册, 63~65쪽

5) 워싱턴에서의 활동은 C. T. Wang, "One Week with Our Special Ambassador in Washington," *CSM*, IV.4(February, 1909), pp.245~250에 근거했다.

6) 이는 *CSM*, IV.4(February, 1909)에 세 번 나왔다. "Editorials," "News Abroad"와 주석 4에서 인용한 왕정팅王正廷의 문장.

7) C. C. Wang(王景春), "Editorials," *CSM*, IV.4(February, 1909), p.212. 왕징춘王景春은 당시 이미 예일대학을 졸업하고 일리노이대학에서 철도관리학을 연구하고 있었다.

8) 미국이 반환한 1908년 경자 배관의 신화와 이를 포함하는 정치적 의미는 Michael Hunt, "The American Remission of the Boxer Indemnity: A Reappraisal," *The Journal of Asian Studies*, XXXI.3(May, 1972), pp.539~559를 참고할 것.

9) 아래 분석 중 특별히 주석을 붙이지 않은 부분은 Michael Hunt, *Frontier Defense and the Open Door: Manchuria in Chinese-American Relations, 1895~1911*(New Haven: Yale University Press, 1973), pp.129~178에 근거했다.

10) Raymond A. Esthus, *Theodore Roosevelt and Japan*(Seattle: University of Washington Press, 1966), p.281

11) 이 소문은 「독·미·중협약a German-American-Chinese entente」 혹은 「중·미연맹a Sino-American alliance」을 말한다. 전자에 관해서는 Luella Hall, "The Abortive German-American-Chinese Entente of 1907~8," *Journal of Modern History*, I(1929), pp.219~235; Raymond A. Esthus, *Theodore Roosevelt and Japan*, pp.257~259, 261~262, 284를 참조하고, 후자에 관해서는 "Chinese Public Opinion"(n.d.) reprinted in *CSM*, IV.2(December, 1908), pp.101~103; and Michael Hunt, *Frontier Defense and the Open Door*, p.166을 참조할 것.

12) Raymond A. Esthus, *Theodore Roosevelt and Japan*, p.284n

13) Thomas Dyer, *Theodore Roosevelt and the Idea of Race*(Baton Rouge: Louisiana State University Press, 1980), p.140; Michael Shaller, *The United States and China in the Twentieth Century*(New York: Oxford University Press, 1990), p.33

14) Joseph Bishop, *Theodore Roosevelt and His Time Shown in His Own Letters*(New York, 1920), II. 287

15) 아래 두 문단의 분석 중 특별히 주를 붙이지 않은 부분은 Charles Vevier, *The United States and China, 1906~1913: A Study of Finance and Diplomacy* (New Brunswick: Rutgers University Press, 1955), pp.74~80에 근거한다.

16) Michael Hunt, *Frontier Defense and the Open Door*, p.174

17) Raymond A. Esthus, *Theodore Roosevelt and Japan*, p.284

18) Michael Hunt, *The Making of a Special Relationship*, p.207

19) Michael Hunt, *The Making of a Special Relationship*, p.173

20) quoted in Charles Vevier, *The United States and China, 1906~1913*, pp.79~80

21) W. W. Yen, *East-West Kaleidoscope, 1877~1944: An Autobiography*, p.46

22) Y. C. Wang, *The Chinese Intellectuals and the West*, p.72

23) C. C. Wang, "Editorial: The Remission of the Boxer Indemnity," *CSM*, IV.1(November, 1908), p.5

24) 위의 글, p.6

25) C. C. Wang, "Be Hopeful," *CSM*, IV.4(February, 1909), p.256

26) C. C. Wang, "Editorials," *CSM*, IV.4(February, 1909), pp.212~213

27) 위에 인용한 내용은 Michael Hunt, "The American Remission of the Boxer Indemnity: A Reappraisal"에 근거했다.

28) John King Fairbank, *The Great Chinese Revolution: 1800~1985*(New York: Harper & Row, Publishers, 1986), pp.97~98, 109, 176

29) Terrance Brockhausen, "The Boxer Indemnity: Five Decades of Sino-American Dissension," Ph. D. Dissertation, Texas Christian University, 1981, pp.236~239

30) C. T. Wang, "One Week with Our Special Ambassador in Washington," *CSM*, IV.4(February, 1909), p.245

31) Y. C. Wang, *Chinese Intellectuals and the West, 1872~1949*(Chapel Hill: The University of North Carolina Press, 1966), pp.93~95

32) 曾國藩, 李鴻章奏疏, 1871年 9月 3日, 『籌辦夷務始末』, 卷82, 46~52쪽

33) 左玉河, 「論淸季學堂獎勵出身制」, 『近代史硏究』, 2008, 第4期, 45~57쪽

34) *American University Men in China*(Shanghai: The Comacrib Press, 1936), pp.153~164; *A Survey of Chinese Students in American Universities and Colleges in the Past One Hundred Years*(New York: China Institute of America, 1954), pp.23~24

35) K. A. Wee, "What About China?," *CSM*, XVIII.3(January, 1923), p.41

36) 중국 자료로는 李喜所, 『近代中國的留學敎育』(北京：人民出版社, 1987)；孫石月, 『中國近代女子留學史』(北京：中國和平出版社, 1995)를 참고할 것.

37) "Says Japan Expects China to Play Fair," *The New York Times*, February 2, 1919, II.1: 8

38) C. Ch'en, "China and World Peace," *CSM*, XIV.7(May, 1919), p.422

39) Y. C. Wang, *The Chinese Intellectuals and the West*, pp.92~93

40) Ho-min Lin, "Critical Period of Chinese History," *CSM*, XII.1(November, 1916), p.33

41) Edward Said, *Orientalism*(New York: Vintage Books, 1978), p.322

42) 위의 책.

43) 민족주의자들이 오리엔탈리즘을 이야기할 때 중국이 특별한 경우는 아니었다. 인도가 매우 좋은 케이스였다. David Ludden, "Orientalist Empiricism: Transformations of Colonial Knowledge," Carol A. Breckenridge and Peter van der Veer, eds., *Orientalism and the Postcolonial Predicament: Perspectives on South Asia*(Philadelphia: University of Pennsylvania Press, 1993), pp.250~278을 참고할 것. 오리엔탈리즘에서 중국에 상응하는 서방주의의 논설은 Xiaomei Chen, *Occidentalism: A Theory of Counter-Discourse in Post-Mao China*(New York: Oxford University Press, 1995)을 참고할 것.

44) 이러한 비판의 가장 대표적인 경우는 舒新城, 『近代中國留學史』, 224~231쪽이다.

45) Y. C. Wang, *Chinese Intellectuals and the West, 1872~1949*, pp.vii-xiv, 150~164, 497~503

46) 위의 책, pp.189~190

47) Dorothy Ko, *Teachers of the Inner Chambers: Women and Culture in Seventeenth-Century China*(Stanford, Cal.: Stanford University Press, 1994), pp.158~160

48) Nancy Cott, *The Grounding of Modern Feminism*(New Haven: Yale University Press, 1987), pp.6~7, 16~37

49) 위의 책, pp.37, 96, 151

50) 『胡適日記全集』 1, 552쪽

51) Anonymous, "Extracts from the Diary of a Disappointed Collegian," *The Chinese Students' Christian Journal*, VI.2(November, 1919), p.88

52) Eva Chang, "Chinese Women's Place in Journalism," *CSM*, XVIII.5(March, 1923), p.50

53) Thomas Ming-heng Chao, "Cabbages and Onions: On Love, Taxi, Marriage and Other follies," *CSM*, XXII.6(April, 1927), pp.77~78

1장 아메리칸 드림

1) 陳鶴琴, 『我的半生』(臺北, 龍文出版社), 1993, 72쪽

2) 위의 책, 77~78쪽

3) 『寰球中國學生報』, 「學界要聞: 留學生赴美之照料」, II.3(September, 1917), 6쪽

4) Yuan Ren Chao, *Yuan Ren Chao's Autobiography: First Thirty Years, 1892~1921, in Life with Chaos: The Autobiography of a Chinese Family*, Vol II(Ithaca, New York: Spoken Language Services, Inc., 1975), p.72

5) 梁實秋, 「青華八年」, 『秋室雜憶』

6) 顧維鈞, 『顧維鈞回憶錄』, 北京, 中華書局, 1983, 第一分冊, 23쪽; Chiang Monlin, Tides from the West(Yale, 1947), p.67

7) Yuan Ren Chao, *Life with Chaos*, pp.71~72

8) 馮愛群編, 『胡適之先生紀念集』(臺北, 臺灣學生書局), 1972, 40쪽

9) Yuan Ren Chao, *Yuan Ren Chao's Autobiography*, p.72

10) 『寰球中國學生報』, 「歡送清華學校游學諸君盛會」, II.3(September, 1917), 8~9쪽

11) 陳鶴琴, 『我的半生』, 72~76쪽

12) 위의 책, 78쪽; 張忠紱, 『迷惘集』(홍콩), 44쪽

13) Chong Su See, *The Foreign Trade of China*(New York: Columbia University, 1919), p.292. 주석; *The Asian American Encyclopedia*(New York: Mashall Cavendish, 1995) V.I, "Chinese Americans," p.241

14) Ken Shen Weigh, "Our Trip to America," *CSM*, XX. 3(January, 1925) p.28

15) 위의 책, pp.26~31

16) 張忠紱, 『迷惘集』(홍콩), 45쪽

17) 孔祥熙, 費起鶴 등의 발언. Delber McKee, *Chinese Exclusion Versus the Open Door Policy, 1900~1906*-(Detroit: Wayne State University Press, 1977), p.71

18) *The Statutes at Large of the United States of America from December 1883*

to March 1885, Vol.ⅩⅩⅢ(Washington:Government Printing Office, 1885), p.116

19) 위의 법안, p.117

20) John Hay to Wu Ting-fang, January 5, 1900, *Papers Relating to the Foreign Relations of theUnited States*, Serial No 3898(Washington:Goverment Printing Office, 1901), p.198

21) 위의 문서, p.200

22) 이하 토론은 Delber Mckee, *Chinese Exclusion Versus the Open Door Policy, 1900~1906*, Detroit State University Press, 1977을 참고할 것.

23) 위의 논문, p.80

24) 위의 논문, p.75

25) 위의 논문, p.80

26) *The New York Times*, July 20, 1903, p 1(3); Delber Mckee, *Chinese Exclusion Versus the Open Door Policy, 1900~1906*, p.71

27) *The Statutes at Large of the United States of America from December* 1883 to March 1885, p.118

28) Rule 23 of "Laws, Treaty and Regulations Relating to the Exclusion of Chinese" (Washington:Goverment Printing Office,1899), pp.34~35; also Rule 22 of "Laws, Treaty and Regulations Relating to the Exclusion of Chinese" (Washington:Goverment Printing Office, 1902), p.39

29) Rule 23 of"Laws, Treaty and Regulations Relating to the Exclusion of Chinese" (Washington:Goverment Printing Office,1899), pp.34~35; also Rule 22 of"Laws, Treaty and Regulations Relating to the Exclusion of Chinese" (Washington:Goverment Printing Office, 1902), p.39

30) 위의 문서, pp.34~35

31) Wu Ting-fang to John Hay, December 10, 1901, *Papers Relating to the Foreign Relations of the United States*, Serial No 4268, p.81

32) Mary Coolidge, *Chinese Immigration*, p.284

33) MacNair, *The Chinese Abroad*, p.252

34) Cited in Delber Mckee, *Chinese Exclusion Versus the Open Door Policy, 1900~1906*, p.43

35) Arthur Rugh, "Chinese Students Abroad," *The Chinese Recorder*(March, 1917), p.150

36) 위의 문서.

37) The Asian American Encyclopedia(New York: Marshall Cavendish, 1995),

V.I. "Angel Island immigration station," 32~35; Jack Chen, *The Chinese of America*(New York: Harper & Row, 1980), pp.188~189

38) http://www.angelisland.org/immigr02.html. Roger Daniels는 대략 6만 명으로 추산했는데 이는 지나치게 낮은 수치다. Roger Daniels, "No Lamps Were Lit for Them: Angel Island and the Historiography of Asian American Immigration," *Journal of American Ethnic History*(Fall 1997), Vol 17 Issue 1, p.5를 참고할 것.

39) Him Mark Lai, Genny Lim and Judy Yung, *Island: Poetry and History of Chinese Immigrants on Angel Island 1910~1940*(1980; reprinted., Seattle, 1991)

40) Roger Daniels, "No Lamps Were Lit for Them: Angel Island and the Historiography of Asian American Immigration," p.16n16

41) R. D. McKenzie, *Oriental Exclusion*, p.116, p.139~140

42) 이에 관해서는 Luella Miner, "Chinese Students and Exclusion Laws," *The Independent*(April 24, 1902), pp.976~977; Fu Chi Hao(費起鶴), "My Reception in American" *The Outlook*(August 10, 1907) pp.771~772. Miner가 묘사한 구치소 상황은 B. L. Sung, *The Story of the Chinese in America*, New York: Macmillan, 1967. pp.100~101과는 매우 다르다.

43) "Annual report of the Commissioner General of Immigration, 1908" pp.147~148 quoted in R. D. McKenzie, *Oriental Exclusion*, p.20

44) 郭榮生編, 『孔祥熙先生年譜』, 28~29쪽; 瑜亮, 『孔祥熙』, 홍콩, 1955, 19쪽

45) "The Reminiscences of K'ung Hsiang-hsi As Told to Julie Lien-ying How, February 10-June 10, 1958"(Columbia University), 1961, p.2

46) 쿵샹시의 미국 입국시 상황에 대해서는 Luella Miner, "Chinese Students and Exclusion Laws," *The Independent*(April 24, 1902), pp.976~977; "American Barbarism and Chinese Hospitality," *The Outlook*(December 27, 1902), pp.984~988; Fu Chi Hao(費起鶴), "My Reception in America," *The Outlook*(August 10, 1907), pp.771~772에 근거했다.

47) "Editorials: "Those Chinese Students," *The Independent* (June 19, 1902), p.1502에서 인용.

48) Richard O'Connor, *Bret Harte: A Biography*(Boston: Little, Brown and company, 1966), p.122

49) "The Heathen Chinee". 이 시의 원명은 "Plain Language from Truth James-Table Mountain, 1870"이다. Bret Harte, *Complete Poetical Works*(New York: P. F. Collier & Son, 1902), pp.128~131에서 볼 수 있다.

50) 쿵샹시와 페이치허에 대해서는 Luella Miner"Chinese Students and Exclusion Laws," *The Independent*(April 24, 1902), pp.974~979; "American Barbarism and Chinese Hospitality" The Outlook(December 27, 1902), pp.984~988에 근거했다.

51) Delber Mckee, *Chinese Exclusion Versus the Open Door Policy, 1900~1906*, p.70

52) "Facts Concerning the Enforcement of the Chinese Exclusion Laws" pp.127~128

53) 위의 책, pp.70~71

54) 쑹아이링의 유학 시절에 대해서는 Sterling Seagrave, *The Soong Dynasty*(New York: Harper & Row, 1985), pp.100~105를 참고했음.

55) 시그레이브Seagrave와 그가 인용한 작가의 말은 모두 정확하지 않다. 쑹아이링은 1904년 미국에 갈 때 포르투갈 여권뿐 아니라 '6항에 부합하는' 증명서를 가지고 있었다. 미국 이민국 기록을 참조할 것, "Facts Concerning the Enforcement of the Chinese Exclusion Laws," pp.146

56) 버크가 쑹아이링을 부탁한 일에 대해서는 일치하지 않지만 Elmer Clark, *The Chiangs of China*(New York: Abingdon-Cokesbury Press, 1943), p.46에 근거했다.

57) Delber Mckee, *Chinese Exclusion Versus the Open Door Policy, 1900~1906*, p.94

58) 위의 책, p.242. 주석 66

59) 이상 설명은 "Facts Concerning the Enforcement of the Chinese Exclusion Laws," p.146에 근거했다.

60) Sterling Seagrave, *The Soong Dynasty*(New York:Harper & Row, 1985), pp.110~115

61) 위의 책, pp.110~111

62) "Not Question of Race, but of Room: W. N. Ainsworth to Hin Wong, October 6, 1910," *CSM*, IV, 1(November, 1910), pp.101~102

63) 陳維屏,「留美中國學生」,『中華基督教會年鑑』, 1917, 137쪽

64) Arthur Rugh, "Chinese Students Abroad," *The Chinese Recorder*(March, 1917), p.151

65) Siegen K. Chou, "America Through Chinese Eyes" *CSM*, XXIV, 1(November, 1928), p.83

66) Dr. J. S. M. Lee, "Our New Students" *Christian China*, VIII, 1(October, 1921), p.70

67) 1911년 9월 환영회에 대해서는 Y. Y. Tsu, "Welcomming the Educational

Mission of 1911" *Monthly Report of the Chinese Students' Christian Association in North America*(October, 1911), pp.9~14을 참고할 것 (이 자료는 예일대학 신학원 도서관에 소장되어 있음, RG 13, 1~12)

68) Ts-zun Z. Zee and Lui-ngau Chang(張履鰲), "The Boxer Indemnity Students of 1910," *CSM*, VI 1, (November, 1910), 18.

69) "The Student World: Berkeley, California", *The Chinese Students' Christian Journal*, VI,2(November, 1919), 114.

2장 누가 먼저 사다리에 오르는가?

1) "News Column," *CSM*, IV.1(November, 1908), p.12

2) "Personalia and Miscellaneous," *CSM*, VIII.6(April 10, 1913), p.423

3) 이 비판 중 가장 전형적인 부분은 舒新城, 『近代中國留學史』, 224~231쪽이다.

4) Y. C. Wang, *Chinese Intellectuals and the West, 1872~1949*, pp.vii-xiv, 150~164, 497~503

5) 연구들은 다음과 같다. Thomas La Fargue, *China's First Hundred*(Pullman, Washington: State College of Washington, 1942); Y. C. Wang, *Chinese Intellectuals and the West, 1872~1949*, pp.42~45; Edwin Pak-Wah Leung, "The Making of the Chinese Yankees: School Life of the Chinese Educational Mission Students in New England," *Asian Profile*, 16,5(October, 1988), pp.401~412.

6) 당시 유학생 중 룽쿠이容揆, 탄야오쉰譚耀勳은 귀국을 거절했다. 또한 귀국 이후 적어도 4명은 다시 미국으로 돌아갔다는 설이 있다. Y. C. Wang, *Chinese Intellectuals and the West, 1872~1949*, p.84 참조.

7) Mary Wright, *The Last Stand of Chinese Conservatism: The T'ung-chih Restoration, 1862~1874*(Stanford, Cal.: Stanford University Press, 1957), pp.241~248.

8) Yung Wing, *My Life in China and America*(New York: Henry Holt and Company, 1909), pp.185~186.

9) Sucheng Chan, *This Bitter-Sweet Soil: The Chinese in California Agriculture, 1860~1910*(Berkeley: University of California Press, 1986), pp.16~18

10) Yen-ping Hao, *The Comprador in Nineteenth Century China: Bridge between East and West*(Cambridge, Mass: Harvard University Press, 1970), 한국에서는 이화승 옮김, 『동양과 서양, 전통과 근대를 잇는 상인 매판』, (씨앗을 뿌리는 사

람, 2002)으로 출간되었다(옮긴이).

11) Yen-ping Hao, 앞의 책, p.13, p.174

12) Yung Wing, *My Life in China and America*, pp.77~78

13) 徐潤, 『徐愚齋自敍年譜』, 42쪽

14) 李喜所는 4명이라고 했다. 그러나 황중량黃仲良의 형이 당시 카이핑 광물국에 근무 중이었다는 것은 정확한 것이 아니다. 카이핑 광물국은 1878년에야 설립되었기 때문이다. 『近代中國的留學生』, 27쪽

15) 沈榮國, 「留美幼童家庭出身考略」, 『澳門文化雜誌』, 第99期, 2017年 2月 23日, 120~131쪽, http://www.icm.gov.mo/rc/viewer/10099/2224, 2020年 10月 12日.

16) Yung Wing, *My Life in China and America*(New York: Henry Holt and Company, 1909), p.186

17) 李喜所, 『近代中國的留學生』, 27~29쪽

18) 徐潤, 『徐愚齋自敍年譜』, 35쪽

19) 룽훙 자신의 미국화 및 중국 세계관의 포기 과정에 대한 분석은 K. Scott Wong, "Cultural Defenders and Brokers: Chinese Responses to the Anti-Chinese Movement," in K. Scott Wong and Sucheng Chan, eds., *Claiming America: Constructing Chinese American Identities During the Exclusion Era* (Philadelphia: Temple University Press), pp.3~40을 참고할 것.

20) William Hung, "Huang Tsun-Hsien's Poem 'The Closure of The Educational Mission in America,'" *Harvard Journal of Asiatic Studies*, Vol.18, No. 1/2. (June, 1955), p.64, n18

21) 李喜所, 「容閎與中國近代第一批留學生」, 『河北師院學報』, 1980年 第1期; Thomas La Fargue, *China's First Hundred*, pp.41~44

22) William Hung, "Huang Tsun-Hsien's Poem 'The Closure of The Educational Mission in America,'" p.62, n12

23) Edwin Pak-Wah Leung, "The Making of the Chinese Yankees: School Life of the Chinese Educational Mission Students in New England," p.411

24) William Lyon Phelps, "Chinese Students in America," *CSM*, VI.8(June 10, 1911), p.705.

25) Yung Shang Him, "The Chinese Educational Mission and Its Influence," *T'ien Hsia Monthly*, IX.3(October, 1939), p.232

26) 高宗魯, 「容閎與中國幼童留美」, 李又寧編, 『華族留美史: 150年的學習與成就』(紐約: 天外出版社, 1999), 70쪽

27) Thomas La Fargue, *China's First Hundred*, pp.45~46. 룽쿠이는 1884년 예일

대학을 졸업하고 워싱턴의 중국 공사관에 근무했다. 탄야오쉰은 1883년 예일대학을 졸업 후 몇 달 뒤 불행하게도 폐렴으로 사망했다. 두 사람만이 아동 유학생 귀국 대열에서 이탈한 것은 아니다. 라파르그La Fargue는 54쪽에서 "여러 사람이 귀국을 거부하고 미국에 남았다"라고 했다.

28) Thomas La Fargue, *China's First Hundred*, p.53

29) 황카이자黃開甲가 발레트 부인(Mrs. Fannie Bartlett)에게 보낸 서신, 1882/1/28, 高宗魯譯註, 『中國留美幼童書信集』(台北:傳記文學出版社, 1986), 10쪽 룽상쳰容尚謙(Yung Shang Him)이 반세기가 지난 후 쓴 회고록에서는 양복을 입고 귀국했다고 했다. Yung Shang Him, "The Chinese Educational Mission and Its Influence," *T'ien Hsia Monthly*, IX.3(October, 1939), p.237

30) 라파르그La Fargue는 철수할 때 이미 60명이 대학 재학 중이라고 했다; *China's First Hundred*, p.52. 이 근거는 Edwin Pak-Wah Leung, "The Making of the Chinese Yankees: School Life of the Chinese Educational Mission Students in New England," p.409를 참조했다.

31) 폄하의 입장은 高宗魯, 『中國留美幼童書信集』과 중국에서 1980년대 이후 출간된 董守義, 『清代留學運動史』(瀋陽:遼寧人民出版社, 1985), 78~104쪽; 李喜所, 『近代中國的留學生』(北京:人民出版社, 1987), 12~72쪽이 있다. 그 외에 Thomas La Farque, *China's First Hundred*, pp.17~66이 있다. 비판적인 입장의 대표적인 연구는 왕이쥐의 *Chinese Intellectuals and the West, 1872~1949*이 있다.

32) "Speech Delivered by H. E. Wu Ting Fang, Chinese Minister to the United States, during the Chinese Students' Conference at Ashburnham, Mass, 1908," *CSM*, IV.1(November, 1908), p.29

33) 왕이쥐의 룽훙과 아동 유학생에 관한 토론은 Y. C. Wang, *Chinese Intellectuals and the West, 1872~1949*, pp.42~45, 74~75, 94~95을 참고할 것.

34) Y. C. Wang, *Chinese Intellectuals and the West, 1872~1949*, pp.166~167

35) W. W. Yen, *East-West Kaleidoscope, 1877~1944*(New York, 1974), p.1

36) 『遊美同學錄』(*Who's Who of American Returned Students*)(北京:淸華大學, 1917), 185쪽 『遊美同學錄』에서는 어우양치를 어우양경의 형으로 잘못 표기했다.

37) 쾅푸줘鄺富灼의 생애에 대해서는 Howard Boorman and Richard Howard, eds., *Biographical Dictionary of Republican China*(Columbia, 1967~1979), II. 262~263, "K'uang Fu-cho"편을 참고할 것.

38) "Former Graduates in China," *Chinese Students' Alliance: Pacific Coast, Annual Bulletin*(August, 1908), p.18

39) 천진타오와 왕씨 형제 등은 베이징대학의 장학금으로 미국 유학을 떠났다. 가장 특

미국의 대학과 중국의 엘리트들

이한 경우는 왕충후이王寵惠로 국비 장학금을 취득하기 전인 1900년 일본에 가서 '흥중회興中會'가 도쿄에 설립한 『국민보國民報』의 영문판 기자로 활동했다. 馮自由, 『革命逸史』(重慶 : 商務印書館, 1945), 第三集, 65, 146쪽을 참조할 것.

40) Jessie Lutz, *China and the Christian Colleges, 1850~1950*(Cornell 1971), p.69

41) 施肇基, 『施植之先生早年回憶錄』, 14쪽；顏惠慶, *East-West Kaleidoscope, 1877~1944*, p.6

42) 진윈메이金韻梅와 쉬진훙許金訇에 관한 서술은 별다른 주석이 없으면 謝紹英(Ruby Sia), "Chinese Women Educated Abroad"(留學西洋女士), *The World Chinese Students' Journal*, II.3(November-December, 1907), pp.27~32에 근거했다.

43) 뉴욕여자의과대학은 훗날 코넬대학 의과대학과 합병했다.

44) 褚季能, 「甲午戰前四位女留學生」, 『東方雜誌』, 31. 11(1934), 11쪽

45) 棗木夾子, 「金韻梅大夫略傳」, https://www.cnblogs.com/wildabc/p/5204093. html, 2020年 10月 17日

46) 캉청康成과 스메이위石美玉의 서술은 Howard Boorman and Richard Howard, eds., *Biographical Dictionary of Republican China*(Columbia, 1967~1979), 第二冊, 225~226, "K'ang Ch'eng"條；第三冊, 128~130, "Shih Mei-yu"條에 근거했다. 캉청과 스메이위, 거트루트 하우 여사와 미국 교회 사이의 문화, 권력에 관한 복잡한 관계는 Jane Hunter, *The Gospel of Gentility : American Women Missionaries in Turn-of-the-Century China*(New Haven : Yale University Press, 1984), pp.24, 74~75, 194~197, 233, 257~259, 264을 참고할 것.

47) Jane Hunter, *The Gospel of Gentility : American Woman Missionaries in Turn-of-Century China*(New Haven : Yale University Press, 1984), p.194 이에 관해 한국에서도 관련 논문이 있다. 공혜정, 「버려진 돌에서 모퉁이 돌로-한국의 박에스더와 중국의 캉청 비교」, 『이화사학연구』 62집(2021.6)을 참고할 것(옮긴이).

48) 汪一駒, *Chinese Intellectuals and the West, 1872~1949*, p.50；陳志讓(Jerome Ch'en), *China and the West : Society and Culture, 1815~1937*(Indiana, 1979), pp.153~154

49) 齊如山, 「齊如山自傳」, 『中國一週』, 第239期(11/22/1954), 23쪽

50) 汪一駒, *Chinese Intellectuals and the West, 1872~1949*, p.49

51) 대사관에서 실습한 학생은 1895년에 4명으로 늘어났다. 舒新城, 『近代中國留學史』, 21쪽

52) 施肇基, 『施植之先生早年回憶錄』(台北, 1958), 31쪽

53) William Ayers, *Chang Chih-tung and Educational Reform in China*(Harvard, 1971), pp.133~136, 196~244; Y. C. Wang, *Chinese Intellectuals and*

the West, 1872~1949, pp.51~59

54) 實藤惠秀, 『中國人日本留學史』(東京, 1960); 黃福慶, 『清末留日學生』(台北, 1975); 以及 Paula Herrell, *Sowing the Seeds of Change: Chinese Students, Japanese Teachers, 1895~1905*(Stanford, 1992)을 참조할 것.

55) "Editorials," *The World's Chinese Students' Journal*, II.2(September-October, 1907), p.2

56) 舒新城, 『近代中國留學史』, 137~138쪽

57) 吳宓, 『吳宓自編年譜』(北京: 生活, 讀書, 新知三聯書店, 1995), 155쪽

58) Yung Shang Him(Rong Liang) to Arthur Robinson, October 22, 1932. 高宗魯, 『中國留美幼童書信集』, 89쪽을 참고할 것.

59) 『遊美同學錄』, 69~74쪽

60) Y. C. Wang, *Chinese Intellectuals and the West, 1872~1949*, pp.189~190

61) Wen-hsin Yeh, *The Alienated Academy, 1919~1937: Culture and Politics in Republican China, 1919~1937*(Harvard, 1990), pp.10~22, 189~190

62) Jessie Lutz, *China and the Christian Colleges, 1850~1950*(Cornell, 1971), p.32

63) Wen-hsin Yeh, *The Alienated Academy, 1919~1937*, p.65

64) Jessie Lutz, *China and the Christian Colleges, 1850~1950*, p.167. 예웬신葉文心은 성요한서원이 가진 이러한 특이 현상이 1920년에 시작되었다고 했다. *The Alienated Academy, 1919~1937*, p.66을 참고할 것.

65) 『北洋大學: 天津大學校史』(天津: 天津大學出版社, 1990), 18~23, 24~37, 87쪽을 참조할 것; 南洋公學에 대해서는 Wen-hsin Yeh, *The Alienated Academy*, pp.93~95를 참조할 것.

66) Jessie Lutz, *China and the Christian Colleges, 1850~1950*, p.167

67) 『北洋大學: 天津大學校史』, 37~38쪽

68) 이 수치는 베이양대학 유학인명록과 『유미동학록』을 대조해 산출한 것이다. 『北洋大學: 天津大學校史』, 459쪽을 참고할 것.

69) Y. C. Wang, *Chinese Intellectuals and the West, 1872~1949*, pp.150~156

70) 중시여숙의 귀족적인 분위기에 대해서는 Wen-hsin Yeh, *The Alienated Academy*, pp.74, 228을 참조할 것. 326쪽 주 91에서 린러지林樂知(Young J. Allen)가 중시여숙을 창설했다고 했지만 사실은 로라 헤이굿Laura Haygood 여사가 창설했다. 학교의 영문명은 맥테일러 주교Holland N. McTyeire를 기념하기 위한 명칭이다.

71) Y. C. Wang, *Chinese Intellectuals and the West, 1872~1949*, p.158

72) Statistical Analysis of Chinese Students in American Colleges and Universities, 1854~1953:(C) Number of Students by Chinese Provinces," *A*

Survey of Chinese Students in American Universities and Colleges in the Past One Hundred Years(New York, 1954), p.33

73) Y. C. Wang, *Chinese Intellectuals and the West, 1872~1949*, p.158 and *A Survey of Chinese Students in American Universities and Colleges in the Past One Hundred Years*, p.33

74) Y. C. Wang, *Chinese Intellectuals and the West, 1872~1949*, pp.157~158

75) Y. C. Wang, *Chinese Intellectuals and the West, 1872~1949*, pp.159~161. 근공검학 운동에 관해서는 Marilyn Levine, *The Found Generation: Chinese Communists in Europe during the Twenties*(Seattle, 1993)을 참조할 것.

76) Jessie Lutz, *China and the Christian Colleges, 1850~1950*, pp.76~77 and W. W. Yen, *East-West Kaleidoscope*, 1877~1944, p.6

77) *Wellington Koo, Reminiscences of Dr. Wellington Koo*(New York: Columbia University, 1976), I,35 ;『顧維鈞回憶錄』, 第一分冊, 20쪽

78) 舒新城, 『近代中國留學史』, 115쪽

79) 위의 책, 229~230쪽

80) Y. C. Wang, *Chinese Intellectuals and the West, 1872~1949*, pp.83, 143

81) Y. C. Wang, *Chinese Intellectuals and the West, 1872~1949*, pp.68~71. 왕이쥐는 1911년 시험에서 진사와 거인이 400명 선발되었다고 했다. 필자는 左玉河, 「論淸季學堂獎勵出身制」, 『近代史硏究』(第4期, 45~57쪽, 2008)을 참고했다.

82) W. W. Yen, "The Recent Imperial Metropolitan Examinations," *The Chinese Recorder*(January, 1907), p.38

83) "Editorials: The Recent Examination in Nanking," *The World's Chinese Students' Journal*, II,1(July-August, 1907), p.4

84) T. Z. Tyau, "The Chekiang Competitive Government Scholarship Examination," *The World's Chinese Students' Journal*, III,1(July-August, 1908), pp.105~107

85) Sally Borthwick, *Education and Social Change in China: The Beginnings of the Modern Era*(Hoover Institution Press, 1983), pp.62~94

86) Yuen Ren Chao, *Yuen Ren Chao's Autobiography: First Thirty Years, 1892~1921, in Life with Chaos: The Autobiography of a Chinese Family*, Vol.II(Ithaca, New York: spoken Language Services, Inc., 1975), p.71

87) 조셉 에디슨, *Days with Sir Roger De Coverley*.

88) 셰익스피어, 『베니스의 상인』(*The Merchant of Venice*).

89) 월터 스콧, 『아이바호』(*Ivanhoe*)

90) 사일런스 마너, 『라벨러의 직조공』(*Silas Marner: The Weaver of Raveloe*).

91) "Editorials: The Government Educational Mission Examination at Peking," *The World's Chinese Students' Journal*, IV.2(September-October, 1909), p.87

92) 蘇雲峰, 『從清華學堂到清華大學, 1911~1929』(台北:中央研究院近代史研究所, 1996), 17~22쪽;李喜所, 『近代中國的留學教育』, 209~214쪽을 참조할 것.

93) "Editorials: The Government Educational Mission Examination at Peking," *The World's Chinese Students' Journal*(September-October, 1909), IV.2, p.88

94) "Editorials: The Problem of Indemnity Students," *The World's Chinese Students' Journal*, VI.1(September, 1911), pp.480~481

95) 위의 책, p.481. 성요한서원의 포트 총장(Hawks Pott) 치사는 Mary Lamberton, St. John's University, Shanghai, 1879~1951(New York, 1955), p.76을 참조할 것.

96) "Editorials: The Recent Imperial Metropolitan Examination for Returned Students," *The World's Chinese Students' Journal*, I.3(December 1, 1906), p.3

97) Y. C. Wang, *Chinese Intellectuals and the West, 1872~1949*, p.69

98) A Returned Student, "The Recent Metropolitan Examination for Returned Students," *The World's Chinese Students' Journal*, II.2(September-October, 1907), pp.38~40; "Editorials: The Peking Examination," *The World's Chinese Students' Journal*, V.2(November, 1910), pp.85~86

99) A Returned Student, "The Recent Metropolitan Examination for Returned Students," p.40

100) "Editorials: The Future Problem of Our Returned Students," *The World's Chinese Students' Journal*, IV.4(March, 1910), pp.209~211

101) "Editorials: The Returned Students and the Peking Examination," *The World's Chinese Students' Journal*, V.6(July, 1911), p.389

102) Chang Chung-li, *The Chinese Gentry: Studies of their Role in Nineteen-Century Chinese Society*(Seattle: University of Washington Press, 1955), p.123

103) Weili Ye, *Seeking Modernity in China's Name: Chinese Students in the United States, 1900~1927*(Stanford: Stanford University Press, 2001). 2012년 베이징대학 출판사는 『爲中國尋找現代之路:中國留學生在美國(1900~1927)』로 번역 출간했다.

104) Stacey Bieler, *"Patriots" or "Traitors"?: A History of American-Educated Chinese Students*(Armonk, New York: M. E. Sharpe, 2004)

105) Yelong Han, "Making China Part of the Globe: the Impact of America's Boxer Indemnity Remissions on China's Academic Institutional Building

in the 1920s," Ph. D. Dissertation, University of Chicago, 1999

106) Y. C. Wang, *Chinese Intellectuals and the West, 1872~1949*, "Appendix B," pp.510~511

107) 위의 책, pp.168~169

108) Y. C. Wang, *Chinese Intellectuals and the West, 1872~1949*, p.151

109) Y. C. Wang, *Chinese Intellectuals and the West, 1872~1949*, pp.152~156

110) 위의 책, p.151

111) *A Survey of Chinese Students in American Universities and Colleges in the Past One Hundred Years*(New York, 1954), pp.40~50

112) Y. C. Wang, *Chinese Intellectuals and the West, 1872~1949*, p.167

113) 金富軍, 「1949年前淸華大學資助留學生類型考察」, 「淸華大學校史館」, https://xsg. tsinghua.edu.cn/publish/xsg/8348/2015/2015070715485247480581/201507 07154852474805481_.html, 2020年 11月 5日

114) 필자는 쑤윈펑蘇雲峰이 『從淸華學堂到淸華大學, 1911~1929』 384쪽에서 인용한 석사 논문 통계 수치를 근거로 하지 않았다. 이 통계수치는 여러 분야를 합친 것이어서 총수와 맞지 않을 뿐더러 25퍼센트에 달하는 칭화대학 졸업생들의 학위에 관한 정보가 없기 때문이다. 단지 969명 졸업생의 정보를 근거로 한 것이어서 통계상의 의미가 전혀 없었다.

115) 王樹槐, 『庚子賠款』(台北 : 中央硏究院近代史硏究所, 1974), 317~318쪽

3장 조국과 자신의 문제

1) Wellington Koo, "Editorial," *CSM*, III.1(November, 1907), p.2

2) S. T. Lok [陸秀貞], "Why Join the Alliance?" *CSM*, IV.3(January, 1909), pp.171~172

3) 張朋園, 『立憲派與辛亥革命』(台北 : 中央硏究院近代史硏究所, 1969)을 참고할 것.

4) 북미중국기독교유학생협회가 남긴 마지막 자료는 1950년이다. Martha Smalley, comp., *Guide to the Archives of the Chinese Students' Christian Association in North america*(New Haven: Yale University Library, 1983)을 참조할 것. 북미중국기독교유학생협회의 지도자와 회원들은 전미중국유학생연합회와 중첩되니 북미중국기독교유학생협회 역시 본서에서 서술하는 일부분이 된다.

5) Weili Ye, *Seeking Modernity in China's Name: Chinese Students in the United States, 1900~1927*, pp.26~44

6) Weili Ye, *Seeking Modernity in China's Name*, pp.28~29

7) Wellington Koo, "A Short History of the Chinese Students' Alliance in the United States," *CSM*, VII.5(March 10, 1912), pp.420~431. 특별히 주를 달지 않으면 이후 전미중국유학생연합회의 기원에 대해서는 구웨이쥔顧維鈞의 문장을 근거로 했다.

8) Samuel Young, "Chinese Students in America," John Fryer, ed., *Admission of Chinese Students to American Colleges*(Washington: Government Printing Office, 1909), p.179

9) 區克明, 「留美中國學生會小史」, 『留美學生季報』, 卷4, 第3期, 66쪽, 1919

10) Samuel Young, "Chinese Students in America," p.179

11) 王建祖編, 「學生會源起及初次大會記」, 『美洲留學報告』(上海, 1904), 1쪽

12) Samuel Young, "Chinese Students in America," p.179

13) 위의 글.

14) 王建祖編, 「學生會源起及初次大會記」, 『美洲留學報告』(上海, 1904), 2쪽에서 말한 1차 대회의 회장, 부회장의 이름은 바뀌었다. 18쪽에서 인용했다.

15) 위의 글, 18~19쪽 ; 『遊美同學錄』(Who's Who of American Returned Students)(清華大學, 1917)

16) 위의 주.

17) 위의 주.

18) 『遊美同學錄』(Who's Who of American Returned Students)(清華大學, 1917) ; 슝충즈熊崇志의 훗날 외교계 경력에 대해서는 張朋園, 沈懷玉編, 『國民政府職官表(1925~1949)』(台北 : 中央研究院近代史研究所, 1987), 第一冊, 562~568쪽을 참조할 것.

19) "An Address to the Chinese Students' Conference, Ashburnham, Mass., August 25th, 1908, by Chintao Chen," *CSM*, IV.1(November, 1908), p.37

20) 區克明, 「留美中國學生會小史」, 『留美學生季報』, 卷4, 第3期, 66쪽, 1919

21) C. T. Wang, "Chinese Students in America," *The World's Chinese Students' Journal*, VI.1(September, 1911), p.486

22) 區克明, 「留美中國學生會小史」, 『留美學生季報』, 卷4, 第3期, 67쪽, 1919

23) Wellington Koo, "Editorial," *CSM*, III.2(December, 1907), p.55

24) C. T. Wang, "Chinese Students in America," *The World's Chinese Students' Journal*, VI.1(September, 1911), p.486

25) "Students' Directory," *Chinese Students' Alliance: Pacific Coast. Annual Bulletin*(August, 1908), p.22 ; The Academic, "Boxer Indemnity Scholars: Peter Soo Hoo(司徒彼得), https://boxerindemnityscholars.wordpress.com/2016/09/08/peter-soo-hoo-%E5%8F%B8%E5%BE%92%E5%BD%

BC%E5%BE%97/, 2020年 11月 13日上網

26) Peter Soo-Hoo to C. C. Wang, n.d., *CSM*, III.4(February, 1908), p.163

27) 『중국유미학생월보』의 광고와 『환구중국학생보』의 「사론社論」모두 이 출간물을 『연보年報』라고 칭했다. 구웨이쥔顧維鈞은 『전미중국유학생연합회 약사』에서 이 출 간물을 같은 시리즈중 3기라고 칭했다. ellington Koo, "A Short History of the Chinese Students'Alliance in the United States," *CSM*, VII. 5, p.423을 참고할 것.

28) Wellington Koo, "A Short History of the Chinese Students' Alliance in the United States," *CSM*, VII.5, p.422에서 인용.

29) Wellington Koo, "Editorial," *CSM*, III.2(December 1907), pp.53~55

30) Peter Soo-Hoo to C. C. Wang[王景春], n.d., *CSM*, III.4(February, 1908), p.163

31) C. C. Wang to Peter Soo-Hoo, February 16, 1908, *CSM*, III.4(February, 1908), p.163

32) See P. K. Yu, "Introduction," CSM, *1906~1931: A Grand Table of Contents* (Washington, D.C.: Center for Chinese Research Materials, 1974), p.vii

33) 陳榮謙[W. H. Chaund이]C. C. Wang, *CSM*, IV.6(April, 1909)에게 보낸 편지, pp.405~406

34) Henry D. Sheldon, *Student Life and Customs*(New York: Arno Press & The New York Times, 1969), pp.197~198

35) C. T. Wang, "Is It Not Worth Our Consideration?" *CSM*, III.5(March, 1908), p.191

36) 기독교청년회의 여름 캠프 초기 발전에 대해서는 C. Howard Hopkins, *History of the Y.M.C.A.. in North America*(New York: Association Press, 1951), pp.294~308 을 참고할 것.

37) C. C. Wang, "Editorial: The Monthly," *CSM*, IV.1(November, 1908), pp.1~2

38) *The Chinese Students' Bulletin*. 중문 제목은 없었고 훗날 *The Chinese Students' Monthly*으로 확충되었다. 이후 대부분 중문 제목 없이 출간되었다.

39) Wellington Koo, "Editorial," *CSM*, II.1(December, 1906), p.1

40) P. H. Lo, "Work of Committee on W. C. S. F.," *CSM*, II.8(August, 1907), p.174

41) Wellington Koo, "Editorial: The Revision of Our Constitution," *CSM*, II.3(February, 1907), pp.45~46

42) Heenan T. Shen[沈希南]to Paul H. Linn[林保恆], *President of the Alliance*, 3/24/1907, *CSM*, II.5(April, 1907), pp.112~115

43) S. T. Lok, "Why Join the Alliance?" *CSM*, IV.3(January, 1909), p.172

44) S. T. Lok to C. C. Wang, September 22, 1908, *CSM*, IV.1(November, 1908), pp.58~59

45) *The Chinese Students' Monthly*는 일반적으로 중문 제목이 없고 이름도 통일되지 않았다. 5권, 제4, 5기는 『東美留學生會月報』, 6권, 제5, 6기는 『留美中國學生月報』로 표기되었다.

46) 하버드대학 학생회가 1926년 봄에 내린 결정이 한 예다. "Student World," *CSM*, XXI.7(May, 1926), p.81을 참고할 것. 자료가 없어서 유학생들이 이 제안을 반대한 이유는 알 수 없다. 아마도 연합회가 이미 몰락해서 유학생들이 연합회 가입의 필요성을 느끼지 못했을 수도 있다. 멍치孟治는 연합회가 "각 지역 학생회가 연합해서 성립한 것이지만 (…) 총회는 헌장을 수정했다는 오해를 받아 많은 지회가 총회에서 이탈했다"라고 했다.(孟治, 「留美學生現狀」, 『中華基督教會年鑑』, 1927, 64쪽을 참고할 것. 그러나 각 지역 학생회는 원래 연합회의 지회가 아니어서 멍치의"많은 지회가 총회에서 이탈했다"는 말은 1925년의 새로운 헌장에 대한 설명일 것이다.

47) "Constitution and By-Laws of The Chinese Students' Alliance of Eastern States, U. S. A.," *CSM*, II.8(August, 1907), pp.166~172

48) W. P. Wei[魏文彬]to C. H. Liu[劉嘉珩], Chairman of the Board of Representatives, September 30, 1911, *CSM*, VII.1(November 10, 1911), p.105

49) C. T. Wang, "President's Message," *CSM*, IV.1 9(November, 1908), pp.23~24

50) Wellington Koo, et al, "Report of the Resolutions Committee," *CSM*, V.8(June 1910), p.518

51) C. C. Wang, "President's Message," *CSM*, III.1(November 1907), p.27

52) 위의 책, IV.1(November 1908), p.23

53) Wellington Koo, "Editorial," *CSM*, II.3(February, 1907), p.45

54) Wellington Koo, "The Presidents's First Monthly Report," CSM VI.1(November, 1910), p.83

55) Wellington Koo, 'The President's Report for December," *CSM*, VI.2(December, 1910), p.177

56) T. V. Soong, "Eastern Conference at Amherst, Mass," *CSM*, X.1(October, 1914), p.31

57) T. C. Chu to Wellington Koo, April 20, 1910, *CSM*, V.7(May, 1910), pp.433~434

58) Weili Ye, *Seeking Modernity in China's Name*, pp.26~27, 43

59) 위의 책, pp.50, 51. 비록 예웨이리는 '전공', '독립'이란 단어로 유학생들을 묘사했지만, 그녀 역시 배움이 뛰어나면 관직에 나간다는 관념의 유혹을 부정하지는 않았다.

60) 연합회의 통계는 항상 정확하지 않았지만, 차오원샹曹雲祥의 통계에 의하면, 동부 중국유학생연합회는 1910년 12월 10일까지 385명의 회원이 있었다. "Statistical Report of the Membership Committee," *CSM*, VI.4(February, 1911),

pp.394~395을 참고할 것.

61) 이곳에서 환구중국학생회의 서술은 주로 "A Historical Sketch of the Federation," *The World's Chinese Students' Journal*, I,1(July and August, 1906), pp.8~11과 격월간 「사론社論」에서 산발적으로 보이는 내용을 참조했다.

62) Editorials," *The World's Chinese Students' Journal*, II,6(May-June, 1908), pp.1~2

63) Chas. S. Bok, et. al, "The Alliance and the World's Students' Federation," *CSM*, III,1(November, 1907), p.24

64) 위의 책, p.25

65) "Constitution and By-Laws of the Joint Council of the Chinese Students' Alliance in the United States of America," *CSM*, V,1(November, 1909), p.38

66) Wellington Koo, "A Short History of the Chinese Students' Alliance in the United States," *CSM*, VII. 5(March 10, 1912), p.427

67) 위의 책, pp.426~429. 區克明, 「留美中國學生會小史」, 『留美學生季報』, 卷4, 第3期, 1919, 68~69쪽을 참고할 것.

68) "No Money for Private Students Yet," *CSM*, VI,1(November, 1910), p.101

69) "Arrival of New Students," *CSM*, VIII,1(November 10, 1912), p.40

70) 이 수치는 『중국유학생보』의 「同學會訊」(Club News)에 근거했다.

71) 이 기초 통계표는 T. L. Chao, "English Secretary's Report," *CSM*, V,1(November, 1909), p.30; 楊錦森(Chinson Young), "Statistical Report of the Membership ommittee," V,5(March 1910), p.268; 曹雲祥, "Statistical Report of the Membership Committee," VI,4(February, 1911), p.395에 근거했다. 주팅치朱庭祺가 『중국유학생월보』의 문장에서 인용한 수치는 차오윈샹曹雲祥과 같은 자료였는데 어떤 실수로 인해 보고된 총수는 562명이 되었다. 朱庭祺, 「美國留學界」, 『留美學生年報』, 1911, 1~41쪽을 참고할 것.

72) 曹雲祥, "Statistical Report of the Membership Committee," VI,4(February, 1911), p.395

73) Wellington Koo, "Executive Board: The President's Message," *CSM*, VI,1(November, 1910), p.57

74) John Y. Lee[李耀邦] to 顧維鈞, October 11, 1910, *CSM*, VI,1(November, 1910), pp.62~65

75) "The Middle West Alliance Question: Secretary John Y. Lee's Reply to President Koo," *CSM*, VI,1(November, 1910), pp.62~65

76) "Resolution Passed at the Conference in Hartford Concerning the

Committee on Investigation," *CSM*, VI.1(November, 1910), p.62

77) President Koo to Chairman Ing, "Should There Be a Middle-West Alliance?" *CSM*, VI.1(November, 1910), p.60

78) Wellington Koo, "The President's Report for December," *CSM*, VI.2(December, 1910), pp.175~176

79) Lui-Ngau Chang, "Editorials: The Joint Council," *CSM*, VI.3(January, 1911), p.243

80) Z. T. Ing, "Should We Not Have Only One Chinese Students' Alliance in North America?," *CSM*, VI.2(December, 1910), p.131

81) C. T. Wang et al, "Report of the Investigation Committee," *CSM*, VI.3(January, 1911), p.300

82) 이 통계 수치는 다음 자료에 근거한다: Y. S. Tsao[曹雲祥], "Statistical Report of the Membership Committee," *CSM*, VI.4(February, 1911), p.395; Chimin Chu-Fuh[朱復], "Statistical Report for Eastern Section," *CSM*, VII.4(February 10, 1912), pp.368~369; P. W. Kuo[郭秉文], "President's Report," *CSM*, VII.8(June 10, 1912), p.709;C. F. Wang[王正黻], "Report of Alliance Treasurer for Year 1913~1914," *CSM*, X.3(December, 1914), p.175; Loy Chang[鄭萊], "Alliance and Sectional Business," *CSM*, X.2(November, 1914), p.111; Y. L. Tong[唐悅良]"President's Report for the Year 1914~1915," *CSM*, XI.1(November, 1915), p.60; Y. T. Ying, "Report of the Treasurer of the Eastern Section, Sept. 10, 1914-June 10, 1915," *CSM*, XI.2(December, 1915), p.131.

83) 미국 유학생에 대해서는 왕이쮜와 예웨이리, 스테이시 비엘러의 연구를 인용했다. 일본, 프랑스 유학생에 대해서는 Paula Harrell, *Sowing the Seeds of Change: Chinese Students, Japanese Teachers, 1895~1905*(Stanford: Stanford University Press, 1992), pp.62~73; and Marilyn Levine, *The Found Generation: Chinese Communists in Europe during the Twenties*(Seattle: University of Washington, 1993), pp.32~35를 참고했다.

84) Weili Ye, *Seeking Modernity in China's Name*, p.25

85) W. G. Loo[Luo Huiqiao], "Report of Eastern Treasurer, W. G. Loo," *CSM*, X.2(November, 1914), p.116

86) F. H. Huang, "Alliance President's Message," *CSM*, XIV.2(December, 1918), p.126,87 K. L. Carlos Sun, "English Secretary's Report," *CSM*, IV.1(November, 1908), p.47

87) K. L. Carlos Sun, "English Secretary's Report," *CSM*, IV.1(November, 1908),

pp.47~48

88) Wellington Koo, "The President's Message," *CSM*, VI.1(November, 1910), p.56

89) Chang Ping Wang[王昌平], "The Urbana Conference," *CSM*, IX.1(November 10, 1913), pp.56~57

90) "The Reserve Fund," *CSM*, VIII.1(November 10, 1912), p.54

91) F. Chang, "Report by Mr. F. Chang, Alliance President, 1917~1918," *CSM*, XIV.1(November, 1918), p.45

92) 하버드대학 학생회가 1926년 봄에 통과한 결의안은 "Student World," *CSM*, XXI.7(May, 1926), p.81과 孟治, 「留美學生現狀」, 『中華基督教會年鑑』, 1927, 64쪽을 참고할 것. 멍치孟治는 각 대학의 학생회를 연합회의 지회로 오해했다.

93) Weili Ye, *Seeking Modernity in China's Name*, p.28

94) 예웨이리의 근거는 동부연합회의 1907년『중국유미학생월보』에 게재된 소식을 요약한 것이다. 당시 동부연합회는 성립한 지 얼마 되지 않아 회원들이 적었고 아직 『同學錄』의 출간 필요성을 느끼지 못하고 있었다.

95) Bryna Goodman, "The Locality as Microcosm of the Nation?: Native Place Networks and Early Urban Nationalism in China," *Modern China*, 21.4(October, 1995), pp.387~419

96) E. K. Moy, "Thirteen Years of Chinese Students," *CSM*, XIX.2(December, 1923), pp.7~8

97) Jun Ko Choy, "The China Years, 1911~1945: Practical Politics in China after the 1911 Revolution," Revised and edited by Lillian Chu Chin, Chinese Oral History Project, East Asian Institute of Columbia University, New York, 1971, p.59

98) Mamie-Loius Leung, "Lest We Forget," *CSM*, XIX.7(May, 1924), p.43

99) 위의 책, p.44

100) 위의 책, pp.44~45

101) Monlin Chiang, *Tides from the West*(New Haven: Yale University Press, 1947), p.86

102) E. K. Moy, "Thirteen Years of Chinese Students," *CSM*, XIX.2(December, 1923), p.8

103) Ch'en Kuang-fu, "The Reminiscences of Ch'en Kuang-fu(K. P. Chen) (December 20, 1881- July 1, 1976)," As told to Julie Lien-ying How, December 6, 1960 to June 5, 1961, Chinese Oral History Project, East Asian Institute of Columbia University, New York, 1963, p.18

104) Jun Ko Choy, "The China Years, 1911~1945: Practical Politics in China after the 1911 Revolution," Revised and edited by Lillian Chu Chin, Chinese Oral History Project, East Asian Institute of Columbia University, New York, 1971, p.63

105) T. V. Soong, "Tsing-hua Alumni Association," *CSM*, XI.5(March, 1916), pp.299~300

106) "Current Comments," *CSM*, XX.7(May, 1925), p.3

107) 葉秋原, 『美國生活』(上海 : 世界書局, 1929), 54쪽

108) H. D. Fong, Reminiscences of a Chinese Economist at 70(Singapore: South Seas Society, 1975), pp.23~25. 졸저Yung-chen Chiang, *Social Engineering and the Social Sciences in China, 1919~1949*(New York: Cambridge University Press, 2001), p.83을 참고할 것.

109) 謝扶雅, 『遊美心痕』(上海 : 世界書局, 1929), 59~60쪽

110) Weili Ye, *Seeking Modernity in China's Name*, p.48

4장 권력의 종이 되다

1) Wellington Koo, "Editorial," *CSM*, III.1(November, 1907), p.2

2) S. T. Lok [陸秀貞], "Why Join the Alliance?" *CSM*, IV.3(January, 1909), pp.171~172

3) 張朋園, 『立憲派與辛亥革命』(台北 : 中央研究院近代史研究所, 1969)을 참고할 것.

4) Weili Ye, *Seeking Modernity in China's Name*, pp.15, 227

5) 위의 책, p.52

6) 위의 책, pp.2~7

7) 위의 책, p.52

8) Karl Mannheim, *Ideology and Utopia*(New York: Harcourt, Brace & World, 1936), pp.153~164

9) Monlin Chiang, "Notes on Chinese Political Philosophy," *CSM*, VII.7(May 10, 1912), pp.612~613

10) Weili Ye, *Seeking Modernity in China's Name*, p.64

11) "Editorials: The Recent Imperial Metropolitan Examination for Returned Students," *The World's Chinese Students' Journal*, I.3(December 1, 1906), pp.1~2; "Editorials: The Examination in Peking," *The World's Chinese*

Students' Journal, II.2(September-October, 1907), pp.7~8; A Returned Student, "The Recent Metropolitan Examination for Returned Students," *The World's Chinese Students' Journal*, II.2(September-October, 1907), pp.38~40; A Chinese Student, "The Value of the Peking Examination of the Foreign Educated Students," *The World's Chinese Students' Journal*, III.6(May-June, 1909), pp.368~374; "Editorials: The Peking Examination," *The World's Chinese Students' Journal*, V.2(November, 1910), pp.85~86; "Educational Comments: The Returned Eight Hundred," *The World's Chinese Students' Journal*, V.2(November, 1910), pp.130~131; and "Editorials: The Returned Students and the Peking Examination," *The World's Chinese Students' Journal*, V.6(July, 1911), pp.388~389

12) "Editorials: The Examination in Peking," *The World's Chinese Students' Journal*, II.2, p.8

13) Chas. S. Bok, et. al., "The Alliance and the World's Chinese Students' Federation," *CSM*, III.1(November, 1907), p.25

14) 黃福慶, 『淸末留日學生』(台北：中央研究院近代史研究所, 1975), 74쪽

15) John Burgess, "Annual Report, September 30th 1910 to October 1st 1911: the Princeton ork in Peking," pp.6~7, the YMCA Archives, deposited at the University of Minnesota, Princetonin-Peking Box, 1906~1912 Folder.

16) "Editorials: Government Service for Returned Students," *CSM*, X.3(December, 1914), p.126

17) Y. C. Wang, *Chinese Intellectuals and the West, 1872~1949*, p.103；朱曉東,「民國初年留學生甄拔考試及影響探析」,『中州學刊』, 第9期, 2020, 129~134쪽

18)「政海中之留學人數」,『申報』, 1917年 12月 14日, 第16104號, 2020, 朱曉東의 앞 문장 134쪽에서 인용.

19) "Annual Report Letter of J. L. Childs, Secretary, Young Men's Christian Association, Peking, China, for the Year Ending September 30, 1918," p.1, the YMCA Archives, Annual & Quarterly Reports 1918(A-M) box(A-Ch) 1918 Folder

20) "Editorials: Government Service and Returned Students," *CSM*, XII.5(March, 1917), p.239

21) Hua-Chuen Mei, "The Returned Students in China," *The Chinese Recorder*(March, 1917), p.167

22) Weili Ye, *Seeking Modernity in China's Name*, p.65

23) Magali Larson, The Rise of Professionalism: A Sociological Analysis(Berkeley: University of California Press, 1977), pp.xvii~xviii

24) 졸저, *Social Engineering and the Social Sciences in China, 1919~1949* (Cambridge: Cambridge University Press, 2001), Chapters 3 and 4를 참고할 것.

25) Richard Ely, "Leadership in A Democracy," *CSM*, XIII.1(November, 1917), pp.28~38

26) Benjamin Rader, *The Academic Mind and Reform: The Influence of Richard T. Ely in American Life*(University of Kentucky Press, 1966), pp.130~158

27) 맹거의 논조는 엘리의 책에서 찾아볼 수 있다. Richard Ely, *Property and Contract in their Relations to the Distribution of Wealth*(New York: The MacMillan Company, 1914), Vol.2, pp.604, 619

28) Richard Ely, "Leadership in A Democracy," p.31

29) 위의 글, p.32

30) Richard Ely, "Fundamental Beliefs in My Social Philosophy," *The Forum*, XVIII(October, 1894), p.183

31) T. C. Chu, "Review of Home News: The Revolution: A Survey," *CSM*, VII.5(March 10, 1912), p.404

32) N. Han, "The Ai-Kwoh-Hwei," *CSM*, VII.3(January 10, 1912), pp.222~223

33) N. Han, "The Ai-Kwoh-Hwei," *CSM*, VII.3, p.226. 케르셴슈타이너의 말은 Georg Kerschensteiner, *Education for Citizenship*(New York: Rand McNally & company, 1911), p.13 을 참조할 것.

34) Kerschensteiner, *Education for Citizenship*, p.22

35) Thomas Huxley, *Science and Culture, and Other Essays*(New York: Rand McNally & company, 1911), 케르셴슈타이너의 인용은 그의 저서 *Education for Citizenship*, pp.41~42에서 볼 수 있다.

36) N. Han, "The Ai-Kwoh-Hwei," *CSM*, VII.3, p.226

37) V. K. W. Koo, "The Task before China's Students Today," *CSM*, IV.5(March, 1909), p.322

38) E. K. Moy, "Thirteen Years of Chinese Students," *CSM*, XIX.2(December, 1923), p.8

39) In Young, "True Citizenship," *CSM*, VI.4(February, 1911), pp.359~365

40) Hyne Sun[Sun Heng], "The Returned Students and the Coolie," *CSM*, VIII.7(May 10, 1913), pp.456~459

41) Hua-Chuen Mei[Mei Huaquan], "The Returned Students in China," *The Chinese Recorder*(March, 1917), pp.166~167

42) Homi Bhabha, "Of Mimicry and Man: The Ambivalence of Colonial Discourse," in Homi Bhabha, *The Location of Culture*(London and New York: Routledge, 1994), p.86

43) Hua-Chuen Mei, "The Returned Students in China," *The Chinese Recorder*(March, 1917), p.168

44) J. L. Li, "Chinese Students and Sociability," *CSM*, XII.2(December, 1916), p.129

45) Hua-Chuen Mei[Mei Huaquan], "China's Constitutional and Legal Adviser," *CSM*, VIII.7 (May 10, 1913), p.442

46) For a brief discussion of Goodnow's stint as Yuan's adviser, see Ernest Young, *The Presidency of Yuan Shih-k'ai: Liberalism and Dictatorship in Early Republican China*(Ann Arbor: The University of Michigan Press, 1977), pp.172~176, 221~222

47) Hua-Chuen Mei, "China's Constitutional and Legal Adviser," *CSM*, VIII.7(May 10, 1913), p.444

48) 위의 책, p.445

49) 위의 주.

50) Hua-Chuen Mei, "The Returned Students in China," p.171

51) "Student World: Double Ten Celebration in Boston," *CSM*, XX.2(December, 1924), p.70

52) Y. C. Wang, *Chinese Intellectuals and the West, 1872~1949*, Appendix C, p.514

53) 위의 책, p.178

54) John B. Powell, *My Twenty-Five Years in China*(New York: The Macmillan Company, 1945), p.140

55) Kwei Chen, "Thoughts of the Editor," *CSM*, XXIII.1(November, 1927), p.62

56) 舒新城, 『近代中國留學史』, 209~211, 216~217쪽

57) Y. C. Wang, *Chinese Intellectuals and the West, 1872~1949*, p.502

58) Weili Ye, *Seeking Modernity in China's Name*, pp.15~16, 35, 51~61, 226~227

59) 졸저, *Social Engineering and the Social Sciences in China, 1919~1949*, Chapters 7 and 8을 참조할 것.

60) 「冀朝鼎」條, Howard Boorman and Richard Howard, eds., *Biographic Dictionary of Republican China*(New York: Columbia University Press, 1967), I: 293~297

61) Y. S. Tsao, "Our Place," *CSM*, III.2(December, 1907), p.76

62) Wellington Koo, "Editorial," *CSM*, III.3(January, 1908), p.102

63) Y. S. Tsao, "Our Place," *CSM*, III.2(December, 1907), p.75

64) 위의 주.

65) N. C. Yang, T. C. Sun, V. K. W. Koo, and C. C. Wang, "Preliminary Report of Committee on W. C. S. F.," *CSM*, II.6(May, 1907), p.124

66) 「整頓學務論」, 『清末籌備立憲檔案史料』(北京 : 中華書局, 1979), 2: 1000~1001쪽

67) Wellington Koo, "Editorial," *CSM*, III.3(January, 1908), p.101

68) "News from Harvard," *CSM*, IV.3(January, 1909), p.161

69) "Editorial," *CSM*, IV.2(December, 1908), p.81

70) 위의 책.

71) William Shakespeare, *Macbeth*, ed. Nicholas Brooke, (Oxford: Clarendon Press, 1990), IV.i. 88; quoted in "Editorial," *CSM*, IV.3(January, 1909), p.143

72) Ch'en, Kuang-fu, "The Reminiscences of Ch'en Kuang-fu(K. P. Chen) (December 20, 1881- July 1, 1976)," As told to Julie Lien-ying How, December 6, 1960 to June 5, 1961, Chinese Oral History Project(New York: East Asian Institute of Columbia University, 1963), p.14

73) N. Han, "A Plea for a National Convention," *CSM*, IV.1(December, 1908), p.123

74) C, "Is the Reform of China Sincere?" *CSM*, IV.5(March, 1909), p.316

75) C. C. Wang, "Editorials," *CSM*, IV.4(February, 1909), pp.212~213

76) Y. S. Tsao, "A Brief History of the 1910 Conference," *CSM*, VI.1(November, 1910), pp.36~37

77) President Koo to Chairman Liu, "Committee on Immediate Convocation of the Parliament," *CSM*, VI.1(November, 1910), pp.72~73

78) David Dallin, *The Rise of Russia In Asia*(New Have: Yale University Press, 1949), pp.107~108

79) V. K. W. Koo, "President's Report for February," 3/2/1911, *CSM*, VI.5(March, 1911), pp.486~487

80) "Editorials: A Balance Sheet," *CSM*, VI.4(February, 1911), p.346

81) T. C. Chu, "Current News from China: Revolution in Wuchang," *CSM*, VII.1(November 10, 1911), pp.16~17

82) Chimin Chu fuh, "The Present Revolution in China," *CSM*, VII.6(April 10, 1912), p.519

83) T. C. Chu, "Review of Home News: China's Revolution," *CSM*, VII.6(April 10,

1912), p.490

84) 위의 책, VII.2(December 10, 1911), p.139

85) Y. S. Tsao, "Editorials: Revolution and the Supreme Cause," *CSM*, VII.3(January 10, 1912), p.204

86) Y. S. Tsao, "Editorials: Loyalty to Loyalty," *CSM*, VII.2(December 10, 1911), pp.124~125

87) Y. S. Tsao, "Editorials: Revolution and the Supreme Cause," *CSM*, VII.3(January 10, 1912), p.203

88) Y. S. Tsao, "Editorials: A Republic Is Inevitable," *CSM*, VII.4(February 10, 1912), p.283

89) "Club News: Columbia," *CSM*, VII.4(February 10, 1912), pp.305~309

90) Hao Chang, Liang-Ch'i-ch'ao and Intellectual Transition in China, 1890~1907(Cambridge, Mass.: Harvard University Press, 1971), pp.220~271 ; 張朋園, 『梁啟超與清季革命』(台北 : 中央研究院近代史研究所, 1964), 207~252쪽

91) 이 서신에 관한 후스의 반응은 졸저, 『舍我其誰 : 胡適[第一部]璞玉成璧, 1891~1917』에서 분석한 바 있다.

92) "Notes and Comments: Yuan Shi-Kai—A Traitor," *The Chinese Students' Monthly*, VII.4(February 10, 1912), pp.344~346

93) "Club News: Cornell News," *CSM*, VII.1(November 10, 1911), p.29

94) "Notes and Comments: Yuan Shi-Kai—A Traitor," *CSM*, VII.4(February 10, 1912), pp.347~348

95) P. W. Kuo, "President's Message on the Revolution," *CSM*, VII.4(February 10, 1912), pp.363~364

96) Y. S. Tsao, "Editorials: A Strong Central Government," *CSM*, VII.5(March 10, 1912), pp.395~397

97) T. C. Chu, "Review of Home News: The Revolution: A Survey," *CSM*, VII.5(March 10, 1912), pp.404~407

98) G. Bow, "The Government Most Adapted for China Is A Republic," *CSM*, VII.5(March 10, 1912), pp.435~439

99) "Editor's Note to The Crisis in China," *CSM*, VII.5(March 10, 1912), p.440

100) J. Wong-Quincey, "The Crisis in China," *CSM*, VII.5(March 10, 1912), pp.440~445

101) G. Bow, "The Government Most Adapted for China is A Republic," *CSM*, VII.5(March 10, 1912), p.435

102) W. C. C., "A Plea for Unity," *CSM*, VII.6(April 10, 1912), pp.528~529

103) Weili Ye, *Seeking Modernity in China's Name*, p.44

104) Ernest Young, *The Presidency of Yuan Shih-k'ai*, pp.50~83

105) V. K. Ting to G. E. Morrison, May 5, 1912, quoted in Ernest Young, p.74

106) 李大釗,「裁都督橫議」,『李大釗全集』(北京 : 人民出版社, 2006), 卷1, 31~39쪽

107) Yoeh Liang Tong, "Over Progressiveness," *CSM*, IX.1(November 10, 1913), pp.46~49

108) Mabel Lee, "Chinese Patriotism," *CSM*, X.1(October, 1914), pp.23~26

109) T. V. Soong, "Eastern Conference at Amherst, Mass.," *The Chinese Students' Monthly*, X.1(October, 1914), p.32

110) 楊銓,「東美中國學生會十齡紀念夏會記事」,『留美學生季報』, I.4(December, 1914), 72쪽

111)『胡適日記全集』, 1473쪽

112) Ren Yen Lo, "Conservatism vs. Radicalism," *CSM*, IX.1(November 10, 1913), p.4

113) Zuntsoon Zee, "1914," *CSM*, IX.3(January 10, 1914), p.184

114) Ernest Young, *The Presidency of Yuan Shih-k'ai*, pp.138~176

115) "Does the Minority Have Rights?" *The Chinese Students' Monthly*, IX.1(November 10, 1913), p.86

116) 陶菊隱,『北洋軍閥統治時期史話』(北京 : 生活．讀書．新知三聯書店, 1957), 第二册, 10쪽

117) Wen Pin Wei, "Editorials: Government and Constitution," *CSM*, IX.3(January, 1914), pp.173~176

118) Ernest Young, *The Presidency of Yuan Shih-k'ai*, p.221

119) "Dr. Goodnow on the Draft Constitution," *CSM*, IX.3(January 10, 1914), pp.181~182

120) 위의 책, p.175

121) Wen Pin Wei, "Editorials: The Political Outlook," *CSM*, IX.8(June 10, 1914), p.569

122)『胡適日記全集』, 1187쪽

123) "Approval of Republic Expressed by Chinese," Cornell Daily Sun, XXXII.50, (November 21, 1911), p.1

124) Suh Hu, "Home News: Presidential Election and Tenure of Office," *CSM*, X.1(October, 1914), p.10

125) Suh Hu, "Home News: To Consider System of Presidential Election," *CSM*, X.2(November, 1914), p.102

126) Suh Hu, "Home News: Procedure of Presidential Election," *CSM*,

X.5(February, 1915), pp.304~305

127) Ernest Young, *The Presidency of Yuan Shih-k'ai*, pp.210~240

128) Tse Vung Soong, "Editorials: The Monarchy Question: One More Word," *CSM*, XI.3(January, 1916), p.149

129) Suh Hu, "A Philosopher of Chinese Reactionism," *CSM*, XI.1(November, 1915), p.17

130) Tse Vung Soong, "Editorials: Republic or Monarchy?" *CSM*, XI.1(November, 1915), pp.1~5

131) F. Chang, "The Monarchy Question: Thoughts on China's Government," *CSM*, XI.3(January, 1916), pp.160~164

132) F. H. Huang, "Some Phases of the Question," *CSM*, XI.3(January, 1916), pp.164~167.

133) Jun Ko Choy, "The China Years, 1911~1945: Practical Politics in China after the 1911 Revolution," Revised and edited by Lillian Chu Chin, Chinese Oral History Project, East Asian Institute of Columbia University, New York, 1971, pp.60~61

134) Jun Ko Choy, "The China Years, 1911~1945: Practical Politics in China after the 1911 Revolution," pp.61~62

135) *Who's Who in China*(Shanghai: The China Weekly Review, 1925), pp.730~731

136) Ernest Young, *The Presidency of Yuan Shih-k'ai*, p.162

137) 위의 책 p.230

138) 위의 책, p.215

139) "The King-Making Election"(reprint from the Peking Gazette of December 11, 1915), *CSM*, XI.4(February, 1916), pp.279~282

140) Ernest Young, *The Presidency of Yuan Shih-k'ai*, pp.222~240

141) Tse Vung Soong, "Editorials: The Passing of Yuan Shih-kai," *CSM*, XI.8(June, 1916), p.533

142) H. H. Hsieh, "Leadership in A Democracy," *CSM*, XIV.8(June, 1919), p.484

143) C. S. Kwei, "Current Comments," *CSM*, XVIII.6(April, 1923), p.2

144) 위의 글, *CSM*, XX.2(December, 1923), p.1

145) "March of Events at Home: Dr. Sun Yat-sen Succumbs after Operation in Peking," *CSM*, XX.6(April, 1925), p.60

146) Nicholas Clifford, Shanghai, 1925: *Urban Nationalism and the Defense of Foreign Privilege*(Ann Arbor: Center for Chinese Studies, University of Michigan,

1979).

147) Sinley Chang, "The Syracuse Conference," *CSM*, XXI.1(November, 1925), pp.72~74; C. F. Chang, "Lafayette Conference," *CSM*, XXI.1(November, 1925), pp.74~79

148) "Manifesto of the Chinese Students' Alliance in the United States of America," *CSM*, XXI.1(November, 1925), pp.71~72

149) "Personal and Otherwise: Ann Arbor Chinese Students' Club," *CSM*, XXII.6(April, 1927), p.83

150) T. W. Hu, "The Story of the Kuomintang," *CSM*, XXII.7(May, 1927), p.49

151) Lenin, "National and Colonial Revolution," *CSM*, XXIII.5(March, 1928), pp.36~39; Joseph Stalin, "Lenin, the Mountain Eagle," 위의 책, pp.40~45; "Lenin on Marxism," 위의 책, XXV.1(December, 1929), pp.32~47

152) 프랑스 공산당지는 *CSM*, XXIII.7, 코민테른은 XXIV.7, 지차오딩冀朝鼎 문장은 XXV.1, 바이라오더白勞德 문장은 XXIII.1, XXIV.5, XXIV.6, XXIV.7, XXIV.8, XXV.2에 연재되었다.

153) "Communist International Appraises the Nanking Regime," "Editorial note," *CSM*, XXIV.7(May, 1929), p.285

154) "Lenin on Marxism," *CSM*, "Editorial Note," XXV.1, p.32

155) "The Results of the Election of the Executive Board of the Chinese Students' Alliance, 1927~1928," *CSM*, XXIII.2(December, 1927), p.68

156) T. Y. Hu, "A Report of the Twenty-Third Eastern Conference," XXIV.1 (November, 1928), pp.60~63

157) H. C. Wu, "Announcement," *CSM*, XXV.3(February, 1930)

158) "Student World: Alliance News," *CSM*, XXV.3(February, 1930), p.138

159) The General Manager, "A Word of Thanks," *CSM*, XXV.3(February, 1930)

160) 이 세 사람 중 C. W. 리앙Liang은 1929~1930 학년도 『중국유미학생월보』 볼티모어 지역 대표였다.

161) H. C. Wu, "Democracy and Dictatorship in China," *CSM*, XXV.6(May, 1930), p.187

5장 가정과 취업 사이에서

1) homas Ming-heng Chao, "Cabbages and Onions: On Love, Taxi, Marriage

and Other follies," *CSM*, XXII.6(April, 1927), p.77

2) Dorothy T. Wong, "Cabbages and Onions: Pickles," *CSM*, XXII.8(June, 1927), p.61

3) 화미협진사가 1854년부터 1953년까지 실시한 100년 동안의 조사에서는 여학생이 18%를 점했다. *A Survey of Chinese Students in American Universities and Colleges in the Past One Hundred Years*, pp.26~27을 참조할 것.

4) Weili Ye, *Seeking Modernity in China's Name*, pp.114~116

5) 위의 책, p.115

6) Helen Starrett, *After College, What? For Girls*(New York: Crowell, 1896)

7) Weili Ye, *Seeking Modernity in China's Name*, p.146

8) 위의 책, pp.115, 141~146

9) Nancy Cott, *The Grounding of Modern Feminism*(New Haven: Yale University Press, 1987), pp.230~239

10) 위의 책, p.238

11) Weili Ye, *Seeking Modernity in China's Name*, pp.142; 268, 116n

12) Mabel Newcomer, *A Century of Higher Education for American Women* (New York: Harper & Brothers Publishers, 1959), p.94

13) 위의 책, p.94

14) Barbara Solomon, *In the Company of Educated Women: A History of Women and Higher Education in America*(New Haven and London: Yale University Press, 1985), p.83

15) Weili Ye, *Seeking Modernity in China's Name*, p.114

16) 메리 월시Mary Walsh는 미국 의과대학에서 1890년대 여학생이 5%를 초과하지 못하도록 한도를 정해놓았다고 했다. Mary Walsh, *Doctors Wanted: No Women Need Apply*(New Have: Yale University Press, 1977), pp.224~225

17) *A Survey of Chinese Students in American Universities and Colleges in the Past One Hundred Years*, p.35. 이 순서는 필자의 계산에 의한 것이다.

18) *A Survey of Chinese Students in American Universities and Colleges in the Past One Hundred Years*, p.35

19) A Girl Student, "Open Forum: In the Name of Justice," *CSM*, XVIII.3(January, 1923), p.64

20) 舒新城, 『近代中國留學史』, 265~266쪽; Y. C. Wang, *Chinese Intellectuals and the West, 1872~1949*, pp.112~113을 참고할 것.

21) Weili Ye, *Seeking Modernity in China's Name*, p.135

22) 위의 책, p.146

23) Y. C. Wang, *Chinese Intellectuals and the West, 1872~1949*, p.112. 예웨이리 가 왕이쥐의 통계를 인용한 것은 책을 출간하기 전 발표한 문장 "Nü Liuxuesheng: The Story of American-Educated Chinese Women, 1880s~1920s," Modern China, 20.3(July, 1994), p.343, 15n에서였다.

24) 예웨이리는 책에서 왕이쥐의 기록을 인용했다는 것을 밝히지 않았다. *Seeking Modernity in China's Name*, p.269, 138n.『칭화동학록』에는 예웨이리가 말한 표 가 누락되었다. 인용한 문장과 분류, 정확하지 않는 부분 등은 모두 왕이쥐가 만든 표에 근거했다.

25) Barbara Solomon, *In the Company of Educated Women: A History of Women and Higher Education in America*, p.173

26) Nancy Cott, *The Grounding of Modern Feminism*, pp.182~183

27) 위의 책, p.217

28) 위의 책, p.218

29) Weili Ye, *Seeking Modernity in China's Name*, p.135

30) Barbara Solomon, *In the Company of Educated Women*, p.122

31) Nancy Cott, *The Grounding of Modern Feminism*, p.183

32) Weili Ye, "Nü Liuxuesheng," p.335

33) 趙敏恆,『採訪十五年』(台北: 龍文出版社, 1994), 45쪽

34)『清華同學錄』, 1933, 1937

35) D. Y. Koo, "Woman's Place in Business," CMS, XVIII.1(November, 1922), pp.34~36.

36) Weili Ye, *Seeking Modernity in China's Name*, p.146

37)『清華同學錄』, 1933

38)『上海清華同學錄』, 1935

39)『清華同學錄』, 1937

40) 陳衡哲,「洛綺思的問題」,『小雨點』(台北重印本, 1980), 90~91쪽

41) Weili Ye, *Seeking Modernity in China's Name*, p.149

42) 陳衡哲,「洛綺思的問題」, 90~91쪽

43) Weili Ye, *Seeking Modernity in China's Name*, p.149

44) Dorothy Ko, *Teachers of the Inner Chambers: Women and Culture in Seventeenth-Century China*(Stanford, Cal.: Stanford University Press, 1994), pp.158~160

45) Wang Zheng, *Women in the Chinese Enlightenment: Oral and Textual*

    Histories, pp.69, 172~173; Weili Ye, *Seeking Modernity in China's Name*, pp.134, 150.

46) Nancy Cott, *The Grounding of Modern Feminism*(New Haven: Yale University Press, 1987), pp.6~7, 16~37

47) Nancy Cott, *The Grounding of Modern Feminism*, pp.37, 96, 151

48) Barbara Welter, "The Cult of True Womanhood: 1820~1860," *American Quarterly*, Vol.18, No. 2, Part 1.(Summer, 1966), p.174

49) 서양의 페미니스트 관점에서 제3세계 부녀를 보는 잘못된 비판에 대해서는 Chandra Monhanty, "Cartographies of Struggle: Third World Women and the Politics of Feminism," in Chandra Mohanty, Ann Russo, and Lourdes Torres, eds., *Third World Women and the Politics of Feminism*(Bloomington: Indiana University Press, 1991), pp.1~47을 참조할 것.

50) 가오옌이高彦頤의 오사론五四論에서 여성을 피해자로 보는 것에 대한 비판은 Dorothy Ko, Teachers of the Inner Chambers, pp.1~10을 참조할 것. 5·4 남성에 대한 논술은 Gilmartin, *Engendering the Chinese Revolution: Radical Women, Communist Politics, and Mass Movements in the 1920s*(Berkeley: University of California Press, 1995), pp.19~24를 참조할 것.

51) 쑹아이링宋靄齡 문장에 대한 분석은 E. Ling Soon[Soong Ai-ling], "A Plea for the Education of Woman in China," *CSM*, II.5(April, 1907), pp.108~111을 참조할 것.

52) Mabel Lee, "The Meaning of Woman Suffrage," *CSM*, IX.7(May 12, 1914), pp.526~531

53) Margaret Wong, "What Does an Education Mean to a Chinese Woman?" *CSM*, V.2(December, 1909), pp.107~109

54) Mrs. En Ming Ho, "The Influences and Duties of a Woman," *CSM*, V.6(April, 1910), pp.361~363

55) Weili Ye, *Seeking Modernity in China's Name*, p.141

56) Sieu-Tsz Ts'a, "Ideal Womanhood," *CSM*, XIV.8(June, 1919), p.486

57) Ya-Tsing Yen, "College Wives and College Citizens," *CSM*, XIX.4(February, 1924), pp.21~22

58) Sophia H. Chen, "A Brief Survey of Women's Fields of Work in China," *The Chinese Students' Christian Journal*, V.3(March, 1919), pp.20~27

59) Rose Law Yow, "The Need of Household Efficiency," *CSM*, XV.7(May, 1920), pp.21~23

60) 다음 부분의 토론은 Paul Bailey, "Active Citizen or Efficient Housewife? The

Debate over Women's Education in Early-Twentieth-Century China," in Glen Peterson, Ruth Hayhoe, and Lu Yongling, eds., *Education, Culture, and Identity in Twentieth-Century China*(Ann Arbor: The University of Michigan Press, 2001), pp.320~321, 335 9n; and Sarah McElroy, "Forging a New Role for Women: Zhili First Women's Normal School and the Growth of Women's Education in China, 1901~21," in ibid., pp.366~367에 근거했다.

61) Pingsa Hu, "The Women of China," *CSM*, IX.3(January 10, 1914), p.200

62) 후빈샤胡彬夏 귀국 이후의 생활에 대해서는 Krista Klein, "Writing for The Ladies' Journal as a 'New Woman' of China(1916): The Authorship of Hu Binxia," a paper written at the History Department, University of California, Berkeley, May 25, 1997을 참조할 것, 이 자료는 현재 웨슬리대학 도서관에 소장되어 있으며 자료를 제공해준 윌마 슬레이트Wilma Slaight에게 감사를 전한다.

63) Grace Joy Lewis, "American Home Life," *CSM*, XIII.8(June, 1918), pp.453~461

64) Esther M. Bok, "The Education of China's Daughters," *CSM*, II.4(March, 1907), p.87

65) Margaret Wong, "What Does an Education Mean to a Chinese Woman?" *CSM*, V.2, p.108

66) Y. J. Chang, "The Fundamental Principles of Female Education," *CSM*, VII.5(March 10, 1912), pp.432~434

67) Grace Joy Lewis, "American Home Life," *CSM*, XIII.8(June, 1918), p.457

68) Sieu-Tsz Ts'a, "Ideal Womanhood," *CSM*, XIV.8, p.487

69) D. Y. Koo, "Woman's Place in Business," CMS, XVIII.1(November, 1922), p.34, 36

70) Sieu-Tsz Ts'a[Cai Xiuzhu], "Ideal Womanhood," *CSM*, XIV.8, p.487

71) Rosalind Mei-Tsung Li, "The Chinese Revolution and the Chinese Woman," *CSM*, XVII.8(June, 1922), p.675

72) 陳衡哲, 『新生活與婦女解放』(南京:正中書局, 1934)

73) 위의 책, 44~45쪽

74) 위의 책, 57~58쪽

75) Weili Ye, *Seeking Modernity in China's Name*, p.141

76) Sophia H. Chen, "A Brief Survey of Women's Fields of Work in China," *The Chinese Students' Christian Journal*, V.3(March, 1919), pp.20~27

77) Sophia H. Chen, "A Brief Survey of Women's Fields of Work in China," p.22

78) 장지잉張繼英의 글에 대한 논점은 Eva Chang, "Chinese Women's Place in Journalism," CSM. XVIII.5(March, 1923), pp.50~55에 근거했다.

79) Sophia H. Chen, "A Brief Survey of Women's Fields of Work in China," *The Chinese Students' Christian Journal*, V.3(March, 1919), pp.24~25

80) Ya-Tsing Yen[Yan Yaqing], "College Wives and College Citizens," *CSM*, XIX.4, p.21

81) Gien Tsiu Liu, "Chinese Women in Medicine," *CSM*, XVIII.3(January, 1923), p.40

82) Paul Bailey, "Active Citizen or Efficient Housewife? The Debate over Women's Education in Early-Twentieth-Century China," pp.318~347

83) "Notes and Comments: The Lady Delegates to the Conference," *CSM*, V.1(November, 1909), pp.7~8

84) Anonymous, "Extracts from the Diary of a Disappointed Collegian," *The Chinese Students' Christian Journal*, VI.2(November, 1919), p.88

85) Eva Chang, "Chinese Women's Place in Journalism," *CSM*, XVIII.5(March, 1923), p.50

86) '중국 여자 교육 개혁의 의미' '중국 남녀공학제도' '중국 여자 의과대학과 적십자회의 업무' '중국 음악' '중국의 유치원' '중국 여자 체육 교육' '미국 가정생활'. Editorials: Essay Competitions: II. Girls' Essay Competition," *CSM*, XIII.1(November, 1917), pp.7~8을 참조할 것.

87) 예웨이리는 여자 유학생들이 작문대회에서도 '남성의 영역에 진입했다'는 것을 증명하기 위해 "1년이 지난 이후에야 (2차 여성 작문대회는) '여성에게 직업을 개방한다'라는 다른 제목을 제시했다"고 했다. *Seeking Modernity in China's Name*, p.142을 참조할 것. 예웨이리는 이것이 유일한 제목이라고 말하려는 듯하나 사실 이것은 5개의 지정 제목 중 마지막 하나였다. 다른 4개의 제목은 '이상적인 여성' '미국 여자대학의 비판적 연구' '가사과학 혹은 가정 수학 : 성장과 원리' '중국 사회 개혁의 발전' 이었다. "Editorials: The Girls' Essay Contest," *CSM*, XIV.2(December, 1918), pp.91~92를 참조할 것.

88) Sinley Chang, "The Syracuse Conference," *CSM*, XXI.1(November, 1925), p.73

89) Z. Z., "Merry Making," *CSM*, IX.3(January 10, 1914), p.248

90) Kai F. Mok, "Lydia and Her Experience," *CSM*, IX.2(December 10, 1913), pp.140~143

91) Thomas Ming-heng Chao, "Cabbages and Onions: On Love, Taxi, Marriage and Other follies," *CSM*, XXII.6(April, 1927), pp.77~78

92) "Student World: The Mid-West Conference," *CSM*, XIX.1(November, 1923), p.61; "Personal News," *CSM*, XIX.5(March, 1924), p.76; and "Student World: The Chinese Educational Club of Columbia University," *CSM*, XX.4(February,

1925), p.63

93) Dorothy T. Wong, "Cabbages and Onions: Pickles," *CSM*, XXII.8(June, 1927), pp.61~62

94) Rosalind Mei-Tsung Li, "The Chinese Revolution and the Chinese Woman," *CSM*, XVII.8(June, 1922), pp.673~675

95) 후빈샤胡彬夏, 「通信」, 『婦女雜誌』, 1916, 卷2, 第4期, 1~4쪽

6장 내가 사랑하는 미국

1) K. A. Wee, "What About China?" *CSM*, XVIII.3(January, 1923), p.41

2) Candice Lewis Bredbenner, *A Nationality of Her Own*(Berkeley: University of California Press, 1998)

3) 이하 토론은 Siegan K. Chou, "America Through Chinese Eyes," *CSM*, XXIV.1(November, 1928), pp.81~84에 근거한다.

4) Michael Hunt, *The Making of a Special Relationship: The United States and China to 1914*(New York: Columbia University Press, 1983), p.177

5) C. C. W., "China, Japan and the United States in the Far East Drama," *CSM*, III.6(April, 1908), pp.230~231

6) P. W. Kuo, "China's Remonstrance," *CSM*, VI.2(December, 1910), p.150

7) Michael Hunt, "The American Remission of the Boxer Indemnity: A Reappraisal," *Journal of Asian Studies*, 31.3.(May, 1972), pp.539~542

8) C. C. Wang, "Editorial: The Remission of the Boxer Indemnity," *CSM*, IV.1(November, 1908), pp.5~6

9) Mingchien Joshua Bau, *The Open Door Doctrine in Relation to China*(New York: The MacMillan Company, 1923), p.24

10) Mingchien Joshua Bau, *The Open Door Doctrine in Relation to China*, pp.119~120

11) K. A. Wee, "What About China?," *CSM*, XVIII.3(January, 1923), p.43

12) Y. S. Tsao, "America and the Far East," *CSM*, V.5(March 1910), pp.296~297

13) Whitney Griswold, *The Far Eastern Policy of the United States*(New York: Harcourt, Brace and Company, 1938), pp.36~86

14) Michael Hunt, *The Making of a Special Relationship: The United States and China to 1914*(New York: Columbia University Press, 1983), pp.46~50, 191, 259,

260, 262~266

15) 미국 내의 다른 여론에 대해서는 Dorothy Ross, *The Origins of American Social Science*(New York: Cambridge University Press, 1991), pp.22~50을 참조할 것.

16) Chuan Chao, "China and a Stable Peace," *CSM*, XIV.2(December, 1918), p.117

17) Chao Hsin Chu, "Seventh Anniversary of the Republic," *CSM*, XIV.3(January, 1919), pp.169~172

18) Suh Hu, "The Fetish of the Open Door,"『胡適全集』, 35: 182~188. 더 자세한 분석은 졸저,『舍我其誰 : 胡適[第一部]璞玉成璧, 1891~1917』, 501~503쪽을 참조할 것.

19)『胡適日記全集』, 7632쪽

20) 위의 책, 7735쪽

21) Walter LaFeber, *The Clash: U.S.-Japanese Relations throughout History*(New York: W. W. Norton & Company, 1997), pp.114~116

22) Stewart E. S. Yui, "Editorials: The Lansing-Ishii Agreement," *CSM*, XIII.2(December, 1917), p.82

23) Geoffrey C. Chen, "The Lansing-Ishii Agreement," *CSM*, XVII.1(November, 1921), pp.36~40

24) T. H. Lee, "Mr. T. H. Lee Appeals for Unity," *CSM*, X.9(June, 1915), pp.592~593

25) Telly H. Koo, "Editorials: Aggressive Friendliness," *CSM*, XVII.1(November, 1921), pp.4~5

26) The discussion in this paragraph, unless otherwise noted, is based on Walter LaFeber, *The Clash: U.S.-Japanese Relations throughout History*(New York: W. W. Norton & Company, 1997), pp.132~143

27) Sadao Asada, "Japan's 'Special Interests' and the Washington Conference," *The American Historical Review*, 67.1, (October, 1961), pp.62~70

28) Noel H. Pugach, "American Friendship for China and the Shantung Question at the Washington Conference," *The Journal of American History*, Vol.64, No. 1.(June, 1977), p.78

29) Dexter Perkins, *Charles Hughes and American Democratic Statesmanship*(Boston, 1956), p.110, quoted in ibid., p.84

30) "Report of the President and the Committee of the Chinese Students' Alliance in the United States of America for their Work on the Washington Conference,"(n.p., April, 1922), p.3

31) Merlo Pusey, *Charles Evans Hughes*(New York: The MacMillan Company, 1951), Vol.2, p.505; Betty Glad, *Charles Evans Hughes and the Illusions of*

Innocence: A Study of American Diplomacy(Urbana, Ill.: University of Illinois Press, 1966), p.295

32) M. T. Z. Tyau, "Ought China to be Satisfied with the Washington Conference?" *CSM*, XVII.5(March, 1922), pp.384~391

33) Y. S. Tsao, "China's Part After the Washington Conference," *CSM*, XVII.5(March, 1922), pp.395~397

34) 졸저 『舍我其誰:胡適[第四部)國師策士, 1932~1962』, 302~303쪽

35) F. Chang, "Futility of the Washington Conference," *CSM*, XVII.4(February, 1922), pp.336~337

36) Chung Shu Kwei, "China's Outlook at the Conference," *CSM*, XVII.3(January, 1922), pp.201~202

37) C. C. T. "Observations on the Washington Conference," *CSM*, XVII.4(February, 1922), pp.353~354

38) Telly H. Koo, "Editorials: Armament, Machinery and Civilization," *CSM*, XVII.3(January, 1922), p.172

39) Telly H. Koo, "Editorials: Twenty-One versus Four," *CSM*, XVII.4(February, 1922), pp.277~279

40) Telly H. Koo, "Editorials: The Last Episode of the Shantung Question," *CSM*, XVII.5(March, 1922), pp.367~369

41) 와델의 자세한 경력은 *American National Biography*(Oxford: Oxford University Press, 1999), Vol.22, pp.428~429을 참조할 것.

42) 와델 강연에 대한 토론은 J. A. L. Waddell, "A Scheme for the Regeneration of China," *CSM*, XIX.1(November, 1923), pp.7~19을 참조할 것.

43) 우드 장군의 경력에 대해서는 *American National Biography*(Oxford: Oxford University Press, 1999), Vol.23, pp.767~768을 참조할 것.

44) Dison Poe, "A Reply to Mr. J. A. L. Waddell's 'Scheme for the Regeneration of China'" *CSM*, XIX.3(January, 1924), pp.7~10

45) "Student World: Eastern Conference," CMS, XX.1(November, 1924), p.69. 와델은 1년 전 동부 연합회 여름캠프에서 이미 일본의 지도가 필요하다고 말한 바 있다. 그러나 그의 강연 기록에는 나타나지 않았다. J. A. L. Waddell, "A Scheme for the Regeneration of China," *CSM*, XIX.1(November, 1923), pp.7~19을 참조할 것.

46) C. S. Kwei, "Current Comments," *CSM*, XX.1(November, 1924), pp.3~4

47) 중국치외법권위원회 연구에 대해서는 Wesley Fishel, *The End of Extraterritoriality in China*(Berkeley: University of California Press, 1952)을 참조할 것.

미국이 길러낸
중국의 엘리트들

48) Thomas Ming-Heng Chao, "Editorials: A Reply to Strawn," *CSM*, XXII.2(December, 1926), pp.3~4

49) Thomas Ming-Heng Chao, "Editorials: A Reply to Strawn," *CSM*, XXII.2(December, 1926), p.3

50) Thomas Ming-Heng Chao, "Editorials: Hypocritical Americans," *CSM*, XXII.5(March, 1927), pp.4~7

51) Kwei Chen, "Editorials: A Revelation of American Stupidity," *CSM*, XXIII.1(November, 1927), p.1

52) Kwei Chen, "Funeral Chant," *CSM*, XXIII.1(November, 1927), p.7

53) Kwei Chen, "Thoughts of the Editor: Justice," *CSM*, XXIII.2(December, 1927), p.70

54) "Correspondence: The China Society of America Protests," *CSM*, XXIII.4(February, 1928), p.66

55) Thomas Ming-Heng Chao, "Editorials: Action Wanted Not Words," *CSM*, XXII.6(April, 1927), pp.1~3

56) Kwei Chen, "Correspondence: The Editor's Reply," *CSM*, XXIII.4(February, 1928), p.67

57) Thomas Ming-Heng Chao, "Editorials: Hypocritical Americans," *CSM*, XXII.5(March, 1927), p.7

58) Franz Fanon, *Black Skin, White Masks*(New York: Grove Press, 1967), p.153 and n.16

59) 위의 책, p.18

60) Y. C. Yang, "Editorials: Correct Information about China," *CSM*, XIV.4(February, 1919), p.219

61) Lui-Ngau Chang, "Working for China's Welfare Abroad," *CSM*, V.8(June, 1910), pp.544~548

62) In Young, "China and the United States," *CSM*, IV.7(May, 1909), pp.444~448

63) *CSM*, IV.7(May, 1909), p.448

64) 이 항구는 다음과 같다. 보스턴, 호놀룰루, 말론, N.Y., 뉴올리언스, 뉴욕, 포탈, 노스다코타, 포틀랜드, 오리건, 샌디에이고, 샌프란시스코, 시애틀, 탬파, 플로리다, 산후안, 폰세, 푸에르토리코.

65) C. C. Wang, "Editorials: Unfair and Unnecessary Restriction," *CSM*, V.4(February, 1910), p.200

66) C. C. Un, "Chinese Exclusion Law," *CSM*, V.7(May, 1910), pp.465~469

67) Lui-Ngau Chang, "Working for China's Welfare Abroad," p.548

68) S. H. Kee, "The Chinese: A Social Entity in America," *CSM*, VII.7(May 10, 1912), pp.604~605

69) Anonymous(Thomas Ming-heng Chou), "Shadow Shapes: Memoirs of a Chinese Student in America, Part VIII," *CSM*, XXII.8(June, 1927), pp.50~51

70) 張少微, 「赴美學生致本社許兆豐君函」, 『旅行雜誌』, 卷2, 봄호, 1928, 107~108쪽

71) T. C. Chu, "Report of the General Welfare Association of Boston," *CSM*, V.7(May, 1910), p.423. 보스턴 주말학교에 대한 내용은 Stacey Bieler, "Patriots" or "Traitors"?, p.126을 참조할 것.

72) F. H. Huang, "Alliance President's Message," *CSM*, XIV.2(December, 1918), p.127

73) Weili Ye, *Seeking Modernity in China's Name*, pp.102~104. 뉴욕 차이나타운의 학교는 훗날 공자 교육을 강조하는 천환장陳煥章과 경쟁했다. 천환장은 당시 콜럼비아대학 학생으로 차이나타운 상인들에게서 자금을 얻어 학교를 운영함으로써 연합회의 학교와 경쟁했다. Tom Wye, "A Report of the General Welfare School in New York," *CSM*, VI.3(January, 1911), pp.287~291; also W. P. Wei, "Chairman W. P. Wei's Report," *CSM*, VII.7(May 10, 1912), p.622

74) C. C. Wang, "When the Chinese Exclusion Act Will Be Repealed?" *CSM*, II.4(March, 1907), pp.85~86

75) P. W. Kuo, "Editorials: Objections Against the Coming of Chinese Laborers," *CSM*, V.5(March, 1910), p.253

76) 王一之, 『旅美觀察談』(上海:申報館, 1919), 81쪽

77) 徐正鏗, 『留美採風錄』(上海:商務印書館, 1926), 173, 177쪽

78) 천쿠이가 유학한 네브래스카주립대학 소재지.

79) Kwei Chen, "Thoughts of the Editor," *The Chinese Students' Monthly*, XXIII.1(November, 1927), p.63

80) 白, 「各種各樣的强盜與各顏各色的上帝」, 『留美學生季報』, 卷11, 第3期, 139~146쪽, 1927

81) Thomas Ming-heng Chao, "Cabbages and Onion: Coda," *CSM*, XXII.7(May, 1927), p.69

82) 14주는 애리조나, 캘리포니아, 조지아, 아이다호, 미시시피, 미조리, 몬태나, 네브래스카, 네바다, 오리건, 사우스다코타, 유타, 버지니아, 와이오밍이다. Peggy Pascoe, "Miscegenation Law, Court Cases, and Ideologies of 'Race' in Twentieth-Century America,"*The Journal of American History*, Vol.83, No. 1.(Jun., 1996), pp.44~69을 참조할 것.

83) Katherine Ellinghaus, "Margins of Acceptability: Class, Education, and

Interracial Marriage in Australia and North America," *Frontiers: A Journal of Women's Studies*, 2002, Vol.23 Issue 3, p.56

84) Candice Lewis Bredbenner, *A Nationality of Her Own*, pp.97~98

85) Ann Marie Nicolosi, "'We Do Not Want Our Girls to Marry Foreigners': Gender, Race, and American Citizenship," *NWSA Journal*, 13. 3(Fall, 2000), pp.15~16

86) Katherine Porter, Mae Franking's My Chinese Marriage: An Annotated Edition, edited by Holly Franking(Austin, Texas: University of Texas Press, 1991) and Weili Ye, *Seeking Modernity in China's Name*, pp.171~174

87) 예웨이리의 책에서 몇 가지 케이스를 볼 수 있다. Weili Ye, *Seeking Modernity in China's Name*, pp.168~170

88) 졸저, 『星星．月亮．太陽：胡適的情感世界』(新北：聯經出版公司, 2006)；『星星．月亮．太陽：胡適的情感世界(增訂版)』(北京：新星出版社, 2012)

89) Judy Yung, Unbound Feet: A Social History of Chinese Women in San Francisco(Berkeley, Cal.: University of California Press, 1995), pp.123~125, 143~144, 149~150

90) Flora Belle Jan, "Transplanted Flower Blossoms: Chapter II, Ah Moy in College," *CSM*, XXIV.8(June, 1929), pp.351~354

91) 위의 책, pp.358~366

92) Anonymous, "Shadow Shapes: Memoir1s of a Chinese Student in America," *The Chinese Students' Monthly*, XXII.1(November, 1926) to XXII.8(June, 1927)

93) 위의 책, p.58

94) 위의 책, p.62

95) 위의 책, XXII.3(January, 1927), p.63

96) 위의 책, XXII.1(November, 1926) to XXII.8(June, 1927)

97) 위의 책, XXII.8(June, 1927), p.60

98) 위의 책, XXII.4(February, 1927), p.51

99) 위의 책, p.56

100) 위의 책, Part VIII," *CSM*, XXII.8(June, 1927), p.50

101) 위의 책, Part IV," *CSM*, XXII.5(March, 1927), p.46

102) Flora Belle Jan, "Transplanted Flower Blossoms: Chapter IV, A Chinese Apollo," *CSM*, XXIV.8(June, 1929), p.358

103) 위의 책, p.366

104) 정룽진鄭容金에 관한 내용은 Judy Yung, Unbound Feet, pp.125, 143~144, 169

에 근거했다.

7장 문화 대국, 찬란한 문명

1) Chas. Zaung Teh Ing, "Chinese Civilization," *CSM*, V.6(April, 1910), pp.390~391

2) J. O. P. Bland, "The Causes of Chinese Unrest," *The Edinburgh Review*(July, 1912), No. 441, pp.39~40

3) 舒新城, 『近代中國留學史』와 Y. C. Wang, *Chinese Intellectuals and the West, 1872~1949*을 참고할 것.

4) 전자는 후스, 후자는 학형파學衡派, 난징 둥난대학에서 창간한 잡지 學衡을 중심으로 활동한 학파로 문학적 복고를 주장하고 신문화운동을 반대했다―옮긴이가 대표일 것이다.

5) Edward Said, *Orientalism*(New York: Vintage Books, 1979), p.322

6) 인도에 관한 분석은 Richard Eaton, "(Re)imag(in)ing Otherness: A Postmortem for the Postmodern in India," *Journal of World History*, 11.1(2000), pp.57~78 을 참조할 것.

7) Mary Pratt, *Imperial Eyes: Travel Writing and Transculturation*(London and New York: Routledge, 1992), p.6

8) Y. C. Wang, *Chinese Intellectuals and the West, 1872~1949*

9) Homi Bhabha, "Of Mimicry and Man: The Ambivalence of Colonial Discourse," in Homi Bhabha, *The Location of Culture*(London and New York: Routledge, 1994), p.87

10) Arif Dirlik, "Chinese History and the Question of Orientalism," History and Theory, 35 · 4, (December, 1996), pp.106~107

11) Arif Dirlik, "Chinese History and the Question of Orientalism," p.114

12) Arif Dirlik, "Chinese History and the Question of Orientalism," p.104

13) Richard Eaton, "(Re)imag(in)ing Otherness: A Postmortem for the Postmodern in India," pp.71~72, 74~77

14) Arif Dirlik, "Chinese History and the Question of Orientalism," p.113

15) 위의 책 p.96

16) 蔣廷黻, 『中國近代史』 「總論」, 網路版, http://www.guoxue123.com/new/0002/zgjds/005.htm, 2021. 2. 3.

17) Joseph Levenson, *Liang Ch'i-ch'ao and the Mind of Modern China*(Cambridge, Mass.: Harvard University Press, 1959), p.1

18) 한 예로 Hao Chang, *Liang-Ch'i-ch'ao and Intellectual Transition in China, 1890~1907*(Cambridge, Mass.: Harvard University Press, 1971), pp.112~114를 참조할 것.

19) Yen-p'ing Hao and Erh-min Wang, "Changing Chinese Views of Western Relations," in John K. Fairbank and Kwang-ching Liu, eds. *The Cambridge History of China*, Vol.11, Late Ch'ing, 1900~1911, Part 2, pp.181~186

20) 진윈메이金韻梅의 관점에 대한 분석은 King Ya-mei, "As We See Ourselves," *in three installments in The World's Chinese Students' Journal*, I.3(December 1, 1906), pp.9~17, ibid., I.4(January and February, 1907), pp.12~19, and ibid., I.5~6(March-June, 1907), pp.36~42에 근거했다.

21) 저우즈핑周質平은 후스가 중국의 혼인제도를 변호했다기보다는 지극히 불합리했던 자신의 결혼을 위한 이유를 찾은 것이라고 했다. 周質平, 「國界與是非」, 耿雲志編, 『胡適研究叢刊』, 第一輯, (北京 : 北京大學出版社, 1995), 56~57쪽을 참조할 것.

22) 후스가 모친에게 보낸 서신, 1915年 3月 22日, 『胡適全集』 23, 78쪽

23) 『胡適日記全集』 1, 205~206쪽

24) 후스의 중국 전통 혼인제도에 대한 변호는 Suh Hu, "Marriage Customs in China," *Cornell Era*(June, 1914), pp.610~611, "The Hu Shih Papers at Cornell: 1910~1963," deposited at the Department of Manuscripts and University Archives, Cornell University에 근거했다.

25) Jerome Grieder, *Hu Shih and the Chinese Renaissance: Liberalism in the Chinese Revolution, 1917~1937*(Cambridge, Mass.: Harvard University Press, 1970), pp.43~44

26) 후스胡適의 「혼인편婚姻篇」의 분석은 「婚姻篇」, 『胡適全集』 21, 24~29쪽을 참조할 것.

27) 몽테스키외의 영문본은 Montesquieu, *The Spirit of the Laws*, tr., *Thomas Nugent*(New York: Hafner Publishing Company, 1949), Vol.2, p.5를 볼 것.

28) Hu Shih, "The Chinese Renaissance," 『胡適全集』 37, pp.154~157

29) Gorshom C. H. Lowe, "The Spirit of the Chinese Family," *CSM*, XVIII.3(January, 1923), pp.31~37; C. H. Lowe, *Facing Adversities with a Smile: Highlights of My 82-Year Odyssey from China to California*(San Francisco: Chinese Materials Center Publications, 1984), pp.23~24

30) 「과학과 현학의 논쟁」에 관해서는 Jerome Grieder, *Hu Shih and the Chinese Renaissance*, pp 129~145; Guy Alitto, *The Last Confucian: Liang Shu-ming and the Chinese Dilemma of Modernity*(Berkeley: University of California Press, 1979), pp 82~125; and Chow Tse-tsung, *The May Fourth Movement:*

Intellectual Revolution in Modern China, pp 327~332; Charlotte Fourth, Ting Wen-ciang: Science and China's New Culture(Harvard, 1970), pp.94~135 를 참조할 것.

31) King Ya-mei, "As We See Ourselves," *The World's Chinese Students' Journal*, I.4, p.12

32) 위의 책, I.5~6, pp.36~42

33) King Ya-mei, "As We See Ourselves," *The World's Chinese Students' Journal*, I. 5~6, p.38

34) Chas. Zaung Teh Ing, "Chinese Civilization, "*CSM*, V.6 (April, 1910), pp.386~387

35) 위의 책, pp.387~388

36) Gorshom C. H. Lowe, "The Characteristics of Chinese Civilization," *CSM*, XVIII.1(November, 1922), p.29

37) Su Hu, "A Republic for China," *Cornell Era*, January 1912, pp.240~244, "The Hu Shih Papers at Cornell: 1910~1963," deposited at the Department of Manuscripts and University Archives, Cornell University.

38) Su Hu, "A Republic for China," *Cornell Era*, January 1912, pp.240~241

39) 胡適, 「自由主義」, 『胡適全集』 22, 733~740쪽

40) Hsiung Tsai, "Confucianism," *CSM*, XIII.17 (May, 1918), pp.390~394

41) P. L. Yang, "Chinese Socialism," *CSM*, IV.6(April, 1909), pp.395~399

42) Chas. Zaung Teh Ing, "Chinese Civilization," *CSM*, V.6(April, 1910), pp.388~389

43) King Ya-mei, "As We See Ourselves," *The World's Chinese Students' Journal*, I.5~6(March-June, 1907), p.41

44) Ho-min Lin, "Critical Period of Chinese History," *CSM*, XII.1(November, 1916), pp.31~34

45) Gorshom C. H. Lowe, "The Characteristics of Chinese Civilization," pp.32~33

46) Arif Dirlik, "Chinese History and the Question of Orientalism," pp.96, 112

47) Homi Bhabha, "Of Mimicry and Man," p.89

48) Homi Bhabha, "Of Mimicry and Man," pp.86~88. See also Diana Fuss, "Interior Colonies: Frantz Fanon and the Politics of Identification," *Diacritics*, 24: 2/3(Summer-Autumn, 1994), pp.19~42

49) Kwei Chen, "Thoughts of the Editor," *CSM*, XXIII.1(November, 1927), p.62

50) John Dewey, "America and Chinese Education," *The New Republic*(March 1,

1922), pp.15~17

51) Jessie Lutz, *China and the Christian Colleges, 1850~1950*, pp.204~270

52) John Dewey, "America and Chinese Education," p.16

53) Bertrand Russell, *The Problem of China*(New York: The Century Co., 1922), p.232

54) Frank Goodnow, "Reform in China," *The American Political Science Review*, IX.2, pp.218~219

55) C. S. Kwei, "Editorial: The Denationalization of the Chinese," *CSM*, XVIII.6(April, 1923), p.4

56) Selskar Gunn, "Report on Visit to China, June 9th to July 30th, 1931," pp.1, 17, RAC RG1.1 601-12-129, deposited at the Rockefeller Archives Center, North Tarrytown, New York.

57) Nathaniel Peffer, "The Returned Students," *CSM*, XVII.6(April, 1922), p.498

58) 위의 책, pp.498~499

59) 이와 관련된 비판은 舒新城, 『近代中國留學史』, 211~273쪽을 참조할 것.

60) Telly H. Koo, "Editorials: The Returned Student," *CSM*, XVII.6(April, 1922), pp.493~494

61) Y. Y. Tsur, "Chinese Students Abroad," *CSM*, XVII.8(June, 1922), pp.716~718

62) C. S. Kwei, "Editorial: The Denationalization of the Chinese," *CSM*, XVII.8(April, 1923), p.4

63) Y. Y. Tsur, "Chinese Students Abroad," p.716

64) Hua-Chuen Mei, "The Returned Students in China," *The Chinese Recorder*(March, 1917), pp.166~167

65) C. S. Kwei, "Editorial: The Denationalization of the Chinese," *CSM*, XVII.8(April, 1923), p.4

66) 위의 책.

67) Gail Ching-Liang Low, "White Skins/Black Masks: The Pleasure and Politics of Imperialism," New Formations, 9(Winter, 1989), p.93

68) Hugh Trevor-Roper, *The Hermit of Peking: The Hidden Life of Sir Edmund Backhouse*(New York: Fromm International Publishing Corporation, 1986), pp.30~33

69) J. O. P. Bland, "Memoirs: Chapter 12," pp.1, 5, in J. O. P. Bland papers, Vol.27, Microfilm Reel 19, Thomas Fisher Rare Book Library, University of Toronto.

70) J. O. P. Bland, "Population and Food Supply," *The Edinburgh Review*(April, 1918), pp.244, 232~252, Edward Marshall, "China Not Really A Republic But

Autocracy," *The New York Times*, December 8, 1912, p. SM4, C6, and J. O. P. Bland, "The Old Weaknesses of China," *Asia*(July, 1938), pp.398~399

71) J. O. P. Bland, "The Causes of Chinese Unrest," *The Edinburgh Review*(July, 1912), No. 441, pp.30~31

72) Our Correspondent[J. O. P. Bland], "China: Education and Western Literature," *The Times*, February 6, 1908

73) Mrinalini Sinha, *Colonial Masculinity: The "Manly Englishman" and the "Effeminate Bengali" in the Late Nineteenth Century*(Manchester and New York: Manchester University Press, 1995), pp.16~18

74) Our Shanghai Correspondent[J. O. P. Bland], "Far East: Chinese Journalism," *The Times*, August 19, 1898

75) J. O. P. Bland, "Memoirs," "Chapter 13: In the House of Mammon," p.1

76) J. O. P. Bland, "English as She is Wrote, in the Far East," *The English Review* (June, 1929), p.711

77) J. O. P. Bland, "The Causes of Chinese Unrest," pp.36, 39, 40

78) J. O. P. Bland, "The Causes of Chinese Unrest," pp.39

79) J. O. P. Bland, "China: Quo Vadis?" *CSM*, XVII.3(January, 1922), p.178

80) J. O. P. Bland, "Memoirs," "Chapter 1 Quo Fata Vocant," p.14 and "Chapter 4 Canton," p.5

81) 『胡適日記全集』, 1223쪽

82) 앞의 주, 1223~1224쪽

83) 앞의 주, 1224쪽

84) Wen Pin Wei, "Editorials: The Chinese Review," *CSM*, IX.8(June 10, 1914), p.570

85) John Wong-Quincey, "The Eclipse of Young China," *CSM*, IX.8(June 10, 1914), pp.582~586

86) Hua-Chuen Mei, "Cavils of An English Manchu at the Republic of China: An Analysis," *CSM*, VIII.3 (January 10, 1913), pp.171~188

87) Chang Hsin-hai, "The Ideas of Mr. J. O. P. Bland," *CSM*, XVII.4(February, 1922), pp.286~291

88) K. T. Mei, "Book Review of Li Hung-chang, by J. O. P. Bland," *CSM*, XIII.6(April, 1918), pp.345~350. 메이광디梅光迪는 구훙밍辜鴻銘의 말을 인용했다. 辜鴻銘, 『中國牛津運動的故事』(The Story of a Chinese Oxford Movement)(Shanghai: Mercury, 1912), 18~19쪽을 참조할 것.

89) 아래 분석은 Suh Hu, "A philosopher of Chinese Reactionism," *CSM*,

XI.1(November, 1915), pp.16~19에 근거했다.

90) "China: Republic or Monarchy?" The Outlook (September 1, 1915), pp.14~16

막을 내리며

1) 孔繁嶺, 「抗戰時期的中國留學教育」, 『抗日戰爭研究』, 第3期,103~104쪽, 2005

2) 「배화법」의 폐지에 대해서는 "Repeal of the Chinese Exclusion Act, 1943," Office of the Historian, The United State Department of State, https://history.state. gov/milestones/1937~1945/chinese-exclusion-act-repeal, 2021年 2月 18日 내용을 참조할 것.

3) "Magnuson Act," 위키피디아, 2021. 2. 18.

4) "Fifty Years On, the 1965 Immigration and Nationality Act Continues to Reshape the United States," Migration Policy Institute, https://www. migrationpolicy.org/article/fifty-years-1965-immigration-and-nationality-act-continues-reshape-united-states, 2021年 2月 18日

5) Eric Fish, "End of an era? A history of Chinese Students in America," May 12, 2020, SupChina, https://supchina.com/2020/05/12/end-of-an-era-a-history-of-chinese-students-inamerica/, 2021年 2月 18日

6) "Table 310.20 Foreign students enrolled in institutions of higher education in the United States, by continent, region, and selected countries of origin: Selected years, 1980~81 through 2014~15," Digest of Education Statistics, National Center for Education Statistics, https://nces.ed.gov/programs/digest/d15/tables/dt15_310.20.asp, 2021年 2月 18日

7) Jean Evangelauf, "Foreign Students in U.S. Reach Record 366,354," *The Chronicle of Higher Education*, November 22, 1989, https://www.chronicle.com/article/foreign-students-in-u-sreach-record-366-354/, 2021年 2月 18日

8) Xin Wang, "Uncertainty for Chinese Students in the United States," East Asia Forum, 2 January 2021, https://www.eastasiaforum.org/2021/01/02/uncertainty-for-chinese-students-inthe-united-states/, 2021年 2月 18日

9) Emma Israel and Jeanne Batalova, "International Students in the United States," January 14, 2021, Migration Policy Institute, https://www.migrationpolicy.org/article/internationalstudents-united-states-2020, 2021年

2月 26日

10) Elizabeth Redden, "Study Abroad Numbers Continue Steady Increase," Inside Higher Education, https://www.insidehighered.com/news/2019/11/18/open-doors-data-showcontinued-increase-numbers-americans-studying-abroad, 2021年 2月 26日

11) "Trade war: How reliant are US colleges on Chinese students?" BBC News, June 12, 2019, https://www.bbc.com/news/world-asia-48542913, 2021年 2月 26日

12) International Student Enrollment Statistics, Educationdata.org., https://educationdata.org/international-student-enrollment-statistics, 2021年 2月 26日

13) International Student Enrollment Statistics, Educationdata.org., https://educationdata.org/international-student-enrollment-statistics, 2021年 2月 26日

14) 『(新東方)2020 中國留學白皮書：英文版』, 41쪽, https://cdn.jiemodui.com/pdf/2020%E4%B8%AD%E5%9B%BD%E7%95%99%E5%AD%A6%E7%99%BD%E7%9A%AE%E4%B9%A6-%E8%8B%B1%E6%96%87%E7%89%88.pdf, 2021年 2月 26日

15) 이외에 6만5680명, 즉 18%는 '자원해서 실습훈련에 참여한 학생Optional Practical Training Students'이다. 재학 중이거나 이미 학위를 취득한 학생은 1만7235명으로 5%는 학위를 취득하지 못했다. International Student Enrollment Statistics, Educationdata.org., https://educationdata.org/international-student-enrollment-statistics, 2021年 2月 26日

16) Andrew R. Arthur, "The littlest F-1s," Facebook Twitte rReddit Linked In Email Copy Link Print, May 23, 2020, https://cis.org/Arthur/Chinese-Investors-Bought-K12-Private-Schools-UnitedStates, 2021年 4月 20日

17) Lia Zhu, "China Investors Warm Up to US Private Schools," *China Daily USA*, 2017. 12. 29

18) William Schmidt, "Chinese Students in U. S. Urged to Stay Abroad," *The New York Times*, July 29, 1989, p.5

19) *The IFCSS Newsletter*, 4.7(March 1993), http://sun-wais.oit.unc.edu/pub/packages/ccic/ifcss/NL/nl_04_09.gb. 2021년 2월 19일에 이 내용은 이미 찾아볼 수 없었다. 2008년 3월 3일에 '전미학자련'이 창립대회에서 발표한 『선언宣言』의 영문판은 http://www.ifcss.org/info/default.asp에 있고, 중문판은 http://research.nianet.org/~luo/IFCSS/Archives/Constitution/Manifesto_89.GB에 있었다. 2021년 2월 19일에 다시 검색해보니 볼 수 없었다. 『宣言』중문판은 http://my.cnd.org/modules/wfsection/article.php?articleid=23362에서 볼 수 있다.

20) Leo A. Orleans, *Chinese Students in America: Policies, Issues, and Numbers*. Gao Jia, *Chinese Activism of a Different Kind: The Chinese Students' Campaign to Stay in Australia*(Leiden, Boston: Brill, 2013), p.80에서 인용했다.

21) Gao Jia, *Chinese Activism of a Different Kind*, pp.81~88

22) 위의 책, p.96

23) Brandt Himler, "Chinese Student Protection Act of 1992," *Willamette Bulletin of International Law and Policy*, 1.1, 1993, pp.109~125

24) Brandt Himler, "Chinese Student Protection Act of 1992," p.117

25) 『學自聯通訊』, 卷4, 第8期, 1993年 4月, http://www.ibiblio.org/pub/packages/ccic/ifcss/NL/nl_04_09.gb, 2021年 2月 21日

26) http://www.ibiblio.org/pub/packages/ccic/ifcss/ncomers/NC_News_Release9401, 2021年 2月 21日

27) "A Letter to President Clinton," http://www.ibiblio.org/pub/packages/ccic/ifcss/NL/nl_05_06b.gb, 2021年 2月 21日

28) "A Delegate's Impression about the IFCSS 2nd Congress." China News Digest, US Section(NDUS): CND Follow-up Report on IFCSS 2nd Congress, Part II, July 14, 1990, http://sun-wais.oit.unc.edu/pub/packages/ccic/cnd/cnd-us/1990.cnd-us/. 2009년 1월 27일에는 볼 수 있었지만, 2021년 2월 21일에는 볼 수 없었다. 아마도 주소가 바뀌었는지 모른다.

29) Tao Ye, delegate from University of Minnesota, *China News Digest-US*, July 26, 1991, http://sun-wais.oit.unc.edu/pub/packages/ccic/cnd/cnd-us/1991.cnd-us/. 2008년 2월 15일에는 볼 수 있었지만 2021년 2월 21일에는 볼 수 없었다. 아마도 주소가 바뀌었는지 모른다.

30) "Most Favored Nation(MFN) Treatment," U.S. Department of State, https://1997-2001.state.gov/regions/eap/fs-mfn_treatment_970617.html, 2021年 2月 21日

31) Bo Xiong, China News Digest-US, July 11, 1991, http://sun-wais.oit.unc.edu/pub/packages/ccic/cnd/cnd-us/1991.cnd-us/, 2008년 2월 15일. 2021년 2월 21일에는 볼 수 없었다.

32) 『學自聯通訊』, 卷4,第7期, 1993年 3月, http://ww.ibiblio.org/pub/packages/ccic/ifcss/NL/nl_04_07.gb, 2021年 2月 21日

33) "Most-Favored-Nation(MFN) Survey Result," http://www.ibiblio.org/pub/packages/ccic/ifcss/ncomers/MFN_Survey_Result, 2021年 2月 22日

34) 張潮, 「評「六四綠卡」返鄉大軍 」,『北京之春』, 1994年 3月號, 1994.『華夏文摘』, http://

archives.cnd.org/HXWK/column/Society/cm9405c-1.gb.html, 2021年 2月 23 日에서 인용.

35) 耿曉, 「以寬容合作的態度, 扎實苦幹的精神建設學自聯: 第四屆全美學自聯總部工作報 告」, 1993年 7月 1日, http://www.ibiblio.org/pub/packages/ccic/ifcss/HQ/4th. gb, 2021年 2月 21日

36) 「全美學自聯 94年工作聯席會議綜述」, 『學自聯通訊』, 卷5, 第5期, 1994年 2月, http:// www.ibiblio.org/pub/packages/ccic/ifcss/NL/nl_05_05a.gb, 2021年 2月 21日

37) "IFCSS Held 7th Convention in Blacksburg, Virginia; Special Convention Held in Washington DC," China News Digest: US Regional, July 18, 1995, http://www.cnd.org/CND-US/CNDUS.95/CND-US.95-07-18.html, 2021年 2 月 24日

최근 미중관계에 대한 관심이 집중되고 있다. 양국 사이의 다양한 교류의 역사를 살펴보면서 새로운 자료를 접할 때마다 놀라움의 연속이다. 지난해에 출간한 『중국과 미국, 무역과 외교 전쟁의 역사』(행성B, 2022)에서는 양국 무역의 역사를 살펴보았다.

1783년 9월 3일 미국은 영국으로부터 독립한 뒤, 당시 유럽을 휩쓸던 중국 열풍에 뒤늦게 뛰어들었다. 당시 미국에는 중국을 이해하는 사람이 불과 6명뿐이라는 소문이 있을 정도로 중국에 대해 무지했다. 이듬해인 1784년 2월 22일 360톤급 선박 중국 황후호가 뉴욕항을 출발해 6개월의 항해 끝에 8월 말 광저우항에 도착했다. 미국 13개 주를 대표하는 13번의 축포를 쏘아 올리며 시작된 양국 무역은 미국산 면화, 납, 후추, 가죽 제품, 인삼과 중국산 홍차, 녹차, 면포, 자기, 견직물을 교환한 뒤 미국 시장에서 약 25퍼센트의 이익을 남겼다. 이후에 들어온 상선들에 비하면 큰 이익은 아니었지만 이를 시작으로 미국 상선들의 중국 러시가 시작되었고 미국 시장에서 차와 도자기 등 중국 열풍이 이어졌다. 240년이 흐른 최근까지 양국의 무역은 품목을 바꿔가면서 엄청난 규모의 성장을 이루었고 상호 의존도는 다른 어느 나라보다 높아졌다.

올해 펴내는 이 책, 『미국이 길러낸 중국의 엘리트들: 미국의 중국 유학생들, 1872-1931』(원제: 礎材晉育)에서는 무역과 외교 사이에서 전개된 인재 교류의 양상을 살펴보았다.

양국 무역이 시작된 지 90년이 지난 시점인 1872년에 중국은 어린 아이 120명을 선발해 최초로 미국에 유학을 보냈다. 아편전쟁의 치욕을 겪고 세운 "오랑캐의 기술을 익혀 오랑캐를 제압한다"는 자강운동의 원대한 계획의 일환이었다. 수천 년 주변 국가들로부터 유학생을 받아오다가 처음으로 바깥에 유학생을 내보낸 곳이 바로 미국이었다. 그로부터 150여 년이 흐른 2020년 현재 미국의 중국 유학생은 37만여 명에 이르게 되었다. 이는 미국의 전체 외국인 유학생 중 35퍼센트를 점하는 수치로, 실로 놀라운 양적 성장이다.

이렇듯 200여 년 사이에 양국은 태평양을 사이에 두고 무역과 인재로 활발하게 교류하고 있었다. 하지만 그 과정이 결코 순탄하고 평화롭기만 한 것은 아니었다. 아니 오히려 한순간도 순탄하지 않았다는 것이 더 옳은 표현일지 모른다. 대국 간의 교류는 다면성과 복잡성을 포함하고 있어 항상 주변국들의 긴장감을 불러일으킨다. 과거로부터 축적되어온 역사를 돌아보지 않은 채 작금의 상황에 매몰된다면, 전체적인 모습을 놓칠 수밖에 없다.

우리는 왕왕 중국을 하나의 잘 조직된 형체로 보면서 그 거대함에 위협을 느낀다. 넓은 영토, 많은 인구가 형이상학적 개념과 이를 연결하는 복잡한 제도 속에서 살아가는 모습은 느리지만 엄청난 에너지를 형성해서 주변에 커다란 위협으로 작용한다. 이를 이해하기 위해 '중국'이라는 존재에 다가가다 보면 이해할 수 없을 만큼 어려운 일들이 난마처럼 얽혀 있음을 알게 된다. '하늘天, 변화易, 덕德, 공空, 허虛' 등의 개념이 아니면 도저히 한 곳에 담을 수 없고 설명도 힘든 경우가 많다. 실증과 통계로 증명을 요구하면 더욱 커다란 벽에 부닥친다. 사회학자 페이샤오퉁費孝通이 이러한 중국을 "하나의 거대한 사회 실험실"이라고 묘사했듯 이 사회의 구성원과 그 사이에서 벌어지는 많은 일을 일목요연하게 이해하고 설명한다는 것은 불가능한 일이다. 중국인 스스로도 "파도에 휩쓸리는 해변의 모래알"이라고 자조할 만큼 중국에는 거대한 흐름에 휩쓸린 채 살아가는 무력감도 존재한다.

동치 중흥이래 미국은 중국의 가장 중요한 롤 모델이었다. 단지 '물건의 신기함' '물질적 안락' '질서정연함' 때문이 아니라 서방 열강들의 무차별한 침략 속에서 미국만이 정치적으로 가까운 우방이며 보호자라는 믿음이 있었다. 미국에 유학했던 많은 중국 인재가 한편으로 미국을 신앙처럼 여기며 중국의 변화를 모색하는 과정이 전개되었다. 20세기 초 미국이 중국인을 배척하는 법안을 만들면서도 중국 유학생들을 받아들인 이유는 "친미 성향의 지도층과 광대한 소비층을 배양하기 위해서"라는 명확한 목적이 있었다. 당시 왕징춘王景春은 미국 유학 경험을 통해 "중국은 이 세계가 한 번도 경험해보지 못한 놀랄만한 변화를 시도하고 있다. 이러한 변화는 일본이 이룬 현대화와는 비교할 수 없을 정도로 거대한 것이다. 내일의 중국은 명석한 두뇌와 식견을 가진 지도자의 영도아래 새로운 산업을 발전시켜 세계 시장에 다양한 원료를 제공할 것이다"라고 희망을 쏘아 올렸다. 100년이 지난 지금까지 상황은 여전히 진행형이다. 심각한 갈등 속에서도 많은 중국인은 미국을 이상향으로 여기고 있고, 미국 역시 중국이라는 광대한 시장에서 발을 뗄 수 없다. 지금도 전 세계 어느 국가보다 많은 중국 유학생이 꿈을 품고 태평양을 건너고 있다.

과거와 차이가 있다면 일부 영역에서 롤 모델에 근접하거나 넘어서다 보니 롤 모델이 이에 놀라서 당황하는 초유의 형국이 되었을 뿐이다. 설부른 예측론자들은 또 다양한 통계수치를 들어 오래지 않아 중국이 미국을 추월해서 G1이 될 것이라고 하지만 역사학자로서 상당한 시간이 지난 뒤에도 우리는 같은 논쟁에서 벗어나지 못할 것이라고 생각한다. 양국이 전통 속에서 그리고 현대화 과정에서 쌓아온 풍부하고 많은 자산과 경험은 쉽사리 소진되지 않을 것이고, 누구보다 당사자들이 서로를 잘 알고 있기 때문이다.

20대 초반 타이완에서 중국 역사를 공부하기 시작한 이래 수십 년 넘게 이 복잡한 '중국'을 이해하고 설명해보려 노력해왔지만, 자질 부족으로 코끼리 다리만 만지는 자괴감에서 한발도 나아가지 못했다.

이 책은 단지 미국으로 간 중국 유학생에 대해서만 이야기하는 것은 아니다. 우리도 역시 비슷한 길을 걸었다. 시기는 늦었지만 수많은 한국 인재가 아메리칸 드림을 품고 미국 유학을 떠났고, 그렇게 연결된 고리를 통해 부와 명예를 보장받는 계단으로 이용했으며 사회 전반에서 중요한 영향력을 행사하고 있다. 미국과 중국, 그 사이에 있는 우리는 역사 속에서 꾸준히 유사한 경험을 하고 있다. 작금의 난감한 상황 역시 그 과정일 것인데 우리는 경험을 통해 어떤 준비를 해서 새로운 미래로 나아갈 것인가! 20세기 초 유학생 자오민항趙敏恒은 양국 문제를 남녀관계에 빗대어 이렇게 노래했다.

그녀가 나타났다.

나는 사랑하고 싶지 않다.

나는 사랑하고 싶지 않지만.

그러나 나는 생각한다. 생각한다.

스파이 걸, 그녀는.

수수께끼, 그녀는.

나는 내가 그녀를 원망하는 줄 알았다.

아직도 '중국'은 이렇게 생각하는 것일까! 우리는 어떠한가!

2023년 여름

자한재自閑齊에서

미국이 길러낸
중국의 엘리트들

초판인쇄 2023년 8월 7일
초판발행 2023년 8월 28일

지은이 장융전
옮긴이 이화승
펴낸이 강성민
편집장 이은혜
마케팅 정민호 박치우 한민아 이민경 박진희 정경주 정유선 김수인
브랜딩 함유지 함근아 박민재 김희숙 고보미 정승민
제작 강신은 김동욱 이순호

펴낸곳 (주)글항아리 | 출판등록 2009년 1월 19일 제406-2009-000002호

주소 10881 경기도 파주시 심학산로 10 3층
전자우편 bookpot@hanmail.net
전화번호 031) 955-8869(마케팅) 031) 941-5161(편집부)
팩스 031) 941-5163

ISBN 979-11-6909-140-4 93910

www.geulhangari.com